权威·前沿·原创

皮书系列为
"十二五"国家重点图书出版规划项目

中国旅游安全报告
（2015）

ANNUAL REPORT ON CHINA'S TOURISM SAFETY AND SECURITY STUDY (2015)

主　编／郑向敏　谢朝武

图书在版编目(CIP)数据

中国旅游安全报告.2015/郑向敏,谢朝武主编.—北京:社会科学文献出版社,2015.5
（旅游安全蓝皮书）
ISBN 978-7-5097-7529-5

Ⅰ.①中… Ⅱ.①郑… ②谢… Ⅲ.①旅游安全-研究报告-中国-2015 Ⅳ.①F592.6

中国版本图书馆CIP数据核字（2015）第107666号

旅游安全蓝皮书
中国旅游安全报告（2015）

主　　编 / 郑向敏　谢朝武

出 版 人 / 谢寿光
项目统筹 / 王　绯
责任编辑 / 单远举　曹义恒

出　　版 / 社会科学文献出版社·社会政法分社（010）59367156
　　　　　 地址：北京市北三环中路甲29号院华龙大厦　邮编：100029
　　　　　 网址：www.ssap.com.cn
发　　行 / 市场营销中心（010）59367081　59367090
　　　　　 读者服务中心（010）59367028
印　　装 / 北京季蜂印刷有限公司
规　　格 / 开　本：787mm×1092mm　1/16
　　　　　 印　张：28.75　字　数：422千字
版　　次 / 2015年5月第1版　2015年5月第1次印刷
书　　号 / ISBN 978-7-5097-7529-5
定　　价 / 128.00元

皮书序列号 / B-2012-253

本书如有破损、缺页、装订错误，请与本社读者服务中心联系更换
版权所有　翻印必究

旅游安全蓝皮书编辑委员会

顾　　　问　范维澄　中国工程院院士、清华大学公共安全研究院院长

主 任 委 员　戴　斌　中国旅游研究院院长、教授、博士
　　　　　　　郑向敏　华侨大学旅游学院教授、博士
　　　　　　　　　　　中国旅游研究院旅游安全研究基地主任

副主任委员　张　捷　南京大学旅游研究所教授
　　　　　　　　　　　中国地理学会旅游地理专业委员会主任
　　　　　　　谢朝武　华侨大学旅游学院副教授、博士
　　　　　　　　　　　旅游安全研究基地副主任

编　　　委（按姓名音序排列）
　　　　　　　蔡跃玲　陈加林　戴　斌　韩玉灵　黄远水
　　　　　　　李九全　梁明珠　陆　林　申世飞　田　里
　　　　　　　席建超　肖洪根　谢朝武　张　捷　张志安
　　　　　　　周　沛　郑向敏

旅游安全蓝皮书编辑部

主　编　郑向敏

副主编　谢朝武

参与编写人员名单

主报告

撰稿人　华侨大学旅游学院暨中国旅游研究院旅游安全研究基地
执笔人　郑向敏

专题报告撰稿人（以专题报告出现先后为序）

陈雪琼	杨崇美	张孝慈	汪京强	李艳娟	逯付荣	颜醒华
吴艺娟	黄安民	陈衡民	李　实	李　昊	黄　祥	陈秋萍
刘东梅	林美珍	郭利利	李晓露	侯志强	魏　婷	叶新才
李　姿	朱　赟	王新建	王　芳	张　慧	殷　杰	谢朝武
李月调	周灵飞	曾武英	曾　怡	范向丽	张志安	胡　筱
李勇泉	曹　娜	阮文奇	郭志平	武冰欣	朱　璇	王玉松
罗景峰	周春梅	吴玉婷	荆亚宇	邹永广	郑向敏	韩玉灵
王　军	张焱蕊	王祥银	刘明一	陈加林	梁晓莹	陈金华
李能斌	胡诗文	黄远水	孙盼盼	吴倩倩	吴耿安	吴　媚
方旭红	杨玉杰	聂　芳				

旅游安全蓝皮书编辑部办公室

谢朝武　王新建　曾　怡　罗景峰　邹永广

主要编撰者简介

郑向敏 华侨大学旅游学院教授、博士生导师,中国旅游研究院旅游安全研究基地主任、首席教授,中国旅游协会教育分会副会长、教育部MTA教学指导委员会委员、全国旅游星级饭店评定委员会国家级星评员、国家旅游局《旅游安全管理暂行办法》修订专家组组长。长期从事旅游安全与风险领域的研究工作,主持旅游安全领域的国家级、省部级科研项目10余项,出版国内首部旅游安全领域的专著《旅游安全学》。近期关注方向包括旅游安全评价、旅游职业安全、岛屿旅游安全等。

谢朝武 华侨大学旅游学院副教授、博士、硕士生导师,旅游安全研究基地副主任,曾担任国家旅游局"旅游安全管理实务丛书"执行副主编,曾参与国家旅游局配合《旅游法》起草研究工作。长期从事旅游安全与风险领域的研究工作,曾主持旅游安全领域的国家社科基金项目、教育部人文社科基金、国家旅游局重点科研项目等重要课题项目,曾入选"福建省高等学校新世纪优秀人才支持计划"、"国家旅游局旅游业青年专家培育计划"与"华侨大学哲学社会科学百名优秀学者培育计划"。近期主要关注旅游应急管理、旅游安全行政治理等方向。

摘　要

旅游安全蓝皮书《中国旅游安全报告（2015）》是华侨大学旅游学院与中国旅游研究院旅游安全研究基地组织专家编写的年度研究报告，是社会科学文献出版社"皮书系列"的重要组成部分。本年度旅游安全蓝皮书由总报告、专题报告和区域报告三部分组成，其中专题报告又分设产业安全篇、安全事件篇和安全管理篇三个篇章。

总报告从 2014 年我国旅游安全的总体形势入手，全面分析了我国旅游住宿、餐饮、交通、景区、购物、娱乐、旅行社等主要分支行业的安全情况，并深入剖析了涉旅自然灾害、事故灾难、公共卫生事件、社会安全事件等各类型旅游突发事件的发展态势。总报告系统回顾了各类旅游主体在 2014 年的主要管理工作，分析了 2015 年影响我国旅游安全的主要因素，并对 2015 年的旅游安全态势进行了分析与展望。

2014 年，全国旅游安全形势总体见好。旅游安全的风险因素依然表现出复杂性和多样性，在一定程度上影响了旅游业的安全与稳定。各级旅游管理部门全面加强了旅游安全依法治理工作，有效防范和遏制了旅游重特大事故，促进了旅游业的安全与稳定。从旅游分支行业来看，旅游住宿业安全突发事件发生总数呈现小幅度上涨，人员冲突事件引发旅游安全事件增幅较大，常规不安全因素依然是诱发主因；旅游餐饮安全监管成效较明显，餐饮安全事件的数量有下降趋势，但餐饮场所的火灾爆炸和食物中毒事件依然突出；国内旅游交通运输业的安全管理各项技术指标均好于上年，但航空交通安全事故造成的社会负面影响较大；旅游购物安全形势基本稳定，但是旅行社低价竞争屡禁不止，诱导购物的手段层出不穷，境外旅游目的地的治安不容乐观；旅游娱乐场所安全事故等级降低，但安全事故发生次数有所增长且伤亡

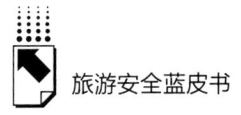

人数明显增加,儿童依然是事故伤害的主体。从分类事件来看,自然灾害的灾情及其对旅游业的影响较2013年偏轻,涉旅自然灾害及其造成的游客死伤人数均有所减少;涉旅事故灾难次数及伤亡数量上升,重大涉旅事故灾难时有发生;游客食物中毒、传染病疫情等危机事件数量同比下降,但事件严重等级呈加重态势;涉旅社会安全事件总体形势有所好转,安全管控依然严峻。从旅游安全管理形式来看,各级旅游行政管理部门更重视依法开展行政管理工作,对境内外旅游突发事件的处置工作更为积极、系统和成熟。《旅游法》中安全治理条款得到有序推行,地方旅游安全法制配套建设工作取得较大成果,旅游市场安全监督工作力度加强,出境旅游安全保障工作得到积极关注。

总报告提出,影响2014年我国旅游安全的负面因素有:不可抗力的自然灾害将持续影响,多样化的社会安全风险因素依然潜藏,旅游交通事故将继续成为主要事故事件类型,境外旅游安全不稳定因素增多。展望2015年,应全面推进旅游安全的依法治理,优先开展各类旅游安全治理工程,大力推动旅游安全智慧监管平台建设,有序加快出境旅游安全救援机制构筑,积极优化游客高聚集空间的风险防控机制。我国各地各级旅游管理部门应全面贯彻执行《旅游法》,充分发挥国务院旅游工作部际联席会议制度作用,科学部署旅游安全管理各项工作,构筑旅游安全"防护网"。

2015年度的专题报告分设了产业安全、安全事件和安全管理三个板块。其中,产业安全篇对旅游住宿、旅游餐饮、旅游交通、旅游景区、旅游购物、旅游娱乐和旅行社的安全态势进行了全面分析;安全事件篇对涉旅自然灾害、涉旅事故灾难、涉旅公共卫生、涉旅社会安全等旅游安全事件的态势进行了综合分析;安全管理篇围绕旅游行政管理、节假日旅游安全、自助旅游安全、高风险旅游安全、女性旅游安全、旅行社责任险、旅游保险、旅游安全法律规制、背包探险旅游安全法律规制、旅游安全预警、旅游上市公司财务安全和旅游安全年度热点事件等组织了一系列文章。

此外,《中国旅游安全报告(2015)》还专门设置了区域报告,主要对国内较具代表性的北京、福建、吉林、四川、安徽等省市的旅游安全形势与管理经验进行了深度分析,同时对出境旅游和入境旅游的安全形势进行了介绍。

Abstract

" ANNUAL REPORT ON CHINA'S TOURISM SAFETY AND SECURITY STUDY (2015)" (Blue Book of Tourism Safety), was the annual research report written by experts organized by College of Tourism, Huaqiao University and Center for Tourism Safety & Security Research of China Tourism Academy. It is an important part of Blue Book Serial Publication of Social Sciences Academic Press. This year's Blue Book of Tourism Safety is consisted of three parts—General Report, Special Reports and Regional Reports. And the Special Reports are divided into three chapters—Industry Safety, Safety Incidents and Safety Management.

Beginning with the overall picture of China's 2014 tourism safety and security, the General Report comprehensively analyzes the safety situation of the main branches of China's tourism industry-lodging, catering, transporting, shopping, entertainment, and travel agency, etc. , and systematically analyzes the situation of each type of tourism incidents including natural disasters, accidents, public health incidents, and social security incidents. By reviewing 2014's major administrative issues of different tourism subjects, the General Report analyzes the possible influencing factors of China's tourism safety and security in 2015, and provides prospects for 2015 China's safety situation of tourism.

In 2014, China's tourism safety and security situation was better in general. Tourism risk factors still appeared to be complex and various, influencing the safety and stability of tourism industring to some extent. In terms of tourism branch industry, the number of tourist lodging safety incidents rised only a little, interpersonal conflicts was a new growth factor for that, while the conventional unsafe factors were still the main cause responsible. For tourist catering industry, the safety regulatory systems worked well, thus the number of incidents dropped. However, this industry still faced severe challenges of fire and exposure as well as food poisoning accidents. Although some safety management indicators of tourist transportation industry present a better state than last year, but the typical aviation traffic accidents caused extremely negative social effects. Tourist shopping safety and security's situation was kept stable last year, but the problems of unreasonable and unhealthy competition among travel agency, as well as the public safety issues arised in oversea tourist destinations would be the serious risks for this industry. The severity of tourism accidents happened in public places of entertainment decreased, however the accident frequency increased, resulted in significantly increased casualties, of which children still took the majority part.

In terms of the tourism incident types, the effects of tourism and tourists-related natural disasters including the influce on tourism industry and casualties were reduced compared with 2013. The number and induced casuality of tourism and tourists-related accident increased and significant accidents happened occasionally. The number of tourism public health incidents such as food poisoning and infections fell year on year in 2014, but the severity of consequence trended to ascent. The overall tourism and tourists-related social security situation has been improved, while the challenges for security control was still serious.

The General Report indicates the major negative factors including constant influence of irresistible natural disaters, potential various social security risk factors, and increasing instability for outbound tourism safety in 2014. Looking forward to 2015, it should comprehensively advance to govern tourism safety and security according to law, to give priority to develop various tourism safety control projects, to strongly promoted smart platform construction of tourism safety, to speed up the outbound tourism security assistance mechanism construction, and to optimize the space surveillance mechanism for population high densities space. It is suggested that the Tourism Law of the People's Republic of China should be implemented comprehensively by China's tourism administrations of various government levels, the system of joint meeting among State Council's different departments on tourism work should be used to its fullest potential, the varous tourism safety and security work should be scientific deployed, and finally build a tourism safety defending system.

The Special Reports are consisted of three Chapters—Industry Safety, Safety

Abstract

Incidents and Safety Management. Chapter of Industry Safety synthetically analyzes the safety situation of tourist lodging, tourist catering, tourist transportation, tourist attraction, tourist shopping, tourist entertainment and travel agency industry. Chapter of Safety Incidents comprehensively analyzes the situation of tourism-related natural disaster, tourism-related accidents, tourism-related public health and tourism-related social security. Chapter of Safety Management, consists of safety issues of tourism administration, holiday tourism safety, self-tourism safety, high-risk tourism safety, safety of female tourists, travel agency liability insurance, travel insurance, legal regulation for tourism safety, legal regulation for back packing and outdoor adventures, early-warning for tourist, financial security for listed tourism company, and annual tourism hot topics.

Besides, the annual report establishes the special Chapter of Regional Reports to present in-depth analyze on the safety situation and managing experience of Beijing, Fujian, Jilin, Sichuan and Anhui, etc. Furthermore, the tourism safety situation of Hong Kong, Macau and Taiwan areas as well as that of inbound and outbound tourism is also introduced in this article.

科学监控、防微杜渐
——《中国旅游安全报告（2015）》序

2015年旅游安全蓝皮书注定会更加受到大家的关注，这不仅仅是因为新年钟声敲响之前上海踩踏事件给中国旅游安全再次敲响警钟，也是因为迄今旅游拥挤在全国的普遍性，也许还有一些值得安慰的，就是我们手上这一中国旅游安全研究系列出版物的前瞻性。

这是一个关于中国旅游安全问题的持续的系列研究，是一个长期的监控式、档案式的学术研究。摆在我们面前的这册蓝皮书，实际上见证了中国旅游研究院旅游安全研究基地郑向敏教授的研究团队从中国旅游安全研究的内容初期构建到逐步深入和体系完善，机构上从研究草创团队建构到中国旅游研究院旅游安全研究基地成立乃至2015年中国旅游安全研究基地学术委员会的成立的过程。本蓝皮书系列，对中国旅游安全从形势到展望进行了总结、分析和解剖，包括涵盖食、住、行、游（景点与旅行社）、购、娱六要素的产业安全篇，与旅游相关的自然灾害、事故灾难、公共卫生、社会安全等安全事件篇，涉及旅游安全行政管理、节假日、自助游、旅游保险、安全法规、背包探险游、旅游上市公司财务安全预警、旅游安全预警管理、旅游安全热点等方面的安全管理篇，以及对案例省市的旅游安全形势进行分析的区域报告，形成了旅游安全研究和管理的整体有机体系。

有趣的是，从旅游发展历史角度看，根据国外有的专家的观点，早期人们旅行的动机之一就是逃避风险和获得安全。然而有些类似悖论，旅游业开始后也出现了较多的风险，例如著名的"泰坦尼克号"事件也是旅游安全事件；甚至冒险也可以成为旅游业发展的驱动，例如各种探

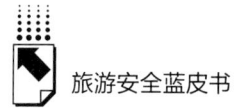

险旅游如雨后春笋般地涌现。然而作为旅游研究学者，我们更加关注的是旅游安全的保障，旅游运行系统的正常运行和游客的安全。进一步说，上海踩踏事件给我们一个启示，就是旅游安全管理是一个综合管理过程，是一个横跨城市规划建设、城市管理、旅游、交通、公安等多个政府部门的综合管理体系，这需要在管理体系上进行创新和提升，有效地进行管理资源整合和监控信息互通，形成一种互补的共同管理机制。仅仅从踩踏事件本身而言，从旅游者行为来分析，需要从社会行为、地理空间行为、地理空间结构分析、旅游者类别、城市游憩空间类型及外部空间衔接、公众参与模式、政府规划配置、政府管理管制跟进、预警机制的建立等着手。现在有了大数据，各种电子媒体指数（如百度指数、微指数等）为人们跟踪旅游拥挤实时状态提供了非常好的信息。但是，以我的陋见，大数据非常好，但还是不能通打包票，我们不能从忽略大数据的应用这样一个极端，走向简单依赖大数据的另外一个极端。实际上大数据分析的长处是现状描述，而对于机制、预警、疏导和应急处理都需要有相关学科的结合，对于区域城市或者旅游多种空间的镶嵌衔接组合，需要用地理学相关知识进行分析。因此，结合地理学分析多重复合旅游空间、结合旅游学分析游客并结合大数据提供现状数据分析来综合评判和决策。所谓科学监控、防微杜渐，是近期研究的重点和行之有效的途径，这也是近年我个人完成教科文组织对三清山拥挤研究项目的一个重要结论。我们同时应用这个观点对城市旅游空间结构和拥挤进行了初步分析，这也是我将在今年莫斯科国际地理联合会会议要报告的。因为我是地理学出身做旅游研究，由于个人偏好和能力所限，所以在这里强调了地理学研究在旅游安全研究中的重要性。

实际上，旅游安全问题是一个多学科问题，涉及了旅游学、经济学、管理科学、交通科学、社会学、行为地理学、灾害学乃至食品科学等众多学科，需要更为广泛领域的学者来从事、参加和拓展这个领域的研究，来共同为我们未来旅游经历描绘一个美好和快乐、有时会带点刺激但安全的图景。

我们可以期待旅游安全的美好前景，但不能呆呆地坐着等待……

张捷　博士、教授
南京大学旅游研究所所长、旅游地理与旅游规划专业博导
中国地理学会旅游地理专业委员会主任
国际地理联合会旅游休闲地理和全球变化委员会执行理事
2015 年 2 月

前　言

2014年是我国推进《旅游法》全面贯彻实施，旅游安全管理环境不断优化的一年。旅游安全涉及面广、管理部门多，旅游安全保障需要统筹协调。随着《旅游法》的颁布与实施，各级政府着力强化旅游业的综合统筹，建立健全旅游安全综合管理、联合执法等工作机制。国务院建立了旅游工作部际联席会议制度；国家旅游局与中宣部、中央文明办共同开展提升中国公民出境旅游文明素质宣传活动；海南、北京、云南、广西、江西等省（自治区、直辖市）先后成立了旅游发展委员会，强化了综合执法、协调管理机制；四川、安徽、浙江等省加强了旅游联合执法队伍建设；宁夏、海南等10多个省区建立健全旅游安全综合管理机制，完善有关职能，优化旅游安全监管环境。

2014年也是我国旅游业在规模庞大、管控复杂、薄弱环节多的背景下，安全平稳运行的一年。旅游规模不断扩大，国民旅游人数快速增长，预计国内旅游36亿人次，增长10%；入境旅游1.28亿人次，下降1%；出境旅游达到1.09亿人次，增长19.49%。在此背景下，旅游业虽然遭受了云南独克宗古城"1·11"和贵州报京侗寨"1·25"重大火灾事故、马来西亚航空MH 370失联事件、台湾复兴航空GE 222航班坠毁事件、西藏"8·9"尼木和"8·18"工布江达特大交通事故、上海外滩"12·31"踩踏事故，以及泰国、我国香港等地发生的中国游客不文明旅游行为负面舆论事件等重大安全事件冲击，2014年我国涉旅重大突发事件数与伤亡人数与2013年相比略有增加，但安全事故造成的人员伤亡和财产损失仍处于较低水平，旅游安全形势总体平稳。

《中国旅游安全报告（2015）》是中国旅游研究院旅游安全研究基地

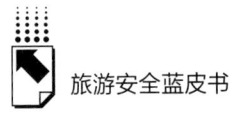

（华侨大学）按年度推出的重大研究成果"旅游安全蓝皮书"的第四部。为了察纳雅言，博采众长，以期进一步完善蓝皮书，使其成为旅游学界的一大共享平台，引领中国旅游业安全运行的风向标，2014年11月，值华侨大学旅游学院创办30周年之际，中国旅游研究院旅游安全研究基地与华侨大学旅游学院联合举办了《中国旅游安全报告（2014）》媒体发布会并组织召开了"中国旅游安全高峰论坛（2014）"，清华大学公共安全研究院院长范维澄院士，中国旅游研究院院长戴斌教授，南京大学旅游研究所所长、中国地理学会旅游地理专业委员会主任张捷教授，中国旅游研究院旅游政策与发展战略研究所所长宋子千博士，国家旅游局政策法规司郭志平先生，国家水利部水利风景区建设与管理领导小组办公室董青副处长，福建省旅游局行业管理处王祥银处长，中国旅游研究院旅游安全研究基地主任、首席专家郑向敏教授，江泰保险经纪有限公司张志安副总裁，安邦养老保险股份有限公司周沛总助等40余名嘉宾和代表出席论坛，就中国旅游安全风险与治理以及旅游安全领域若干重大理论和现实问题进行商榷研讨，取得了较好的成效，也为旅游安全蓝皮书的未来发展构筑了前进的基础。

《中国旅游安全报告（2015）》全书分为总报告、专题报告、区域报告三部分。总报告对2014年全年旅游安全的总体形势及2015年发展趋势进行了概括。专题报告由产业安全篇、安全事件篇、安全管理篇部分组成，结合统计数据、行业管理实践，具体分析了旅游各行业安全、各类旅游安全事件以及旅游安全监管的形势、影响因素和动态，提出了2015年面临的挑战和发展趋势。区域报告部分对出入境旅游以及北京、福建、吉林、安徽、四川等区域旅游安全的表现形态、管理手段、影响因素等进行了系统分析。

本报告是中国旅游研究院旅游安全研究基地及全国旅游安全研究专家学者共同创造的集体结晶。本报告由研究基地主任、华侨大学旅游学院教授郑向敏担任主编，负责全书逻辑框架的确定、总报告的撰写与定稿工作；基地副主任、华侨大学旅游学院副院长谢朝武副教授担任副主编，负责具体的组织、统稿以及部分章节的执笔写作。华侨大学旅游学院的王新建副教授、曾怡博士、罗景峰博士等参与了本书的部分编辑工作。研究基地、华侨大学旅游学院及全国旅游安全领域的专家学者分别参与了部分章节的编写工作。本书的完成与出版得到了国家旅游局综合司、中国旅游研究院领导的指导与帮助，得到了四川、福建、吉林、安徽等省旅游局，华侨大学校领导和科研管理部门的大力支持，也得到了中国社会科学院社会科学文献出版社的关心、支持与帮助，在此一并表示诚挚的谢意。

鉴于旅游安全涉及范围广，旅游安全案例众多，但缺乏权威的来源，加之作者认识和判断的局限性，难免出现统计数据的差异甚至疏漏，热诚欢迎广大读者批评指正！由于书中所涉及的统计和调查数据可能存在来源、统计口径和时间等方面的差异，请读者引用时认真核对。

旅游安全蓝皮书的编制是个系统工程，是一个需要在发展中优化完善的工程，是一个需要与产业共舞并得到产业实践支持的工程。旅游安全蓝皮书的编制团队需要相关政府机构、产业企业和教育研究机构的关心与支持。衷心希望旅游安全蓝皮书能为中国旅游业的健康安全发展做出持续的贡献。

郑向敏

2015年2月20日于华侨大学校园

目 录

BⅠ 总报告

B.1 2014~2015年中国旅游安全形势分析与展望
　　………………………… 旅游安全蓝皮书编委会 郑向敏（执笔）/ 001

BⅡ 专题报告

产业安全篇

B.2 2014~2015年中国旅游住宿业的安全形势
　　分析与展望 ………………………陈雪琼　杨崇美　张孝慈 / 024

B.3 2014~2015年中国旅游餐饮业的安全形势
　　分析与展望 ………………………汪京强　李艳娟　逯付荣 / 038

B.4 2014~2015年中国旅游交通业的安全形势
　　分析与展望 ……………………………………颜醒华　吴艺娟 / 050

B.5 2014~2015年中国旅游景区产业的安全形势
　　分析与展望 …… 黄安民　陈衡民　李　实　李　昊　黄　祥 / 064

B.6 2014~2015年中国旅游购物的安全形势
　　分析与展望 ……………………………………陈秋萍　刘东梅 / 081

B.7 2014~2015年中国旅游娱乐场所的安全形势
　　分析与展望 ………………………林美珍　郭利利　李晓露 / 095

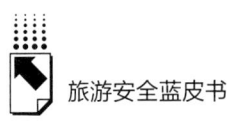

B.8 2014～2015年中国旅行社业的安全形势
分析与展望 …………………………… 侯志强 魏 婷 / 110

安全事件篇

B.9 2014～2015年中国涉旅自然灾害的形势
分析与展望 …………………… 叶新才 李 姿 朱 赟 / 122

B.10 2014～2015年中国涉旅事故灾难的形势
分析与展望 ……………………………………… 王新建 / 134

B.11 2014～2015年中国涉旅公共卫生事件的形势
分析与展望 ………………………………………… 王 芳 / 145

B.12 2014～2015年中国涉旅社会安全事件的形势
分析与展望 …………………………… 张 慧 殷 杰 / 160

安全管理篇

B.13 2014～2015年中国旅游安全行政管理工作
分析与展望 …………………………… 谢朝武 李月调 / 173

B.14 2014～2015年中国节假日旅游的安全形势分析与
展望 ……………………………………………… 周灵飞 / 189

B.15 2014～2015年中国自助旅游安全的形势
分析与展望 ……………………………………… 曾武英 / 202

B.16 2014～2015年中国高风险旅游的安全形势分析与展望
…………………………………………………… 曾 怡 / 214

B.17 2014～2015年中国女性旅游的安全形势
分析与展望 ……………………………………… 范向丽 / 227

B.18 2014～2015年我国旅行社责任险统保示范项目的
发展形势与展望 ………………………… 张志安 胡 筎 / 239

B.19 2014～2015年中国旅游保险的发展形势与
展望 …………………………… 李勇泉 曹 娜 阮文奇 / 251

B.20 2014～2015年中国旅游安全法律规制的形势
分析与展望 …………………………… 郭志平 武冰欣 / 266

B.21 国内外背包探险旅游安全管理法律制度比较研究 ………………………………… 朱 璇 王玉松 / 277
B.22 2014~2015年中国旅游安全预警形势分析与展望 ……………………………………… 罗景峰 / 292
B.23 2015年中国旅游上市公司财务安全预警
　　……………………………… 周春梅 吴玉婷 荆亚宇 / 303
B.24 2014年中国旅游安全的热点与新问题 ……… 邹永广 郑向敏 / 317

BⅢ 区域报告

B.25 2014~2015年北京市旅游安全形势分析与展望
　　……………………… 韩玉灵 王 军 周 航 张焱蕊 / 328
B.26 2014~2015年福建省旅游安全形势分析与展望 ……… 王祥银 / 341
B.27 2014~2015年吉林省旅游安全形势分析与展望 ……… 刘明一 / 350
B.28 2014~2015年四川省旅游安全形势分析 …………… 陈加林 / 361
B.29 2014~2015年安徽省旅游安全形势分析与展望 ……… 梁晓莹 / 368
B.30 2014~2015年港澳旅游安全形势分析与展望
　　……………………………… 陈金华 李能斌 胡诗文 / 378
B.31 2014~2015年台湾旅游安全形势分析与展望
　　………………………………………… 黄远水 孙盼盼 / 393
B.32 2014~2015年入境旅游安全形势分析与展望
　　………………………………… 吴倩倩 吴耿安 吴 媚 / 407
B.33 2014~2015年出境旅游安全形势分析与展望
　　………………………………… 方旭红 杨玉杰 聂 芳 / 420

CONTENTS

B I General Report

B.1 Analysis and Prospects of China's 2014-2015 Tourism Safety Situation
    Zheng Xiangmin, the Editorial Board of Blue Book of China's Tousim Safety / 001

B II Special Reports

Industry Safety

B.2 Safety Situation Analysis and Prospects of 2014-2015 Tourism
   Lodging Industry in China *Chen Xueqiong, Yang Chongmei and Zhang Xiaoci* / 024

B.3 Safety Situation Analysis and Prospects of 2014-2015 Tourism
   Catering Industry in China *Wang Jingqiang, Li Yanjuan and Lu Furong* / 038

B.4 Safety Situation Analysis and Prospects of 2014-2015 Tourism
   Transportation Industry in China   *Yan Xinghua, Wu Yijuan* / 050

B.5 Safety Situation Analysis and Prospects of 2014-2015 Tourism
   Attractions in China
     Huang Anmin, Chen Hengmin, Li Shi, Li Hao and Huang Xiang / 064

B.6 Safety Situation Analysis and Prospects of 2014-2015
   Tourism Shopping in China   *Chen Qiuping, Liu Dongmei* / 081

CONTENTS

B.7 Safety Situation Analysis and Prospects of 2014-2015 Public Place of Tourism Entertainment in China *Lin Meizhen, Guo Lili and Li Xiaolu* / 095

B.8 Safety Situation Analysis and Prospects of 2014-2015 Travel Agency Industry in China *Hou Zhiqiang, Wei Ting* / 110

Safety Incidents

B.9 Situation Analysis and Prospects of 2014-2015 Tourism-Related Natural Disasters in China *Ye Xincai, Li Zi and Zhu Yun* / 122

B.10 Situation Analysis and Prospects of 2014-2015 Tourism-Related Accdients in China *Wang Xinjian* / 134

B.11 Situation Analysis and Prospects of 2014-2015 Tourism-Related Public Health Incidents in China *Wang Fang* / 145

B.12 Situation Analysis and Prospects of 2014-2015 Tourism-Related Social Security Incidents in China *Zhang Hui, Yin Jie* / 160

Safety Management

B.13 Analysis and Prospects of 2014-2015 Tourism Safety Administrative in China *Xie Chaowu, Li Yuetiao* / 173

B.14 Situation Analysis and Prospects of 2014-2015 Holiday Tourism Safety in China *Zhou Lingfei* / 189

B.15 Situation Analysis and Prospects of 2014-2015 Self-Tourism Safety in China *Zeng Wuying* / 202

B.16 Situation Analysis and Prospects of 2014-2015 High Risk Tourism Safety in China *Zeng Yi* / 214

B.17 Situation Analysis and Prospects of 2014-2015 Tourism Safety of Female Tourists in China *Fan Xiangli* / 227

B.18 Situation Analysis and Prospects of 2014-2015 Travel Agency Liability Insurance in China *Zhang Zhian, Hu Jia* / 239

B.19 Situation Analysis and Prospects of 2014-2015 Tourism Insurance in China *Li Yongquan, Cao Na and Ruan Wenqi* / 251

B.20 Situation Analysis and Prospects of 2014-2015 Legal Regulation of Tourism Safety in China *Guo Zhiping, Wu Bingxin* / 266

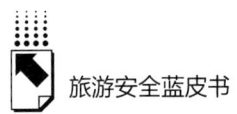

B.21 Comparative Studies on Safety Mangement and Legal Regulation for
Backpacking Expeditions in China and Abroad   *Zhu Xuan, Wang Yusong* / 277

B.22 Situation Analysis and Prospects of 2014-2015 Tourism
Pre-Warning in China   *Luo Jingfeng* / 292

B.23 Financial Pre-Warming of 2015 Tourism Listed
Companies   *Zhou Chunmei, Wu Yuting and Jin Yayu* / 303

B.24 The Hotspots and New Problems of 2015 China's
Tourism Safety   *Zou Yongguang, Zheng Xiangmin* / 317

BⅢ Regional Reports

B.25 Safety Situation Analysis and Prospects of 2014-2015
Beijing Tourism   *Han Yuling, Wang Jun, Zhou Hang and Zhang Yanrui* / 328

B.26 Safety Situation Analysis and Prospects of 2014-2015
Fujian Tourism   *Wang Xiangyin* / 341

B.27 Safety Situation Analysis and Prospects of 2014-2015
Jilin Tourism   *Liu Mingyi* / 350

B.28 Safety Situation Analysis and Prospects of 2014-2015
Sichuan Tourism   *Chen Jialin* / 361

B.29 Safety Situation Analysis and Prospects of 2014-2015
Anhui Tourism   *Liang Xiaoying* / 368

B.30 Safety Situation Analysis and Prospects of 2014-2015 Hong Kong
and Macau Tourism   *Chen Jinhua, Li Nengbin and Hu Shiwen* / 378

B.31 Safety Situation Analysis and Prospects of 2014-2015
Taiwan Tourism   *Huang Yuanshui, Sun Panpan* / 393

B.32 Safety Situation Analysis and Prospects of 2014-2015
Intbound Tourism   *Wu Qianqian, Wu Geng'an and Wu Mei* / 407

B.33 Safety Situation Analysis and Prospects of 2014-2015
Outbound Tourism   *Fang Xuhong, Yang Yujie and Nie Fang* / 420

总 报 告
General Report

2014~2015年中国旅游安全形势
分析与展望

旅游安全蓝皮书编委会　郑向敏（执笔）

保障旅游安全。加强旅游道路特别是桥梁、隧道等交通安全和食品安全监督检查，对客运索道、大型游乐设施等旅游场所特种设备定期开展安全检测。完善旅游安全服务规范，旅游从业人员上岗前要进行安全风险防范及应急救助技能培训。旅行社、景区要对参与高风险旅游项目的旅游者进行风险提示，并开展安全培训。景区要加强安全防护和消防设施建设。按照属地管理原则，建立健全旅游景区突发事件、高峰期大客流应对处置机制和旅游安全预警信息发布制度，将其纳入当地统一的应急体系。重点景区要配备专业的医疗和救援队伍，有条件的可纳入国

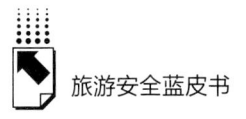

家应急救援基地统筹建设。

——《国务院关于促进旅游业改革发展的若干意见》

（国发〔2014〕31号）

努力完善以《旅游法》为核心的旅游法律规范体系。……积极推动各级政府抓紧健全旅游综合协调机制、旅游联合执法监管机制、旅游投诉统一受理机制和旅游安全综合管理机制；要完善旅游公共服务体系、旅游规划编制和评价体系、旅游产业发展促进体系、旅游紧急救援体系、旅游形象宣传推广体系；要探索建立旅游目的地安全风险提示制度、高风险旅游项目管理制度、旅游景区价格和流量管理制度。

——《国家旅游局关于贯彻党的十八届四中全会精神　全面推进依法兴旅、依法治旅的意见》（旅发〔2014〕241号）

进一步强化安全生产"红线"意识，深化安全监管体制改革，建立"党政同责、一岗双责、齐抓共管"责任体系，严格落实企业主体责任，强化地方属地监管责任。要继续推动重点行业领域专项治理，突出抓好煤矿安全治本攻坚，加强道路交通和消防安全源头管控，对建设工程、人员密集场所、易燃易爆单位、地下公共场所等进一步落实安全保障规定和消防安全责任。要加大监督检查力度，继续深入开展安全生产大检查"回头看"，扎实做好油气管线安全专项排查整治，建立健全督察暗访和巡视工作制度，落实隐患排查治理责任制。要依法严厉打击非法违法、违规违章行为，全面提升安全生产法治水平。要研究构建安全生产长效机制，深入开展安全生产标准化和公共安全基础建设，夯实安全生产基础，促进安全生产形势实现根本好转。

——中共中央政治局委员、国务院副总理、国务院安全生产委员会主任
马凯在全国安全生产电视电话会议上的讲话

一 2014年中国旅游安全形势回顾

（一）旅游安全总体形势

2014年全国旅游安全形势总体良好，旅游突发事件的发生总量和死亡人数均同比下降。[①] 旅游行业在党中央、国务院的统一领导下，在各级党委政府、各有关部门的全力支持下，继续秉持"科学发展、安全发展"理念，坚持"安全第一、预防为主、综合治理"方针，贯彻执行《中华人民共和国旅游法》（以下简称《旅游法》）和《国务院关于促进旅游业改革发展的若干意见》中的旅游安全规定，按照党的十八届四中全会精神，全面推进依法兴旅、依法治旅，充分发挥国务院旅游工作部际联席会议制度的作用，通过强化旅游行业安全监管、落实旅游企业安全生产主体责任、规范开展旅游安全生产等步骤与措施，有效防范和最大限度遏制了旅游重特大事故，保障了旅游业的安全与稳定。

2014年境内外旅游安全状况相对稳定，但可预见与不可预见、传统与非传统的不安全因素依然存在，并对旅游业的安全稳定带来了一定的影响。2014年我国旅游业先后遭遇了强雾霾天气、沙尘侵袭、"威马逊"超强台风、庐山山体滑坡、四川暴雨、云南鲁甸县6.5级地震、四川康定6.3级地震、贵州和重庆大雾，以及境外的马尔代夫员工罢工、也门街头示威、利比亚武装冲突升级、乌克兰东南部地区局势恶化、以色列军队与加沙武装派别爆发严重冲突等旅游突发事件。尽管2014年旅游不安全因素繁杂多样，但全国旅游行业上下以保障游客生命财产安全为根本出发点，努力保障旅游产业核心要素安全、规范完善区域旅游安全行政治理、创新旅游安全保障体系等，努力夯实旅游安全管理基础，有效应对和妥善处置了各起旅游突发事件和安全事故，确保了2014年我国旅游安全形势总体趋稳、趋好的态势。

---

① 国家旅游局综合司资料：《2014旅游突发事件年报信息》。

（二）旅游行业安全形势

1. 旅游餐饮行业安全形势总体较好，事件数量呈下降态势

2014年全国各省、自治区、直辖市有效加强旅游餐饮行业安全的防范与管理，我国旅游餐饮行业安全形势总体较好。旅游餐饮行业安全事件的数量呈下降趋势，且未出现性质恶劣、伤亡巨大的特大安全事件。①火灾、爆炸事故最多，食物中毒和其他食品安全事故次之；②空间区域的餐饮安全问题差异较大；③安全事故时间集中在3月、8月、9月和11月等旅游旺季，9月份的安全事故数量最多；④小餐厅安全问题较大、安全事故较多。影响2014年旅游餐饮安全的主要因素如下。①安全管控因素：政府监管存有漏洞、多头管理造成旅游者维权困难等；②餐饮经营主体因素：餐饮企业安全责任意识不强、服务质量水平整体较低造成不安全事件和投诉事件等；③消费者因素：餐饮消费者安全意识薄弱、法律意识较薄弱造成不安全事件和纠纷与冲突；④社会环境因素：消费环境不稳定、食品不安全造成不安全事故与突发事件等。

2. 旅游住宿行业安全形势平稳，安全环境逐步向好

2014年我国旅游住宿行业安全形势持稳，安全环境逐步向好。案例统计显示，2014年我国旅游住宿行业各类型安全突发事件所占比重基本与2013年一致。从安全突发事件类型上看，旅游住宿行业突发社会安全事件发生频次最高，事故灾难类事件次之，公共卫生事件和自然灾害事件数量相对较少。从发生时间上看，基本覆盖全国各省市和全年的各个月份。从造成的伤害结果看，对企业、消费者、员工等利益相关者带来人、财、物等多方面的损失，并对旅游住宿行业的社会形象产生负面影响。2014年旅游住宿行业安全事件呈现以下特征：①人员冲突事件增幅较大；②传统安全事件为主，非传统安全事故多有出现；③突发安全事件时间分布较均匀，未呈现淡旺季差异。影响2014年旅游住宿行业安全的主要因素有：①政策法规不健全、企业制度环境不完善等安全制度因素；②安全监管主体过多、企业内部监管力度不足等安全监管因素；③旅游住宿业内部员工安全意识淡薄、消费者安全认知不足等安全认知因素；④自然灾害以及突发性的公共卫生事件等不可控制因素。

3. 旅游交通行业安全形势总体趋好，安全问题特征明显

2014年，我国旅游交通安全形势总体趋好。虽然遭遇了台风、雾霾等诸多不可控外部因素的挑战，但旅游交通安全管理做到了严格落实事故责任，突出重点，迅速部署，确保了2014年旅游交通安全的良好态势。2014年旅游交通行业安全状况具有以下特征：①道路交通较大事故数量及伤亡人数相比2013年有所下降；②非直接旅游交通运输参与者违章违法造成的重大交通事故明显；③暴风雪、雾霾天气影响到公路、水路、铁路及民航交通运输的正常运营，安全事故较多，但总体上得到较好管控；④景区旅游交通安全仍然是交通安全的薄弱环节。影响2014年旅游交通行业安全状况的主要因素是：①交通法律法规因素；②科学技术因素；③异常天气、气候因素；④旅游交通相关者主体因素等。

4. 旅游景区安全形势良好，突发事件类型分布多样

2014年中国旅游景区安全形势呈良好状态。据不完全统计，2014年中国旅游景区共发生旅游安全突发事件130起，分布在27个省（自治区、直辖市），共造成40人死亡。2014年发生安全突发事件涵括自然灾害、事故灾难、公共卫生事件和社会安全事件四类，其中事故灾难类型突发事件发生的次数最多；分散在地文景观类、水域风光类及建筑与设施类景区，其中地文景观类型景区的安全事故突发频率最高。2014年旅游景区安全突发事件具有以下特征：①事件分布的分散性和集中性；②事件类型的复杂性和多发性；③事件影响的广泛性和深刻性。影响2014年旅游景区安全状况的主要因素是：①自然环境；②社会文化；③管理制度；④技术因素；⑤旅游者自身等。

5. 旅游购物安全形势基本平稳，影响因素错综复杂

2014年我国旅游购物安全形势基本平稳，但影响旅游购物安全的因素错综复杂，旅游购物安全形势不容乐观。2014年旅游购物安全状况具有以下特征：①旅游购物安全事件的危害主要包括财产损失和人身伤害两种类

型；②购物安全事件发生地以景区附近的购物场所、大型商场为主，偶尔发生在旅游大巴上或酒店内；③旅游购物安全事件的受损主体为游客，偶发经营者利益受损；④出境游购物安全事件区域分布广泛，国内旅游购物安全事件发生以热点旅游城市为"重灾区"，入境游购物安全事件以旅游热点省区为高发地；⑤购物安全事件主要发生在4月、7月、8月、11月，购物投诉淡旺季差异仍然存在。影响2014年旅游购物安全的主要因素是：①出境游客数量与消费金额迅速增加；②利益链条和低价竞争仍是购物安全事件的重要祸因；③游客法律意识与防范意识薄弱。

6. 旅游娱乐安全形势不容乐观，安全事故总数增加

2014年旅游娱乐场所的安全形势总体不太乐观。与2013年相比较，2014年我国旅游娱乐场所安全事故等级降低，但事故总数有所增加。2014年旅游娱乐安全状况具有以下特征：①安全事故发生次数有所增长，并且伤亡人数明显增加；②分布范围较广，华东和华中地区呈现此消彼长的现象；③事故灾难类事件仍是主要事件，儿童依然是事故伤害的主体。影响2014年旅游娱乐安全的主要因素是：①旅游者安全意识薄弱；②旅游娱乐场所从业人员责任意识、安全意识欠缺；③旅游娱乐企业安全管理存在缺陷；④旅游娱乐场所设施设备存在安全隐患；⑤不可控的外在因素。

（三）旅游安全事件形势

1. 涉旅安全事故灾难数量上升，但形势总体可控

2014年我国涉旅安全事故灾难次数及伤亡数量上升，重大涉旅事故灾难虽时有发生，但百万游客事故灾难比率不高，涉旅安全形势总体可控。据不完全统计，2014年共发生67起事故灾难，共造成了192人死亡。其中，重大交通事故2起，死亡60人。与2013年相比，事故总数和事故造成的死伤人数分别增加9.8%和27%，重大事故灾难死伤人数增加100%。但从2014年35.8亿国内旅游人次的总体规模来看，事故灾难百万人比率仍较低，属于可控范围。2014年我国涉旅安全事故灾难事件的主要特点是：①旅游交通事故是涉旅事故灾难中最主要的类型；②山地户外运动事故发生次数和总体死亡人数较 2013 年大幅增加；③漂流、游船、游艇等涉水旅游事故灾难较 2013 年略有减少；④酒店火灾死伤人数较往年有所下降；⑤其他类型的事故灾难时有发生。2014 年我国涉旅安全事故灾难的主要影响因素有：①监管理念滞后，监管能力不能满足国民旅游、大众自助旅游时代要求；②针对大型群体性旅游活动和高风险个性化旅游消费模式的旅游安全保障水平不足；③旅游者安全意识薄弱，安全应对能力不足，旅游不文明行为十分突出。

2. 涉旅公共卫生安全形势稳定，安全事件等级呈加重态势

2014 年我国涉旅公共卫生安全总体形势较为稳定，涉旅公共卫生事件防范意识整体有所增强，游客食物中毒、传染病疫情等危机事件数量同比 2013 年有所下降，但事件严重等级呈加重态势。2014 年我国涉旅公共卫生事件呈现以下特征：①涉旅食物中毒事件数量骤减，但事件等级有所加重；②涉旅传染病疫情防范效果较好，但境内外疫情威胁严重；③涉旅公共卫生事件类型增多，监管模式尚未完善；④自助游公共卫生事件频发，管控防范力度不足；⑤邮轮旅游涉旅公共卫生管理滞后；⑥游客公共卫生安全意识仍较薄弱。2014 年我国涉旅公共卫生安全事件的主要影响因素包括：①政府法规政策不健全、企业制度不完善等法规政策因素；②政府监管责任不到位、企业内部监管力度不强等监督管理因素；③企业危机意识淡薄、游客安全意识不强等安全意识因素。

3. 涉旅社会安全总体形势好转，安全管控依然严峻

2014 年我国涉旅社会安全事件总体形势有所好转，安全管控依然严峻。2014 年我国涉旅社会安全事件呈现以下特征：①涉旅社会安全事件覆盖面广，既包括社会治安问题，也涵盖社区文化冲突问题，防控工作困难；②重大事件时有发生，社会关注度与日俱增；③涉旅社会安全事件在 6 月、7 月、8 月、9 月以及 10 月呈现多发趋势，其中 10 月达到峰值，第三季度高于其他三个季度；④华东地区涉旅社会安全事件数量远高于其他地区，而华南、西南地区也是涉旅社会安全事件发生的严重区域；⑤涉旅社会安全事件呈现省域分散特征，空间场所集中且多分布于酒店、景区等地。2014 年我国涉旅社会安全事件发生的主要原因有：①旅游者安全意识薄弱；②旅游企业安全认知不高；③应急体制建设尚不完善；④政府部门多头管理、管控机构尚不明晰、政府管控措施成效不佳等。

二 2014年中国旅游安全管理状况回顾

2014年是我国旅游安全管理改革思变、锐意创新，管理思路逐步规范，管理水平和管理能力逐渐提升的一年。2014年我国旅游安全管理工作状况可以通过我国旅游产业核心要素安全管理和旅游安全保障体系等方面得到体现。

（一）旅游产业核心要素安全管理：应时防控

旅游产业核心要素的安全管理是旅游安全管理的重点和难点。2014年我国各级旅游行政主管部门在旅游餐饮、旅游住宿、旅游交通和旅游购物等旅游产业要素上的安全管理力度逐渐增强，安全管理方式不断创新，管控能力明显提升。

1. 旅游餐饮安全监管力度不断加强，全方位、多角度的社会监督体系亟须形成

2014年旅游餐饮安全监管力度不断加强，主要体现在国家、各省市在重要时段的餐饮安全检查、发生安全事故后及时跟踪解决、安全事故后再次安检。《国务院关于促进旅游业改革发展的若干意见》中提出要保障旅游安全，加强食品安全监督检查；四川省为加强旅游景区餐饮安全监管出台了《四川省旅游景区餐饮服务食品安全管理办法》；海南省持续进行旅游市场整治工作，自2013年起至2014年12月已公布八批扰乱旅游市场秩序的违法违规旅游企业和从业人员；宁夏针对2014年6月和11月发生的后厨起火和煤气罐泄漏事件开展了餐饮负责人消防知识学习[1]和餐饮燃气治理工作。[2]

---

[1] 宁夏固原市消防支队：《宁夏固原300余名餐饮负责人学习消防知识》，宁夏消防网，http：//www.nx119.gov.cn/WebHtml/News/2014/newsdetail_66_9523.shtm，2014-06-17。

[2] 《法制新报》：《宁夏开展餐饮燃气治理》，凤凰网，http：//xibei.ifeng.com/nx/detail_2014_11/17/3159766_0.shtml，2014-11-17。

尽管政府管理部门对旅游餐饮安全给予了高度重视，但餐饮安全监管仍不尽如人意，如：旅游景点附近餐饮安全事件较多，小摊贩整治与监管力度较弱；旅游列车食品安全隐患较多；飞机餐食出现安全问题；火车站周边餐馆标价、发票、食品安全和餐饮服务等问题明显；餐饮业存在多头管理，涉及工商部门的餐馆营业执照问题、食药监部门的餐饮服务与食品安全问题、物价部门的明码标价问题和税务部门开具发票问题等，这增加了旅游者维权的难度。此外，旅游过程中游客饮食变更与交叉，导致食品安全问题的责任难以厘清，各部门的安全监管职责也难以厘清。因此，全方位、多角度的社会共同监督是保障旅游餐饮业安全管理的关键。

2. 住宿业安全监督整治力度加大，旅游住宿行业的社会监督机制进一步完善

2014年旅游住宿行业各主管部门针对住宿行业安全特点继续深入开展了安全督察整治工作。包括：①在全国层面宣传贯彻和科学实施《旅游法》、完善规章制度、强化住宿行业安全问题的监管。②在行业层面推动饭店服务质量和品牌等标准的制定与实施、完善《星级饭店服务质量赔偿标准》等服务质量赔偿标准体系建设、推进《旅游饭店网络预订服务规范》等行业规范的制定和实施、研究修订星评工作整体移交后的星级饭店评定实施办法、加强对评定工作的监管力度、建立健全信用约束激励机制、发布实施《旅游经营服务"失信名单"管理办法（试行）》、开展"诚信旅游经营（服务）案例"征集评选活动、研究建立星级饭店等的经营异常名录制度、依法对严重违法失信主体实行市场禁入制度、鼓励地方对守信主体予以支持和激励等。[①]

2014年旅游住宿业相关部门在引导舆论监督和公众监督方面也开展了诸多工作。包括：①推动完善社会监督机制，发挥社会媒体正确的舆论导向和监督作用；②针对违法违规行为，利用社会新闻媒体渠道进行暗访、曝

---

① 《2014年全国旅游服务监管工作要点（征求意见稿）》，国家旅游局旅行社管理系统，http://lxstj.ziuziu.net/html/Article/20140404/12645.shtml，2014-05-17。

光；③完善公众监督机制，推动建立统一投诉受理机制，并依据投诉和举报线索，及时查处违法违规行为；④鼓励地方建立健全公众参与监督的激励机制。例如，2014年1月，三亚红树林度假酒店娱乐吧变身赌场被曝光，引起三亚市委市政府高度重视。①

3. 旅游交通安全整治逐步深入，旅游交通安全责任有效落实

2014年，各地政府进一步加强组织领导，强化部门行业监管责任，严格按照"谁主管、谁负责"、"谁发证、谁负责"、"谁审批、谁负责"的原则，坚持"全覆盖、零容忍、严执法、重实效"的总体要求，切实加强了旅游道路交通安全工作。②

（1）全面开展了旅游交通安全专项治理。各地旅游部门坚持统筹协调、突出重点的原则，重点检查旅行社的旅游客运交通规范经营情况，包括车辆使用情况、租用车辆的资质和安全保障能力、驾驶员的安全规范、旅游安全乘车须知等方面内容。各地旅游部门针对重点时段、特殊旅游线路和旅游景区的旅游交通安全，积极协同交通运输、公安、安全监管等部门联合开展督察工作，对旅游交通安全存在的隐患进行排查。例如，吉林省白山市旅游局为进一步加强白山市旅行社旅游客运包车安全管理工作，规范旅游租车市场秩序，采取多项措施，加强对旅游客运包车安全的监管，对不按规定租用车辆的旅行社从严处理，进一步防范和遏制旅游客运道路交通事故。③

（2）积极构建旅游道路交通安全管理的长效机制。2014年，各地旅游部门主动会同交通运输、公安、安全监管等部门，针对当地旅游道路交通安全形势和可能存在的安全监管漏洞，为保障当地旅游交通规范、安全运行，

---

① 郑玮娜：《媒体曝光三亚酒店变赌场 市长表态不管多牛严惩不贷》，新华网，http://news.xinhuanet.com/politics/2014-01/26/c_119133122.htm，2014-01-026。
② 国家旅游局办公室：《关于深入开展旅游道路交通安全专项治理工作的紧急通知》，国家旅游局网站，http://www.cnta.gov.cn/html/2014-8/2014-8-12-17-42-77992_1.html，2014-08-12。
③ 吉林省旅游局信息中心：《白山市旅游局强化安全监管措施 加强旅游客运包车安全》，国家旅游局网站，http://www.cnta.gov.cn/html/2014-3/2014-3-26-13-59-41826.html，2014-03-26。

建立起旅游道路交通安全管理长效机制。[①] 包括：①旅游主管部门全力配合协同相关部门对旅游交通运输各重点环节和重点领域进行监督检查；②充分利用各种可能渠道，发布旅游交通流量、交通状况、气象信息和出行提示信息，营造良好的旅游交通安全氛围；③加强旅游交通安全应急处置，强化应急值守，严格执行旅游交通突发安全事件的信息报送制度和应急响应制度；④做好旅游旺季旅游交通安全管理工作。节假日旅游高峰期，旅游交通安全管理做到24小时应急值守和确保信息畅通，及时响应和救援。例如，2014年春运期间，针对公路和旅游客运企业的内部管理和GPS监控等制度的落实情况，安徽合肥交警部门进行了重点严查，对客运驾驶人的累计驾驶时间、日间连续驾驶时间、夜间连续驾驶时间和停车休息提出严格要求。[②]

4. 旅游购物安全警示与监管体系开始构建，民众参与监督势在必行

全民参与旅游购物监督是旅游行业治理的新举措，也是提高旅游购物安全的重要举措。2014年，各地政府在完善旅游购物安全监管体系，鼓励民众参与监督方面开展了诸多工作。①为严厉打击各地哄抬物价、销售假冒伪劣产品、强迫或变相强制旅游消费行为，国务院办公厅下发了《关于做好2014年国庆期间旅游工作的通知》，明确要求严查和严厉打击违法违规行为。②发布安全警示，提醒游客谨防购物陷阱。国家旅游局发布的2014旅游服务警示第2号"都是低价惹的祸"向广大旅游者提出购物安全警示，提醒旅游者应增强风险防范意识，克服侥幸心理，不因贪图便宜受骗于低价旅游团，要选择资质可靠的旅行社的产品，购买旅游商品后索要正式发票，如遇旅游商品质量问题，及时向相关主管部门投诉。[③] ③中国消费者协会与各地消协在节假日等旅游旺季，及时发布消费警示，提醒游客谨防购物陷

---

① 国家旅游局办公室：《关于深入开展旅游道路交通安全专项治理工作的紧急通知》，国家旅游局网站，http://www.cnta.gov.cn/html/2014-8/2014-8-12-17-42-77992_1.html，2014-08-12。
② 安徽省旅游信息中心：《合肥春运严查旅游客运车辆》，国家旅游局网站，http://www.cnta.gov.cn/html/2014-1-18-10-25-05008.html，2014-01-18。
③ 《2014旅游服务警示第2号：都是低价惹的祸》，国家旅游局网站，http://www.cnta.gov.cn/html/2014-7/2014-7-8-11-25-60910.html，2014-07-08。

阱。某些地区的旅游商品存在质次价高问题，尤其是宝石玉器、珍珠水晶、药材保健品、工艺品等容易鱼目混珠，中国消协提示前往国外和我国港澳台地区的游客不要盲目或冲动购买，谨记货比三家，并要提防水货、核查单据。① 如湖州市消费者权益保护委员会提示游客应根据自身客观需要选购商品，避免受到导游或销售员过多的引导诱惑，境外旅游时尽量不购买珠宝首饰、电器、药材等贵重物品。② ④全国人大常委会执法检查组在陕西省开展《旅游法》执法检查，陕西省建立了旅游市场秩序联席会议制度，省旅游局、公安厅、工商局等11个部门共同参与，同时建立了旅游投诉统一受理机制，在全行业推行"旅游企业信用榜"公示制度，对旅游经营单位进行诚信考核、行风评议及考评督察。③ 如三亚市政府2014年12月发布《三亚市旅游市场违法违规经营行为举报奖励办法》，尝试全民参与旅游整治，设立旅游市场违法违规经营行为公众举报平台，推出政府服务热线12345和市旅游投诉热线12301，由各职能部门依据举报线索进行后续调查处理，鼓励并重奖为三亚旅游市场找问题的民众。④

（二）旅游安全保障体系：创新优化

旅游安全体制、机制、法制和保险保障是旅游业安全发展的基石。不断创新优化的旅游安全体制、机制、法制和保险体系是助推旅游业安全发展的动力。2014年，是我国旅游安全体制、机制、法制和保险体系不断创新发展的一年，具体体现在以下三方面。

1. 旅游安全管理的体制、机制不断优化

2014年我国各省（自治区、直辖市）积极把握新常态下依法治国对旅游法治建设的新要求，贯彻推进依法治旅、依法兴旅。各级旅游主管部门，

---

① 王绍芳：《珠宝首饰消费投诉增多 消协给出三个消费提示》，《今晚报》2014年9月24日。
② 《湖州市消保委提醒："十一"外出旅游需谨慎》，湖州消费维权网，http://www.hu315.org/Article_View.aspx? ArCat = 1&ID = 6403，2014 - 09 - 28。
③ 孙铁翔：《全国人大常委会启动旅游法执法检查》，新华网，http://news.xinhuanet.com/politics/2014 - 08/22/c_1112195509.htm，2014 - 08 - 22。
④ 李萌：《三亚出台旅游市场违法违规经营行为有奖举报办法》，《三亚日报》2014年12月9日。

依照《旅游法》的规定，在当地政府的领导和组织下，积极联合公安、工商、交通、质监等部门对旅游行业经营情况进行监督检查；结合旅游活动流动性的特点，实施跨区域旅游联合执法；加强旅游执法机构和队伍建设，夯实旅游执法的基础。① 例如，福建省旅游局召开专题会议部署第十届旅博会及旅游安全等各项工作，会议强调旅游安全事关广大游客生命财产安全，也事关福建省旅游业的可持续发展。②

为全面贯彻《旅游法》的规定和要求，加强旅游相关部门的协同配合，更好推进旅游工作的有效实施，2014年我国建立了国务院旅游工作部际联席会议制度（以下简称联席会议）。联席会议在国务院领导下，由国家旅游局、外交部、发改委、公安部、安监总局、食品药品监督管理总局、气象局等共28个部门组成，旅游局为牵头单位。主要任务是全面统筹协调旅游工作，对旅游业发展进行宏观指导，对旅游业改革发展中的重大问题提出方针政策和协商合力解决，成员单位加强协调配合，协同共管，共同促进旅游业协调发展。③

2. 旅游安全管理的法治保障日益增强

2014年，《中华人民共和国安全生产法》的修订颁布，进一步对各行各业安全生产工作起到了统领与规范作用。在《旅游法》实施一周年之际，2014年全国人大常委会对《旅游法》实施情况进行了执法检查，极大地推动了《旅游法》的贯彻执行。同年，为了贯彻依法治国对旅游法治的新要求，国家旅游局印发了《国家旅游局关于贯彻党的十八届四中全会精神　全面推进依法兴旅、依法治旅的意见》。在众多利好政策的指导下，旅游安全的法治化正在按照科学立法、严格执法、公正司法、全民守法的步伐稳健迈进。

---

① 《国家旅游局关于贯彻党的十八届四中全会精神　全面推进依法兴旅、依法治旅的意见》，国家旅游局官方网站，http://www.cnta.gov.cn/html/2014-12/2014-12-9-%7B@hur%7D-59-91421.html，2014-12-09。
② 许智杰：《省旅游局召开专题会议部署旅博会、旅游安全等工作》，福建旅游之窗政务网，http://www.fjta.gov.cn/news/xydt/201408/20140821379421.shtml，2014-08-21。
③ 《国务院建立旅游工作部际联席会议制度　由28部门组成》，人民网-旅游频道，http://travel.people.com.cn/n/2014/0915/c41570-25664809.html，2014-09-15。

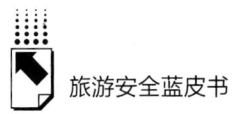

(1) 旅游安全监管职责方面。海南省强化"谁主管、谁负责""谁审批、谁负责"的原则,旅游主管部门和有关部门在各自职责范围内依法履行旅游安全监管职责,同时明确了旅游部门在突发事件发生后的协同处理、指导救援、发布信息、参与调查和解决纠纷等职责。上海市提出建立旅游安全联动机制,旅游部门负责旅游安全监督管理工作,牵头会同有关部门定期开展旅游安全监督管理联合检查;联合公安、消防、食药监、质监、交通等部门,依法执行旅游安全监督,对节假日、会展等特殊节点和重点环节进行安全大检查。

(2) 旅游安全预警方面。云南省和海南省都提出旅游部门应当会同有关部门建立旅游预警信息发布制度,针对旅游目的地发生或可能发生的旅游安全事件,按照有关规定及时、准确地发布信息,为旅游经营者和旅游者提供旅游安全警示信息。上海市规定旅游部门应当在重要节假日之前及期间,通过正规媒体渠道向社会发布各旅游景区(点)的住宿、交通等接待情况,并发布旅游安全警示信息。

(3) 旅游安全经营主体责任方面。云南省和海南省都要求依照《旅游法》规定,旅游经营者对旅游突发安全事故应当及时向当地旅游、公安等部门或当地政府部门报告。海南省规定"对于具有危险的旅游场所、旅游设施设备或游览项目,旅游经营者必须设置明显的旅游安全警示标识"。上海市规定"旅行社对于租用的旅游车辆、船舶,应当取得相应的资质和进行投保强制保险,同时对承担旅游运输的车辆、船舶提出明确要求"。此外,对旅馆、网络旅游经营者也提出了安全经营规范要求。

(4) 景区流量控制制度方面。海南省规定由省旅游部门制定旅游景区最大承载量具体核定标准和办法,并加强对重点旅游景区执行最大承载量情况的监督和检查;由市、县、自治县旅游部门核定旅游景区最大承载量,并报省人民政府旅游部门备案。

(5) 高风险旅游项目方面。云南省明确的高风险旅游项目包括登山、攀岩、蹦极、过山车、露营、探险、漂流、骑马、水上娱乐等,并要求向县级以上人民政府旅游行政主管部门备案。海南省明确的高风险旅游项目包括潜水、漂流、冲浪、摩托艇、水上拖曳伞、低空飞行等，同时要求旅游经营者对高风险旅游项目，应制定操作程序和使用注意事项须知，并在运营前、中和后进行安全检测，对参与高风险旅游项目的旅游者进行安全培训。上海市明确的高风险旅游项目包括漂流、狩猎、探险等。

（6）旅游保险制度方面。云南省规定旅游部门应当会同有关部门，尝试建立全省统一的，包括旅游经营者责任保险在内的旅游安全组合保险体系，并指导旅游组合保险的实施和推进；旅行社等旅游企业和高风险旅游项目经营者在投保旅游责任险的基础上，积极参与旅游安全组合保险的统保。上海市积极推行旅游经营者责任统保，相关行业协会也积极组织本市和外省市在沪的旅游经营者投保相关责任保险。

3. 旅游安全管理的保险保障逐渐深入

2014年，国家及地方政府都高度重视旅游保险工作及旅游保险的宣传推广工作。6月16日，由国家旅游局主办，北京市旅游委、北京市公园管理中心、北京市东城区人民政府协办的"2014年旅游安全宣传咨询日"活动在北京天坛公园举行。[①] 各级政府和旅游主管部门，在加强旅游保险的宣传推广和强化旅游者安全意识与投保意识的同时，积极推进旅责险与统保示范项目和旅游意外险项目，有助于促进旅游保险业的可持续发展。

2014年旅游保险产品种类更加丰富且精细化。旅游安全事故类型趋于多样化与复杂化，旅游者对于旅游保险产品的个性化与多元化需求逐步增加。在政府部门对旅游保险工作的重视与推动下，保险企业开发出更多针对性的保险产品，如众安保险面对个人推出的"37度高温险"、江泰保险经纪股份有限公司联合其他三大保险公司推出的"畅游江泰旅游者团体意外保险系列"产品等。

2014年更多的保险企业参与到旅游保险市场中。随着旅游业的不断发展，中民保险、平安保险、江泰保险等各大保险公司纷纷投入旅游保险市

---

① 《"2014年旅游安全宣传咨询日"活动在京举行》，中央人民政府网站，http://www.gov.cn/xinwen/2014-06/16/content_2701924.htm，2014-06-16。

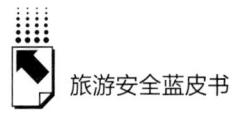

场，开发旅游保险产品，几乎每家保险企业都有专门的旅游保险板块。同时，保险公司也越来越注重对专业人才的培养。

2014年旅游者投保意识也得到进一步增强。携程网6月份发布的国内首份《2013~2014年旅游意外险投保理赔报告》显示，近一年来，我国游客投保比例较以往提高了5%，特别是出境游，最高投保率达到80%以上。相比于2012年、2013年，旅游者投保意识明显增强。航班延误、旅程取消保险量也有明显增加。

2014年旅游保险理赔程序和服务进一步完善，旅游保险模式不断创新，旅游保险理赔时间整体缩短。随着旅游保险的不断发展，旅游保险业的竞争也日益激烈，在各级政府部门的监督与管理下，各保险公司不断提高出险理赔效率，完善理赔服务，缩短理赔时间。江泰保险股份有限公司在国内首创的人身保险案件委托服务模式，也从根本上革新了以往由保险公司受理报案、理赔审核、理赔调查、理赔支付的保险模式。新模式的核心是保险经纪公司代表投保人进行索赔，同时由受委托保险公司对索赔进行审核调查，由于其第三方的地位，保证了理赔过程的公平公正和高效。

三 2015年中国旅游安全形势展望

（一）影响2015年中国旅游安全的因素分析

1. 不可抗力的自然灾害将持续影响

不可抗力的极端气候等自然灾害对旅游业造成了极大影响。随着地球变暖、大气变化，不可抗力的暴雨、台风、地震、雾霾等自然灾害将继续出现，甚至愈来愈严重，带来的旅游安全事故与灾难不可低估。不可抗力的自然灾害是影响2015年旅游安全最重要的因素，需要重点关注。全国各地各级政府一方面需要做好春季沙尘、夏季高温和防汛、秋季森林防火、冬季寒潮等季节性的自然灾害防控工作，另一方面需做好区域性的自然灾害应对工作。沿海城市和滨海、岛屿旅游景区要重视强热带风暴、台风等对旅游目的地的影响，做好游客安全保障工作；城市旅游目的地要关注强降雨给都市旅游造成的影响，做好暴雨预警和应急处置工作；等等。

2. 多样化的社会安全风险因素依然潜藏

转型期社会矛盾凸显、社会阶层逐渐分化、利益主体多元，社会分配、利益调整若有不当，则易引发各种社会公共安全事件。2014年因社会治安、公共卫生、交通安全事故、恐怖暴力等社会因素造成的安全灾难与安全事故影响严重。2015年，各种可预见、不可预见的社会因素所潜藏的安全隐患也是2015年需要重点关注与重视的问题。其中，境内的恐怖袭击、节庆活动场所的踩踏挤压、欺客宰客行为、欺诈欺骗行为等应该继续予以重点防范。境外旅游目的地的传染病疫情等不可预见的社会因素，国内外旅游目的地的治安问题、偷盗现象等可预见社会因素，都可能给境内外旅游者带来安全事故，应引起各地各级旅游管理部门、旅游企业及旅游者的重视与关注。

3. 旅游交通事故将继续成为主要事故事件类型

长期以来，旅游交通安全一直是旅游安全事故的高发环节，造成的事故总量和伤亡人数在各类事故事件中一直保持高位。因此近年来，大部分地区都将旅游交通安全视为旅游安全工作的重要风险点和薄弱环节。在可以预计的将来，我国旅游业的出游人次规模将进一步增长，同时旅游大众化、散客化、自驾化等业态将加速发展和持续强化，异地自驾的规模越来越大，预计越来越多的民众将会选择自驾等地面交通形式从事短期和近中距旅游活动。近年来，我国推出了重要节假日免征高速费等便民措施，这些措施的实施将进一步加大旅游旺季时段的交通压力，旅游道路交通安全工作将面临更大挑战。因此，旅游交通事故可能将继续作为旅游事故事件的主要类型存在，加强旅游交通事故的防范处置应成为旅游安全工作的重心和重点。

4. 境外旅游安全不稳定因素增多

近年来我国出境旅游人数剧增，出境旅游市场规模进一步扩大，2014

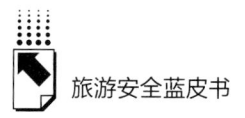

年我国内地公民出境旅游已突破1亿人次。[①]但持续增长的出境旅游面临众多不安全、不稳定因素。境外旅游过程中目的地国家政治局势不稳定因素、社会治安风险因素、自然灾害因素、疾病疫情因素等都可能对我国出境旅游者的安全带来影响。2015年，国外政治局势的不稳定因素对我国出入境旅游者的安全影响仍然是旅游安全需要关注与重视的因素之一。国家旅游主管部门应密切关注各旅游目的地国家的政治态势与局势，提醒旅游企业与旅游者谨慎选择出行，各地各级旅游企业与旅游者也应提高出境旅游的安全防范意识，做好境外自我安全保护工作。

（二）2015年中国旅游安全态势展望

1. 全面推进旅游安全的依法治理

2014年8月《国务院关于促进旅游业改革发展的若干意见》第十三条专门提出"保障旅游安全"。12月，国家旅游局为贯彻落实中央依法治国的文件精神，印发了《国家旅游局关于贯彻党的十八届四中全会精神 全面推进依法兴旅、依法治旅的意见》，标志着依法兴旅、依法治旅成为旅游行业繁荣发展的正确选择和必由之路。《旅游法》实施一年以来，旅游安全保障已初显成效，但在旅游安全的行政治理中仍面临着《旅游法》中旅游安全相关条文的具体落实、旅游安全执法机制的健全、旅游安全监管的责任主体与职能的明确等诸多问题。2015年及今后工作中，各级旅游管理部门要进一步贯彻落实《旅游法》，全面推进依法兴旅、依法治旅，全面部署和描绘旅游安全管理蓝图。同时，要努力完善以《旅游法》为核心的旅游法律规范体系，积极推动各级政府抓紧健全旅游综合协调、旅游联合执法监管、旅游投诉统一受理和旅游安全综合管理机制，完善旅游紧急救援体系；探索建立旅游目的地安全风险提示制度、高风险旅游项目管理制度、旅游景区价

---

① 《2014年11月中国内地公民当年出境旅游首次突破1亿人次》，国家旅游局网站，http://www.cnta.gov.cn/html/2014-12/2014-12-3-%7B@hur%7D-51-51615.html，2014-12-03。

格和流量管理制度。①

2. 优先开展各类旅游安全治理工程

一是加快旅游安全管理的体制机制变革。31号文件中有关旅游安全的规定，明确了现阶段我国旅游安全治理的重点和要点。进一步夯实旅游安全保障基础，以文件规定为指南，结合《旅游法》的有关规定，建立健全旅游安全保障体制、机制和法制。进一步明确旅游安全监督管理中政府的主体责任，落实旅游安全责任。理顺旅游安全管理机制，使之与监管、服务协调并进，有效运行。

二是完善旅游安全公共服务体系建设。各地各级政府部门整合公安、交通、消防、安监、食药监、卫生等部门力量和资源，推动涵盖交通、食品、设施设备、卫生、应急救援等核心旅游要素的旅游安全公共服务体系建设。

三是完善旅游安全风险防范与预警机制。进一步加强旅游安全风险预警，做好防范工作，将旅游安全的应急响应、应急处置和善后恢复的"事后"管理关口前移到旅游安全风险的防范上，提高预防预警效率。继续加强旅游安全日常管理、突发事件应急处置和旅游安全专项整治工作，特别是加强特殊时期、重点时段、关键环节的旅游安全管控，提升旅游安全综合监管水平。

四是形成以政府为主导、全民参与的旅游安全治理体系。形成以旅游安全检查为手段、以旅游安全风险评价为重点的旅游安全风险隐患排查机制。实施第三方旅游安全评价和预警机制，积极推动实施"安全旅游目的地"战略。

3. 大力推动智慧旅游安全监管平台建设

2014年为"智慧旅游年"，旅游安全监管进入智能化新时代，积极推动构建智慧旅游安全监管平台是时代需求。2015年继续开展智慧旅游建设工作，逐步构建智慧旅游安全监管平台，借助物联网、位置感知等先进技术，

---

① 《国家旅游局关于贯彻党的十八届四中全会精神 全面推进依法兴旅、依法治旅的意见》，国家旅游局官方网站，http://www.cnta.gov.cn/html/2014-12/2014-12-9-%7B@hur%7D-59-91421.html，2014-12-09。

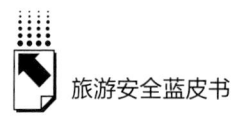

实现旅游安全监管设施全面、透彻、及时的感、传、知，使旅游安全管理向着科学管理方向迈进，旅游安全风险更加可控。

随着物联网、云计算技术得以应用，传统旅游企业的安全监控系统面临智慧化转型升级。旅游信息安全风险来源多元，要建立智慧旅游安全监管平台，加强旅游信息安全的智能科技支撑。随着信息技术的发展，各种先进信息技术被广泛引入并运用于旅游业，促进旅游业信息化和自动化，但是与此同时也带来安全隐患升级。2015年旅游行业需强化信息技术安全监管工作，进一步加强与第三方技术支持企业合作，及时更新信息维护系统，降低入侵风险。同时吸引专业信息技术管理人员，做好员工信息安全培训，健全诚信危机安全管理机制。

大数据时代，迫切需要设计旅游信息舆情监督、安全预警体系。在物联网、云计算等技术推动下，我们开始步入大数据时代。互联网充斥海量的纷繁复杂的旅游信息，数据统计分析工作困难，加之旅游行业本身具有生产与消费同时性的特点，致使安全事故防范具有滞后性，加大了安全预测难度。因此，在大数据时代，旅游企业可通过挖掘各种社交网站、点评网站及其自媒体平台数据进行信息分析、处理和集成，快速获取人们出行行为、安全预警信息，及时做好安全防范工作并及时进行舆情监督和危机处理。

4. 有序加快出境旅游安全救援机制构筑

APEC后多个国家和地区对中国公民签证程序简化、门槛和费用降低，驱使出境旅游地区范围和规模扩大，中国公民出境旅游人数逐年增加，2014年出境旅游首次突破1亿人次大关，达到1.09亿人次。与此同时，我国公民出国旅游满意度指数连续四个季度下降，游客对旅游性价比、安全感等方面评价持续较低。[1] 中国游客向世界众多目的地国家送去大量外汇的同时，游客在国外被盗抢等报道也频繁见诸媒体。

虽然相比庞大的出境旅游人次，中国公民海外旅游总体是安全的，但是

---

[1] 《中国出境游即将迈入"亿人次时代" 安全问题凸显》，中国旅游新闻网，http://www.cntour2.com/viewnews/2014/08/09/6sCYApBSw8ocycPlPZA10.shtml，2014-08-09。

庞大的出境旅游人次和境外旅游安全风险升级,迫切要求加强境外旅游安全的防控。①需要继续完善出境旅游安全风险信息提示。针对境外目的地国家或地区的安全形势,通过权威渠道,发布旅游安全警示信息。特别是国际旅行社应多了解使领馆发布的旅行提示,加强对游客进行提醒和宣传,使游客提高安全防范意识。②需要继续加强领事保护,建立驻外领事机构为桥梁纽带,以外交、旅游主管部门等相关部门为主体,通力合作的国内出境旅游安全协调机制和应急救援机制。境外旅游的公民是我国领事制度的保护对象,我国目前驻外使领馆机构达260多个,我国公民境外旅游遭遇突发事件,应及时寻求我国驻当地领事机构给予帮助,同时驻当地领事机构应该及时提供安全信息和应急救护。③需要加快建立出境旅游安全保障体系,构建中国公民境外旅游安全紧急救援系统。形成以政府为主导,非政府组织、企业、个人等参与,多方协同合作的中国公民境外旅游安全紧急救援系统。积极配合和争取国际救援中心的协助,完善境外旅游商业保险,形成国际旅游商业紧急救援保障机制。通过开展旅游安全应急演练,构建旅游安全信息共享平台和中国公民境外旅游安全信息系统,加强国际旅游安全协同治理。

5. 积极优化游客高聚集空间的风险防控机制

2014年12月31日上海外滩的踩踏事件是血的教训。"12·31"上海外滩踩踏事件调查报告认定这是一起对群众性活动预防准备不足、现场管理不力、应对处置不当而引发的并造成重大伤亡和严重后果的公共安全责任事件。每年小长假、黄金周期间,全国旅游交通枢纽和旅游景区(点)和游览场所的售票点、出入口及旅游设施设备的等候区等空间区域往往游客爆满、高度聚集、大规模滞留,极易出现类似"12·31"上海外滩踩踏事件的拥挤踩踏事故。因此,科学合理构筑游客高度聚集地的安全风险防控机制将是各旅游景区及各级旅游主管部门2015年亟须解决的问题。

一是必须严格按照《旅游法》要求,科学核定景区最大游客容量。不同类型的旅游景区应根据其游览空间和旅游设施设备的利用状况,对旅游景区可接受的最大容量进行科学、客观的评估,确定最大容量值,同时需制定

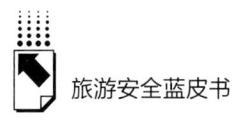

最大游客容量调控方案和处置办法，防范游客最大容量时旅游突发事件发生。

二是合理地进行事前、事中、事后的全过程控制。通过历时性的统计数据和实际情况，科学准确地预测游客数量，制定旅游客流的疏导措施和控制方案，做好事前风险防范准备。当游客聚集到一定程度时，依据旅游景区（点）的空间最大承载量，及时向主管部门报告，并采取疏导、分流措施。特别注意在游客高度聚集过程中，需防范因个人游客的煽动或突发事件造成人员涌动、群聚或拥挤而产生踩踏事故。当游览结束或游客离场时，旅游景区（点）出口处也需防止游客拥挤，发生踩踏事故。

三是全过程监控。通过智能安全监控平台，动态跟踪旅游景区（点）重要区域、主要节点的游客数量，对旅游景区（点）游客数量变化适时更新，并及时发布旅游景区的旅游容量信息，以便旅行社或旅游者根据这些信息实时调整行程。

四是做好客流出现大规模集聚的紧急应对工作。旅游景区制定大规模人流空间聚集和可能出现的旅游突发事件的应急预案，做好应急准备，适时启动危机应急预案处理机制。在景区的特殊时期、特殊节点和关键位置配置合理的人员，对游客最大容量和可能发生的旅游拥挤进行疏导和应急调控。

结 束 语

2014年，全国各级党委政府、旅游主管部门和相关关联部门高度重视旅游安全工作，践行"游客为本，服务至诚"的旅游行业核心价值观，贯彻"科学发展、安全发展"理念，在旅游产业核心要素的安全管理、旅游安全行政治理、旅游安全保障体系等方面创新优化，做出了积极而富有成效的努力。相信2015年，我国各地各级旅游管理部门通过全面贯彻执行《旅游法》和《国务院关于促进旅游业改革发展的若干意见》中关于旅游安全的规定，贯彻落实党的十八届四中全会精神，全面推进依法兴旅、依法治旅，充分发挥国务院旅游工作部际联席会议制度的作用，科学部署旅游安全管理各项工作,为实现把旅游业培育成为"国民经济的战略性支柱产业和人民群众更加满意的现代服务业"的战略目标而构筑旅游安全"防护网"。

参考文献

［1］国务院:《国务院关于促进旅游业改革发展的若干意见》(国发〔2014〕31号)。
［2］国家旅游局:《国家旅游局关于贯彻党的十八届四中全会精神　全面推进依法兴旅、依法治旅的意见》(旅发〔2014〕241号)。
［3］马凯:《中共中央政治局委员、国务院副总理、国务院安全生产委员会主任马凯在全国安全生产电视电话会议上的讲话》。

专题报告

Special Reports

·产业安全篇·

B.2 2014~2015年中国旅游住宿业的安全形势分析与展望

陈雪琼 杨崇美 张孝慈*

摘　要： 安全是旅游住宿业得以生存和发展的前提。与2013年相比，2014年旅游住宿业安全事件发生总数呈现小幅上涨，但总体安全形势较好。主要特点为：从事故类型来讲，人员冲突事件引发旅游安全事件增幅较大；从诱发原因来讲，常规不安全因素依然为主，非常规不安全因素层出不穷；从时间来讲，各月突发安全事件分布依然较均匀，未呈现淡旺季两极化。展望2015年，旅游住宿业信息安全隐患升级，需加强

---

* 陈雪琼，华侨大学旅游学院酒店管理系主任、教授、硕士生导师，主要研究方向为旅游服务与管理；杨崇美、张孝慈，华侨大学旅游学院硕士研究生。

信息技术安全监管；安全监管进入智能化时代，积极推动智慧型安全监管平台构建；旅游住宿业迎来大数据时代，通过数据挖掘建立有效舆情监督、安全预警体系；同时相关行政部门应继续贯彻实施《旅游法》，做好住宿业安全管理部署。

关键词： 旅游住宿业　安全突发事件　安全形势　发展趋势

本文通过网络搜索的方式，利用百度、谷歌等主流搜索引擎，使用"住宿业安全事故""饭店安全事件""酒店/宾馆/旅馆＋安全事故""酒店/宾馆/旅馆＋死亡""酒店/宾馆/旅馆＋食物中毒""酒店/宾馆/＋电梯事故""酒店/宾馆/旅馆＋火灾""酒店盗窃""酒店投诉""酒店员工安全"等关键词，对2014年我国旅游住宿业安全突发事件进行检索，共检索到330起。本文以这些案例为基础和研究，进一步分析2014年我国旅游住宿业的安全现状、特点及其发展趋势。

一　2014年中国旅游住宿业安全总体形势

2014年，我国旅游住宿业发展基本延续2013年的态势，受"三公"、市场节俭之风等因素影响，住宿业整体发展缓慢，仍处于历史性变革关口。因此反思、改革、创新迫在眉睫，特别是互联网狂飙为旅游住宿业开创了新机，使其发展进入新常态，这就需要借助互联网思维来加快旅游住宿业的转型升级。不过，在旅游住宿业转型升级的同时，政府加大了对安全生产的监管力度，贯彻实施《旅游法》，使得2014年底我国旅游住宿业安全形势保持平稳发展，安全环境逐步向好。

根据案例统计，2014年我国旅游住宿业各类型安全突发事件所占比重基本与上一年相一致。从类型上看，旅游住宿业安全突发事件主要有事故灾

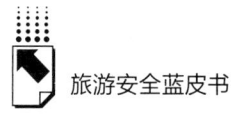

难、公共卫生事件、社会安全事件和自然灾害四类。其中社会安全事件仍然发生频次最高，其次为事故灾难类，公共卫生事件和自然灾害在住宿业发生依旧相对较少。从时间上看，基本覆盖全国各省市和全年的各个月份。从伤害结果看，给企业、消费者、员工等造成人、财、物等多个方面的损失，并对旅游住宿业的社会形象产生负面影响。

二 2014年旅游住宿业安全的概况与特点

（一）2014年旅游住宿业安全突发事件的分布类型

旅游住宿业集餐饮、住宿、娱乐等为一体，人员流动性大，其安全突发事件的来源十分广泛。2014年，为规避旅游住宿业安全事故损失，业界正逐步加强旅游住宿业安全防控与管理工作，制定一系列安全防范与救援措施，但住宿企业仍然存在很多安全隐患，安全突发事件十分复杂。

1. 事故灾难

事故灾难主要包括消防事故、设施事故、施工事故等。2014年该类型事件约占旅游住宿业安全突发事件的45%，是旅游住宿业突发事件发生频次较高的类型。其中，设施事故的发生比较普遍，次数最多，基本覆盖了全年各个月份。这类事故主要是由住宿企业设施设备质量问题或故障引起的，尤其是电梯事故、卫生间滑到事故和淋浴间玻璃爆炸事故，发生频次依旧较高，如2014年3月杭州莫泰268商务酒店、4月广州如家酒店[①]、9月商丘四季港湾酒店、11月北海市春晖商务酒店均发生电梯故障事件，导致客人被困或伤亡。值得一提的是，消费者在酒店卫生间或浴室滑倒摔伤和淋浴间玻璃爆炸的情况尤为突出。例如，7月长沙觅你酒店、8月重庆7天连锁酒店、11月广州鑫旺宾馆均由于一次性拖鞋不防滑及提醒不到位而引起消费

---

① 陈霞、张鑫：《广州如家酒店电梯突然坠落 2人当场死亡》，人民网，http://js.people.com.cn/html/2014/04/02/299605.html，2014-04-02。

者摔伤；2014年1月杭州布丁酒店、2月南宁航洋国际城香榭里酒店[①]、5月武汉福缘百合假日酒店、6月绿城千岛湖喜来登酒店均由于淋浴间玻璃爆炸导致消费者受伤。消防事故作为传统的事故灾难，是旅游住宿业安全监管的重点。2014年住宿业消防事故基本覆盖全年各个月份，总体发生数量不多。由于抢救及时和处理得当，2014年因消防事故带来的财产损失有所下降，但造成一定的人员伤亡。例如，2014年8月滨州市邹平县会仙桥7天连锁宾馆，造成1死3伤；10月，合肥市采舍宾馆，2人受伤；10月，阆中古城永吉客栈，1死1伤；8月，造成2人死亡，4人受伤；11月，东莞厚街珊瑚路伟成商务旅馆，[②] 3死1伤。与消防和设施事故相比，施工事故发生频次相对较低，多为未按照安全专项施工方案组织施工所致，并具有偶发性的特点。此外，有多起由于酒店热水器故障而引起的一氧化碳中毒死亡事件发生，并且由此引起的法律纠纷事件较多。

2. 公共卫生事件

公共卫生事件主要包括食物中毒、突发疾病与死亡、精神安全问题、职业危害等事件。2014年旅游住宿业公共卫生事件发生频次相对较低，时间上主要集中在旅游市场旺季和节假日；空间上地域分布范围较广，多集中于旅游城市。

从事故类型来看，食物中毒是旅游住宿业安全问题中相对突出的类型，2014年旅游住宿业食物中毒在公共卫生事件中属于高频发生事件，在旅游住宿业公共卫生事件中所占比例高达65%，且多发生在婚宴或集体聚餐之后。例如，5月襄阳市交通宾馆、6月兴化香格里大酒店、7月漳州市平和县洲际大酒店、8月厦门翔鹭国际大酒店[③]、9月深圳宝安区鹏福大酒店、11月烟台蓬莱道恩宾馆都出现了集体食物中毒事件。2014年旅游住宿业发

---

① 何秀：《酒店浴室钢化玻璃门爆裂 受伤客人遭酒店索赔》，新浪网，http://news.dichan.sina.com/news/cn/2014/02/17/1033746，2014-02-17。
② 刘满元、代希奎：《旅店火灾 三尸四命》，凤凰网，http://news.ifeng.com/a/20141121/42532509_0.shtml，2014-11-21。
③ 陈志坚、林秋燕：《深圳169人组团来厦门旅游入住酒店 40人食物中毒》，旅游新闻网，http://www.cntour2.com/viewnews/2014/08/26/wJyDxwtJntNUHmngRdI50.shtml，2014-08-26。

生的突发疾病与死亡事件较2013年有所增加，如2014年1月剑阁一温泉酒店、5月上海锦江国际旅馆①。2014年旅游住宿业精神安全问题及职业危害类突发事件搜集到的案例相对较少，这主要与曝光率低有关。

3. 社会安全事件

社会安全事件主要包括刑事治安案件、人员冲突事件、非正常死亡事件等。2014年社会安全事件在旅游住宿业所有安全突发事件类型中所占比例约为45%，依然是发生频次较高的事件类型。其中刑事治安案件发生数量最多、频次最高，约占社会安全事件发生总数的51%，人员冲突事件紧随其后，非正常死亡事件次之。

在刑事治安案件中，其爆发形态主要有偷盗、抢劫、黄赌毒、杀人等。需要注意的是，近年来旅游住宿业发生的盗窃、抢劫事件中，除传统的连续作案和流窜作案外，存在新的作案形态，即住宿企业内部员工（包括离职员工）凭借其对酒店环境较为熟悉，利用职务之便实施盗窃行为。如2014年3月三亚市亚龙湾5号别墅酒店、西安市喜来登大酒店，4月瑞昌市皇家大酒店，6月海口市灵山镇V8快捷酒店、泉州尚品燕酒店，②8月钦州市三和商务宾馆。旅游住宿业提供的临时场所具有隐蔽性，往往成为蓄意自杀和故意杀人的优先选择场所，因此对住宿业而言防控难度更大。2014年非正常死亡事件中自杀死亡事件和意外伤亡事件的比例仍然高于他杀事件，如2014年2月包头市鼎鑫酒店、3月甘州区水利宾馆、7月深圳龙翔花园友至旅馆。旅游住宿业客源具有较强的流动性，这为黄赌毒犯罪事件的发生提供了空间，严重损害了住宿业在社会上的声誉，如2014年3月株洲市优生活大酒店、天友大酒店，5月海口康乐旅馆，6月东莞黄江太子酒店，10月武汉市广信国际大酒店。由于旅游住宿业中消费者、员工的素质修养不同，加之酒店设施设备质量参差不齐，在提供及享受服务的过程中发生争执，双方

---

① 谢颖：《醉酒男子开房后死亡 家属称酒店有责任要赔偿》，新浪新闻，http://news.sina.com.cn/s/2014-06-17/082530375255.shtml，2014-06-17。
② 尤燕姿：《泉州蒙面男子克隆房卡入室盗窃 曾是该酒店员工》，福建新闻网，http://news.fznews.com.cn/dsxw/2014-7-3/201473wreCrgwJoo10207.shtml，2014-07-03。

情绪失控而造成人员冲突。所以旅游住宿业中人员冲突事件也时有发生,但发生频率较低。由于网络技术在住宿业中的应用,2014年旅游住宿业人员冲突事件多数为网络预订房间引起的法律纠纷和消费者投诉事件,如1月青岛台东雅悦酒店、8月三亚海棠湾万达希尔顿逸林度假酒店、9月杭州海华广场大酒店。值得注意的是,随着信息技术的发展,信息系统下的网络运营也给旅游住宿业的安全带来隐患,如2014年8月,入住深圳瑞吉酒店的杰西·莫利纳发现他可以轻而易举地控制该酒店的250余个房间的恒温控制器、灯、电视和窗帘,这一切都是在奢华的房间里发现的。[1] 如果这是真正的黑客入侵酒店系统,给消费者带来的心理恐慌可想而知。

4. 自然灾害

自然灾害主要包括气候灾害、泥石流、洪水、地震等各类自然灾害及由此引发的二次灾害引发的安全问题。由于旅游住宿场所依托于其经营所需的特定建筑物,而建筑物具有不可移动性,因此其在空间上呈现一定的稳定性,较少受住宿业企业所在地之外的自然环境的影响,所以2014年旅游住宿业发生自然灾害突发事件占安全突发事件比例不到5%。但是,住宿业属于人员密集型行业,一旦发生不可抗力的自然灾害,则因施救难度较高给住宿业及消费者带来较为严重的影响。例如,2014年3月黄山市汤口镇望秀山大酒店,由于酒店后面的山体发生滑坡,5层楼高的酒店被推倒,酒店整体坍塌,两人被埋在废墟中,最后导致两人受伤。[2]

(二)旅游住宿业安全突发事件的发生特点

对比2013年,2014年旅游住宿业安全突发事件发生具有如下特点。

1. 从事故类型来讲,人员冲突事件引发旅游安全事件增幅较大

从事故类型大类来讲,相较于2013年,2014年频发的旅游住宿业安全

---

[1] 《黑客攻陷喜达屋旗下瑞吉智慧酒店系统》,迈点网,http://info.meadin.com/Industry/105186_1.shtml,2014-08-18。
[2] 付刚:《山体滑坡推倒五层酒店 掩埋两看门人》,安徽新闻网,http://ah.anhuinews.com/system/2014/03/11/006344676.shtml,2014-03-11。

突发事件中事故灾难事件、社会安全事件所占比重依旧较大，未明显增长；但归属社会安全事件亚类的人员冲突事件增幅较大，由2013年的5起增加到2014年的44起。目前大众维权、受尊重意识逐渐增强，特别是2013年《旅游法》颁布实施后，不管旅游者还是住宿业服务人员，他们自我维权意识更强，当突发事件发生时，沟通不及时或者处理不当，极易导致人员冲突。如2014年3月，南京格林豪泰酒店与员工终止合同，却拒绝支付补偿金，后经维权律师调解，酒店最终同意以平均工资标准支付员工补偿金。①2014年2月，新疆乌鲁木齐江南王子酒店除夕夜拒绝向消费者开具发票，同时收取所谓"包厢费"，客人投诉，酒店被地税、工商部门警告和处罚。②同时自媒体时代的到来，使事件网络媒体曝光率增加。

2. 从诱发原因来讲，常规不安全因素依然为主，非常规不安全因素层出不穷

从诱发原因来讲，相较于2013年，2014年旅游住宿业安全突发事件依然主要是由企业内部安全管理制度不完善、企业及消费者自身安全认知不足，以及企业内部消防安全设施设备老化，疏于检修等常规性不安全因素引起的。此外，非常规不安全因素也层出不穷，如在信息化、智能化时代，新兴技术在旅游住宿业广泛应用，提高住宿企业经营管理水平的同时，也带来了不可避免的安全隐患。特别是与旅游住宿业信息系统开发和维护有关系的系统漏洞、网络黑客攻击等引起的消费者开房信息、个人信息泄露等安全事件屡有发生。

3. 从时间来讲，各月突发安全事件分布依然较均匀，未呈现淡旺季两极化

尽管旅游业市场存在显著的淡旺季，但旅游住宿业安全突发事件并未呈现显著的淡旺季两极化趋势，各月安全突发事件发生比率相近，这一方面归

---

① 《格林豪泰与员工终止合同 拒绝支付补偿金》，迈点网，http://info.meadin.com/Industry/98755_1.shtml，2014-03-19。
② 代光辉、刘强：《乌鲁木齐市酒店除夕夜收取"包厢费"》，新浪新闻，http://news.sina.com.cn/c/2014-02-08/095729414218.shtml，2014-02-08。

结于旅游住宿业安全事件诱发因素常规化,与淡旺季住宿接待量多寡相关性不高;另一方面,旺季时,旅游住宿企业安全防范意识更强,事先做好安全隐患排查管控工作部署,降低安全突发事件概率。

(二)旅游住宿业安全管理的主要进展

1. 旅游住宿业安全法治建设成效明显,安全执法及监督力度加大

2014年我国各省(自治区、直辖市)积极贯彻落实《中共中央关于全面推进依法治国若干重大问题的决定》精神,准确把握依法治国对旅游法治建设的要求和内涵,全面推进依法兴旅、依法治旅。旅游法治建设是国家法治体系建设的有机组成部分,要实现把旅游业培育成为"国民经济的战略性支柱产业和人民群众更加满意的现代服务业"的战略目标,就必须全面推进依法兴旅、依法治旅,把依法治国、依法执政、依法行政的各项要求贯彻落实到旅游业改革发展和规范管理的各个环节,以旅游法治建设的不断完善促进旅游业持续健康发展。各级旅游主管部门按照《旅游法》的要求,在当地政府组织下,积极联合工商、交通、公安、质监等执法部门对相关旅游经营行为实施监督检查,总结市县两级执法经验。[1] 例如,福建省旅游局召开专题会议部署第十届旅博会及旅游安全等各项工作,会议强调旅游安全事关广大游客生命财产安全,也事关福建省旅游业的持续稳定发展。[2]

2. 住宿业安全监督整治力度进一步加大,安全生产形势明显好转

2014年,国家旅游住宿业各主管部门各司其职,针对住宿业安全特点继续深入开展住宿业安全督察整治工作。2014年开展全国旅游服务监管工作,全面宣传贯彻和科学实施《旅游法》,完善规章制度,强化对住宿业安

---

[1] 《国家旅游局关于贯彻党的十八届四中全会精神 全面推进依法兴旅、依法治旅的意见》,国家旅游局官方网站,http://www.cnta.gov.cn/html/2014-12/2014-12-9-%7B@hur%7D-59-91421.html,2014-12-09。
[2] 许智杰:《省旅游局召开专题会议部署旅博会、旅游安全等工作》,福建旅游之窗政务网,http://www.fjta.gov.cn/news/xydt/201408/20140821379421.shtml,2014-08-21。

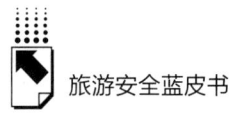

全问题的监管。推动饭店服务质量和品牌等标准的制定与实施,完善《星级饭店服务质量赔偿标准》等服务质量赔偿标准体系建设,推进《旅游饭店网络预订服务规范》等行业规范的制定和实施,研究修订星评工作整体移交后的星级饭店评定实施办法,加强对评定工作的监管力度。建立健全信用约束激励机制,发布实施《旅游经营服务"失信名单"管理办法(试行)》,开展"诚信旅游经营(服务)案例"征集评选活动。研究建立星级饭店等的经营异常名录制度,依法对严重违法失信主体实行市场禁入制度,鼓励地方对守信主体予以支持和激励。①

3. 引导舆论监督和公众监督,推动完善社会监督机制

2014年旅游住宿业相关部门正确引导新闻媒体发挥舆论监督作用,使其成为行业市场监管的重要助力。组织新闻媒体进行有针对性的暗访,曝光违法违规查处案件,震慑违法犯罪行为。完善公众监督机制,推动建立统一投诉受理机制,并依据投诉和举报线索,及时查处违法违规行为。鼓励地方建立健全公众参与监督的激励机制。例如,2014年1月,三亚红树林度假酒店娱乐吧变身赌场被曝光后,才引起三亚市委、市政府高度重视。②

三 影响2014年旅游住宿业安全的主要原因

(一)安全制度因素

1. 政策法规不健全

当前旅游住宿业安全突发事件应急机制依据社会安全事件相关政策法规,并未针对旅游业制定相应具体标准,难以满足旅游住宿业安全突发事件

---

① 《2014年全国旅游服务监管工作要点(征求意见稿)》,国家旅游局旅行社统计管理系统,http://lxstj.ziuziu.net/html/Article/20140404/12645.shtml,2014-05-17。
② 郑珊娜:《媒体曝光三亚酒店变赌场 市长表态不管多牛严惩不贷》,新华网,http://news.xinhuanet.com/politics/2014-01/26/c_119133122.htm,2014-01-26。

防范需要。即使 2013 年 10 月 1 日《旅游法》正式颁布实施，也未就旅游安全和旅游监督管理制定相应的法律法规实施细则，并没有明确规定旅游突发事件的应急主管部门和领导机构。

2. 企业制度环境不完善

旅游住宿业在治安管理方面存在许多令人忧虑的问题，外表森严、内部松懈，治安管理不善是大多数酒店的通病。虽有保安人员把守，维护治安秩序，表面看秩序井然，给人一种安全感，但其内部在治安管理上异常空虚，几乎找不到负责人员。为了迎合客人的心理，酒店方面都尽量避免"打扰"客人。一些酒店安全监管制度不健全，监管力量不足，人员、经费和设备投入不足，技术手段落后，以至于监管未能及时到位，导致酒店安全管理工作难以保障。还有一些酒店重生产、轻安全，片面追求经济利益，没有处理好生产与安全、效益与安全、发展与安全的关系等。

（二）安全监管因素

1. 安全监管主体过多

旅游住宿业本身的复杂属性决定了监管主体过多。根据当前我国相关政策规定，除国家旅游局外，现代旅游住宿业的正常运作仍有多个行政主管机构同时对其进行监管，如工商、质监、环保、消防、卫生防疫、公安等部门。监管主体多而散的现状，往往带来"三不管"的局面，使旅游住宿业安全事故获得滋生的空间。如众多消防安全隐患仅在消防部门安全排查时被爆出；酒店违建事件也时有发生。

2. 企业内部监管力度不够

一方面，旅游住宿业内部对安全设施设备质量监管不够，某些企业出于成本控制考虑，采购劣质设施设备；同时存在设备老化、安全预警系统无法启动等安全隐患。如 2014 年 6 月海口海滨假日酒店配电箱线路老化引起火灾；[①]

[①] 李云川：《海口一酒店配电箱线路老化引火灾 两老人逃生》，中国日报网，http://www.chinadaily.com.cn/hqcj/xfly/2014-06-16/content_11839912.html，2014-06-16。

2014年7月福州市长乐昆仑大酒店自动报警器等多项设施均处于"瘫痪"状态,存在非常严重的安全隐患,致使酒店停业整顿。① 另一方面,伴随着信息监控技术在旅游住宿业的应用,安保人员过分依赖监控设备,缺乏人员流动式监控,错失安全防范最佳时机。

(三)安全认知因素

1. 旅游住宿业内部人员安全意识淡薄

在经济利益驱使下,某些旅游住宿业经营管理者管理重点主要集中于吸引更多的消费者和获取更多经济收入,对住宿业安全隐患主观认识不足,对于安全隐患存在投机侥幸心理,认为安全事件发生概率小,最终酿成灾害的事故时有发生;同时旅游住宿业就业门槛较低,服务人员素质参差不齐,缺乏系统安全培训,因而监守自盗事件时有发生。

2. 消费者安全认知不足

消费者往往对酒店等保有较高的信任度,缺乏自我人身、财产安全保护意识,从而导致安全事故时有发生。如2014年6月,泉州万达尚品燕酒店客人将贵重物品电脑、现金置于客房被偷。因此,住店旅客应及时做好贵重物品寄存处理。②

(四)不可控因素

自然灾害以及突发性的公共卫生事件都属于外部环境不可控制的安全隐患,如洪水、山体滑坡、泥石流等自然灾害,埃博拉病毒等公共卫生事件,突发性皆超出了旅游住宿业的控制范围,对旅游住宿业的安全造成了威胁;同时旅游住宿业作为开放性与隐秘性兼具场所,人员流动复杂,往往成为制造安全事故首选场所,较强的突发性不易控制。

---

① 陈雪芳:《因消防设施不合格 长乐昆仑大酒店被停业整顿》,福建之窗,http://news.66163.com/2014-07-13/921578.shtml,2014-07-13。
② 张继航、林继学、谢杨:《酒店客房电脑、现金被偷 事发楼层监控现蒙面男》,中国日报网,http://www.chinadaily.com.cn/hqcj/xfly/2014-06-29/content_11915094.html,2014-06-29。

四 2015年旅游住宿业安全形势展望及管理建议

（一）2015年旅游住宿业安全形势展望

1. 信息技术促进旅游住宿业管理体系信息化，住宿业信息安全隐患升级

随着信息技术的发展，各种先进信息技术被广泛引入旅游住宿业管理中，促进住宿业管理体系信息化，加速企业形象和品牌宣传，对旅游产品营销与推广起到极大的作用，但是与此同时也带来安全隐患升级。其中酒店管理系统不时改造升级，安全漏洞风险系数增加，特别是在当前移动互联网时代，公共区域免费使用WiFi，消费者可随意连接，手机移动端APP网络预订均存在网络病毒、黑客入侵安全风险，无法被及时发现。同时，新型网络营销方式层出不穷，比如某些住宿企业利用消费者贪图便宜心理，通过微信"集赞"兑换、微博"转发"中奖信息、限时"0团购"等进行虚假宣传，导致企业诚信安全危机。旅游住宿业信息安全保障工作面临越来越多不可预料的新挑战。

2. 旅游住宿业安全监管进入智能化时代，安全管理将继续得到技术支持

2014年为"智慧旅游年"，传统型酒店面临智慧化转型升级，物联网、云计算技术得以应用，部分智慧型酒店已采用云设计安全保卫自动化系统（SAS）。其安防监控系统包括视频监控系统、入侵检测系统和巡更系统。视频监控系统在重要部位（楼宇出入口、电梯、楼道等）安装摄像机，实时监控并录像，并建设安防监控中心，派专人进行监控和管理。入侵侦测系统是在重要部位部署入侵探测器，防止非法入侵。巡更系统是安保人员定期按照计划线路进行巡更，记录巡更情况和结果，实现住宿业安全监管的智能化。智能化的安全监管促使我国住宿业未来智慧安全监管的发展，带动新的科学技术在住宿业安全管理方面发挥更大作用。

3. 旅游住宿业迎来大数据时代，安全预测难度加大

随着信息技术尤其是互联网的发展，人们生产数据的能力越来越强。宽

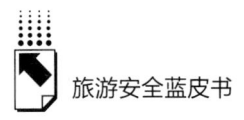

带普及带来的巨量日志和通信记录,社交网络每天不断更新的个人信息,非传统IT设备产生的数据信息,以及持续增加的各种智能终端产生的图片及信息,这些爆炸性增长的数据充斥整个网络。这些海量的纷繁复杂的旅游信息,使得数据统计分析工作更加困难,加之旅游住宿业本身具有生产与消费同时性的特点,致使安全事故防范具有滞后性,加大了安全预测难度。

4. 安全法律法规建设逐步完善,住宿业安全形势良好

我国《旅游法》的颁布实施对我国旅游市场将起到重要作用,其中对旅游安全提出了系统的法制规范,明确了政府、旅游者及旅游经营者各方的责任;对旅游住宿业实施责任保障制度,这为打造安全的旅游住宿业,保障旅游者的人身财产安全提供了有力保障。2014年是《旅游法》颁布后贯彻实施重要时期,旅游住宿业安全形势总体良好,各项旅游安全工作部署到位,平稳有序,旅游安全突发事件处理及时、有效。

(二)2015年旅游住宿业安全管理建议

1. 旅游住宿业应加强信息技术安全监管

旅游住宿业应强化信息技术的安全管理工作,进一步加强与第三方技术支持企业合作,及时更新信息,维护住宿信息系统,降低入侵风险。同时吸引专业信息技术管理人员,做好各层级员工的信息安全培训,健全企业的诚信危机安全管理体系。

2. 旅游住宿业应建立有效的舆情监督与预警体系

当前是大数据时代,旅游住宿业可通过挖掘各种社交网站、点评网站及其自媒体平台数据信息进行分析、处理和集成,帮助企业及时掌握住宿业的舆情动向,准确捕捉涉及住宿安全的各类信息,快速发现、处理对企业有较大影响的重要事件,为企业决策提供信息依据。必要的时候,要及时发布安全预警信息,引导住宿客人的安全行为。在日常管理中,要及时做好安全防范工作并及时进行舆情监督和危机处理。

3. 旅游管理部门应建立智慧型安全监管平台

旅游行业管理部门应继续开展智慧旅游建设工作,逐步构建智慧型安全监管平台，借助物联网、位置感知等先进技术，实现住宿服务设施全面、透彻、及时的感知，使旅游安全管理向着科学管理方向迈进，旅游安全风险更可控。把握信息化创新这个支撑，将信息化手段充分运用到住宿业监管之中，逐步探索监管从"汗水型"向"智慧型"转变，破解制约旅游住宿业监管难题，维护旅游住宿业安全形势稳定。

4. 旅游管理部门应做好旅游住宿业安全管理部署

旅游管理部门应继续坚持依法治旅、依法兴旅，做好旅游住宿业安全管理部署，自觉维护《旅游法》的权威性，积极构建旅游住宿业的安全发展环境；做好旅游者安全意识和维权意识引导，要依据《旅游法》中有关旅游安全条款，推动旅游住宿安全相关标准与制度的制定和实施，提升旅游住宿业开展安全生产的条件和能力。

B.3 2014~2015年中国旅游餐饮业的安全形势分析与展望[*]

汪京强 李艳娟 逯付荣[**]

摘　要：	本文搜集、整理、分析了2014年中国各类旅游餐饮安全事件的网络报道以及政府主管部门颁发的相关文件。研究认为，2014年我国旅游餐饮业总体安全形势较好，餐饮安全事件的数量呈下降趋势；旅游餐饮安全监管成效较明显，全国各省、自治区、直辖市都有效地加强了旅游餐饮安全的防范与管理。餐饮场所发生的火灾/爆炸类事故最多，其次为食物中毒和其他食品安全事故；旅游各空间节点餐饮安全问题均很突出；小餐厅安全问题较大，星级酒店也有涉及。展望2015年，大众旅游餐饮安全将遭遇挑战，旅游餐饮安全事件的处置将面临考验。
关键词：	旅游餐饮业　餐饮业安全　安全形势

引　言

受内外部诸多因素的影响，2013年餐饮行业发展明显减缓，行业景气

---

[*] 基金项目：华侨大学中央高校基本科研业务费资助项目·华侨大学哲学社会科学青年学者成长工程项目（12SKGC-QT18）。

[**] 汪京强，华侨大学旅游学院高级实验师、硕士生导师，主要研究方向为酒店管理、餐饮管理、旅游实践教学等；李艳娟，华侨大学旅游学院硕士研究生；逯付荣，华侨大学旅游学院助理实验师。

堪忧，但在2014年已经逐渐回暖，呈现缓慢前进、逐月增长的趋势，高端餐饮依旧疲软，大众化需求旺盛。饮食是旅游活动的六要素中重要的一环，旅游餐饮安全是旅游者获得良好旅游体验的重要因素。

为了解大众餐饮业发展过程中旅游餐饮安全的形势，并对未来旅游餐饮安全形势进行展望，本文采用网络搜索的方式搜集全国各地旅游餐饮安全事件的案例，以统计分析旅游餐饮安全的形势。笔者运用百度、360等成熟搜索引擎，以"餐饮安全""餐饮事故""餐饮火灾""餐饮爆炸""餐饮偷窃""餐饮食物中毒""餐饮价格虚高"等为关键词进行搜索。由于旅游餐饮是保证游客旅游行程能够持续进行的基础性支撑要素，主要体现在乘坐交通工具时的饮食，景点周边小摊贩、餐厅或酒店的饮食，以及当地超市土特产食品等，因此又以"旅游景区食物中毒""旅游景区火灾/欺诈""火车/动车/飞机/游轮食物中毒""火车/动车/飞机/游轮就餐安全""土特产中毒、卫生、欺诈"等为关键词搜索，检索到内地31个省（自治区、直辖市）和港澳台地区共133个案例，涉及面广泛，案例具有代表性，数据截止时间为2014年12月15日。

一 2014年旅游餐饮业安全总体形势

2014年1~6月全国餐饮业营业总收入达到12989亿元，同比增长10.1%，比上年同期上升了1.4个百分点；从月度增长来看，2~6月份，累计增速分别为9.6%、9.8%、10%、10.2%、9.8%。大众餐饮业进入黄金时期，带动了餐饮业的转型升级，但大众市场产品同质化严重、经营能力薄弱等也是餐饮业所面临的挑战。

2014年我国旅游餐饮业安全形势总体较好，未出现性质恶劣、伤亡巨大的旅游餐饮安全事件，旅游餐饮安全监管成效较明显，全国各省、自治区、直辖市都有效地加强重点环节、重点领域及重要时段的旅游餐饮安全防范与管理。在已发生的旅游餐饮安全事件中，火灾和食物中毒的影响较大，火灾导致受伤人数较少，食物中毒导致受伤人数较多，但总体来看，旅游餐饮安全形势较好，游客出游饮食安全较有保障。

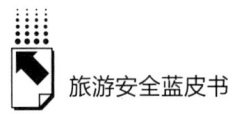

二 2014年旅游餐饮安全事件的概况与特点

(一) 2014年旅游餐饮安全事件的概况

1. 从事件类型分布来看，火灾/爆炸事故最多，其次为食物中毒和其他食品安全事件

根据《国家突发公共事件总体应急预案》对突发公共事件的分类，本文将旅游餐饮安全事件分为事故灾难、公共卫生事件、社会安全事件和网络购物安全事件四个大类，以及火灾事故、设施事故（摔伤）、食物中毒事件、其他食品安全事件、刑事治安事件、价格虚高事件、团购歧视事件、团购欺诈事件等亚类。

通过分析，2014年旅游餐饮安全事件类型主要为火灾/爆炸事故，共有55起，占总数的41.35%；其次为食物中毒事件，共有42起，占总数的31.58%；事故灾难与公共卫生事件占据了餐饮安全事件的主体，所占比重达87.97%；团购欺诈事件所占比重最小（见图1）。

2. 从旅游空间节点来看，餐饮安全问题均很突出

旅游餐饮贯穿于整个旅游活动，空间节点主要是往返旅游目的地的途中或旅游目的地。通过案例搜索和分析，可以发现如下特点。

列车、飞机和游轮等交通餐饮安全问题主要集中在食品卫生方面。如2014年1月25日淮北游客食用列车上的水果后疑似食物中毒，① 华航飞机餐中"问题油酥饼"被旅客吃下，② 2014年4月18日由湖北"千名老人下江南"旅行团在游轮上用餐导致百位老人食物中毒。③

---

① 《淮北多名学生和家长食用列车上的水果后疑似食物中毒》，高铁网，http://news.gaotie.cn/renwu/2014-01-27/134915.html，2014-01-27。
② 《华航飞机餐中镖 问题油酥饼被旅客吃下肚》，网易新闻，http://news.163.com/14/1014/07/A8GI0IS600014AEE.html，2014-10-13。
③ 《游轮上吃晚饭 百位老人上吐下泻疑似食物中毒》，新华网，http://www.js.xinhuanet.com/2014-04/22/c_1110349145.htm，2014-04-22。

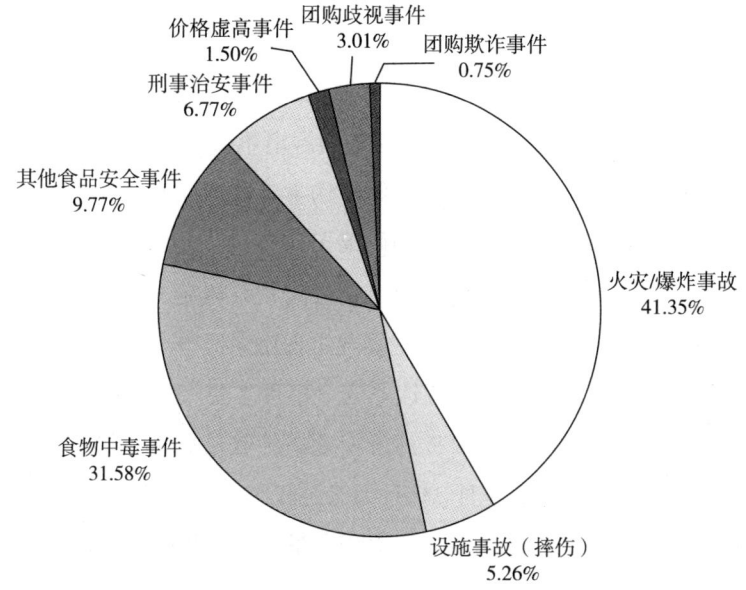

图 1　2014 年旅游餐饮安全事件类型分布

火车站周边餐馆和小摊贩餐饮问题较突出，主要是食品价格虚高、环境卫生差、餐饮店宰客、无证经营等。如对福建省各地市火车站周边服务质量的调查显示，餐饮价格问题是公众最为不满的，超过 1/3 的网民遭遇过"餐饮店宰客"；① 对济南火车站周边小餐馆排查后发现，周边多家餐馆存在主食未标价，餐后高价宰客，食客要不到发票，卫生状况差以及无证经营等现象；② 福州火车站旁快餐店出现"天价萝卜汤"——一碗萝卜汤收 80 元。③

景区周边餐厅和小摊贩、当地特色餐馆的问题主要体现在食品卫生、价格虚高等方面。如某游客在浙江象山附近特色餐馆吃了当地的糟虾、醉蟹和

---

① 《1/3 网友遭遇过火车站餐饮店宰客　社会安全感下降》，中金在线，http://haixi.cnfol.com/haixishehui/20140603/18028641.shtml，2014-06-03。
② 《济南火车站周边餐馆排查：面食多数无定价　无发票》，舜网，http://news.e23.cn/content/2014-09-24/2014092400022_2.html，2014-09-24。
③ 《榕火车站莆田仙游快餐店　一碗萝卜汤卖 80 元》，中国食品安全网，http://www.cfsn.cn/locality/fujian/2014-05/08/content_202192.htm，2014-05-08。

其他生食海产品后身体不适。①

住宿附近的餐厅和酒店的问题则主要是火灾事故、食品卫生和设施事故（如摔伤）等。如2月份甘肃天水市一餐馆由于后厨起火殃及旁边旅馆，②5月份某游客在快捷酒店餐厅用餐时因地面湿滑不慎摔伤。③

当地特产超市的问题主要是销售假冒伪劣土特产品和缺斤少两、虚假宣传等。如某游客购买的陕西特产猕猴桃果干，外包装大气盒内只有一小块果肉，其他地方都是硬纸盒；某特产超市销售问题茶树菇、板鸭。

3. 从事件时间分布来看，事件主要发生在旅游旺季

在时间分布上，2014年旅游餐饮业安全事件主要集中分布在3月、8月、9月和11月这些旅游旺季，其中9月份安全事件数量居全年第一。春季是细菌滋生、疾病易发季节，而8月、9月为旅游旺季，天气高温高热，生冷餐饮需求不断上升，食品容易腐化变质，游客遭遇餐饮安全事故的风险也同步增加。

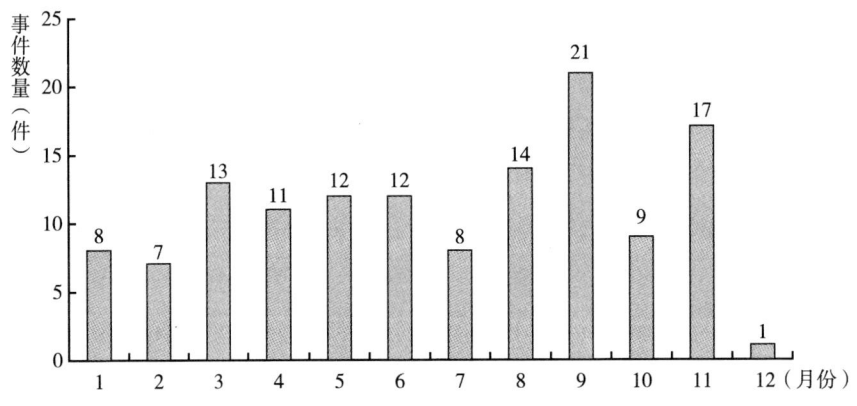

图2　2014年旅游餐饮安全事件的时间分布

---

① 《旅游景点土产特产美味诱人　购买品尝还需谨慎》，腾讯网，http://sh.qq.com/a/20140920/000618.htm，2014-09-20。
② 《天水市一餐馆起火殃及旅馆　消防官兵速救七人》，甘肃新闻网，http://www.gs.chinanews.com/news/2014/02-13/226621.shtml，2014-02-13。
③ 《"小心地滑"也不能免责　客人摔伤酒店也需承担责任》，人民网，http://legal.people.com.cn/n/2014/1201/c188502-26124481.html，2014-12-01。

4. 从事件餐饮点类型来看,小餐厅安全问题较多,星级酒店也有涉及

2014年旅游餐饮安全事件主要集中在当地餐厅、火车站和景点附近餐厅、列车餐厅、当地特产超市等,其中中小餐厅的安全问题较多,星级酒店也有涉及。如海南省旅游发展委员会在12月份集中曝光查处一批扰乱海南旅游市场的违法违规企业和个人,其中包括海棠湾喜来登酒店在内的九家五星级酒店食品卫生不合格,主要问题集中在经营超过保质期限食品、经营含致病微生物(沙门氏菌)食品、采购使用无中文标签的进口预包装食品、未取得餐饮服务许可从事餐饮服务活动、消费欺诈等方面,① 可见高星级酒店的餐饮安全也应引起重视。

(二)2014年旅游餐饮安全事件的特点

1. 旅游事故灾难破坏性较大

通过分析,旅游餐饮安全事件中发生数量最多的就是事故灾难,火灾的破坏性较大。火灾事故主要是后厨着火而引起;因设施设备而引起的人员伤害也是旅游餐饮安全事件发生的重点,其中因地面湿滑、台阶意外导致顾客摔伤的频率最高。如2014年5月某游客参加"夏日新疆魅力游"活动,在入住的快捷酒店餐厅用餐,因地面湿滑不慎摔伤,经鉴定伤情构成九级伤残,经法院判决该酒店赔偿原告各项损失的70%,计140000元。②

2. 旅游餐饮卫生问题严重

旅游餐饮为旅游者提供餐饮产品与服务时,卫生问题一直是最重要的一环。通过分析,2014年旅游餐饮卫生问题依然严重,占所有餐饮安全事件的比重达41.35%,主要体现在餐厅环境卫生不合格、生鲜食品不新鲜、经营超过保质期限食品、无证经营等方面,需要加强监管。

---

① 《海南知名旅游景区酒店上"黑榜"》,中新网,http://www.hi.chinanews.com/travel/content/2014-12-09/15329.html,2014-12-09。
② 《"小心地滑"也不能免责 客人摔伤酒店也需承担责任》,人民网,http://legal.people.com.cn/n/2014/1201/c188502-26124481.html,2014-12-01。

3. 旅游交通中餐饮安全存在漏洞

乘坐公共交通外出旅行的人越来越多，但交通过程中餐饮安全未得到足够关注。旅游列车和飞机上的食物大都属于预包装冷藏膳食，食品卫生难以保证；火车站周边的各项服务未得到同步的改善，食品价格虚高、环境脏乱差、餐饮店宰客、无证经营等乱象常年不绝；旅游者已经习惯火车站与火车上的商品坐地起价，餐饮安全形势越来越恶劣。

4. 网络购物安全事件依然突出

2014年的网络购物安全事件主要表现在团购歧视、单方面改变团购合同、团购虚假宣传、参与团购餐饮店无餐饮资质等方面。其中团购歧视主要是餐厅对团购顾客的服务态度较差，不提供打包服务，推出仅限大厅消费、禁止自带酒水、包间最低消费金额等霸王条款，拒开发票等。① 在网络团购行业美食类的投诉比例最高，投诉主要集中于服务缩水、虚假团购、退款难、产品质量、客服态度差等方面，尤其是交易后难退款成投诉主要原因。② 以大众点评网为例，2014年1月至3月，其投诉已有182件，远超过上年同期的54件，且投诉的内容具有代表性，反映了网络餐饮安全的主要问题。③

5. 旅游餐饮安全监管力度不断加强

2014年旅游餐饮安全监管力度不断加强，主要体现在重要时段的餐饮安全检查、发生餐饮安全事故后及时跟踪解决、发生餐饮安全事故后再次安全检查。《国务院关于促进旅游业改革发展的若干意见》中提出要保障旅游安全，加强食品安全监督检查；四川省出台了《四川省旅游景区餐饮服务食品安全管理办法》，有效加强旅游景区餐饮安全监管；海南省从2013年至今持续进行旅游市场整治工作，截至2014年12月已公布八批扰乱旅游市场秩序的违法违规旅游企业和从业人员。2014年6月和11月宁夏分别发生了

---

① 《团购美食并不"低人一等"》，大河网，http://newpaper.dahe.cn/dhb/html/2014-03/13/content_1041251.htm?div=0，2014-03-13。
② CNIT-Research（中国IT研究中心）：《中国网络团购行业售后服务用户满意度调查报告》，techWeb，http://www.techweb.com.cn/ec/2014-03-04/2012844.shtml，2014-03-04。
③ 《大众点评被指拿走消费者退款，不足3个月被投诉182次》，凤凰网，http://tech.ifeng.com/internet/detail_2014_03/26/35144467_0.shtml，2014-03-26。

后厨起火和煤气泄漏事件，事件发生后宁夏立即开展了餐饮负责人消防知识学习工作①和餐饮燃气治理工作②。

三 影响旅游餐饮安全的主要因素

旅游餐饮业的安全受自然环境因素的影响较小，主要是餐饮安全管理因素、餐饮经营主体因素、旅游者自身因素、社会环境因素等。

（一）餐饮安全管理因素

第一，政府监管力度虽然加强，但仍有漏洞。政府管理部门虽然对旅游餐饮安全给予了高度重视，但仍存在监管漏洞。小摊贩整治后问题仍然出现，监管力度较弱，如旅游景点附近餐饮安全；旅游列车的食品安全存在许多隐患；飞机餐出现安全漏洞；还有火车站周边餐馆的标价、发票、食品安全和餐饮服务等问题。此外，游客在旅游过程中的饮食不断交叉，导致食品安全保障的难度大，一旦出现问题查清的难度更大。

第二，多头管理造成旅游者维权困难。餐饮业存在多头管理问题，对餐饮业进行检查时，涉及餐馆营业执照问题找工商部门，涉及餐饮服务食品安全问题找食药监部门，涉及未明码标价问题找物价部门，涉及不开发票问题找税务部门，这就增加了统筹管理和旅游者进行维权的难度，不仅时间漫长，而且容易出现证据不全等难点。全方位、多角度共同监督是保障旅游餐饮业安全管理的关键。

（二）餐饮经营主体因素

第一，餐饮企业的餐饮安全责任意识不强。在餐饮安全经营过程中，餐

---

① 宁夏固原市消防支队：《宁夏固原300余名餐饮负责人学习消防知识》，宁夏消防网，http：//www.nx119.gov.cn/WebHtml/News/2014/newsdetail_66_9523.shtm，2014-06-17。
② 《宁夏开展餐饮燃气治理》，凤凰网，http：//xibei.ifeng.com/nx/detail_2014_11/17/3159766_0.shtml，2014-11-17。

饮企业及其从业人员的安全意识至关重要，餐饮安全事故很大程度上是由于从业人员疏忽大意、操作不当造成的。如酒店地面湿滑时，仅在餐厅内设立"小心地滑"的警示牌，对地面湿滑不采取措施；缺乏对食品的质量检查，出售变质食品；餐具消毒措施不力；景区和火车站周边小摊贩因流动性较强不办理健康证等。餐饮安全责任意识不强，也造成管理层对餐饮场所安全管理的疏忽，不能及时发现并杜绝安全隐患，不能有效地对员工进行安全知识和技能培训，使安全生产存在漏洞。

第二，餐饮企业追求经济利益，逃避餐饮安全责任。每当曝光餐饮安全问题，餐饮企业多采用息事宁人的做法，要么不作回应，要么坚称自己无过错。除了餐饮安全责任意识薄弱外，餐饮企业追求经济利益是问题发生的关键。以航空餐为例，现在机票费用涵盖一切费用，包括飞机餐、机上娱乐活动等，飞机餐也被认为是"免费午餐"，航空公司在这些"免费服务"方面会考虑尽量降低成本。其他小型餐饮企业或流动小摊贩更因考虑降低成本而忽视了旅游者的餐饮安全。

第三，旅游餐饮服务质量水平整体较低。旅游者到旅游目的地后会去体验当地的特色小吃街，但在旅游者较为密集的餐馆就餐时常见到服务员上菜时不用托盘而直接用手端送菜盘和汤碗，手指接触碗口内侧、接触汤汁的现象；服务员在上菜时对着菜肴大声说话，甚至对着菜肴咳嗽和打喷嚏，造成游客口腔、呼吸道的感染；一些饭店将剩饭、剩菜再回锅卖给客人，造成游客用餐安全。

（三）旅游者自身因素

第一，消费者餐饮安全意识薄弱。旅游者在消费时的食品卫生意识不强，部分消费者贪图便宜选择一些露天摊点、大排档甚至是无证经营、卫生状况较差的场所就餐；在餐饮场所的安全意识较弱，没有对商家设置的安全警示语给予足够的重视，或饮酒过量导致自身受到伤害。

第二，维权意识较薄弱。在就餐过程中出现饮食安全问题，大多数游客因为安全问题较小选择沉默；或有法律意识，但不清楚向哪个部门投诉；或因消费者维权难、时间长而放弃维权。如团购电商经营者设置较高的退货标准、擅自扩大对"七天无理由退货"的解释、设置不能无理由退换货的"其他商品"等，导致消费者购餐券及储值卡用完之后无法退换。另外，出现纠纷往往牵涉工商、工信、消协等多个机构，这也造成了此类问题的处理难以明确有效。总体来看，消费者维权之路依然艰辛，仍处于弱势地位。

（四）社会环境因素

社会环境对旅游餐饮安全的影响主要体现在两方面。

一是外部环境不稳定引起旅游餐饮不安全。2014年昆明、乌鲁木齐和广州火车站均爆发恶性恐怖事件，国内多处古城、古镇发生火灾，如云南香格里拉独克宗古城、上海浦东新区新场古镇、云南丽江市古城区束河古镇、贵州镇远县报京侗寨、贵州省剑河县久仰乡久吉苗寨等火灾事件，让旅游者的安全感有所下降，对就餐安全也产生了影响。

二是食品原材料问题导致旅游餐饮不安全。不可抗力因素，如禽流感、疯牛病等流行性疾病增加了食品的不安全；台湾馊水油事件波及千家厂商，台湾统一企业也卷入，且查出统一泡面中大肠菌落超标问题；福喜食品公司被曝使用过期劣质肉，麦当劳、必胜客、汉堡王、棒约翰、德克士、7~11等众多企业使用了福喜公司的产品；还有食品添加剂问题、转基因食品安全问题等，均对旅游餐饮安全产生了重要的影响。

四 2015年旅游餐饮业安全形势展望与管理建议

（一）2015年旅游餐饮业安全形势展望

1. 旅游餐饮安全形势将逐渐转好

鉴于严峻的旅游餐饮安全形势，国家旅游局于2013年8月发布了《关于进一步加强旅游餐饮安全工作的紧急通知》，要求各地加大对旅游餐饮安全的管理和监控力度，在此政策引导下，各地加强了对重点环节、重点领域

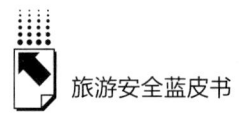

和重点时间节点的旅游餐饮安全监管,并出台了相关管理办法和规定,有效地控制了旅游餐饮安全形势。因此,2014年餐饮安全事件明显减少,未来继续加强安全监督管理后,旅游餐饮安全形势将逐渐转好。

2. 大众旅游餐饮安全遭遇挑战

受国家宏观政策的影响,高星级酒店餐饮经营状况逐渐下滑,逐渐向中低端市场发力。加之旅游餐饮的特色化和多样化,大众旅游餐饮业迎来了发展的黄金时期,也对其安全提出了更高的要求和挑战。由上文分析可知,2014年旅游餐饮安全事件主要集中在当地餐厅、火车站和景点附近餐厅、列车餐厅等,其中中小餐厅的安全问题较多,主要是设施设备简陋,环境卫生不符合要求;从业人员安全意识较差,法律意识淡薄;入行门槛低,流动性大;无证经营等。[1] 因此,如何加强对大众旅游餐饮的安全监管,全面提升其安全管理水平成为关键。

3. 旅游餐饮安全事件处理面临考验

根据江苏常州工商局的数据,2014年服务消费类申(投)诉较上年同期大幅增长111.8%,其中餐饮住宿成为投诉热点之一;[2] 加之互联网的发展和新媒体时代的来临,微博、微信的发展使得每个人既是信息的生产者,也是信息的消费者,人人都是新闻源,任何不满都会通过网络进行扩散,舆论的影响不容忽视。因此,随着消费者维权意识增强,各种主客观因素均对旅游餐饮安全事件的处理提出了挑战。

(二)2015年旅游餐饮业安全管理建议

1. 加强旅游交通过程中餐饮安全的监管力度

针对旅游交通过程中存在的餐饮安全问题,要进一步加强政府监管力度,形成长效管理机制,从而达到真正的无缝隙管理。列车餐、航空餐标准

---

[1] 卢骏菲:《浅析小餐饮食品安全现状及治理对策》,四川省食品药品监督管理局官网,http://www.scfda.gov.cn/directory/web/WS03/CL0206/71371.html,2013-06-19。
[2] 《12315上半年投诉增长 新消法实施维权意识增强》,中国江苏网,http://jsnews.jschina.com.cn/system/2014/07/02/021309236.shtml,2014-07-02。

有待加强实施;火车站周边、火车上的食品价格和卫生迫切需要严格把关,跟进吃喝、治安、卫生等一系列配套服务,从软件方面提升百姓对于旅游公共交通及交通餐饮的友好度,为游客创造良好的旅游体验。

2. 建立全方位、多角度的旅游餐饮社会监督体系

加强旅游餐饮安全管理必须进一步完善旅游餐饮社会监督体系,建立以消费者监督、舆论监督、社会监督员监督等形式为载体,监管部门依法履职、相关部门协同配合、社会各界广泛参与,保障机制完善的全方位、多角度的旅游餐饮社会监督体系,有效发挥社会监督的作用,不断推动旅游餐饮服务安全社会监督工作向纵深发展。

3. 积极开展旅游餐饮安全风险排查和专项整治

各级旅游部门和旅游餐饮企业要牢固树立安全发展的理念,进一步加强旅游重点时段、重点环节、重点领域的安全监管和指导工作。旅游餐饮企业认真开展安全自查,针对旅游餐饮安全事故灾难较严重的特点,有必要有针对性地加强对餐厅厨房的安全管理,完善厨房安全管理办法,积极做好相关应急预案并适时开展应急演练,长效提升自身的风险防范能力。

参考文献

[1] 胡卫华:《中国旅游食品安全管理的现状与对策》,《中国食品卫生杂志》2010年第1期。

[2] 程景民、杨洁、闫凤茹:《山西省旅游景点餐饮从业人员食品安全知识调查》,《预防医学情报杂志》2011年第5期。

[3] 张春海:《临时旅游列车的食品安全保障》,《包头医学院学报》2013年第1期。

B.4
2014~2015年中国旅游交通业的安全形势分析与展望

颜醒华 吴艺娟*

摘　要：	2014年度国内旅游交通运输业的安全管理各项技术指标均好于上年。2014年道路交通较大事故数量及伤亡或下落不明人数相比上年虽有所下降，但在各旅游交通运输手段中仍居首位；非直接旅游交通运输参与者违章违法造成的重点交通事故表现突出；暴风雪、雾、霾天气的出现影响到不少地方的公路、水路、铁路及民航交通运输的正常运营，但总体上仍然得到比较好的管控；旅游交通安全管理仍然存在薄弱环节，尤其是违法犯罪分子恶意报复社会、破坏旅游交通运输安全的事件仍时有发生；航空交通安全事件的受关注度大大提升。
关键词：	旅游交通业　安全形势　安全展望

一　2014年中国旅游交通业安全的总体形势

2014年我国旅游经济一直保持着良好的发展势头。旅游经济的持续、稳定增长自然而然带动了旅游交通运输业的发展繁荣。根据交通运输部

---

* 颜醒华，华侨大学旅游学院教授、博士，旅游管理系主任，主要研究方向为旅游管理和企业战略管理；吴艺娟，华侨大学旅游学院硕士研究生。

2014年12月15日发布的2014年1~11月的统计数据,国内公路客运量为1755301万人,同比增长2.6%;旅客周转量为111051428万人公里,同比增长6.3%;新增公路里程9.38万公里,其中高速公路7450公里。在水路方面,2014年1~11月国内水路客运量为24627万人,同比增长12.5%;旅客周转量为692058万人公里,同比增长8.7%,两项指标与上年相比均有较大增长。① 在铁路方面,根据中国铁路总公司官网发布的统计数据,2014年1~11月,国内铁路旅客发送量为210286万人,比上年同期增加19833万人,同比增长10.4%;旅客周转量为10292.22亿人公里,比上年同期增加634.63亿人公里,同比增长6.6%。2014年新线投产里程达8000公里,新开工铁路项目48项,建成通车线路12条,新增线路将有效缓解热门方向紧张运力。② 在民航方面,根据中国民用航空局发布的2014年1~11月的统计数据,全国民航旅客运输量达35962.7万人,同比增长10.3%;旅客周转量达58018131.8万人公里,同比增长11.6%(见表1)。③

2014年我国旅游交通安全经历了复杂的内外部因素影响,其中有不可控的外部制约因素,如台风、团雾等恶劣天气的挑战;也有良好的政策驱动因素,如国家实施积极的财政政策,交通固定资产投资规模保持高位。旅游交通安全管理工作从政策引导、法制法规建设到行政管理的各个环节均有条不紊地开展,做到严格落实事故责任,突出重点,迅速部署,全年旅游交通安全状况良好。

在全行业的共同努力下,旅游交通安全工作取得新进步、新成绩。在道路交通方面,截至2014年10月,全国重特大道路交通事故比上年减少5起,未发生特别重大事故。民航、铁路全年无发生重大交通事故,水路交通除了较大事故数和死亡人数与上年同期相比有所增加以外,其余指标均下降,全年共发生运输船舶水上交通事故255件、死亡失踪236人、沉船139艘,分别同比下降2.5%、10.9%、2.1%。此外,发生于境外的马航MH370

---

① 数据来源:中华人民共和国交通运输部网站,http://www.moc.gov.cn/。
② 数据来源:中国铁路总公司网站,http://www.china-railway.com.cn/gkl/。
③ 数据来源:中国民用航空局网站,http://www.caac.gov.cn/。

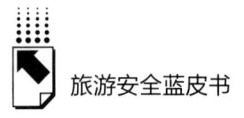
旅游安全蓝皮书

事件导致我国内地游客152人死亡、香港游客1人死亡、台湾游客1人死亡。该事件对航空业的安全形象造成较大的影响,并影响了国内游客赴马来西亚旅游的热情与信心。

二 2014年旅游交通安全的概况与特点

(一)2014年旅游交通安全基本概况

2014年,我国旅游交通安全状况总体趋好,旅游交通安全管理工作水平稳步提升。首先,交通运输行业认真贯彻和落实党的十八届三中全会精神,全面深化交通运输改革,交通运输系统运行平稳有序、进展良好。其次,旅游交通系统各部门通力配合,对交通安全进行严格管理。各地围绕"抵制七类违法安全文明出行"的全国交通安全日主题,开展"打四非、查四违"专项行动以及"平安交通"创建活动。最后,旅游交通主管部门及时部署重点区域、特殊时段的交通安保工作,在节假日期间对各主要景区点加大交通安全防控力度。2014年国内旅游交通安全发展态势良好,各项安全控制指标总体上好于上年。

(二)旅游交通安全的基本特点

1. 在新线路不断开通,客运量持续增长的背景下,旅游交通安全各项控制指标仍然能够完成

2014年我国铁路、公路、水路、民航客运量持续增长,增速约为3.7%。铁路部门对列车运行图进行了两次大范围调整,以适应旅客需求变化,提升运输服务质量。随着高铁提速,铁路和高速公路新通线路里程不断增加,旅游交通管理部门面临巨大的管理压力,旅游交通运输繁忙,运转压力大。在此背景下,旅游交通管理部门深化合作机制,顺利完成各项安全控制指标,保障旅游交通系统的安全运行。

目前,我国经济发展已经进入中高速增长的新常态,交通运输生产也在向 5%～7% 的中高速增长转变。高附加值运输需求快速增长，特别是高端出行增长较快。① 面对经济新常态，政府各交通主管部门、相关企业能与时俱进，通过不断创新旅游交通安全管理方法，促进管理水平稳步提升，使我国交通繁忙有序，旅游交通运输业得以高效率运营。

2. 道路交通较大事故数量及死亡或下落不明人数相比上年有所下降，但在各类旅游交通运输手段中仍居首位

根据国家安全生产监督管理总局每周定期发布的《安全生产简要情况》，2014 年道路交通较大事故数和死亡或下落不明人数与上年同期相比有所下降，但在各旅游交通运输手段中仍居首位（见表1）。② 我国机动车总量已经超出社会环境承载能力。2014 年我国机动车增长速度位居世界第一，机动车数量超过 2.6 亿辆。根据中国汽车工业协会发布的数据，汽车生产量达 2372.29 万辆，同比增长 7.26%；汽车销售量达 2349.19 万辆，同比增长 6.68%。此外，我国机动车驾驶人员基数大，驾驶人员已达 3 亿人，占成年人口的 30%。且每年新增驾驶人员众多，其交通违法行为和交通陋习普遍，驾驶人员安全文明素质亟待提高。基于上述背景，我国道路交通事故数量远高于发达国家。我国 90% 以上的客运为公路客运，道路交通是主要出行方式。在节假日以及寒暑假等旅游高峰期，高速公路车流量骤增，保障畅通难度大，尤其是高速公路免费通行，给道路交通安全的维护带来了巨大压力。

表1　2014 年 1～12 月国内道路交通较大事故数、死亡或下落不明人数与上年的比较

月份	事故数(件)	与上年同期相比(件)	事故死亡或下落不明人数(人)	与上年同期相比(人)
1	38	-7	154	-30
2	51	-19	214	-103
3	33	1	136	3
4	36	-11	129	-61

---

① 资料来源：中华人民共和国交通运输部网站，http://www.moc.gov.cn/。
② 资料来源：中国国家安全生产监督管理总局网站，http://www.chinasafety.gov.cn/newpage/。

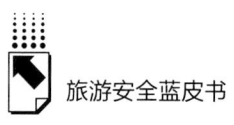

续表

月份	事故数(件)	与上年同期相比(件)	事故死亡或下落不明人数(人)	与上年同期相比(人)
5	46	-6	172	-31
6	26	-2	96	-7
7	39	0	141	-9
8	45	-5	160	-20
9	39	0	148	6
10	39	-20	174	-83
11	33	-9	153	-15
12	21	-17	71	-76
总数	446	-95	1748	-426

资料来源：本表根据国家安全生产监督管理总局每周《安全生产简要情况》所发布的数据整理而得。在与上年同期相比中，正数为增加，负数为减少，0为持平。

从事故调查分析看，驾驶人员思想麻痹、操作不当以及疲劳驾驶等原因造成的交通事故频发。据统计，疲劳驾驶所引起的交通事故占总数的40%，且有89.2%的驾驶员承认有疲劳驾驶经历。2月7日在江西贵溪，驾驶员姚某操作不当致使客车翻滚河内，造成3人死亡、2人重伤及车辆受损的较大道路交通事故。沪昆高速邵怀段"7·19"特大交通事故造成43人死亡、4人重伤。大客车没有接驳运输、停车休息是造成事故的主观原因。8月20日，广东海珠一辆长途大巴与一辆货车相遇时碰撞，两车严重撞毁，21人受伤。事故原因为双方速度较快，刹车不及。8月9日，西藏尼木县发生旅游大巴车、越野车、皮卡货车连环相撞的重大交通事故，造成死亡44人、11人受伤。

由交通工具故障而引发的自燃、爆炸等事件屡见报端。8月9日，一辆南昌旅游客车电瓶发生故障，右后轮冒烟起火，车门无法自动开启，车上40名乘客惊慌失措。12月28日，一辆绿色旅游大巴客车在厦门海沧自燃，大火持续约30分钟。司机发现起火后及时疏散乘客，所幸未造成人员伤亡。

3. 异常气候、天气的出现给公路、水路、铁路及民航交通运输安全造成了一定的影响，但总体上旅游交通安全仍然得到较好的保障

2014年我国部分地区的异常气候、天气频发，造成航班延误、取消以及车辆追尾等事故，影响交通运输安全。异常天气、气候是造成道路交通事故的主要自然因素。夏季的异常天气主要是台风，全年共计形成23个台风，较上年减少8个。① 7月18日，第九号台风"威马逊"的登陆，使海南省普遍出现降雨和大风天气，对交通安全造成了严重的影响。冬季团雾天气带来的危害最大，公安部网站公布了2014年冬季年均发生3次以上团雾的高速公路路段1420处以及团雾发生路段最多的10条高速。从发生时段看，团雾普遍发生在夜间至清晨，由此导致的多车相撞事故主要集中在6时至9时。② 此外，受较强冷空气影响带来的持续暴风雪天气，也给交通安全埋下隐患。12月1日，烟台风雪天气持续，一艘小型旅游船在太平湾码头被风吹翻遇险。

总体来看，2014年影响我国旅游交通安全的异常天气、气候时有发生，给交通安全管控带来一定难度，但由于交通管理部门管理有方，及时关闭高速、停航，分流措施得力，加上有关单位、交通参与者积极配合，使得旅游交通安全得到很好的保障。

4. 由乘客、非旅游交通直接参与者引发的旅游交通安全违章事故时有发生

乘客的不文明行为给旅游交通安全造成干扰。2014年已有多家新闻媒体报道了乘客在飞机、车、船上的不文明行为事件，这类事件包括谩骂、恐吓、打架、霸位以及殴打乘务人员等，不仅有损国民形象，而且严重时将造成飞机晚点、返航，以及列车、船停运等事故。如12月11日，4名中国游客在亚航飞机上出现的不文明行为，严重扰乱航班正常秩序，损害了国人的整体形象。③

---

① 资料来源：中国天气网，http://www.weath.com.cn/。
② 资料来源：中华人民共和国公安部网站，http://www.mps.gov.cn/n16/indes.html。
③ 资料来源：中国民用航空总局网站，http://www.caac.gov.cn/。

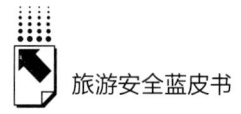

非旅游交通直接参与者是指交通运输业者和乘客之外的第三方旅游交通安全相关者，其过失过错、有意识或无意识的违章违法行为，也会导致旅游交通安全事故的发生。2014年以来，国内的几起特重大、重大道路交通事故均非司乘人员的过错所致，而是由非旅游交通直接参与者所引起的。7月19日，沪昆高速湖南邵阳段发生特别重大道路交通危化品爆燃事故，一辆运载乙醇的货车与前方停车排队等候的大型普通客车发生追尾碰撞，导致乙醇泄漏起火燃烧，造成5辆车被烧毁、54人死亡、6人受伤，直接经济损失5300余万元；8月9日，西藏飞翔旅行社一辆旅游大巴与一辆越野车、一辆皮卡货车相撞，事故共造成44人死亡、11人受伤。此类事故虽不是由旅游交通的直接参与者引起，但严重威胁旅游交通安全。

5. 景区旅游交通安全仍然是薄弱环节，地铁设施设备故障也不同程度地影响城市旅游交通安全

景区游客密度相对较高，尤其在节假日等旅游高峰期，游客数量往往超过景区承载量，给安全管理带来巨大压力。此外，游客乘坐景区内特殊交通工具时安全防范意识薄弱，极易导致交通事故的发生。景区内的特殊交通工具包括缆车、游船等，这类设施设备不同于一般的交通运输工具，其使用过程中需配备专业人员进行管理以保障安全。目前，我国许多景区辖区内的旅游交通安全管理工作不到位，加上政府主管部门监管不力以及其他交通参与者违法违章行为，旅游交通安全事故时有发生。6月29日黄壁庄水库发生5人遇难的游艇翻船事故；4月12日江西省井冈山市杜鹃山景区发生索道轿厢坠落事故；7月26日欢乐谷公园轨道车突然悬停，导致游客被困空中。①

在我国部分城市，快捷方便的地铁成为游客进行城市旅游的主要交通方式。地铁设备故障所导致的乘客滞留、列车晚点和短时停运事故时有发生，如11月6日北京地铁5号线某女子被夹在闭合的安全门和车门中，车开后

---

① 资料来源：根据互联网报道整理。

遭搓捻致死。12月26日，北京地铁10号线发生信号故障，导致部分列车清空折返运行。

（三）旅游交通安全管理的主要进展

1. 旅游交通安全法治建设与时俱进，依法治国在交通安全管理中得以更好贯彻

2014年以来，政府各交通主管部门陆续出台了一系列新的旅游交通安全管理政策法规，如《国内水路运输管理规定》《内河渡口渡船安全管理规定》等。推进法治建设是交通运输发展的根本保障，也是交通安全管理的根本保障。我国旅游交通安全法治建设能够与时俱进，依法治国观念深入交通安全管理的各个领域。依法治国在交通安全管理中的贯彻，有效推进了旅游交通科学立法，丰富和完善了政策法律规范体系，同时促进了交通运输法治政府部门的建设，使国内现有的交通运输安全管理制度进一步完善。

2. 取消全国假日旅游部际协调会议办公室，国务院旅游工作部际旅游交通安全协调管控机制得到进一步完善

9月16日，全国假日办被宣告正式取消，批准建立国务院旅游工作部际联席会议制度，联席会议以旅游局为牵头单位，由28个部门组成，成员单位包括交通运输部、铁路局等。旅游需求的变化急需全国性的统一协调机制，假日办的职能、作用已不能很好地满足市场要求。取消假日办实质上是对其升级调整，新的旅游工作部际联席会议制度更具协调性和前瞻性。交通运输部门、铁路局作为旅游交通主要管理部门，在新的联席会议制度中进一步完善了部际旅游交通安全协调管控机制，为旅游交通安全保驾护航。

3. 新常态下，中央政府加强防腐倡廉、渎职问责制度建设，促进机关效能建设，不断提高旅游交通安全管理水平

在社会经济发展的新常态下，我国交通主管部门、旅游交通运输企业深入贯彻十八大精神、科学发展观，深化重点领域改革。通过廉政、渎职问责

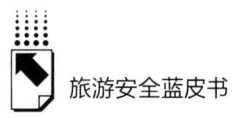

制度的不断完善，促进机关效能建设以实现优质高效。廉政和渎职问责的新风尚、新举措进一步强化了国内相关部门的旅游交通安全治理能力，为旅游交通安全管理创造了良好的外部环境。政府各交通安全管理部门、相关企业能与时俱进，用新思路、新方法推进旅游交通安全管理水平的稳步提高，不断完善安全管理措施，以人为本，加强对交通运输相关者的管理，使旅游交通安全能够长久地在高水平上运行。

三　2014年影响我国旅游交通安全的主要因素

1. 政治法律因素

2014年以来，我国旅游交通安全的政策环境良好，中央政府从宏观政策引导到微观管理指导上促进旅游交通安全管理工作水平的稳步提高。十八大以来，党中央重视防腐倡廉、从严治党，大力推行依法治国，全面深化改革，努力提高执政党的国家治理能力。旅游交通安全法治建设也取得新的进展，全年共颁布规章22件，废止37件，从政策法律上完善了旅游交通安全管理系统。如《中华人民共和国安全生产法》于12月1日起施行，该法从生产方针、工作机制以及制度等方面加强了安全事故追责力度。《中华人民共和国航道法》即将颁布，《海上交通安全法（修订）》与《铁路交通事故应急救援和调查处理条例（修订）》正积极推进。十八大会议精神以及新的立法措施强化了顶层设计，在政策法律方面保障了旅游交通系统的安全运行。

2. 科学技术因素

在过去的一年里，科学技术的发展有力助推旅游交通运输与安全管理在技术领域的发展。旅游交通运输系统提高了科技管理水平，完善"人—机—境"旅游交通安全管理系统，并通过建立广泛的物联网，不断提升旅游交通的协调管理能力。高新技术的应用提高了旅游交通安全管理效果，高清摄像头、道口无线预警设备在交通安全管理中的应用，丰富和提升了旅游交通安全预警预报功能。科学技术的进步及其在旅游交通安全管理方面的应用与发展，增强了安全管理的实效性，大大节约了人力和时间，也使得安全管控更具现代化，与时俱进。

3. 异常天气、气候因素

异常天气、气候具有不可控性，且发生频率较高，成为影响我国旅游交通安全的主要自然因素。我国夏季台风多发，台风具有突发性和强破坏力，且带来强风、暴雨和风暴潮等自然灾害，对我国海陆空交通造成不同程度的影响，威胁旅游交通运输系统的正常运行。2014年我国冬季恶劣天气较多，以团雾和暴风雪天气为主。尤其在岁末高峰期，旅游交通客货运量突增，安全风险随之增大，道路交通安全工作面临巨大压力。我国北方团雾天气严重，多发于秋、冬季，突发时难以预报，能见度低，易导致车辆追尾事故。团雾预测预报困难，具有较强区域性，对铁路、公路、水路交通和民航航班产生了较大的影响。

4. 旅游交通相关者主体因素

乘客的安全意识不强是导致其违法违章行为和不文明行为的主要因素。乘客作为重要的旅游交通相关者，其在旅游交通工具上的不雅举止、过度维权等不文明行为严重扰乱旅游交通正常秩序，使旅游交通安全在不同程度上受到了威胁，甚至损害国人整体形象。游客法律知识的欠缺是导致乘客过激维权的主要原因，他们打着"维权"的旗号，扩大自己的权利，忽视义务，此类言行严重扰乱秩序。由于相关法律知识的匮乏，一些乘客不懂得维权须在法律的框架之下进行。

交通设备生产者和管理者的安全责任没有落实到位。首先，交通设备管理人员没有及时进行设备的维修保养。交通设备经过长时间使用，年久极易出现设备部件损坏、变质、松动现象。此外，交通设备的生产者对于产品质量把控不过关，也给旅游交通安全带来隐患。这类事故在景区交通工具中尤为常见，部分景区所引进的观光设施设备经常发生故障或出现自燃等事故，例如缆车索道、观光巴士以及游船、快艇。这类事故说明，生产者在生产制造景区交通设备时，应严格把控设备零部件质量，提高门槛，杜绝劣质零部件的采用，以保障交通设备的安全运作。

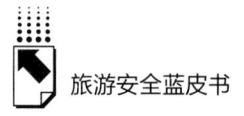
旅游安全蓝皮书

四 2015年旅游交通业安全形势展望与管理建议

(一)2015年旅游交通业安全形势展望

1. 国内旅游交通安全形势发展继续向好,各项安全控制指标有望在可控的范围内实现

十八大以来,中央政府强化党风廉政建设,依法治国,强调领导问责追究制度,为旅游交通安全管理工作营造了良好的外部政策环境。在新的一年里,国家政策将继续向好,各项安全控制指标将有望在可控范围内实现。

2. 异常天气、气候还会在不同程度上影响旅游交通运输安全,由此引发的航班与列车误点甚至取消在所难免

气候变化和异常天气已经成为新的常态,从全球范围来看也是难以避免的。我国地域辽阔,气候复杂多变,局部地区的异常情况更有可能经常发生。这将影响我国旅游交通运输的正常运营,并极有可能造成航班与列车的晚点。各类旅游交通企业应该加强对新常态的应对管理。

3. 移动互联网、大数据、云计算以及物联网等高新技术将推进智慧交通的发展

移动互联网、大数据、云计算、物联网的浪潮来袭深深影响旅游交通运输业的发展。它有利于实现交通实时监控、公共车辆管理、旅游信息服务以及车辆辅助控制等管理方式。在节假日等旅游高峰期,旅游交通管理部门能够利用大数据以及云计算技术对客源市场进行科学预测,为客流疏导与交通管控提供实时的决策参考依据。物联网的运用可以帮助旅游交通运输的运转和调度,能够在一定程度上降低交通事故发生的风险。

4. 乘客不文明行为和不合法、不合情理的过度维权行为将会显著减少

因有关部门新管理条例的出台,乘客不文明行为以及过度维权现象将会在一定程度上有所减少。除了追究违规运载化学品、易燃易爆品和无合法手续上路的货车司机、业主的责任之外,国家旅游局已表示将依法惩处闹事、不文明的游客及宣传教育不到位的旅行社、领队、导游。民航局正在研究对航班上不文明乘客的惩处措施,下文要求航空公司出台对"空闹"的处罚规定。这些有关规定将对乘客行为起到良好的规范作用,有效减少乘客不文明行为以及不合法、不合情理的过度维权行为。

5. 国内反"三股势力"的形势仍然严峻,在经济转型期,不法分子恶意报复社会的潜在危险因素仍然无法彻底根绝

在经济转型期,我国同样遭受恐怖主义、分裂主义和极端主义"三股势力"的侵扰,仍然存在不法分子恶意报复社会的潜在危险因素。2014年国内发生多起暴力恐怖袭击事件,其中多数发生在交通工具上或车站,交通工具将成为恐怖分子重点袭击对象。旅游交通作为旅游的重要环节,其安全保障不仅关系到旅游过程的顺利开展,也关系到社区居民正常生活秩序。因此,有必要建立一个完善的突发事件应急管理体系应对此类暴力恐怖事件,尽可能降低事件对社会的危害程度。

(二)2015年旅游交通业安全管理建议

1. 加强异常天气与气候的预警监测

为了降低异常天气、气候对旅游交通安全的影响,旅游交通部门应与气象局建立及时的信息交流机制,完善信息沟通渠道,及时发布台风、团雾和暴风雪等严重危害旅游交通安全的异常天气预警信号,确保旅游交通安全。要从时间和空间上加强对异常天气、气候的实时监控。在空间上,通过发布异常天气多发地段信息,提醒旅游者加强安全防范意识。在时间上,交通主管部门应建立完善的安全救援体系,在旅游高峰期以及异常天气多发时段,加强资源调度,各部门通力配合,以维护交通安全秩序。

2. 强化旅游交通相关者的安全意识

旅游交通相关者主要包括乘客以及交通设备生产者和管理者。首先,进一步提升旅客的安全知识与意识。在网络、电视、报纸等传播媒介发布旅游交通安全行为规范与知识；在各交通枢纽等乘客集中区设置交通安全教育警示牌；对乘客发放交通安全教育手册。同时加强旅游交通法律宣传教育力度，明确乘客的责任与义务。其次，落实交通设备生产者和管理者的安全责任。强化交通设备生产者的责任意识，设立专门的交通设备质量监督与追溯系统，安排质量监督人员严格把控产品质量门槛。

3. 完善旅游交通安全科技监测、预警和救援水平

目前，我国尚缺乏一个相对完善的、及时有效的旅游交通安全信息共享平台。在今后的旅游交通安全管理过程中，需要以科技为依托，以广泛的物联网为纽带，沟通整个交通运输信息系统，构建旅游安全信息共享平台，使信息唾手可得。同时，不断强化科技在旅游交通安全管理工作中的融合与应用，使旅游交通安全检测、预警工作更加智能化、效率化，助推智慧交通的发展。在安全救助方面，政府主导培养专业的旅游交通安全救援团队，依托安全信息共享平台，完善应急机制。

4. 政府持续营造良好的政策环境

良好的政策环境不仅是旅游交通运输业蓬勃发展的重要保障，也是旅游交通安全管理工作强有力的后盾。中央政府应发挥宏观调控作用，继续加强政策引导，针对新的旅游交通安全现实问题制定相应的法律政策，不断完善旅游交通安全法律系统。在微观管理指导上，各地政府主管部门应分工合作，制定完善的安全问责制度，将交通安全管理工作落实到每个人。政府要以政策红利保障和促进旅游交通运输业的发展，通过旅游交通运输系统的自我完善来提升其安全免疫能力。

参考文献

［1］中华人民共和国交通运输部网站，http://www.moc.gov.cn/。
［2］中国铁路总公司网站，http://www.china-railway.com.cn/gkl/。
［3］中国民用航空局网站，http://www.caac.gov.cn/。
［4］中华人民共和国公安部网站，http://www.mps.gov.cn/n16/index.html。

［5］中国国家安全生产监督管理总局网站，http：//www.chinasafety.gov.cn/newpage/。
［6］中国天气网，http：//www.weather.com.cn/。
［7］翁坚超、黄丽萍：《道路运输行业安全管理职能思考》，《交通企业管理》2007年第6期。
［8］代光荣：《企业交通安全运输管理的新方法与新思路》，《管理创新与应用》2013年第30期。

B.5
2014~2015年中国旅游景区产业的安全形势分析与展望

黄安民 陈衡民 李实 李昊 黄祥[*]

摘　要：	本文对2014年度国内发生的景区安全突发事件进行了统计调查，对事件的类型、特征、原因和景区安全管理的进展与特点进行了分析，判断2014年国内旅游景区的安全形势，并对2015年国内景区安全形势进行了展望，同时提出了景区安全管理方面的一些对策建议。
关键词：	旅游景区　旅游安全　景区安全　安全形势

旅游景区作为旅游产业链的核心环节，是旅游者的旅游目的地、完成旅游活动的空间载体，也是吸引旅游者做出旅游决策的原动力。[①] 本文数据来源于2014年国家旅游局官方网站（www.cnta.gov.cn）、国家安全生产监督管理总局官方网站（www.chinasafety.gov.cn）、新华网（www.xinhuanet.com）、人民网（www.people.com.cn）、凤凰网（www.ifeng.com）、百度网（www.baidu.com）、新浪网（www.sina.com.cn）、搜狐网（www.sohu.com）等各门户网站的旅游频道以及各地区的新闻门户网站中所有关于旅游安全

---

[*] 黄安民，华侨大学城市建设与社会发展研究院常务副院长，旅游学院教授、博士，主要研究方向为旅游与休闲学、景区管理及旅游发展战略的理论和应用研究；陈衡民、李实、李昊、黄祥均为华侨大学旅游学院研究生。
[①] 郭亚军：《旅游景区管理》，高等教育出版社，2006。

的新闻报道。本文的资料来源的起止时间为 2014 年 1 月 1 日至 12 月 31 日。

一 2014年旅游景区安全的总体形势

2014 年，随着旅游市场的发展，以及国家相关法律法规的出台，尤其是《国务院关于促进旅游业改革发展的若干意见》（国发〔2014〕31 号）的发布，对旅游安全保障提出了严格的要求，旅游景区的经营与管理日渐规范，中国旅游景区安全形势呈良好状态。本文共搜集到 2014 年中国旅游景区的安全突发事件 130 起，分布在 27 个省（自治区、直辖市），共造成 40 人死亡。发生事件的景区类型涵盖地文景观类、水域风光类及建筑与设施类等，其中地文景观类型景区的安全事故突发频率最高。2014 年景区安全突发事件涵括了自然灾害、事故灾难、公共卫生事件和社会安全事件四类，以事故灾难、自然灾害、社会安全事件为主，其中事故灾难类型突发事件发生的次数最多。

二 2014年旅游景区安全的概况与特点

（一）旅游景区安全突发事件的分布类型

1. 时间分布

2014 年景区突发事件的总量较 2013 年略有上升，在各月份的集中分布情况也有变化。突发事件集中分布在 2014 年下半年，景区安全事件的发生率与旅游淡旺季的相关程度有所增强，集中在上半年的 5 月和下半年的 7~10 月这两个旅游旺季阶段。在 2014 年的旅游旺季中，团体游客的数量有所减少，自驾游客数量依旧呈增长态势，各大景区人满为患的现象依然存在，许多国家级景点都严重超过了旅游承载力，拥堵、滞留等一系列景区安全问题十分严峻，给旅游景区的安全管理带来了巨大压力。但由于近两年来景区在安全管理方面的经验日益丰富，10 月份的突发事件数量位于全年第一（见图1）。

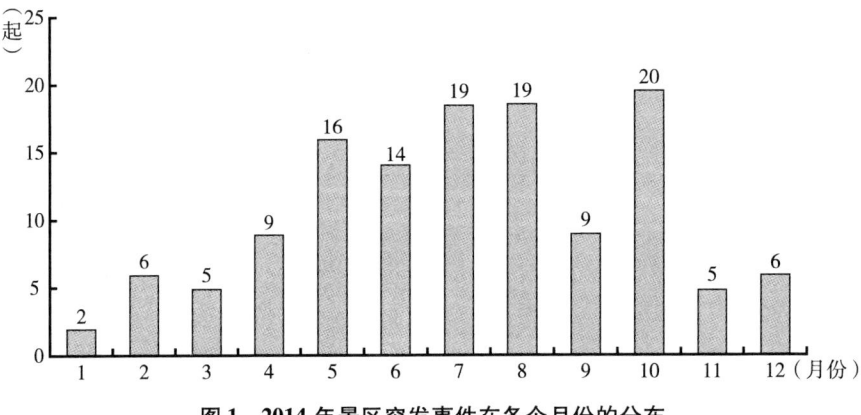

图1　2014年景区突发事件在各个月份的分布

2. 空间分布

从突发事件分布的地域空间上看，2014年报道的景区突发事件发生在全国27个省（自治区、直辖市），相比上年有所上升，其中浙江省位列第一，共发生了18起景区突发事件，其突发事件主要是暴雨等自然灾害导致的。四川省位列第二，发生12起突发事件。陕西省较于上年，突发事件发生概率明显降低，仅有7起事故。但是从整体上来看，各省（自治区、直辖市）的景区安全管理依然任重道远，除陕西外，其他省（自治区、直辖市）旅游景区突发事件数量并没有显著降低（见图2）。

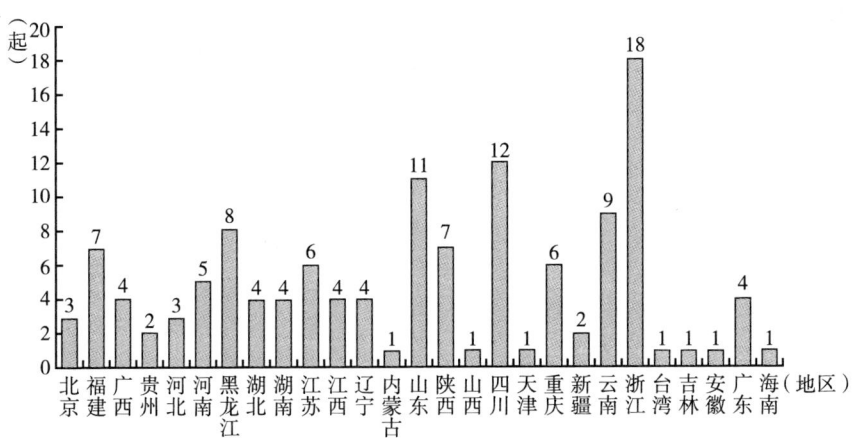

图2　2014年景区安全事件在各省（自治区、直辖市）的分布

3. 突发事件类型分布

从突发事件的类型分布上看,2014年发生的景区突发事件与2013年相比,不仅包括自然灾害、事故灾难和社会安全事件三大类,还涉及3起公共卫生安全事件。2014年景区安全事故的发生与自然灾害的相关程度有所下降,自然灾害类事件发生起数较上年有所减少,为16起,事故灾难类事件发生89起,相比2013年有所增加;社会安全事件发生22起,主要是交通事故与欺骗事件。

从突发事件在不同类型的景区分布上看,有59起景区突发事件分布在地文景观类景区,41起分布在水域风光类景区,3起分布在生物景观类景区,27起分布在建筑与设施类景区(见表1)。由此可见,地文景观类景区是安全事故的多发景区,水域风光类景区位居其次,生物景观类和建筑与设施类景区的突发事件发生频数相对较低。另外,不同类型的景区,突发事件的类型分布也有所不同(见表1)。

表1 2014年景区安全突发事件在各类型景区的分布情况一览

单位:起

突发事件类型\景区类型	地文景观	水域风光	生物景观	建筑与设施	合计
自然灾害	9	6	—	1	16
事故灾难	34	33	2	20	89
公共卫生事件	1	1	—	1	3
社会安全事件	14	2	1	5	22
合计	58	42	3	27	130

(二)旅游景区安全突发事件的发生特点

1. 事件分布的分散性和集中性

从事件时间分布来看,平均每个月份都有旅游景区安全突发事件发生,5月、7月、8月、10月旅游景区安全突发事件的发生频率要高于其他月份,7月、8月全国普遍降雨造成的景区交通问题和洪水问题尤其严重,达到了

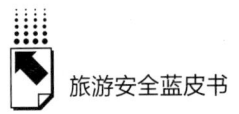

6起,其带来的游客被困车辆和停滞影响了几百名游客的人身安全。5月、10月黄金周的突发事件也较为集中。从地域上来看,浙江、四川、山东三个省份的旅游景区安全突发事件发生数量最多,其安全突发事件的发生也多在高频率的几个月,但全国绝大多数省份同样存在突发事件。安全突发事件的分布呈现时间分散性和地域分散性,但又在5月、10月等月份集中爆发。

2. 事件类型的复杂性和多发性

从事件发生的景区类型上来看,地势和风貌更为复杂的地文景观类和水域风光类景区等游客聚集区是事故的多发地带,相比之下,生物景观类和建筑与设施类旅游景区安全突发事件发生的频率偏低。随着游客自主意识的增强,旅游安全突发事件也越来越呈多样性,重庆等地均发生了各种散客"驴友"没有足够安全防范意识和保护措施,不遵循旅游标示牌指标私自闯入未开放景区从而造成伤亡的事件,景区难以实现有效的保护预防。从突发事件的类型上来看,在自然灾害、社会安全事件、公共卫生事件、事故灾难这四类突发事件中,事故灾难类突发事件依旧是最多的事件类型,其他事件较往年也开始频繁发生,社会安全事件和公共卫生事件这类影响人数多、范围大的事件的发生具有复杂性,对于安全管理部门也提出了更大的挑战。

3. 事件影响的广泛性和深刻性

2014年旅游景区安全突发事件中造成死亡的有23起,多人死亡的达到4起,这种无法挽回的影响具有极大深刻性。因为游客没有足够的危险防范意识而造成的伤亡事件有64起;公共卫生事件2013年就初现端倪,而2014年更是在江浙两地爆发了3起,其中江苏省的一起公共卫生事件造成95人就医,[①] 另一起公共卫生事件更是造成了1人死亡的惨重后果,[②] 同时云南省所发生的"旅游协会"扣押游客车辆、殴打旅游从业人员的事件引发了

[①] 薛子文、陈志佳:《游轮上吃晚饭 百位老人上吐下泻疑似食物中毒》,新华网,http://www.js.xinhuanet.com/2014-04/22/c_1110349145.htm,2014-04-22。

[②] 吴斌:《花果山景区发生一起疑似食物中毒事件》,新浪网,http://news.sina.com.cn/c/2014-02-05/170029402311.shtml,2014-02-05。

多起投诉，致使90多名游客被迫换乘旅游车辆，① 严重损害了当地旅游行业以及旅游主管部门的形象，这些事件带来的影响具有广泛性。旅游安全管理部门，如何应对事件带来的影响，从中吸取经验教训，提高管理能力，应对挑战，是一个难题。

三 影响2014年旅游景区安全的主要原因

旅游业具有敏感性、脆弱性、综合性等特点，旅游景区的安全容易受各种因素的影响，具体来说主要有自然因素、社会因素、景区管理因素、综合因素、旅游者自身因素等诸多原因。

（一）自然因素

1. 自然环境复杂

我国大部分景区以地文景观为主，但多样的地文景观及丰富的动植物景观是景区发展的"双刃剑"，游客既可能会被吸引，也可能会因此受伤。陡崖、险峰、瀑布、峡谷等往往是旅游安全事件的多发地带。景区内野生动物侵袭游客事件也时有发生。2014年7月23日，1名游客在湖北省大悟县三天门景区攀爬瀑布岩石时不慎坠落，致其脚踝部、腰椎骨骨折。②

2. 突发自然灾害

自然灾害往往突发而至，给景区带来破坏的同时，也严重威胁游客的出行安全。2014年6月2日，四川泸州市自怀景区显龙村境内山洪暴发，进出景区的墩子河被淹，147名游客被困，10多辆汽车被洪水冲走或损毁，所幸无人员伤亡。③

---

① 《云南西双版纳"旅游协会"围堵旅行团引冲突》，《北京青年报》2014年11月22日，第A07版。
② 余军：《大悟一景区已发生三起事故 景区尚未开发游玩需小心》，荆楚网，http://news.cnhubei.com/xw/hb/xg/201407/t2993645.shtml，2014－07－23。
③ 张培坚：《四川泸州一景区爆发山洪 147人暂时被困》，中国新闻网，http://www.chinanews.com/sh/2014/06－02/6235629.shtml，2014－06－02。

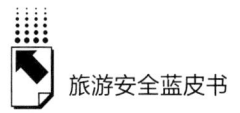

（二）社会因素

1. 各地游客集中出游

我国游客出行集中于节假日，尤其是黄金周期间，骤增的游客量使各地景区游客爆满，容易产生纠纷冲突，增加景区管理和安全工作难度。2014年5月黄金周期间，四川成都市动物园每日5万人游动物园，近百名小孩被挤丢，在景区工作人员的帮助下得以寻回。① 2014年10月，辽宁省盘锦市红海滩风景区由于游客进入景区时间集中，景区内接待设施有限，造成景区内外交通拥堵。②

2. 景区主管部门监管不足

我国旅游景区的主管机构包括旅游、林业、建设、水利、环保等部门，涉及景区安全管理的政府机构还包括食品药品监督管理局、交通运输、公安和消防等部门。这些部门是景区安全管理的外部监管者。但专业化的分工使得监管机构多而分散，在安全监管方面存在职权上的交叉和重叠，导致对景区安全监管的力度降低，甚至产生景区管理上的"真空"地带。2014年11月25日，西双版纳州旅游协会由于垄断经营，违规审批企业经营权，收取费用，西双版纳州民政局对其下达了责令整改通知，要求该协会停止违法活动，并对相关部门和个人予以问责。③ 但事件的曝光是由于新闻媒体对西双版纳"10·20"事件的持续关注和报道，当地主管部门的监管力度需要加强。

3. 景区外围的社会治安问题

景区在带动周边区域旅游经济发展的同时，也为社会犯罪活动提供了一个温床。在经济利益的驱使下，不法分子会冒充游客或经营者进入景区进行

---

① 席秦岭：《成都假期每日5万人游动物园　2天走失近百小孩》，新浪网，http：//news.sina.com.cn/s/2014－05－03/124230052770.shtml，2014－05－03。
② 《盘锦"自诊"黄金周景区9问题　俩"红海滩"游客总走错》，凤凰网，http：//ln.ifeng.com/news/detail_2014_10/11/3001080_0.shtml，2014－10－11。
③ 祝裕：《西双版纳旅游乱象：参与主体相互捆绑导致利益闭环》，每经网，http：//www.nbd.com.cn/articles/2014－12－05/881121.html，2014－12－05。

作案活动，通过偷窃、抢劫、敲诈勒索、诈骗等手段非法获取游客钱财，不仅破坏景区形象，也严重危害游客的财产安全与人身安全。社会治安问题对景区安全的影响日益突出。2014年10月山西省五台山、恒山等景区宗教场所旅游秩序问题曝光，包括非法宗教活动场所、假僧人、假道士等问题，其目的都是诱骗游客财物，威胁游客的人身财产安全。①

4. 相关法律法规发展滞后

2013年我国颁布了《中华人民共和国旅游法》（以下简称《旅游法》），对景区安全管理有进一步的规范作用，但由于旅游政策、法规相对于经营实践的滞后性，我国现行相关的旅游法规对景区安全问题仅是作了原则性的规定，在旅游安全立法上还存有许多空白。例如，一些颇受游客欢迎的特色旅游项目，如蹦极、滑翔、热气球观光等，至今尚无相关安全管理法规，游客权益难以保障。

（三）景区管理因素

1. 安全管理投入不足

一些景区为降低运营成本，降低了对景区安全管理方面的投入，导致景区安全工作人员不足，员工缺乏必要的安全培训，景区医疗救护配套设备不全，缺乏专业救护人员，相关的旅游安全保险设备缺失等情况，使得游客在遇到突发事件时难以得到及时救助。2014年6月8日，湖北宜昌市朝天吼漂流景区一名游客所乘皮筏倾覆，景区救生员在看到事故之后，要求先付钱再救人，以致当事人再次被激流卷走，遭多次撞击受伤。② 2014年6月29日，一名游客在广西百色市平果鸳鸯滩景区漂流过程中出了意外，护漂员将其救上后，还没等医护人员赶到就已经遇难。③

---

① 韩晓飞：《山西整治旅游景区市场问题》，中国网，http：//jjsx.china.com.cn/lm238/2014/282052.htm，2014-12-21。
② 王萍：《湖北朝天吼漂流景区无安全保障 游客受伤置之不理》，新华网，http：//news.xinhuanet.com/travel/2014-06/12/c_126610659.htm，2014-06-12。
③ 陈维：《漂流季才刚开始，就有意外发生》，《南国早报》2014年7月2日，第14版。

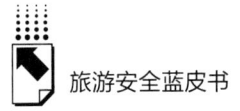

2. 安全管理制度缺失

国内部分景区是粗放型管理，安全管理制度缺失，没有专门的安全管理部门，缺乏相应的应急预案，或者虽然有相应的规章制度，但没有有效施行，一方面导致景区安全工作没有做到防患于未然，另一方面景区也缺乏应对突发旅游安全事件的能力。2014年5月1日，河南焦作市青龙峡景区缆车因大风天气原因终止运输，但无人出面解释，也没有相应的应急措施，游客苦等5个多小时，现场一度陷入混乱，最终滞留峡谷的数百名游客只能深夜集体爬山脱困。①

3. 安全管理手段落后

目前国内很多景区对旅游安全突发事件的监控手段仍然比较落后，没有形成有效的安全预警机制，先进的管理方法和高新技术还未在各景区中普及，对安全事件的监控手段仍然以保安巡逻、定期巡查、坐等投诉为主。应对旅游安全事件着重于事后处理而非事前防控，难以形成长效的安全管理体系。

4. 安全经营意识薄弱

部分景区缺乏安全经营意识，片面追求企业效益，管理工作疏忽大意，景区经营者抱着侥幸心理，擅自开工建设，一些游乐设施还未通过安全检查就投入使用，对安全隐患重视不够。2014年12月11日，河南林州万泉湖旅游景区在还未取得环评手续批复、安全生产许可的情况下开工建设并投入经营，致使17岁少年在景区内勇救落水少女不幸身亡。②

5. 设施设备维护不当

景区内的旅游设施设备维护状况直接关系着游客的人身安全。部分景区在购置游乐设备后，缺乏相应的日常维护，或者维护不当，导致机械故障，突发安全事件。一些设施（如栏杆、栈道、索道等）老化失修，为景区的安全管理埋下隐患。2014年4月20日天津水上公园一处名叫"极速风车"

---

① 《景区缆车停运，游客深夜翻山》，《山东商报》2014年5月3日，第05版。
② 易铭：《林州万泉湖景区非法经营致17岁少年溺亡被瞒报》，中国网，http：//www.china.com.cn/travel/txt/2014－12/11/content_ 34289348.htm，2014－12－11。

的游乐设施出现了临时故障，停在了半空中，多人被困空中。① 2014 年 6 月 1 日，湖北恩施市凤凰山游乐场 3 人乘坐高空垂直升降游乐机时，由于机器故障，在 10 米高空"停滞"了 40 分钟才安全下到地面。② 2014 年 9 月 14 日，广州白云山索道缆车停放处突然发生火灾，19 部缆车客厢被完全焚毁，所幸无人员伤亡。③

（四）旅游者自身因素

1. 旅游安全意识薄弱

游客在游览过程中往往会放松安全警惕，不注意当地旅游景区的安全要求，缺乏对当地文化的了解和尊重，对旅游安全防范的意识淡漠，再加上缺乏相关的自救知识，因而造成许多矛盾冲突甚至是安全事故。2014 年 4 月 3 日，重庆黔江区一森林公园内，几名游客为了拍摄理想照片，倚靠围栏，最终导致一人掉入悬崖，身负重伤。④

2. 盲目寻求个性刺激

随着游客自我意识的逐渐增强，自驾游、穷游等方式的慢慢兴起，许多游客不听从旅游景区工作人员的提醒，漠视旅游景区游览指示牌，盲目追求"野趣"，或一味寻求新鲜刺激，在没有足够的安全保护措施的情况下进行旅游活动，造成伤亡。2014 年 5 月 2 日，15 名"驴友"在没有确定的安全防护措施的情况下进入尚未开放的张家口大海坨景区，导致 13 人失联，包括两名外籍人士在内的 13 人在一天之后才被警方解救出来。⑤ 2014 年 7 月 11 日，重庆奉节的天坑地缝景区关闭的情况下，两名"驴友"私闯景区被

---

① 《水上公园一游乐设施突停摆　多人被困空中 5 分钟》，北方网，http://news.enorth.com.cn/system/2014/04/20/011830364.shtml，2014 - 04 - 20。
② 杨扬：《恩施凤凰山游乐场机器故障　游客被悬高空 40 分钟》，《恩施晚报》2014 年 6 月 4 日，第 A10 版。
③ 许心怡：《广州白云山索道站台起火　烧毁 19 部缆车客厢》，中国旅游新闻网，http://www.cntour.com/viewnews/2014/09/17/eMTjAbjhaXTwX23018bM0.shtml，2014 - 09 - 17。
④ 连肖、阮守军：《重庆黔江一游客翻越围栏拍照坠落百米悬崖》，中国新闻网，http://www.chinanews.com/sh/2014/02-04/5803925.shtml，2014 - 02 - 04。
⑤ 陈博：《19 名驴友受困张家口先后获救》，《北京日报》2014 年 5 月 4 日，第 05 版。

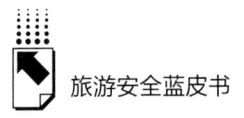

洪水围困，最后造成一死一伤的惨剧。①

3. 片面追求自身利益

旅游者在游览过程中，过于追求自身利益，公共意识淡漠，这也是造成一些景区安全突发事件的重要诱因。2014年12月，台湾华源海湾公园内一木椅被烧毁，初步判断是有人烧火取暖。② 2014年4月30日，浙江杭州市萧山湘湖景区举办"放飞萤火虫"活动，因天气原因，萤火虫未放飞成功，主办方反应滞后，导致游客不满，发生冲突，打砸景区办公室。③ 事件中主办方固然有失职的地方，但是游客不理智，采用暴力手段维护自身利益，导致景区发生打砸事件，造成恶劣影响。

（五）综合因素

在旅游活动中，有许多不可控因素，自然条件的变化加上景区管理部门的疏忽，以及游客的个人因素，就极有可能造成影响恶劣的旅游安全突发事件，这类综合因素造成的事件难以定性，最后往往会演变成社会安全事件。2014年8月16日，北京一对夫妻在乌镇景区旅游时，遭到保安莫名殴打。经过是这样的：因为下雨，夫妻俩购买了景区内民宅商户的雨披，保安要求他们退还时，双方发生肢体冲突，丈夫的头部被保安打破。经调查是由于乌镇景区规定居民不得兜售商品，保安在执行规定时双方发生了争执。④ 2014年4月13日，神仙居景区南天索道上的缆车突然在半空中停住了。在距离地面几十米的高空中，80多名旅客坐在缆车里经历了惊魂10分钟。⑤ 最后查明是自然原因引起的树木倒伏，供电局为了电缆安全切断了电源，却没有通知景区进行预防，从而造成了突发事件的产生。

---

① 刘彦领：《两驴友擅闯奉节天坑地缝关闭景区 遇洪水1人死亡》，中国新闻网，http://www.chinanews.com/sh/2014/07-16/6393317.shtml，2014-07-16。
② 孙萌萌：《天太冷台一景点木椅被烧毁取暖》，人民网，http://cppcc.people.com.cn/n/2014/1206/c34948-26158486.html，2014-12-06。
③ 吴佳蔚：《杭州萤火虫放飞活动万人喊退票 现场发生打砸》，中国新闻网，http://www.chinanews.com/sh/2014/05-01/6124678.shtml。
④ 孟凡泽：《北京游客乌镇买雨披被打》，《京华时报》2014年8月17日，第11版。
⑤ 蒋韵：《台州神仙居景区发生"索道惊魂" 所幸未酿成事故》，浙江在线，http://zjnews.zjol.com.cn/system/2014/04/15/019967340.shtml。

四　2014年旅游安全管理的主要特点

（一）旅游安全法律法规进一步完善

2014年旅游的相关法律法规进一步得到完善，具体法律法规如下（见表2至表4）。

表2　2014年新出台的与景区安全管理方面相关的国家法律法规条例

颁布时间	法律法规名称(颁布/公布单位)
2014.04.24	中华人民共和国环境保护法(2014年修订)(全国人大常委会)
2014.12.19	突发环境事件调查处理办法(环保部)
2014.10.15	历史文化名城名镇名村街区保护规划编制审批办法(住房和城乡建设部)
2014.09.30	水上交通事故统计办法(交通运输部)
2014.09.22	餐饮业经营管理办法(试行)(商务部、国家发改委)

表3　2014年出台与景区安全管理相关的旅游行业标准

行业标准编号	行业标准名称	实施日期
LB/T 034-2014	景区最大承载量核定导则	2015年4月1日
LB/T 035-2014	绿道旅游设施与服务规范	2015年4月1日
LB/T 036-2014	自行车骑行游服务规范	2015年4月1日
LB/T 037-2014	旅游滑雪场质量等级划分	2015年4月1日
LB/T 038-2014	国家商务旅游示范区建设与管理规范	2015年4月1日

表4　2014年新出台的景区安全管理方面的地方法规条例

地区	颁布时间	法律法规名称
北京	2014.07.09	《北京市森林资源保护管理条例》实施办法
河北	2014.12.12	河北省古树名木保护办法
河北	2014.09.26	河北省风景名胜区条例
内蒙古	2014.07.31	鄂伦春自治旗鄂伦春民族民间传统文化保护条例
内蒙古	2014.02.26	内蒙古自治区火灾高危单位消防安全管理规定
内蒙古	2014.04.11	包头市赛汗塔拉城中草原保护条例
黑龙江	2014.08.29	哈尔滨市松花江湿地旅游管理办法
黑龙江	2014.06.19	哈尔滨市历史文化名城保护条例

续表

地区	颁布时间	法律法规名称
上海	2014.06.19	上海市文物保护条例
江苏	2014.09.26	江苏省气候资源保护和开发利用条例
浙江	2014.09.26	宁波市革命遗址保护利用规定
	2014.05.28	浙江省安全生产条例
	2014.03.13	浙江省导游人员管理办法
	2014.03.13	浙江省旅行社管理办法
	2014.03.13	浙江省旅游度假区管理办法
	2014.03.13	浙江省自然保护区管理办法
安徽	2014.08.21	安徽省非物质文化遗产条例
	2014.04.01	黄山风景名胜区管理条例
江西	2014.10.15	江西省人民代表大会常务委员会关于加强城市规划区湿地保护的决议
	2014.09.25	江西省气象灾害防御条例
	2014.06.09	江西省实施《自然灾害救助条例》办法
	2014.05.29	江西省森林公园条例（2014年修订）
湖北	2014.09.25	湖北省森林资源流转条例
	2014.07.17	武汉市山体保护办法
	2014.01.22	湖北省湿地公园管理办法
广东	2014.09.25	广东省高危险性体育项目经营活动管理规定
	2014.09.25	广东省实施《中华人民共和国文物保护法》办法
	2014.09.25	广东省森林公园管理条例
	2014.09.25	广东省湿地保护条例
广西	2014.11.27	广西壮族自治区药用野生植物资源保护办法
	2014.01.17	广西壮族自治区传统工艺美术保护办法
	2014.01.07	广西壮族自治区灵渠保护办法
海南	2014.09.26	海南省自然保护区条例
	2014.09.26	海南省旅游条例
四川	2014.11.24	四川省气候资源开发利用和保护办法
	2014.10.17	成都市历史建筑保护办法
	2014.06.05	甘孜藏族自治州突发事件应对条例
	2014.04.02	阿坝藏族羌族自治州风景名胜区条例
云南	2014.07.31	云南省玉龙纳西族自治县拉市海高原湿地保护管理条例（修订）
	2014.07.27	云南省突发事件应对条例
	2014.05.28	云南省红河哈尼族彝族自治州历史风貌街区和风貌建筑保护条例
	2014.03.28	云南省旅游条例
	2014.04.02	西藏自治区实施《中华人民共和国非物质文化遗产法》办法
	2014.01.10	陕西省非物质文化遗产条例

续表

地区	颁布时间	法律法规名称
甘肃	2014.09.26	甘肃省风景名胜区条例
宁夏	2014.11.28	银川市公园管理条例
宁夏	2014.08.29	银川市人民代表大会常务委员会关于加强唐徕渠银川段生态保护的决定
宁夏	2014.07.24	银川市旅游促进条例
新疆	2014.08.01	新疆玛纳斯国家湿地公园保护条例

（二）旅游安全教育普及出现新的需求与新的形式

许多地方加强了旅游景区的安全培训工作。2014年11月7日，山东省蓬莱市蓬莱阁旅游区、蓬莱三仙山·八仙过海景区共同举办了应急救护知识和技能培训。[1] 陕西省旅游局于2014年9月份召开全省旅游景区安全管理培训会。[2] 景区升A过程中安全管理培训是必不可少的。因此，升A景区的安全管理培训数量也有所增加。洪洞大槐树景区就专门为推进景区的评A计划而做了景区安全管理方面的培训。[3]

（三）科学技术和新媒体在景区安全方面的应用日益普及

微博、微信等新兴媒体在景区安全管理方面也发挥了不可小视的作用。景区管理机构或人员通过实时呈现安全动态且及时回答各类问题，解决游客对景区安全方面的疑问。景区监控继续发挥景区安全管理方面的作用。

（四）"景区食品"安全成为2014年景区管理热门词语

2014年多个县市为景区餐饮及食品订立了相关的法律法规，例如四川

---

[1] 石语轩：《红十字应急救护培训走进蓬莱市旅游景区》，烟台大众网，http://yantai.dzwww.com/jk2009/BDXW/201411/t20141107_11329721.htm，2014-11-07。
[2] 石甜娜：《省旅游局召开全省旅游景区安全管理培训会》，凤凰网，http://sn.ifeng.com/lvyoupindao/youzixun/detail_2014_09/09/2890097_0.shtml，2014-09-09。
[3] 王清茗、王昊：《洪洞大槐树创建国家AAAAA级旅游景区培训》，中华网，http://shanxi.china.com/sxly/jqxw/11162466/20141209/19078901.html，2014-12-09。

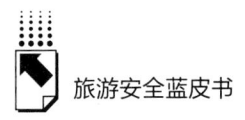

省食品药品监督管理局就颁布了《四川省旅游景区餐饮服务食品安全管理办法》，首次将旅游景区餐饮服务食品安全纳入旅游景区、饭店的评星评级考评内容，对食品安全不达标的景区餐馆将实行退出机制。

五 2015年旅游景区安全形势展望与管理建议

（一）2015年旅游景区安全形势展望

1. 景区安全面临的压力仍然较大

我国国内旅游人数已经突破36亿人次。预计我国旅游业将持续发展，国内旅游人数和入境旅游人数将继续处于增长状态，这种良好的发展态势对景区的安全管理将带来较大的压力。剧增的旅游人数规模、多样的旅游需求、风险偏好不断增长的旅游者，都将对旅游景区的宏微观管理带来较大的挑战，景区需要不断优化和完善安全管理体系。

2. 自驾游人数激增，景区安全面临更大挑战

自驾游是时尚的旅游方式。自驾游的自由性、自主性、个性化都是传统跟团游所无法比拟的。在过去有车一族大部分是社会上较为成功的人士，年龄通常都为中青年，在景区的旅游行为上体现出较高的素质，自我保护意识较好。然而随着汽车在我国的普及，道路交通的不断优化，我国的自驾游游客一直在不断增长。近两年由于通信技术的发展，旅行社在景区门票价格上的渠道优势不断被削弱，也减少了自驾游的成本，推动了我国自驾游人数逐年递增。2013年《旅游法》颁布实施后，自驾游更是呈现井喷式发展。2014年的十一黄金周，各地区景点再次迎来旅游高峰，出行人数与往年同期相比增长0.7%。其中，自驾游人数增长迅速，占据旅游行业的半壁江山。① 而现在我们很多景区并没有真正做好迎接自驾游高峰到来的准备。解

---

① 刘露露：《新〈旅游法〉实施 自驾游或成旅行者首选》，凤凰网，http：//sd.ifeng.com/travel/chengshifengguang/detail_ 2013_ 10/10/1311425_ 0. shtml，2013 - 10 - 10。

决景区自驾游所面临的安全问题需要社会的关注和各方专家的智慧。

3. 物联网、大数据、云计算在景区安全管理方面的作用将突出呈现

2015年，科技、信息技术将进一步运用到景区的安全保障工作中去。如在多分辨率空间数据库和地理信息系统（GIS）基础上，依托覆盖景区内光纤或微波网建成的遗产保护、环境监测、票务管理与电子门禁、LED信息发布、移动GPS巡更巡检、电子门禁系统、林防火系统、车辆客流智能监控与综合调度、规划监测系统、公共安全与应急指挥、景点GPS语音智能导游等众多应用子系统，将会成为越来越多景区安全保障工作的突破口，也将会给景区安全事故的预警、控制、救援提供有力的保障。智慧旅游在应用过程中将通过与公安、交通、工商、卫生、质监等部门信息共享和协作联动，结合旅游大数据形成旅游预测预警机制，提高应急管理能力，保障旅游安全。同时更多的旅游客户终端的发布有利于景区安全信息的整合和增强游客自我保护意识。

（二）2015年旅游景区安全管理建议

1. 旅游景区安全管理的法律法规体系应逐步完善

2015年的旅游安全保障法律法规的制定将朝着更加全面细致、更加深入且更具针对性的方向发展。目前，我国关于《旅游法》的配套法规制度，仅有云南、海南等个别省份完成了旅游条例修订。由于《旅游法》中部分规则的解释空间较大，因此围绕着《旅游法》的落实，各地旅游主管部门将会制定相应的地方性法规以适应全国各地不同地区的地域差异和旅游业发展的不均衡。这将会是未来几年各级政府旅游相关部门的主要工作。

2. 旅游景区安全的宣传教育工作需逐步强化

旅游景区类型多样，其安全风险也具有复杂性，因此不同的旅游景区应该采取有针对性的安全宣传和教育工作方式，要优化安全宣传教育的内容要素，创新安全宣传教育的媒介形式，重视安全宣传教育工作的开展，投入更多的人力、物力来从事景区的安全宣传教育工作，以提升景区安全宣传工作的成效。

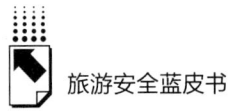

3. 政府机构应更重视景区安全等公共安全的管理

景区安全是公共安全的重要组成部分，随着我国全面推行依法治国，政府将更加重视公共事务的管理。2015年是"四个全面"年，所谓"四个全面"即全面建成小康社会、全面深化改革、全面依法治国、全面从严治党。① 景区安全属于社会公共安全的重要组成部分，各地政府应更重视对旅游景区安全问题的治理，重视平安景区的创建工作。

---

① 《人民日报》评论：《人民日报首次权威定义习近平"四个全面"》，人民网，http://politics.people.com.cn/n/2015/0224/c1001-26591248.html，2015-02-24。

B.6 2014～2015年中国旅游购物的安全形势分析与展望*

陈秋萍 刘东梅**

摘　要：	2014年，我国旅游购物安全形势基本稳定，但是旅行社低价竞争屡禁不止，诱导购物的手段层出不穷，境外旅游目的地的治安不容乐观，这为境内外旅游购物安全埋下隐患。2014年的7月、8月、11月是旅游投诉最集中的月份，与暑假、十一黄金周的旅游高峰期相呼应；旅游热点区域仍是购物安全事件的高发地，如云南、广东、北京、港澳与泰国、法国分别是境内外购物投诉的焦点。展望2015年，境外旅游购物安全事件趋于增多，境内旅游投诉有增无减，可能持续出现区域集中化、类型多元化、覆盖扩大化的趋势。为应对行业现状与旅游方式的变化，本文提出2015年旅游购物安全管理新对策：加强旅游购物安全监管，法律约束与行政处罚并用，全员参与旅游购物监督，打破高价旅游商品的利益链条，遏制旅行社低价恶性竞争，提高游客的风险防范意识等。
关键词：	旅游购物　安全形势　趋势　管理对策

---

* 基金项目：华侨大学中央高校基本科研业务费资助项目·华侨大学哲学社会科学青年学者成长工程项目(13SKGC-QT03)。
** 陈秋萍，华侨大学旅游学院副教授，主要研究方向为旅游人力资源管理；刘东梅，华侨大学旅游学院2014级研究生。

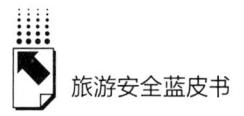

本文通过互联网搜索的方式，在人民网、中国万景网、中国新闻网、第一新闻网、中国旅游新闻网等知名门户网站，以及国家旅游局、地市旅游局、中国消费者协会的官网上，以"旅游购物""游客购物投诉""旅游购物欺诈"等关键词搜集了2014年我国旅游购物安全事件的相关案例，总结2014年旅游购物安全事件的规律与特点，分析其影响因素，并对2015年旅游购物的安全形势进行预测，探讨行政管理部门、旅游业界与旅游者的应对策略。

一 2014年旅游购物安全的总体形势

2014年中国旅游经济运行总体良好，实现了预期的增长。尽管入境市场继续下降，但国民旅游消费需求稳定增长，2014年我国旅游业仍保持平稳增长的发展格局。2014年1月1日至12月31日，共搜集国内旅游购物安全事件157起，出境旅游购物安全事件19起，入境购物安全事件5起，分别占87%、10%和3%。与2013年相比，旅游购物投诉略有增加，且涉及范围呈现扩大化趋势。实际发生的购物安全事件数量应大于收集到的案例数量，因为如果涉及金额不大，加之距离遥远或语言不通，考虑到索赔费时费力，更多的游客在发现购物被骗后选择隐忍和放弃投诉。跨境旅游相比国内旅游涉及的法律关系较为复杂，涉及不同国家的法律，一旦发生境外购物纠纷，游客维权成本较高且困难较大，因此境外购物投诉数量的统计更不准确。

二 2014年旅游购物安全的概况与特点

（一）2014年旅游购物安全事件的类型

1. 以购物安全事件造成的后果分类

旅游购物安全事件的危害包括财产损失与人身伤害两种类型，具体分类如下。

(1) 财产损失

①价格虚高。国内旅游购物投诉以价格虚高占比最高，高达55%。购物点经营者与导游利用种种欺骗伎俩，诱导或强迫游客以高于市场价数倍甚至数十倍的价格购买各类旅游商品，给游客带来大量的财产损失。如云南旅游投诉的焦点以翡翠、黄龙玉、药品等为主。多数游客在导游的讲解诱导下，对旅游购物店的玉器产生购买冲动，结果发现价格明显虚高，引发投诉。

②假冒伪劣。在2014年的旅游购物安全事件中，销售假冒伪劣产品引发安全事件的比例高达31%。我国出境旅游中诱导性购物、以次充好、欺客宰客等现象也很普遍，尤其以东南亚国家、我国香港地区、澳大利亚等地较突出。其中，尤其以珠宝首饰、日用品等出现假冒伪劣现象的比例较高，如珠海金鼎华冠蚕丝被投诉并非蚕丝制成。

③缺斤短两。在2014年的旅游购物安全事件中，缺斤短两引发安全事件的比例为6%，以水果等日常消费品最为常见。如旺季在三亚旅游，游客购买水果缺斤短两现象司空见惯。如今，云南不仅出现天价药材，而且不时发生缺斤短两的现象。

④信用卡被盗刷。近年来，信用卡被盗刷在旅游购物安全事件中的占比略有上升，2014年约占2%。游客在境外刷卡消费时，由于防范意识不强，操作不够谨慎，造成信用卡被仿制和盗刷。如武汉游客李小姐在泰国自助游时，曾用自动柜员机取款，回国后发现被人境外盗刷1911.55元。[①]

(2) 人身伤害

①精神伤害。常见的精神伤害如语言攻击、人身威胁、中途被弃等。2014年，出现多起因强迫购物导游对游客进行人身攻击或人身威胁的事件，给游客带来了严重的精神伤害。导游对未购物或购物金额少的游客不仅出言不逊、肆意侮辱与谩骂，而且扣押证件或行李、胁迫退团、限制人身自由、

[①] 张勇军：《泰国旅游曾街头取款 游客银行卡遭境外盗刷》，《武汉晚报》2014年10月16日。

不予安排住宿甚至抛弃游客。如40名四川游客因不参加自费的旅游景点，也未购物，导游提前结束在旅顺的游览，并拒绝为其安排晚饭和住宿。①

②身体伤害。旅游购物场所偶有出现导游或经营者武力威胁，甚至与游客发生肢体冲突的恶劣现象。如两位东北游客在昆明旅游时，因不购物被扣押行李，被8人围殴，并且价值7万多元的首饰被抢走。② 又如因不满被安排强制购物的环节，河南来京的游客要求导游返还自己的身份证，结果双方发生了肢体冲突。③ 另外，境外游客购物时包被抢劫且遭殴打。在泰国与法国发生多起中国游客护照和财物被盗的恶性事件。

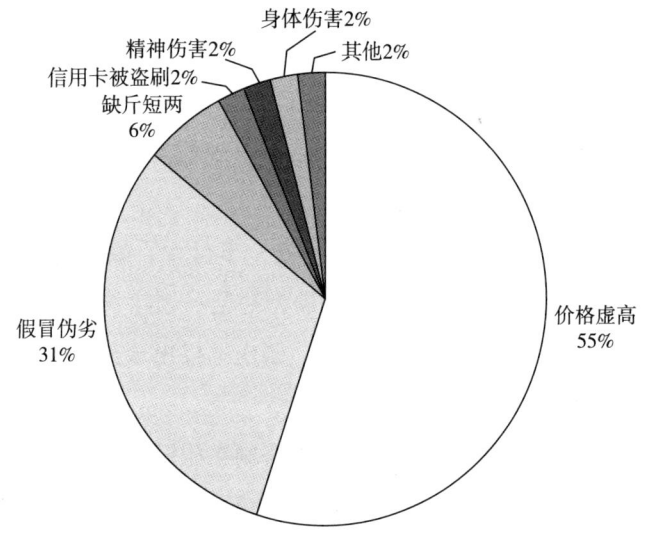

图1　2014年旅游购物安全事件造成的后果分类

2. 以购物安全事件发生的地点分类

购物安全事件发生地以景区附近的购物场所、大型商场为主，也偶尔发生在旅游大巴或酒店。

---

① 红心：《40名游客没饭吃没店住缘起合同纠纷？不购物？》，《大连晚报》2014年8月12日。
② 李小斌：《网曝游客云南旅游不购物遭8人殴打并被抢项链》，《北京晨报》2014年3月27日。
③ 池海波：《逛八达岭长城　游客导游起冲突》，《北京青年报》2014年10月28日。

（1）旅游景区购物点

旅游景区与购物点的紧密结合，使游客始料未及、防不胜防。如昆明—大理—丽江6日游的"景点"，如"云南民族村"、"云南茶乡"和"七彩云南"等，看似景点，实为购物商城。①

（2）大型商场或超市

某些境外免税店或大型商场成为旅游购物投诉的焦点。如日本为中国游客专设的免税店内的商品价格数倍于市价。又如国旅总社的澳洲游不给游客安排任何自由购物的时间，所有的购物都被限制在旅行社指定的场所，定点购物店的价格超过正常市场价10倍之多。导游不仅让游客早出晚归，难以自行购物，而且返程时用种种借口拖延过安检的时间，确保游客无法了解旅游商品的正常价位。

（3）旅游大巴

导游对未购物游客的言语攻击甚至是身体伤害多发生于旅游大巴。如低价港澳游中，一旦游客购物金额少，导游往往在旅游大巴上出言不逊、破口大骂，对游客极尽能事地冷嘲热讽。

（4）酒店

部分不良导游采取降低食宿标准、不予安排住宿等各种手段刁难未购物游客，严重威胁游客的人身安全。云南、香港等地时有发生类似事件，给游客带来极大不便。

3. 以旅游购物安全事件的损害主体分类

旅游购物安全事件的受损主体是游客利益，偶发经营者利益受损。游客包括国内游客、出境游客和入境游客三种类型。2014年，国内游客利益受损比例为87%，主要集中表现为财产损失；出境游客利益受损比例为10%，表现在财产、人身安全方面；入境游客利益受损比例为3%，主要表现形式为财产损失。

---

① 施超：《购物商城变"景点" 旅游市场频频上演变形记》，《宁波日报》2014年3月3日。

（二）2014年旅游购物安全事件的特征

1. 区域分布特征

（1）出境游购物安全事件区域分布特点

随着旅游开放的加速，出境游投诉所占比重不断上升，出境游客购物安全事件频现，如港澳游中的购物以次充好、欺诈消费者，东南亚游中的地接社擅自增加购物环节、强制购物，欧洲游中的旅行社缩短游览时间、增加购物时间等现象趋于增多。除港澳台地区外，我国出境游超过百万人次的目的地包括韩国、泰国、日本、美国、越南和新加坡等六国，其中，港澳地区、泰国、韩国是境外旅游购物投诉的高发地区。如港澳游投诉为9起，占比为47%（见图2）。在韩国、日本等地，甚至出现专门针对中国游客的购物场所，所售商品多为假冒伪劣商品。泰国、法国发生则多起抢劫游客事件。

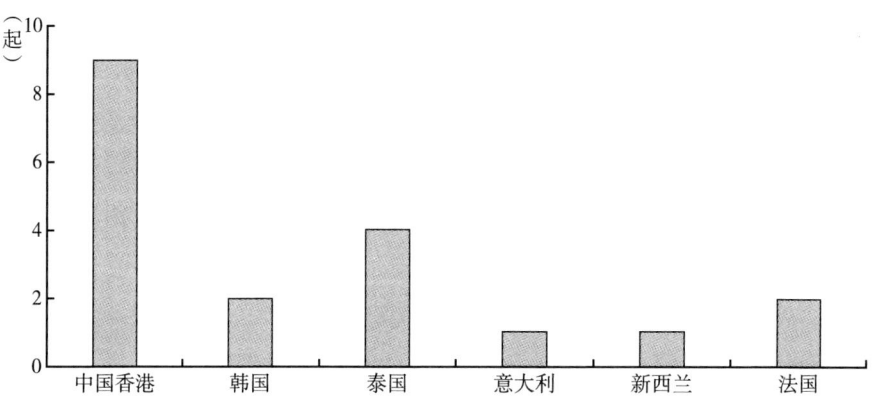

图 2 2014 年出境旅游购物安全事件各国或地区发生数

（2）国内购物安全事件区域分布特点

国内旅游购物安全事件发生以热点旅游城市为"重灾区"。如丽江、昆明、北京、珠海、三亚等热门旅游城市，旅游购物安全事件仍然屡禁不止。在统计的157起案例中，发生在云南、广东、北京、四川、海南等地的投诉居高不下，云南省为 99 起，占比为 63%；广东为 21 起，占比为 13%；北京为 14 起，占比为 9%（见图 3）。

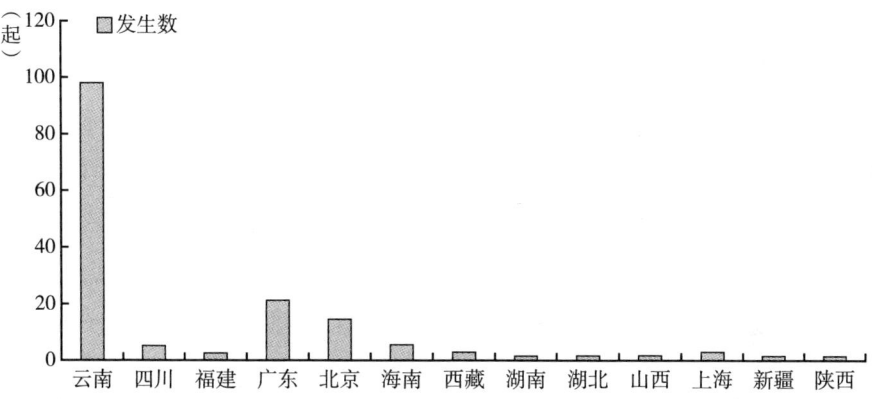

图 3　2014 年国内各省（自治区、直辖市）旅游购物安全事件发生数

（3）入境游购物安全事件区域分布特点

入境游购物安全事件共搜集 5 起，以旅游热点省（自治区、直辖市）为高发地，如北京、云南等地，均属于旅游业发展比较成熟的地区。2014 年，入境游的规模略有下降，但是仍然有入境游客购物投诉现象，约占购物安全事件总数的 3%。

2. 时间分布特征

（1）购物安全事件在 4 月、7 月、8 月、11 月出现高峰

2014 年旅游购物投诉事件集中在 4 月、7 月、8 月、11 月四个月，每个月投诉事件均在 20 起以上，5 月、6 月两个月投诉事件均在 15 起以上。深圳市旅游局旅游质量监督管理所发布的旅游投诉情况显示，暑期正值每年的旅游旺季，旅游的投诉数量与之前两个月相比有所增加。11 月出现全年购物安全事件的最高峰，这与十一黄金周期间大量游客出游密不可分，只是旅游购物投诉比旅游活动延迟出现（见图 4）。

（2）购物投诉淡旺季差异仍然存在

4 月、7 月、8 月、11 月四个月的安全事件共计 87 起，约占全年的 55%。旅游购物投诉的淡旺季差异仍然存在。

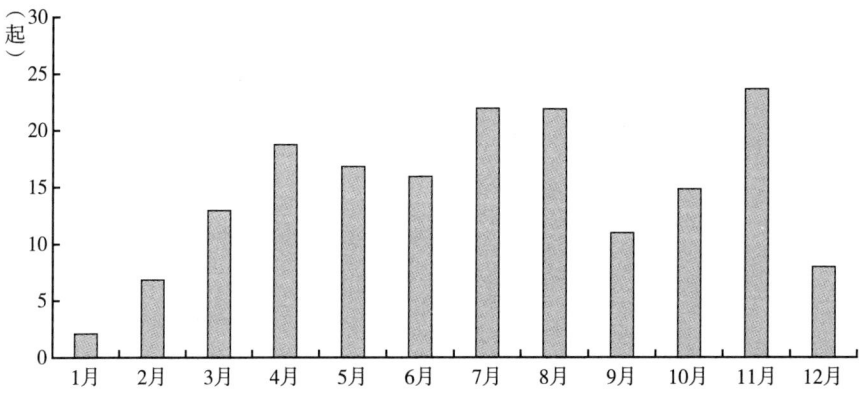

图4 2014年各月旅游购物安全事件发生数

3. 商品类别特征

（1）珠宝首饰等贵重商品占比最大

珠宝玉器、药材是投诉商品最多的类型，分别占旅游购物安全事件的65%和23%。从经营者的角度而言，这两类旅游商品不仅最容易造假，而且利润空间相当大，有利可图。从游客角度而言，游客不具备足够的鉴别能力，容易上当受骗，且在旅游过程中，游客往往心态比较放松，缺乏防范意识。

（2）购物投诉商品类型趋于多元化

2014年，旅游购物投诉商品的类型趋于增多，从珠宝首饰、奢侈品等贵重物品，逐步向药材、电子产品、蚕丝被、特色食品等日常用品蔓延。

4. 发生类型的特征

（1）价格虚高与假冒伪劣是游客财产损失的主要原因

在引发购物投诉的原因分析中，价格虚高的比例为55%，是造成游客财产损失的主要诱因。其次是假冒伪劣，占比为31%。其余如缺斤短两、信用卡被盗刷和人身伤害等合计占比为14%。

（2）旅游景区购物点和大型商场是购物安全事件的高发地

旅游景区、大型商场是发生旅游购物安全事件的主要地点，分别占比为57%和34%。行程外导游强迫购物明显增多，且以更隐蔽的方式使游客在不知不觉中受骗上当。

（三）旅游购物安全管理的主要进展与特点

1. 国家旅游局发布安全警示与加强节假日购物监管

国家旅游局发布的《2014旅游服务警示第2号：都是低价惹的祸》向广大旅游者发出购物安全警示：提醒旅游者增强风险防范意识，克服侥幸心理，不因贪图便宜受骗于低价旅游团，而应选择资质可靠的旅行社的产品，购买旅游商品后索要正式发票，如遇旅游商品质量问题，及时向相关主管部门投诉。[①] 国务院办公厅下发的《关于做好2014年国庆期间旅游工作的通知》，明确要求各地严厉打击哄抬价格、销售假冒伪劣产品、强迫或变相强迫游客消费等违法违规行为。

2. 各地消协提醒游客谨防购物陷阱

中国消费者协会与各地消协在节假日等旅游旺季，及时发布消费警示，提醒游客谨防购物陷阱。湖州市消费者权益保护委员会提示游客根据自身客观需要选购商品，避免受到导游或销售员的引导诱惑，境外旅游时尽量不购买珠宝首饰、电器、药材等贵重物品。[②] 由于旅游商品存在质次价高问题，尤其是宝石玉器、珍珠水晶、药材保健品、工艺品等容易鱼目混珠，中国消协提示前往国外、我国港澳台地区的游客不要盲目或冲动购买，而应货比三家，并要提防水货、核查单据。[③]

3. 鼓励民众参与监督旅游购物

全民参与旅游购物监督是旅游行业治理的新举措，也是提高旅游业社区参与度的主要途径。2014年12月，三亚市政府发布《三亚市旅游市场违法违规经营行为举报奖励办法》，鼓励全民参与旅游整治，设立旅游市场违法违规经营行为公众举报平台，推出政府服务热线12345和市旅游投诉热线

---

① 《2014旅游服务警示第2号：都是低价惹的祸》，国家旅游局网站，http://www.cnta.gov.cn/html/2014-7/2014-7-8-11-25-60910.html，2014-07-08。
② 《湖州市消保委提醒："十一"外出旅游需谨慎》，http://www.hu315.org/Article_View.aspx?ArCat=1&ID=6403，2014-09-28。
③ 王绍芳：《珠宝首饰消费投诉增多 消协给出三个消费提示》，《今晚报》2014年9月24日。

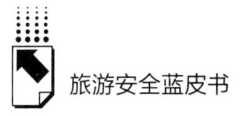

12301，由各职能部门依据举报线索进行后续调查处理，鼓励并重奖为三亚旅游市场找问题的民众。①

4. 全国各地加强旅游执法

执法必严是有法可依和违法必究的后续环节，也是治理旅游购物乱象的重要保障。全国人大常委会执法检查组在陕西省开展《旅游法》执法检查，建立陕西省整顿规范旅游市场秩序联席会议制度，省旅游局、省公安厅、省工商局等11个部门共同参与，建立旅游投诉统一受理机制，在全行业推行"旅游企业信用榜"公示制度，对旅游经营单位进行诚信考核、行风评议及考评督察。② 厦门市旅游局对违规指定游客购物的春山秋水旅行社做出责令改正与行政罚款的处理。

5. 各国完善旅游购物安全监管

我国出境游的一些目的地国家在完善旅游购物监管、提高旅游购物安全保障等方面推出新的举措。如韩国政府与首尔市、济州道等联手努力，鼓励中国游客到韩国的其他地区进行观光体验。韩国旅游发展局还推出中国游客前往韩国民众家一起买菜做饭的"家常菜体验旅游项目"。③

三 影响2014年旅游购物安全事件的主要原因

（一）出境游客数量与消费额迅速增加

截至2014年11月，我国出境游客突破1亿人次，其中亚洲占89.5%，港澳台占亚洲份额的70.4%；欧洲占3.5%；非洲占3.0%；美洲占2.7%；大洋洲占1.1%；其他占0.2%。出境游客不仅人数迅猛增长，而且游客人

---

① 李萌：《三亚出台旅游市场违法违规经营行为有奖举报办法》，《三亚日报》2014年12月9日。
② 孙铁翔：《全国人大常委会启动旅游法执法检查》，新华网，http：//news.xinhuanet.com/politics/2014-08/22/c_1112195509.htm，2014-08-22。
③ 《16万中国游客涌入韩国 购物者排满整条路》，凤凰网，http：//v.ifeng.com/news/finance/2014007/0132d3fc-d2f/-4d45-88ff-bac32d8ca88c5dc3.shtml，2014-07-05。

均消费金额也相当可观。① 2014年中国游客在境外消费达到1290亿元，人均境外花费高达6727元，稳居全球首位。游客数量激增与人均消费的增加，使2014年的出境购物投诉出现金额上升、涉及区域扩大的现象。

（二）利益链条和低价竞争仍是购物安全事件的重要祸因

诱导购物、高价宰客的根源是旅游市场的恶性价格竞争，低价导致旅行社利润不足，导游收入微薄。在中国香港和东南亚旅游市场、欧洲游的线路上，部分旅行社在扣除利润后，将旅游团以低于成本的价格卖给导游，导游和领队则通过购物赚取回扣。另外，敏感型游客青睐选择低价团，原以为自己在旅游过程中能做到只看不买，但事实上很少有游客能够做到。甚至部分游客认为与参加品质团的购物支出相比也相差无几，因此贸然参加低价团，结果购物环节屡屡受骗。

（三）游客法律意识与防范意识薄弱

随着收入水平的提高，国内游迅速发展，境外游出现井喷式增长，但是游客的法律意识和防范意识薄弱，各类旅游购物安全事件屡见不鲜。游客收入的增加与旅游消费的成熟并不同步，层出不穷的购物骗术让游客防不胜防。游客贪小便宜、从众、炫富的心理往往给购物骗术可乘之机。部分游客不了解旅游购物，维权意识薄弱，很容易误入购物旅游的"变形记"陷阱。由于旅行的时间短，如果被偷窃的不是贵重物品，大部分游客选择自认倒霉，未付诸投诉。

四 2015年旅游购物安全事件的趋势特点与建议

2014年，我国旅游经济发展将延续平稳较快增长态势，旅游购物安全事件在一定范围内仍然存在，但整体上呈下降趋势。只有政府跟进购物安全

---

① 钱春弦：《内地公民出境游 人数首次破亿》，《广州日报》2014年12月4日。

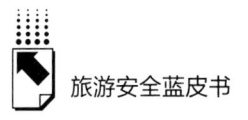

管理，商家构建新的发展模式，民众转变旅游模式与消费心理，共同致力于诚信购物环境的营造，才能从根本上解决购物安全问题。

（一）2015年旅游购物安全形势展望

1. 旅游购物安全事件小幅反弹

2013年10月，自《旅游法》实施以来，旅游购物安全事件数量锐减，购物欺诈处于更为隐蔽的状态。但是，随着游客购物需求的持续积累，以及旅行社、导游观望情绪的日渐转变，低价旅游线路或变相强制购物的现象在某些旅游目的地有死灰复燃的迹象。某些旅游景点购物商城"换装"变"3A"景点，导游也逐渐放松警惕，开始又将游客带入指定"3A"景点，恢复原先的经营模式与牟利手段。另外，景区附近的流动商贩的商品价格弹性很大，统一管理难，也是不可小觑的安全隐患。因此，2015年，旅游购物安全形势不容乐观，要谨防购物安全出现继续反弹性增长的态势。

2. 出境游购物安全事件呈持续上升态势

随着出境游客数量的增多，以及中国游客人均境外消费额的上升，中国游客在法国、韩国、日本等地成为当地小偷或造假商家的目标。因为中国游客在境外购物时不仅钟爱奢侈品，还习惯随身携带大量现金，引来不少羡慕的眼光，并可能招致反感、敌意与觊觎，出境游购物安全投诉呈上升的趋势。

3. 事件发生区域集中化

2015年，旅游热点地区预计仍是购物安全事件的高发地区，各地行业管理与治安水平的改善还需假以时日。如国内游投诉焦点地区仍然以云南、广东为主，出境游的投诉热点地区仍然以中国港澳台地区、泰国、法国等为主。

4. 购物安全诱因多元化

随着旅游类型的多样化与旅游项目的丰富化，游客的数量与消费额稳步上升，但是游客的鉴别能力与防范意识并未同步提升。各类骗术层出不穷，购物安全事件的诱因出现多元化的趋势。

（二）2015年旅游购物安全管理建议

1. 从源头上打破造假售假利益链条

假货横行的根源是供求两旺。一方面，游客贪图便宜、虚荣、炫富、盲从、不具备鉴别力、购物以送礼为主等特点都是容易购物被骗的原因；另一方面，在巨大的利益面前，生产者与销售者可能置游客利益于不顾，导致旅游商品的造假与卖假行为大行其道。《旅游法》禁止的是购物过程中的强制、胁迫、诱骗等行为，但是双方协商的购物则是允许的，旅行社应该改进的是购物环节及产品设计方面的缺陷。治理"黑导游、黑旅行社、黑购物点"的关键是斩断回扣链条，需要旅游部门与工商、物价、质监等执法部门通力合作。

2. 行政管理部门有所作为

旅游、工商、运管、物价等部门应联手打造良好的旅游购物环境。首先，淡季突击检查、旺季突击检查与定期排查相结合，杜绝购物猫腻；其次，设立旅游消费购物的"绿色通道"，即开通热线，在旅游购物区设置多处投诉点，接受旅游购物投诉，营造良好旅游消费氛围；最后，普及相关法律，警示不良商家。在旅游消费场所的显眼位置张贴有关消费欺诈的警示与投诉电话，并在旅游旺季采取通告、广播等方式提醒消费者注意防范。多数中国游客在境外购物过程中，深受无处维权的困扰，存在缺乏监管、退换货困难的风险。

3. 建章立制"管"导游

由于导游管理处于半松散状态，导游往往缺乏归属感，且现实中许多导游缺乏基本的福利保障，主要的收入来源是带团补贴，旅游淡季收入少，从而导致旅游收入十分不稳定，职业忠诚度低。《旅游法》明确规定旅行社应当与其聘用的导游依法订立劳动合同，支付劳动报酬，缴纳社会保险费用。这就为改变松散的导游管理模式、进一步完善导游的薪酬福利制度提供了法律依据。

4. 旅游者的自我防范

首先，游客在选择旅游产品时不被表面的低价所迷惑，应有"一分价钱一分货"的观念；其次，在旅游目的地理性地购买纪念品，避免落入导游或销售员的温柔陷阱；最后，游客购物时货比三家，尽量购买品质或价格较熟悉的商品，提高对珠宝首饰、名贵药材的鉴别能力，才能防患于未然。

参考文献

[1] 张勇军：《泰国旅游曾街头取款　游客银行卡遭境外盗刷》，《武汉晚报》2014年10月16日。

[2] 红心：《40名游客没饭吃没店住缘起合同纠纷？不购物？》，《大连晚报》2014年8月12日。

[3] 李小斌：《网曝游客云南旅游不购物遭8人殴打并被抢项链》，《北京晨报》2014年3月27日。

[4] 池海波：《逛八达岭长城　游客导游起冲突》，《北京青年报》2014年10月28日。

[5] 施超：《购物商城变"景点"　旅游市场频频上演变形记》，《宁波日报》2014年3月3日。

[6] 《2014旅游服务警示第2号：都是低价惹的祸》，国家旅游局网站，http://www.cnta.gov.cn/html/2014-7/2014-7-8-11-25-60910.html，2014-07-08。

[7] 《湖州市消保委提醒："十一"外出旅游需谨慎》，http://www.hu315.org/Article_View.aspx?ArCat=1&ID=6403，2014-09-28。

[8] 王绍芳：《珠宝首饰消费投诉增多　消协给出三个消费提示》，《今晚报》2014年9月24日。

[9] 李萌：《三亚出台旅游市场违法违规经营行为有奖举报办法》，《三亚日报》2014年12月9日。

[10] 孙铁翔：《全国人大常委会启动旅游法执法检查》，新华网，http://news.xinhuanet.com/politics/2014-08/22/c_1112195509.htm，2014-08-22。

[11] 《16万中国游客涌入韩国　购物者排满整条路》，凤凰网，http://v.ifeng.com/news/finance/201400710132d3fc-d2f1-4d45-88ff-bac32d8ca88c5dc3.shtml，2014-07-05。

[12] 钱春弦：《内地公民出境游　人数首次破亿》，《广州日报》2014年12月4日。

B.7 2014~2015年中国旅游娱乐场所的安全形势分析与展望

林美珍 郭利利 李晓露*

摘 要： 旅游娱乐场所的安全事故对旅游者的生命财产安全构成了极大的威胁。与2013年相比较，2014年我国旅游娱乐场所安全事故等级降低，但事故总数有所增加；安全事故发生次数有所增长，并且伤亡人数明显增加；分布范围较广，华东和华中地区呈现此消彼长的现象；事故灾难仍是主要事件，儿童依然是事故伤害的主体。2015年旅游娱乐场所安全形势依然严峻，相关政府部门、旅游娱乐企业、旅游主体以及社会应高度重视，降低旅游娱乐场所安全事故的发生频率，减少旅游者旅游娱乐活动过程中的伤亡人数，提高旅游者的旅游娱乐质量和满意度。

关键词： 旅游娱乐场所 旅游安全 事故 安全形势与展望

随着生活水平的提高和闲暇时间的增加，旅游者具备了开展旅游娱乐活动的能力，我国旅游娱乐业正呈高速发展的态势。然而，由于旅游娱乐设施的复杂化、多元化，以及游客求刺激、求新奇的心态等因素，各类旅游娱乐安全问题伴随而来。本文总结了2014年我国旅游娱乐场所的安全现状，分析了其特征及形成原因，并展望2015年旅游娱乐场所的安全形势。

---

* 林美珍，华侨大学旅游学院副教授、硕士生导师，主要研究方向为旅游服务与旅游企业人力资源管理；郭利利、李晓露，华侨大学旅游学院硕士研究生。

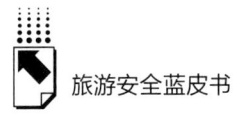

一 2014年中国旅游娱乐场所安全总体形势

旅游娱乐场所指旅游企业为旅游者提供公开旅游娱乐体验的合法经营场所,既包括为旅游者提供文娱康体项目的场所,也包括以游乐设备为基础的场所。受游客自身、旅游娱乐场所从业人员、游乐设施设备、外部自然环境等因素的影响,2014年旅游娱乐场所的安全形势总体不太乐观。与2013年相比较,2014年我国旅游娱乐场安全事故等级降低,但事故总数有所增加;安全事故发生次数有所增长,并且伤亡人数明显增加;分布范围较广,华东和华中地区呈现此消彼长的现象;事故灾难仍是主要事件,儿童依然是事故伤害的主体。

二 2014年中国旅游娱乐场所安全事件的概括与特点

本文通过网络搜索的方式,在百度、谷歌等主流搜索引擎和新浪网、中国新闻网等知名门户网站上,使用"旅游娱乐场所+安全/事故""主题公园+安全/事故""游乐场+安全/事故""游乐设施+安全/事故""索道/漂流+安全/事故"等关键词,对2014年1月至11月我国旅游娱乐场所的安全突发事件进行广泛的检索,共搜索和遴选了55起旅游娱乐场所安全事故案例,本文以这些案例为基础进行统计分析。

(一)旅游娱乐场所安全突发事件的分布类型

根据2006年1月8日国务院发布并实施的《国家突发公共事件总体应急预案》对突发事件的分类,旅游娱乐场所突发事件可分为自然灾害、事故灾难、社会安全和公共卫生事件四大类。通过网络搜索,2014年1~11月我国旅游娱乐场所安全突发事件见表1。

2014~2015年中国旅游娱乐场所的安全形势分析与展望

表1 2014年1~11月我国旅游娱乐场所旅游安全突发事件一览表

序号	发生场所	发生时间	事件过程	事件类型
1	湖南省长沙市烈士公园游乐场	2月19日(周三)	一设备突然起火,摇摆飞椅严重烧毁	事故灾难
2	重庆阿市依河漂流景区	3月27日(周三)	竹筏重心偏移发生侧翻,16名游客和2名工作人员掉落水中,2名游客身亡	事故灾难
3	河北省石家庄市窦王岭景区	3月29日(周六)	绳伞支撑钢管断裂,14名游客受伤	事故灾难
4	北京市香山公园	4月7日(周一)	2名乘客(1男1女)在香山公园索道乘坐观光吊椅时跳下受伤	事故灾难
5	江西省冈山杜鹃山景区	4月12日(周六)	机械故障导致一轿厢松落,4人受伤,1人死亡,219名游客滞留索道	事故灾难
6	广西桂林市漓江阳朔	4月26日(周六)	乘坐竹筏溺水,两名游客死亡	事故灾难
7	湖北省罗田薄刀峰风景区	5月1日(周四)	多辆缆车突然停摆,70多名游客悬在半空长达3个多小时	事故灾难
8	河北省唐山市乐亭县浅水湾浴场	5月2日(周五)	摩托艇翻倒,两人落入海中,造成一女游客溺水身亡	事故灾难
9	安徽省宿州市科技文化广场游乐园	5月18日(周日)	一名13岁女孩在游乐园玩耍时不慎摔下"海盗船",当场死亡	事故灾难
10	陕西省西安市秦岭野生动物园	5月25日(周日)	一名3岁小男孩被观光车碾轧,抢救无效不幸离世	事故灾难
11	广西柳州市动物园	6月1日(周日)	两辆"丛林飞鼠"发生追尾事故,导致3人受伤	事故灾难
12	安徽黄山新安江	6月18日(周三)	游船行驶造成水浪打翻渔船,一男子死亡	事故灾难
13	河北省馆陶县公主湖湿地公园	6月26日(周四)	巡逻艇侧翻沉没,6名落水者全部死亡	事故灾难
14	甘肃省兰州市某购物广场—游乐场	6月29日(周日)	2岁多小孩从无防护栏的楼梯状游乐设施上摔落,致使左前臂多处骨折	事故灾难
15	江苏省南通市如皋一游乐场	7月3日(周四)	操作员疏忽导致一家三口被困高空摩天轮半小时	事故灾难
16	湖北省荆州市沙市中山公园	7月6日(周日)	游乐设施骤停,导致一妇女带俩孩子被困高空半个小时	事故灾难

续表

序号	发生场所	发生时间	事件过程	事件类型
17	辽宁省大连市星海广场	7月12日(周六)	"高空飞翔"高空骤停,19名游客被困空中2个多小时	事故灾难
18	吉林省长春胜利公园	7月20日(周日)	新开放的游乐设施发生故障,导致游客头朝下足足5分钟	事故灾难
19	浙江省温州市一游乐场	7月20日(周日)	2岁女童游乐场受伤,上唇系带断裂,此处还发生另外两起事故,造成儿童耳朵、脸部、下巴等不同程度受伤(因场内安全设施不到位)	事故灾难
20	浙江省奉化市溪口镇岩头村宁波班溪漂流景区	7月26日(周六)	漂流划艇翻覆,约20人落水,2人轻微骨裂,3人擦伤	事故灾难
21	浙江省宁波市东钱湖水上乐园	7月27日(周日)	一游客在游玩时,手肘被割去约两厘米长的肉皮	事故灾难
22	安徽省池州市商之都骄娃欢乐城	7月27日(周日)	一小孩坐旋转椅时摔下,造成左手骨折	事故灾难
23	广西梧州市彩虹桥	7月31日(周四)	小船侧翻,船上5人全部落水,1人溺亡、1人失踪	事故灾难
24	辽宁省沈阳市一游乐场	8月7日(周四)	过山车坡顶突然停止,4名少年被困高空2小时	事故灾难
25	山东省招远市架旗山游乐园	8月8日(周五)	9岁女童乘坐摩天轮时掉出吊舱,坠落草地受伤	事故灾难
26	湖南省邵阳市城南公园	8月10日(周日)	乘坐高空脚踏车时停在半空不动,游客受到惊吓	事故灾难
27	广东省佛山市容桂东湖公园	8月10日(周日)	一游客乘坐"跳跳鼠"时座椅突然下坠,导致椎间盘局限性突出	事故灾难
28	江苏省无锡市雪浪山风景区	8月11日(周一)	游客漂流过程中撞破头,缝了3针,此地游客受伤已有3起,另外两起均为轻微擦伤	事故灾难
29	湖北省武汉市武昌区一大型游乐场	8月13日(周三)	15岁男孩坐过山车致身体瘫痪	事故灾难
30	山东省青岛市一儿童乐园	8月16日(周六)	4岁女孩在儿童乐园玩耍摔伤造成严重骨折	事故灾难

续表

序号	发生场所	发生时间	事件过程	事件类型
31	湖南省资兴市东江湖风景旅游区	8月10日(周日)	一游艇沉船造成22人落水,19人获救,3人失踪	事故灾难
32	重庆市阿依河漂流景区	8月20日(周三)	游客漂流落水,一名中年女性游客不幸丧生	事故灾难
33	辽宁省大连市中山区天津街宝贝渡口游乐场	8月23日(周六)	6岁男孩从"旋转秋千"上跌落,造成左臂骨折	事故灾难
34	安徽省阜阳市一儿童游乐场	8月26日(周二)	因少付1元钱的费用,游客小王与李某发生争执,后李某将小王殴打致伤	社会安全
35	河南省郑州市一餐厅游乐场	8月26日(周二)	两岁宝宝餐厅游乐场摔伤,头部缝6针	事故灾难
36	湖南省烈士公园年嘉湖	8月27日(周三)	两岁女童在游船上弯腰洗手时不慎落入湖中溺亡	事故灾难
37	浙江省杭州市南宋御街	8月30日(周六)	3岁半幼童误踩电门启动观光车撞倒电动车致2人受伤	事故灾难
38	福建省厦门市瑞景商业广场游乐场	9月2日(周二)	孩子游乐场摔伤,右手尺骨和桡骨骨折	事故灾难
39	重庆市洋人街游乐园	9月7日(周日)	游乐项目发生故障,致20余人被困	事故灾难
40	广东省深圳市大鹏半岛海域	9月8日(周一)	一男子游客玩水上自行车溺水	事故灾难
41	重庆市乐和乐都主题公园	9月8日(周一)	因为一张儿童票,几名游客和工作人员发生冲突,一位员工被打伤	社会安全
42	广东省广州市白云山索道	9月15日(周一)	突然发生火灾,19部缆车客厢被完全焚毁,索道主机也受到一定的损坏	自然灾害
43	四川省昆明市一游乐场	9月27日(周六)	一个7岁小女孩参与互动游戏时,不慎被护栏压伤,导致左手食指受伤	事故灾难
44	海南省海口市美兰航天嘉年华游乐场	10月2日(周四)	12岁小女孩不慎从"摇头飞椅"座椅上摔下,导致头部受伤	事故灾难

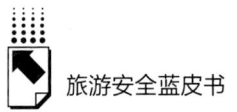

续表

序号	发生场所	发生时间	事件过程	事件类型
45	福建省厦门市同安区一游乐园	10月4日（周六）	一名游客乘坐木马时不慎摔落，被送进了医院	事故灾难
46	上海市杨浦区	10月5日（周日）	某广场娱乐设施充气城堡被大风整体吹倒，致使13名儿童及1名成人受伤	自然灾害
47	湖北省麻城市某快餐厅游乐场	10月6日（周一）	4岁小男孩被踩伤，造成右小腿骨折，索赔遭拒	事故灾难
48	河南省周口项城人民公园	10月6日（周一）	一个5岁女孩乘坐小火车游玩时，不慎被卷到车轮下身亡	事故灾难
49	上海市青浦区米格天地充气城堡	10月12日（周日）	室外充气城堡吹翻，导致一名3岁女童从高处摔落骨折	自然灾害
50	河南省平顶山市河滨公园	10月18日（周六）	一个9岁男孩公园看熊右胳膊被熊咬掉，当晚孩子在郑州做截肢手术	事故灾难
51	江苏省南京市绿博园	10月19日（周日）	男孩游乐园坐"太空飞碟"半空中被甩出	事故灾难
52	湖北孝感京彩欢乐世界	10月26日（周日）	6岁女童在游乐园玩碰碰床时不慎摔伤，造成骨折，家长、园方各执一词	事故灾难
53	重庆市乐和乐都主题公园	10月31日（周五）	一个8岁女孩由两名长辈带领，私自进入公园未开放的驯兽场，不幸被虎侵害，抢救无效身亡	事故灾难
54	天津河东万达广场	11月16日（周日）	一个孩子在商场的"淘气堡"玩耍，头部被卡在一个圆球状游乐器械的栏杆上	事故灾难
55	上海市一游乐园	11月17日（周一）	一个孩子在一家游乐园玩海洋球时，围栏倒下造成孩子右手桡骨骨折	事故灾难

如表1所示，2014年1~11月我国旅游娱乐场所安全突发事件的主要类型是事故灾难，共发生50起，社会安全事件2起，自然灾害事件3起。在55起事故中，除3起自然灾害事件是不可控因素引起的外，其余都是由旅游者安全意识缺乏、设施设备故障、旅游从业人员操作不当、利益主体之

间的矛盾等可控因素引起的人身或心理伤害事件。根据旅游安全事故分级标准,2014年旅游娱乐场所没有发生特大事故和重大事故,但发生较大事故1起和一般事故16起。与2013年相比较,事故等级有所降低,死亡人数共29人,与2013年持平,但事故总数有所增加,尤其是一般事故增加的幅度较大。

(二)旅游娱乐场所安全突发事件的发生特点

1.时间分布特点

与2013年相比较,2014年旅游娱乐场所突发事件有增加的趋势,且主要集中分布在7月、8月、9月、10月,累计发生安全事件39起,占事件总数的70.9%(见图1)。事故的发生时间主要集中在双休日,共发生29起安全事故,占事件总数的52.7%(见图2)。五一劳动节、六一儿童节、中秋节、十一国庆节等节假日均有发生旅游娱乐场所安全事件,十一黄金周期间共发生了5起安全事件并造成18人受伤、1人死亡。

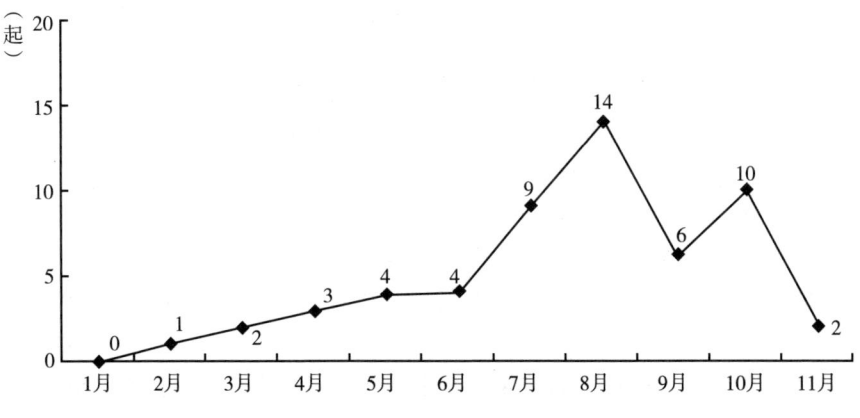

图1　2014年1~11月旅游娱乐场所安全事件月份分布

2.空间分布特点

从安全事故发生的地域空间来看,2014年旅游娱乐场所突发事件分布地区较多(见图3),华东、华中等地区发生频率较高(见图4)。与2013年相比较,2014年华东和华中地区安全事件呈此消彼长的现象。以华中地

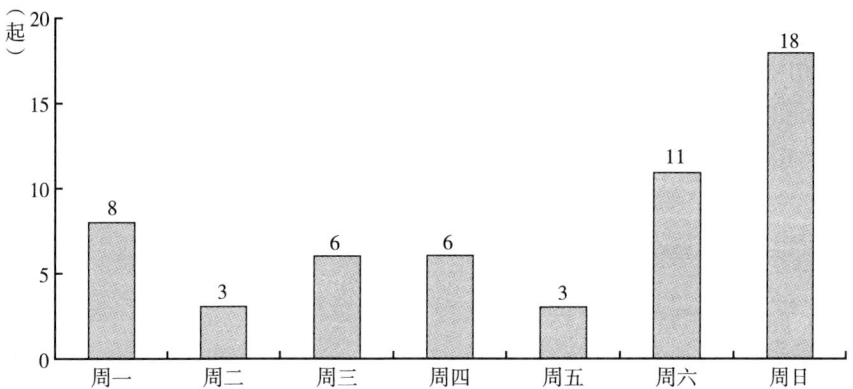

图2　2014年1~11月旅游娱乐场所安全事件星期分布

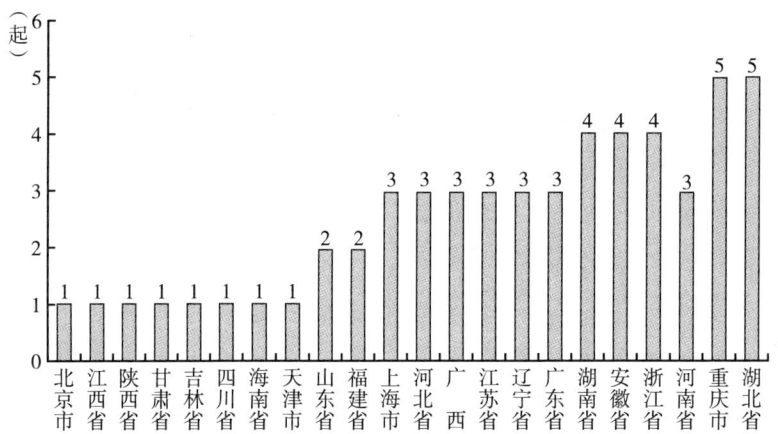

图3　2014年1~11月旅游娱乐场所安全事件各省（自治区、直辖市）分布

区的湖北省为例，2014年共发生安全事件5起。5月1日湖北省罗田薄刀峰风景区多辆缆车突然停摆，70多名游客悬在半空长达3个多小时；7月6日，湖北省荆州市沙市中山公园游乐设施骤停，导致一妇女带俩孩子被困高空半个小时；8月13日，湖北省武汉市武昌区一大型游乐场15岁男孩坐过山车致身体瘫痪；10月6日，湖北省麻城市某快餐厅游乐场4岁小男孩被踩伤，造成右小腿骨折；10月26日，湖北孝感京彩欢乐世界6岁女童在游乐园玩碰碰床时不慎摔伤，造成骨折。

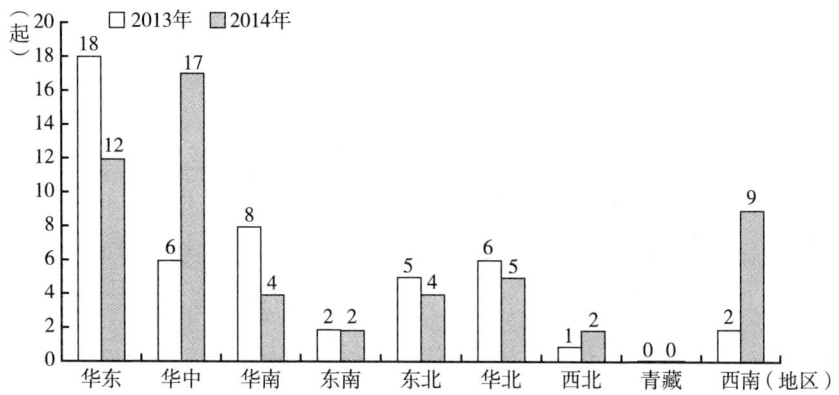

图 4　2013 年与 2014 年旅游娱乐场所安全事件地区分布对比

3. 类型分布特点

2014 年旅游娱乐场所的安全事件依然包含自然灾害、事故灾难、社会安全事件三大类，未涉及公共卫生事件。在这些安全事件中，事故灾难仍然是主要事件，共发生 50 起，所占比例高达 90.9%。在事故灾难中，设施设备故障引发的事故较多，共 16 起，造成旅游者伤亡、身心健康受到严重伤害等各种恶劣后果。据国家质检总局通报，截至 2013 年底，全国共有大型游乐设施 1.79 万台（套），客运索道 873 条，比 2012 年大型游乐设施数量增加了 1000 多个。目前，国内大型游乐设施以每年 1500 个左右的速度激增，规模迅速扩大，但游乐设施的安全问题不断凸显。

4. 主体分布特点

儿童、青少年是旅游娱乐场所的主要消费群体，出于求新奇、求刺激的心理，他们往往会忽视安全问题。根据消费者产品安全委员会的统计，在美国每 2.5 分钟就有一个小孩在游乐场所发生意外，一年超过 20 万名孩童深受游乐场意外伤害之苦。多数儿童由于年龄的限制经验较少、自我保护意识薄弱，属于弱势群体，在旅游娱乐场所中容易遭受各种安全突发事件的侵害。通过案例搜索发现，在 2014 年 1~11 月旅游娱乐场所安全事件中，安全事件主体大多是儿童，所占比例接近 50%，其中伤亡人数占总伤亡人数的 30.6%。

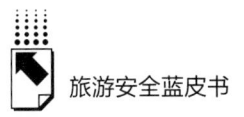

（三）2014年旅游娱乐场所安全管理进展

1. 旅游娱乐场所安全法律法规进一步完善

2011年1月14日颁布、2011年6月1日正式实施的《旅游娱乐场所基础设施管理及服务规范》（GB/T 26353-2010），2013年10月1日正式颁布的《旅游法》等都表明旅游娱乐场所的安全问题已经引起国家和各级政府的重视。大型娱乐设施设备大多属于高风险的旅游娱乐项目，《旅游法》对这些高风险旅游项目的经营许可做出明确规定。2014年8月21日，国务院发布的《国务院关于促进旅游业改革发展的若干意见》明确提出要保障旅游安全，要对客运索道、大型游乐设施等旅游场所特种设备定期开展安全检测，完善旅游安全服务规范，旅游从业人员上岗前要进行安全风险防范及应急救助技能培训。2014年9月3日，在大连"发现王国"召开了中国主题管理标准化推广会议，为提高中国主题公园管理工作水平，科学系统地提升企业管理能力，促进主题公园的标准化做出了一定的努力。法律法规的逐步完善进一步提高了我国旅游娱乐场所的安全管理和服务水平，更加有效地保障了旅游者在旅游娱乐场所的合法权益。

2. 旅游娱乐场所安全管理意识不断增强

旅游娱乐场所安全是旅游娱乐企业生产经营活动得以正常进行的有力保障。越来越多的旅游娱乐企业开始重视并强化娱乐设施管理人员、操作人员、维修人员的培训，做到持证上岗，使其更好地掌握设备管理的基本知识，熟悉有关的标准、要求和技能，尽量避免失误操作、瞎指挥以及设备维护不当的现象。除了预防工作得到强化外，一些旅游娱乐企业还根据自身特点制定了相关应急预案，救援系统也得到了进一步完善。例如，6月27日河北省石家庄市质监局进行旅游景区特种设备安全事故紧急救援演练；7月初北京市通州区开展大型游乐设施应急救援演练和国庆前夕旅游娱乐场所特种设备专项检查；7月11日天津滨海航母主题公园针对"安全生产月"开展消防演习；9月23日北京朝阳公园针对"高空飞翔"项目中突发停车故障进行应急安全演练；11月11日杭州金沙湖公园开展了安全救援演练。

3. 相关部门对安全管理监督力度加大

除旅游娱乐企业加强安全管理外，相关部门都能积极参与安全监督工作。国家质检总局加强对旅游娱乐场所的监督，在节假日前对大型游乐设施的安全运行情况进行监督检查，不定期对一些中小型游乐设施进行抽查。国家质检总局出台的《大型游乐设施安全监察规定》于2014年1月1日起正式实施，进一步加强了对大型游乐设施的安全监察。广东省东莞市于2014年7月实施大型游乐设施安全改革制度，对大型游乐设施进行分级管理。

三 影响旅游娱乐场所安全的主要原因

（一）旅游者安全意识薄弱

旅游娱乐场所安全事故部分是由旅游者安全意识薄弱导致的。例如，8月27日湖南烈士公园一名两岁女孩乘坐游船时弯腰洗手导致溺亡；8月30日一名3岁儿童误踩电门启动观光车，撞到电动车致两伤；10月31日晚上一名8岁女孩经两名长辈带领，私自进入公园未开放的驯兽场，不幸被老虎侵害，抢救无效身亡。儿童因为年幼安全意识比较薄弱，但家长应该提高安全意识并加强对孩子的安全监管，减少儿童安全事故的发生。

（二）旅游娱乐场所从业人员责任意识、安全意识欠缺

旅游娱乐设施的操作人员责任意识、安全意识欠缺也是引起旅游娱乐场所安全事件的重要原因之一。例如，有的操作人员对大型游乐设施的法律法规及技术标准不熟悉，不能正确运用法律法规以及安全管理制度规范作业行为；有的操作人员不严格执行操作规程，忽视乘客安全；有的操作人员进行日常检查、维护保养工作不留存见证材料，作业行为没有记录，特别是出现故障、异常状况时，不能准确记录实际状况；有的操作人员在开展日常检查、维护保养工作时不采取防护措施，缺乏对自身的保护。7月3日，江苏

省南通市如皋一游乐场,由于游乐场操作员疏忽,导致一家三口被困摩天轮的中部,停留高空半小时。

(三)旅游娱乐企业安全管理存在缺陷

在我国,多数中小游乐场的经营者是个体经营者,人员组织相对松散,企业缺乏一套完善的自我安全管理体系。一些旅游娱乐企业的经营者甚至一人扮演管理者、操作者、维修者等多种角色,没有专业的操作人员。一些旅游娱乐场所未设置安全管理机构或有的虽然设立但不能起到应有作用,缺少安全管理机构的岗位责任制,安全管理机构不能依法依规履行各项安全管理职责。为了减少运营成本,有些旅游娱乐场所并未设置专职安全管理人员或者其数量不能满足日常安全管理工作需要。在安全事故发生时,一些企业没有预警支持系统,不能及时对伤者进行救援以降低事故的伤亡率。

(四)旅游娱乐场所设施设备存在安全隐患

设施设备故障是引发安全事件最重要的原因。部分大型游乐设施的安全保护装置已损坏且运营使用单位没有采取任何防范措施,一些设备的重要零部件未按使用维护说明书及时更换,部分设备的重要受力焊缝存在严重缺陷,关键部位连接螺栓有松动等问题都严重威胁旅游者的安全。例如,3月28日,河北省石家庄市窦王岭景区绳伞支撑钢管断裂,导致14名游客受伤;4月12日,江西省井冈山杜鹃山景区机械故障导致一轿厢松落,4人受伤、1人死亡、219名游客滞留索道等。

(五)不可控的外在因素

不可控的外在因素是指以洪涝、地震、台风和干旱为主的自然灾害。虽然不可控因素导致的旅游娱乐场所安全事故较少,但每年都有发生,且由于其发生的突然性和危害的广泛性,这一外在因素也不容小觑。旅游娱乐场所应该做好预防工作和迅速救援工作,尽量把危害程度和损失降到最低。

四 2015年旅游娱乐场所安全形势展望与管理建议

(一)2015年旅游娱乐场所安全形势展望

1. 旅游娱乐设施规模与旅游娱乐场所安全管理水平的矛盾进一步扩大

随着高新技术的应用,刺激、惊险和更加复杂的大型游乐设施不断涌现,游客的游乐质量、体验得到了很大的提升,对游乐设施的安全系数要求也更高。目前,我国大型游乐设施以每年1500个左右的速度激增,规模迅速扩大。但是旅游娱乐场所安全水平在短时间内不会有较大的提升,游乐设施的安全问题不断凸显,旅游娱乐场所安全形势依然严峻。

2. 儿童、青少年是旅游娱乐场所安全知识宣传教育和安全技能培训的重点对象

多数儿童由于年龄的限制经验较少、自我保护意识薄弱,属于弱势群体,在旅游娱乐场所中容易遭受各种安全突发事件的影响。2013年和2014年的安全事件案例表明,出于求新奇、求刺激的心理,儿童和青少年往往会忽视安全问题,成为安全事件伤害的主体。2015年我国旅游娱乐场所安全知识宣传教育和安全技能培训的重点对象仍然是儿童和青少年。

3. 大型游乐设备安全管理是旅游娱乐场所安全防控的重点

大型游乐设备故障将给旅游者带来重大的生命安全问题。2014年,因设施设备故障和旅游娱乐场所操作人员不规范操作引起的安全事故较多。与西方国家相比较,我国大型游乐设施无论是设备设计制造、运行管理还是检测技术都存在一定的差距。因此,大型游乐设备安全管理是我国旅游娱乐场所安全防控的重中之重。

(二)2015年旅游娱乐场所安全管理建议

随着我国旅游娱乐业的发展,旅游娱乐场所也暴露了很多安全隐患。面对旅游娱乐场所严峻的安全形势,国家应充分发挥包括政府、旅游企业、旅

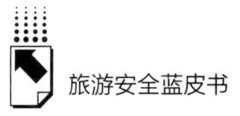

游者、群众在内的各个层次的力量，营造安全的旅游娱乐环境，提高旅游者在旅游娱乐场所的体验质量。

1. 强化旅游娱乐场所安全应急管理

各级政府部门在完善相关法律法规、制定应急预案时，应该将旅游娱乐场所安全纳入考虑范围。各级旅游部门、质量监管部门等应当加强沟通与合作，互通信息，建立完善的信息通报制度，以便各部门能及时、准确、全方位地掌握旅游娱乐场所安全管理信息，社会群体能及时了解旅游娱乐场所安全动态，提高安全意识，切实保障旅游者的利益。

2. 重视设施设备的维护和保养工作

旅游娱乐企业可从以下几个方面降低设施设备的故障率。①建立一套完整和完善的游乐设施管理体系，做到维护保养有制度、有规范、有记录、有数据支持，而且要总结经验教训，实现安全管理制度化。②提升组织人员的技术力量，加强技能培训，在游乐设施日常安全运营各环节把好质量关。③完善和细化游乐设施的维修管理。游乐设施除了日常的维护保养（日检、周检、月检）外，还需进一步细化其检修深度和频次，游乐设施的季检、半年检和年检都是非常有必要的。④树立"主动维护"理念，针对引起设备故障常见的原因，提前采取有效的故障预防措施。例如，建立完善的安全维护管理制度、设备督察小组、设备故障案例档案库、完善的设备档案、设备安全评价体系。

3. 提升旅游者特别是儿童、青少年旅游者的安全意识和安全技能

增强旅游者的安全意识，提升旅游者的安全技能，是降低旅游娱乐场所安全事故发生率的基础性工作。国家及各级地方政府应加强对旅游者特别是儿童和青少年旅游者的旅游娱乐场所安全知识的宣传和教育；旅游娱乐场所工作人员应提升服务质量，做好安全讲解工作，对于某些专业性较强的娱乐项目应对旅游者做好安全技能培训；旅游者则要牢固树立"安全第一"的意识，不能为了追求刺激和心理满足而忽略自身安全。需要指出的是，儿童因为年幼安全意识比较薄弱，但家长应该提高安全意识并加强对孩子的安全监管，减少儿童安全事故的发生。

4. 完善社会监督和综合治理机制

为了确保旅游娱乐场所安全，应加强社会舆论的监督力量。政府应加大媒体对安全事件的曝光力度，利用各种载体、采取多种形式，充分激发广大群众特别是企业员工主动监督、放心举报的责任感与积极性，并逐步完善保险保障机制。旅游企业应主动向当地政府报告大型游乐设施安全状况，充分发挥旅游、住建等部门行业管理作用，落实"一岗双责"，联合开展监督检查，综合治理安全隐患，形成多元共治的新格局。

五 结束语

根据 2014 年我国旅游娱乐场所安全现状分析以及对 2014 年安全形势的判断，2015 年我国旅游娱乐场所的安全形势依然严峻，政府和企业需做好旅游娱乐场所风险防控以及安全事故的处理工作。

参考文献

[1] 国务院：《突发公共事件总体应急预案》，2006 年 1 月 8 日。
[2] 邱琰：《对游乐设施的维护与保养的探索》，《科技与企业》2013 年第 15 期。
[3] 田原：《游乐设施安全事故分析及防范措施》，《中国新技术新产品》2012 年第 23 期。
[4] 潘锐伟：《论大型游乐设备故障案例分析在安全保障中的重要性》，《中国机械》2014 年第 4 期。

B.8
2014~2015年中国旅行社业的安全形势分析与展望

侯志强 魏 婷*

摘 要： 2014年，我国旅行社业安全形势总体平稳。主要表现在旅游业安全规章制度日益完善，节假日仍是旅游安全突发事件的多发时段，旅游安全范围实现从线下到线上的拓展，旅游业务安全问题仍旧十分严重。展望2015年，旅行社业将朝着更稳健的方向发展，业内安全有望加强；旅游安全事件仍会呈现时间上的集中性；法律仍是规范旅行社业市场的武器，各部门通力合作将成为抵抗事故的重要法宝；线上旅游市场亟待规范，对旅游经营者及旅游从业人员的培训势在必行，突发事件应急预警系统创建工作有待开展。

关键词： 旅行社业 安全形势 展望

旅游业是扩大内需与促进地方经济发展的引擎产业，对地方发展具有举足轻重的意义。作为旅游活动主要组织者和承担者的旅行社是专门从事旅游业务的企业，在旅游者与旅游目的地中起到了重要的桥梁作用，旅游安全贯穿旅游活动始终，旅行社业安全也顺理成章地成为旅游安全的关注焦点。国内、出入境旅游市场呈现稳步增长的态势，旅行社业也随之不断发展，国家

---

* 侯志强，华侨大学社科处副处长、旅游学院副教授、博士，研究方向为区域旅游发展与旅游目的地管理；魏婷，华侨大学旅游学院硕士研究生。

旅游局统计公报显示,至第四季度全国旅行社总数为26435家。旅行社业安全在旅游业稳健发展的社会背景下显得越发重要。

一 2014年旅行社安全的总体形势

《国家旅游局关于2014年第四季度全国旅行社统计调查情况的公报》显示,[①] 全国旅行社国内旅游组织3678.43万人次,同比增长2.93%;出境旅游组织1071.21万人次,同比增长22.61%;入境旅游外联441.52万人次,同比增长0.02%。2014年,我国旅行社业总体呈平稳发展态势,其旅游安全形势呈现以下几个特点。

（一）旅游业安全规章制度日益完善

《中华人民共和国旅游法》（以下简称《旅游法》）的出台,为旅游业的安全规范提供了法律依据。旅行社属于旅游经营者,属于旅游法的监管范围,应当接受法律的全过程、全方位监督。《旅游法》中对旅行社的职责与非法行为做出了明确规定,如不能增设购物点、不能搞零负团费、不能强制诱导自费或购物等,这一系列规定为旅游经营者的行为设置了界限。《旅游法》实施后,旅行社通过转变营销策略,实现由拼价格向拼服务的转变,在减少旅游经营不法行为的同时,提升了游客的旅游服务体验。《旅游法》是维护旅游者和旅游经营者权益、规范旅游市场的法律保证。在《旅游法》的保障下,我国旅行社业的发展道路日渐平坦,旅游业的安全环境正在形成。

（二）节假日仍是旅游安全突发事件的多发时段

据中国国家旅游局调查显示,2014年小长假,出现出游高峰,游客市场火爆,周边游、短线游仍旧是市场主流,加之高速公路假期免费政策的影

---

① 国家旅游局监督管理司:《国家旅游局关于2014年第四季度全国旅行社统计调查情况的公报》,国家旅游局官方网站,http://www.cnta.gov.cn/html/2015-2/2015-2-25-14-36-91590.html,2015-02-25。

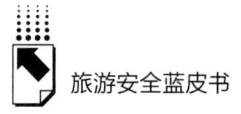

响,自驾游成为游客小长假出游的重要方式,加剧了节假日交通问题。北京、上海、广州等大城市出现高速公路拥堵、景区人满为患等现象,游客旅游质量也相应下降,旅游安全突发事件集中多发,表现在交通堵塞、景区超载、食宿水平下降等诸多方面。

(三)旅游安全范围实现从线下到线上的拓展

国内移动电子商务的蓬勃发展颠覆了旅游业传统消费方式,处于同质化竞争中的旅行社通过传统的门店竞争已经不足以使其在市场中立足,无论是单纯的OTA线上经营,还是与电商进行融合发展,旅行社的转型已势在必行,越来越多的旅行社踏上线上经营道路。根据中国旅游市场研究咨询机构最新发布的《2013年中国在线旅游度假市场研究报告》,2013年,中国旅行社业总交易额约3174.3亿元,其中在线交易额约293亿元,占中国旅行社业总交易额的9.2%。[①] 旅游线上消费安全问题值得关注,旅行社巧立名目收取费用的情况已屡见不鲜,参差不齐的资质也使消费者难以辨别产品质量。

(四)旅游业务安全问题仍旧十分严重

旅行社相关工作人员、旅游汽车公司司机、景点景区工作人员、餐饮业从业人员等构成了旅行社相关从业人员的主体,其职业道德与服务质量决定着游客的旅游安全与体验质量。近年来,由旅游从业人员原因引发的旅游质量安全问题层出不穷,旅游合同纠纷、旅游欺诈等旅游纠纷不断。

二 2014年旅行社业的概况与特点

本文主要采用案例及政府数据作为资料分析对象,通过网络搜索获取信息进行分析。政府数据主要来源于国家及省市各级旅游局、统计局等行政部

---

① 黄晓迪:《劲旅咨询〈2013年中国在线旅游度假市场研究报告〉发布》,新民网,http://tech.xinmin.cn/2014/02/17/23532533.html,2014 - 02 - 17。

门官方网站,案例搜集是通过百度、谷歌等专业搜索引擎,利用"旅行社安全"这一关键词,在新浪、搜狐、人民网等专业网站上进行,并通过多方搜索确保案例的信度。共收集到2014年1月1日至2014年12月31日案例252例,作为旅行社行业安全分析的样本对象,得出结论如下。

(一)旅行社业突发事件的分布类型

1. 时间分布分析

2014年旅行社业安全突发事件在时间分布上具有波动性,在4月、5月份,7月、8月份,10月份出现明显的出游高峰。首先,由于春节返乡、出游等原因,1月、2月份旅游安全事件发生频数比其他淡季月份高。4月份清明小长假、五一小长假等节假日,使4月、5月份出游人数陡然上升,此期间旅游安全事件的发生呈现高峰。7月、8月份,暑期学生出游潮到来,也提高了旅游安全突发事件的发生频率。虽然总体出游人数上升,但由于假期较长,出游时间分布相对分散,因此暑期的旅游安全突发事件呈现平稳波动的态势。随着中秋节、国庆节小长假的到来,优越的气候条件促使旅游行为集中产生,安全突发事件的发生也呈现仅次于五一长假的高峰(见图1)。

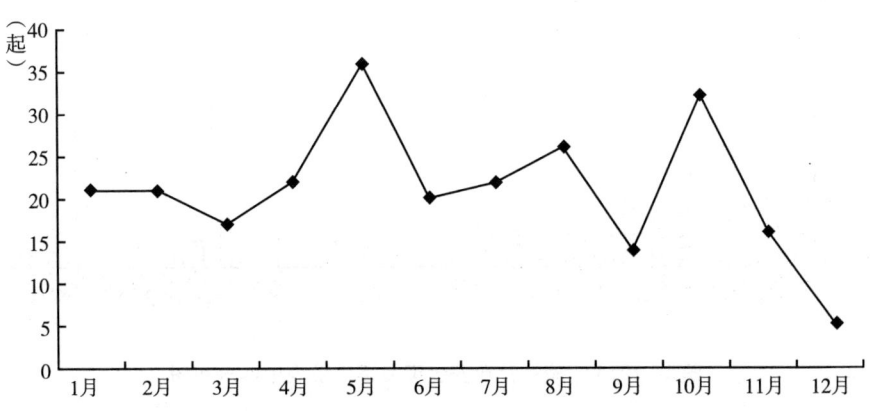

图1 2014年1~12月旅行社业安全突发事件的发生数量

2. 空间分布分析

根据我国三大旅游市场的状况，旅行社安全突发事件的空间特征如下。

第一，总体来看境内出游突发事件发生比例明显大于出境游比例，占总事件数的75%。第二，在境内游方面旅游安全突发事件发生较多的地区有云南、北京、广东、福建、海南和江苏等（见图2）。一方面，这些地区旅游业发达，吸引众多游客前往，相应的突发事件总数增加；另一方面，有些地区地质地貌条件容易导致突发事件。第三，与2013年相比，港澳台地区旅游安全突发事件有很大程度的下降，比例由13%降到了7%，且台湾地区事件数量占其中的一半以上。这一部分缘于大陆居民赴台旅游人次上升，国台办发言人范丽青介绍说，大陆居民赴台个人游自2011年7月开放至今，保持健康、有序和较快发展势头。2013年1～11月，大陆居民赴台个人游共计107.43万人次，同比增长123%。[①] 此外，大陆游客赴台旅游机制不完善也是导致在台安全事件频发的重要原因。第四，在国外游方面，旅游安全突发事件主要集中在东亚、东南亚地区，也是与我国境外游分布人次呈正相关的。

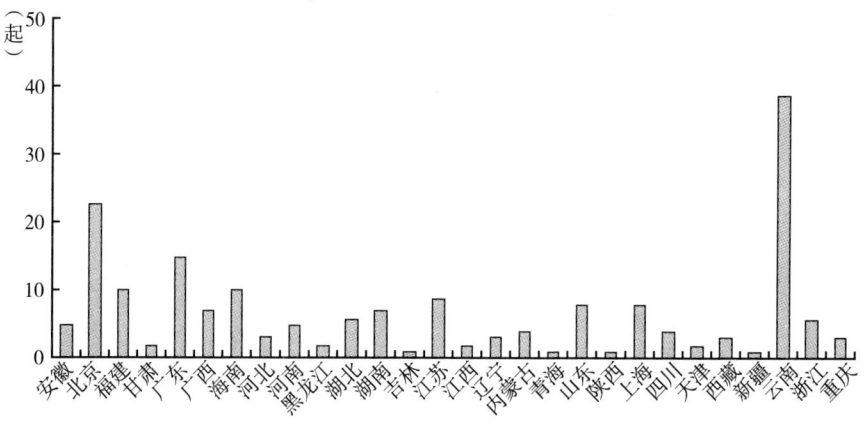

图2　2014年旅行社业安全突发事件境内地区分布图

---

① 《大陆居民赴台个人游今年同比大增123%》，新浪网，http：//gd.sina.com.cn/qy/travel/2014-12-18/100311975.html，2014-12-18。

3. 事件类型分析

根据2014年的旅游安全突发事件案例，与2013年相比，旅游质量安全事故上升至第一位，占44%，事件的原因主要是导游的非法操作与旅行社责任的缺失，主要表现在食宿质量水平不达标、导游与不良商家合伙欺骗消费者等方面。其次多发的是旅游交通事故，所占比例为18%，事故原因多为司机驾驶不当、天气原因等。旅游人身安全事故占16%，较上年有了一定程度的上升，包括游客意外涉水、坠落等安全事件等。旅游纠纷事件有很大程度的下降，这与《旅游法》中明确规定纠纷产生后的责任落实具有一定相关性。此外，旅游疾病、自然灾害等其他旅游安全突发事件较上年波动不大（见图3）。

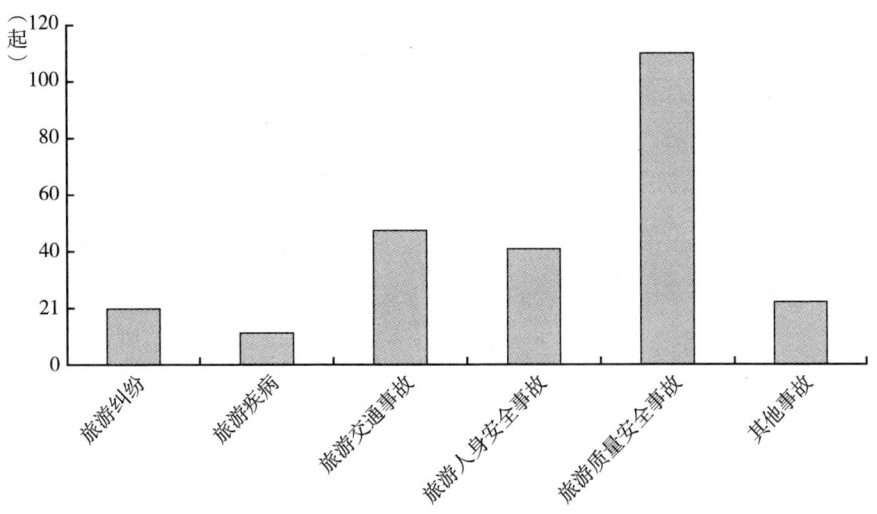

图3　旅游安全突发事件类型

（二）旅行社业突发事件的发生特点

总的看来，2014年旅行社业安全突发事件有如下特点。

1. 旅行社业安全突发事件总体呈增加的趋势

旅行社业安全突发事件近几年不断增多，这与国民经济发展背景下居民出游意愿与能力增强是有极大关系的。根据中国旅游研究院发布的《2014年上半年旅游经济运行分析和下半年趋势预测报告》，2014年全年国内旅游人数36.3亿人次，同比增长11.4%；国内旅游收入达3.1万亿元，同比增长16.3%。① 在如此大的旅游人次基数下，旅行社业安全突发事件表现得也较为明显。

2. 旅游质量安全问题越发严重

旅游质量安全问题成为各类突发事件中占据比例最大的问题。主要体现在行程延误、景区超载、旅游食宿质量水平不达标、游客被黑心商贩欺诈等方面。导游、旅游经营者、旅游大巴司机等旅游服务主体的职业道德意识与服务技能很大程度上决定了游客的旅游质量。可见，旅行社在旅游从业人员的职业技能培训、从业人员的选择和导游服务管理等方面存在问题，还需要进一步完善监督检查机制，提升自身服务质量。

3. 旅行社业安全突发事件发生时间较为集中

延续以往的发生规律，旅行社业安全突发事件呈明显的时间集中态势。旅游旺季4～5月、7～8月、10月发生的安全突发事件占据事件总数的60%以上，旅游安全也进入事故高发、易发期。节假日高速公路免费通行等政策、小长假出游人数集中等原因刺激了旅游市场，游客选择在这些时段集中出行，同时也加大了旅行社业的安全压力。

三 影响旅行社安全的主要因素

（一）旅行社外部宏观环境因素的影响

1. 国内外的政治环境影响

良好的社会政治环境是旅游业得以顺利运行的重要依托，目前国内边疆局势动荡，国外社会治安事件、暴力事件、动荡的局势使得我国游客的边疆

---

① 张希：《2014年旅游接待总人数将达37.6亿 总收入3.3万亿元》，搜狐网，http://roll.sohu.com/20140709/n402011033.shtml，2014-07-09。

旅游与个别国家和地区的出境旅游存在很大的安全隐患。例如，由于菲律宾安全形势恶化，2014年4月2日，马来西亚发生中国女游客遭绑架事件，经查明，是菲律宾反政府武装所为。① 2014年9月11日，中国外交部发布旅游警示，提醒中国公民近期暂勿前往菲律宾。菲律宾旅游部日前公布统计数据，9月，访菲中国游客共2.6万人左右，同比下降三成。

2. 国内政策的影响

随着旅游业的飞速发展，游客与旅游经营者的矛盾也逐步凸显，隐藏在利益主体之间的利益问题成为影响旅游业健康发展的绊脚石。近年来，景区门票价格过高、零负团费、导游强制购物消费等问题层出不穷，在这样的背景下，《旅游法》应运而生，针对景区门票过高、导游强制消费、旅行社对游客损失赔偿等各项行为出台了相应的规定。政府在关系旅游者的切身利益问题上，承担起了强制保护的责任。正是《旅游法》的出台，使旅游者的权利有法律的保护，旅游经营者在旅游活动过程中受到严格监督，对自身行为的约束加强，旅游市场更加规范，旅游业的发展更加健康有序。

3. 自然灾害等不可抗力的影响

我国地形复杂，气候多样，地震、泥石流、台风、水灾、旱灾等都会为旅游者的出行带来安全隐患。2014年7月27日，江苏南山竹海景区内，因暴雨导致景区内山体滑坡，水流湍急，上下山的道路都被水淹没，数百名游客被困山中。② 2014年8月8日，桂林旅行团的游客正在兴安县华江瑶族乡超然派十里大峡谷景区河边游玩时，上游地区普降大雨，形成山洪，致两名成员被水冲走溺亡。③

---

① 《在马遭绑架中国女游客获释》，凤凰网，http://news.ifeng.com/a/20140531/40544372_0.shtml，2014-05-31。
② 许心怡：《江苏溧阳南山竹海遇泥石流，数百人被困》，中国旅游新闻网，http://jl.cntour2.com/viewnews/2014/07/29/V4nOujKb9nCbOWNgif4M0.shtml，2014-07-29。
③ 柏路原：《广西兴安县2名游客突遇山洪被冲走后溺亡》，中国旅游新闻网，http://jl.cntour2.com/viewnews/2014/08/10/zvZyUFRx2OFbFRtxIztO0.shtml，2014-08-10。

（二）旅行社业及相关行业内部因素的影响

1. 旅游从业人员服务质量问题

当前存在的诸多旅游纠纷、旅游质量问题等安全事件，是由旅游从业人员业务技能不够或违规操作导致的。这与从业人员的素质与职业道德素养密不可分。要解决这一问题，就要从加强对从业人员的培训着手，提升其职业道德素养，加强其责任意识与法制观念；相关部门要对旅游活动全过程进行监管，使从业人员做到人人遵纪守法，恪守文明、规范经营。

2. 旅行社利润至上的观念

旅行社在旅游活动中缺乏责任意识，为达到目标利润，进行非法竞争，不惜牺牲消费者利益。旅行社为降低成本，与产品质量不合格的餐饮、住宿、交通等公司合作，严重降低游客旅行质量，甚至威胁到消费者的人身安全。2014年8月6日，一河北旅游团在旅行社安排的酒店用餐后，游客集体上吐下泻并出现脱水症状，后被确诊食物中毒。①

3. 旅行社管理机制不完善

从旅行社安全突发事件的处理中，可以看出旅行社的管理还存在诸多漏洞。一方面，旅行社对从业人员的素质、技能培训与选择还有待改进，导游、司机等从业人员的素质亟待提高；另一方面，在应对突发事件时，旅行社所表现出来的处理突发事件的能力与态度还有所欠缺。2014年10月10日，辽宁某旅行社带队在旅顺博物馆景区游览，集合时间到后，两名游客因为没有按时回到旅游车被导游"甩"掉，双方发生冲突。②

（三）旅游者及旅行社从业人员的安全素质因素

1. 旅游者及旅行社从业人员的安全意识与常识

在旅游活动中，旅游者是活动主体，旅游从业人员是活动的主导者，他

---

① 刘明霄：《河北保定44名游客向旅游局投诉：在威海食物中毒》，央广网，http://news.cnr.cn/native/gd/201408/t20140811_516186575.shtml，2014-08-11。
② 《一日导游游客起冲突整团人"躺枪"进派出所》，搜狐网，http://roll.sohu.com/20141011/n404998385.shtml，2014-10-11。

们的安全意识至关重要。随着近年来的旅游安全事故的频繁报道，旅行社业安全教育的加强，旅游者和旅行社从业人员已经逐渐认识到旅游安全的重要性。但是整体的安全意识水平还不够高，对旅游活动中常见的威胁人身、财产安全的现象还缺乏必要的防范意识与应急常识。受辨别能力的限制，游客在旅游活动中，容易被某些具有一定吸引力的假象所迷惑，从而危害到自己的经济利益和人身安全。

2. 旅游者及旅行社从业人员的安全与应急能力

游客出行中往往不具备良好的自我保护意识与人身安全保护技能，在参与有危险性活动时缺乏自救能力。旅行社从业人员在安全保障方面对各项规范的掌握程度有很大差异，职业安全技能与素养以及处理突发应急事件的能力也有很多欠缺。旅行社从业人员必须及时发现旅游活动中的安全隐患，并对游客做好事前提醒工作，才能更好地保证旅游活动安全顺利地进行。

四　2015年旅行社行业安全趋势与管理建议

（一）2015年旅行社业安全趋势展望

1. 2015年旅行社业将朝着更稳健的方向发展，业内安全有望加强

2013年《旅游法》实施后，对旅游经营者的监管以及对旅游者权益的维护卓有成效，具体体现在2014年旅游业发展较为平稳，以往突出反映的导游强制购物消费、零负团费、门票价格过高、景区超载等常见问题明显减少。在2015年的旅游活动过程中，《旅游法》将会继续扮演监督者、维权者、审判者的重要角色，自始至终规范旅游活动中的各利益主体行为。与此同时，国家智慧旅游公共服务平台也将在2015年正式上线运营，对景区环境容量的预警和监控将进一步加强，成为保障游客的游览质量与人身安全至关重要的一环。

2. 旅游安全事件仍会呈现时间上的集中性

总结近几年旅行社安全事件的发生规律可以看到，旅行社安全事件具节

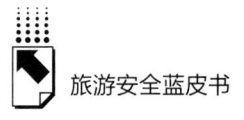

假日集中的特点,这与公民节假日集中出行的出游特点不无关系。因而短期内,在我国的假期制度下,公民还是大多选择假期出游,旅行社安全事件发生的概率也相应提高,节假日可能仍旧是安全事件发生的高峰。

(二)2015年旅行社业安全管理建议

1. 加强旅游执法,规范旅行社业经营

《旅游法》的出台,使旅游活动有法可依,可以依法治理旅游乱象,在一定程度上规范了旅行社行业秩序,保障了旅游者的合法权益。但是不难看到,在旅游活动中,旅游质量安全等问题仍旧处于居高不下的频发状态,除了外部力量及某些不可抗力因素外,旅游经营主体的知法犯法行为是事故发生的一大根源。为了进一步打击旅游经营者、从业人员在旅游活动过程中的不法行为,要进一步加大执法监督检查力度,尤其要加强对违法行为的惩处力度,加大其违法成本,使法律成为规范旅游行为的有力武器。

2. 各部门通力合作,共同防控旅游安全事故

旅游突发事件类型多种多样,其发生过程与处理也牵扯到诸多要素。为了更好地预防事故发生,在事故发生后做到及时有效的处理,必须建立长效的管理机制。从物价部门、监督部门,到交通部门、食品药品监管部门等都要密切配合,通力合作,形成联合执法、综合执法的良好管理机制,在执法过程中实现各部门信息资源共享,切实有效地解决关系到游客切身利益的旅游安全突发事件,并构建良好的旅游安全执法体系,共同缔造和谐、安全的出游环境,使游客放心地参与到旅游活动中。

3. 关注新型业态,规范线上旅游市场

线上旅游市场逐步发展,但目前还存在不成熟、不规范等种种安全隐患。在线旅游是旅游安全的"重灾区",虚假宣传、消费纠纷、霸王条款等问题不断升级。线上旅游具有虚拟性、跨地域、隐私性等特点,存在监管的盲区,导致监管具有一定难度,更要加大执法监督力度。一方面,要出台并遵照相应的法律法规,以消费者利益为本,规范签订合同、广告宣传等各项环节;另一方面,各相关部门要联合执法,及时实现信息共享,做好组织协

调工作，共同缔造安全的网络消费环境。

4. 加强职业培训，提高从业人员综合素质

目前旅游从业人员存在的问题集中表现在旅游服务水平较低与职业道德水平不高两个方面。在职业道德水平方面，部分从业人员职业道德素养较低，将个人利益放在第一位，欺瞒、诱导、威胁游客的行为时有发生。在旅游服务水平方面，许多一线员工学历层次偏低，专业服务技能还有待提高，管理者中也有众多不懂经营的人滥竽充数。针对以上问题，旅游管理部门及旅行社等旅游企业应当加强对旅游从业人员的职业技能培训，严格把关旅游从业人员的选择、管理各项环节，提升游客旅游体验水平。完善旅游经营者市场准入制度，对违反旅游业务规范、扰乱市场秩序的经营者依法予以相应处理，优化市场环境，规范市场经营秩序。

·安全事件篇·

B.9
2014～2015年中国涉旅自然灾害的形势分析与展望

叶新才 李姿 朱赟*

摘　要：　分析我国涉旅自然灾害的形势、特征和成因，可为中国旅游业应对突发性自然灾害涉旅安全问题提供参考。2014年，我国自然灾害的灾情及其对旅游业的影响较2013年偏轻，自然灾害涉旅安全事件及其造成的游客死伤人数均有所减少。展望2015年，我国自然灾害涉旅安全形势，主要呈现"三个态势"：一是恶劣气候对旅游业的影响呈不确定态势；二是局部地区自然灾害频发，旅游安全风险呈突出态势；三是旅游日益大众化、散客化，涉旅自然灾害应对常态化。为有效应对2015年涉旅自然灾害的形势，应重点在旅游利益相关者安全意识强化、自然灾害风险评估、自然灾害应对预防机制与防治体系建设、旅游目的地及途中自然灾害防治等方面采取积极措施。

关键词：　自然灾害　旅游安全　展望

---

* 叶新才，华侨大学旅游学院副教授；李姿、朱赟，华侨大学旅游学院研究生。

我国地域范围内的自然灾害具有灾害种类多、分布地域广、发生频率高、造成损失重的特点，除了季风气候显著、地形条件复杂等外在原因外，还有我国人口众多，对于大自然不合理开发等人为方面的内在原因，自然灾害的发生除了带来对旅游资源和旅游基础设施的破坏外，还危及旅游者的生命和财产。本文收集了2014年1~11月我国自然灾害引发的旅游安全突发事件相关资料，对2014年自然灾害与旅游安全的形势进行全面的分析，旨在对2015年自然灾害涉旅安全形势进行预判，为采取积极的应对措施提供参考。

一 2014年涉旅自然灾害与旅游安全的总体形势

2014年1~11月我国自然灾害以干旱、洪涝、台风、地震、低温冷冻和雪灾为主，风雹、山体崩塌、滑坡、泥石流、风暴潮、生物灾害和森林草原火灾等灾害也有不同程度发生。灾情较2013年偏轻，各类自然灾害共造成全国24868万人受灾，1565人死亡，241人失踪，直接经济损失3265.62亿元。与2013年同期相比，受灾人数减少14584.4万人，下降36.9%；死亡人数减少240人，下降13.3%；失踪人数减少198人，下降45.1%；直接经济损失减少2541.28亿元，下降43.7%。[①]

2014年，我国自然灾害对旅游业的影响较2013年偏轻，自然灾害引起的旅游安全事故及其造成的游客死伤人数均有所减少。根据所收集的我国自然灾害引起的35起旅游安全突发事件分析可知，2014年1~11月自然灾害引发的旅游安全事件至少造成11人死亡、7人受伤以及大批游客被困或滞留，但是自然灾害引发的旅游安全事件、死亡人数和受伤人数分别比2013年减少了1起、14人和61人。

---

① 民政部救灾司：《民政部国家减灾办发布2014年1~11月全国灾情》，国家减灾网，http://www.jianzai.gov.cn//DRpublish/jzdt/0000000000006665.html，2014-10-28。

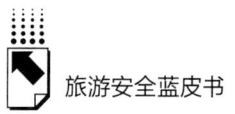

二 2014年涉旅自然灾害事件的概况与特点

（一）自然灾害涉旅安全突发事件的分布类型

通过网络搜索和整理，2014年1～11月我国自然灾害引发的旅游安全事件见表1。

表1 2014年1～11月我国自然灾害引起的旅游安全突发事件一览表

序号	灾害类型	发生时间	发生地点	自然灾害与旅游安全突发事件
1	气象灾害	1月31日	新疆喀纳斯湖	大雪,10名游客被困
2		2月8日	山东莒南天马岛	大雪,6名游客被困山顶
3		2月26日	福建鼓浪屿	大雾,游客激动砸门
4		3月19日	浙江普陀山香会节	大雾,2万名游客滞留
5		3月28日	江西三清山	暴雨,800名游客滞留
6		4月6日	昆明西山	雷电,游客被困缆车
7		5月11日	山西五台山	突降大雪,90余名游客被困
8		7月11日	安徽九华山	雷电,2名游客死亡
9		7月15日	湖南凤凰古城	暴雨,12万居民与游客被困
10		7月26日	浙江杭州九溪十八涧	暴雨,40余名游客被困
11		7月27日	浙江井空里大峡谷	突降暴雨,200余名游客被困
12		8月3日	北京市门头沟	暴雨,游客被困灵山
13	洪水灾害	5月10日	广西桂林	洪水暴涨,7名游客被困
14		6月2日	四川自怀景区	突发洪水,147名游客被困
15		6月22日	河北省保定市	洪水,7名游客被围困
16		6月29日	四川卧龙自然保护区	暴雨引发山洪,100余名游客被困
17		7月5日	广西大新	洪水,10名游客被困
18		7月26日	浙江奉化	暴雨引发山洪,7名游客落水受伤
19		8月9日	福建福州皇帝洞大峡谷	山洪暴发,5名游客死亡
20		8月10日	贵州月亮河露营区	洪水暴发,300余名游客被困
21		8月13日	广东清远	洪水,1名游客死亡

续表

序号	灾害类型	发生时间	发生地点	自然灾害与旅游安全突发事件
22	洪水灾害	8月16日	浙江文成峡谷	洪水,2名游客被困
23		8月19日	浙江温州瑞安景区	洪水,5名游客被困
24		8月25日	宁夏中卫	山洪,2名游客死亡
25	地质灾害	5月1日	河南洛阳龙门峡	落石,1名游客死亡
26		6月27日	四川省汶川小金池	泥石流,7名马来西亚游客被困途中
27		7月6日	重庆金佛山	滑坡,数百名游客被困
28		7月8日	新疆天山一带	降雨致泥石流内涝,上百名游客被困
29		7月27日	江苏常州南山竹海	突降暴雨致山体滑坡,多名游客被困
30		8月11日	广西龙脊景区	山体滑坡,数百名游客被困
31	海洋灾害	2月3日	福建小岞妇女林场海滩	涨潮,自驾车被淹
32		7月18日	海南安定县	台风,350多名游客滞留
33		7月22日	温州南麂岛	台风,1500名游客被困
34		10月12日	浙江普陀山	台风,数万名游客被困

由表1可知,2014年因洪水灾害引发的旅游安全突发事件至少12起;气象灾害引发的旅游安全突发事件至少12起;地质灾害引起的旅游安全突发事件至少6起;海洋性气候灾害引发的旅游安全突发事件至少4起。按照旅游安全事故等级划分,自然灾害造成特大事故至少1起,重大事故至少4起,一般事故至少1起。

(二)自然灾害涉旅安全突发事件的发生特点

1. 时空分布呈大分散、小集中特点

从空间特征看,2014年我国自然灾害引发的旅游安全突发事件在各个地理分区均有分布,其中华东和西南地区是自然灾害旅游安全突发事件的高发区,华南、华北次之,东北、华中、西北最少(见图1)。

从时间特征看,2014年我国自然灾害引发的旅游安全突发事件在四个季节均有发生,但又相对集中,其中自然灾害引发的旅游安全突发事件秋季达19起、夏季达8起、春季达6起、冬季达1起(见图2)。

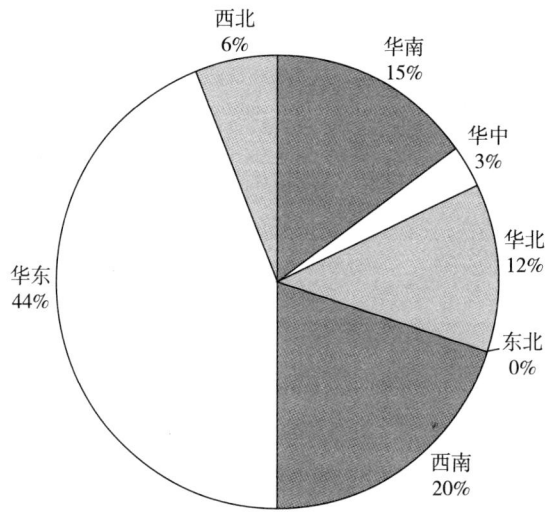

图1 2014年1~11月我国自然灾害引发的旅游安全突发事件地域分布

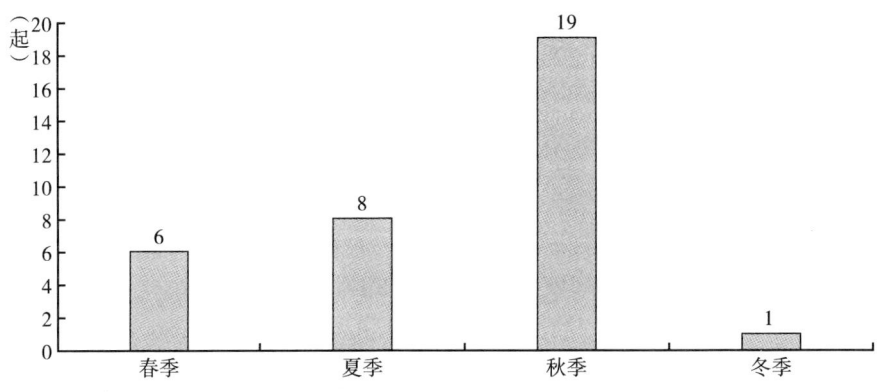

图2 2014年1~11月我国自然灾害引发的旅游安全突发事件季节分布

2. 气象与洪水灾害旅游安全问题最典型

由于季风气候显著,水资源时空分布极不均匀,有的地区常有短历时高强度暴雨或受北上台风影响而形成的长历时连续降水过程,造成洪涝灾害。2014年,南方地区先后遭受33次大范围强降雨过程,在福州皇帝洞大峡谷景区、广东清远以及宁夏中卫因山洪暴发造成至少8人死亡；① 浙江奉化因暴雨引发山洪，致使7名游客落水受伤；② 此外，还有大量游客被困或者滞留事件发生。气象灾害类型多样，主要有雷电、大雾、雨雪等灾害，其影响范围广、预防难度较大，其中雷电具有极其巨大的破坏力，其破坏作用是综合的。我国是雷电灾害频繁发生的地区，每年发生的雷电灾害近万次，在安徽九华山景区，因雷电造成2名游客死亡。③ 洪水暴发和雷电是造成游客伤亡的主要原因，在浙江普陀山、福建鼓浪屿、辽宁广鹿岛景区游客均因大雾被困。因雨雪的突发造成的旅游安全事件至少8起，江西三清山、湖南凤凰古城、浙江杭州九溪十八涧等景区造成大批游客滞留或被困，山东莒南、山西五台山游客均因大雪被困，所幸无任何人员伤亡。

3. 海洋与地质灾害对旅游安全影响深远

台风灾害的发生直接威胁到游客的生命财产安全，影响一个地区景区的整体吸引力。2014年1~11月共有5个台风登陆我国大陆地区，登陆个数较往年同期明显偏少，1409号超强台风"威马逊"和1410号台风"麦德姆"分别登陆3次，1416号台风"凤凰"登陆多达4次，"威马逊"为1973年以来登陆华南地区的最强台风，也是2000年以来对海南省影响最为严重的一次台风，在7月份和10月份，数万游客被困或滞留。山体滑坡所引发的旅游安全事件共3起。8月11日，广西龙脊景区山体滑坡致数百游客被困三天；7月27日，江苏常州南山竹海突降暴雨，山体滑坡致多名游客被困。1~11月大陆地区共发生泥石流2次。整体来看，海洋灾害和地质灾害所引发的旅游安全事件的损害程度偏轻，无人员伤亡事故。

---

① 陈雪芳、林良划：《福州皇帝洞暴发山洪致五死已停业 游客翻墙入内》，搜狐网，http://fj.sohu.com/20140812/n403353366.shtml，2014-08-12；《新快报》：《深圳女游客被洪水冲走失踪 近日遗体被找到》，新浪网，http://sports.sina.com.cn/outdoor/2014-08-18/091813257.shtml，2014-08-18；《中卫：突发山洪致2名游客被洪水冲走 公安、消防合力救援》，新浪微博，http://weibo.com/p/1001603748111322317451，2014-08-27。

② 王丽梅：《溪口暴雨引发山洪掀翻游艇 岩头漂流7游客落水受伤》，新华网，http://www.zj.xinhuanet.com/newscenter/focus/2014-07/27/c_1111815553.htm，2014-07-27。

③ 杜冰冰：《安徽九华山游客躲雨时不幸被雷击中身亡》，中国天气，http://www.weather.com.cn/anhui/tqyw/07/2154357.shtml，2014-07-12。

4. 伤亡与损失程度偏轻，游客被困事件发生频繁

2014年1～11月自然灾害引发的旅游安全事件死亡和受伤人数比2013年减少了14人和61人。自然灾害引发的安全突发事故所造成的游客死亡人数较往年有明显减少，但是游客被困的人数有明显增多。

（三）自然灾害与旅游安全管理的主要进展与特点

1. 建立健全旅游综合协调机制，地方性的法律法规不断完善

《旅游法》中明确规定要建立健全旅游综合协调机制，对旅游业的发展进行综合协调。旅游业是一个涉及食、住、行、游、购、娱的综合性的行业，涉旅自然灾害一旦发生极其复杂，需要明确旅游主管部门的职责，同时加强与执法部门的合作，建立综合协调机制符合新时期我国旅游发展的现状，可以加强对于旅游市场的监督，降低自然灾害对于游客造成的危害。此外，湖北省人民政府下发了《湖北省突发事件应对办法》，主要包括预防与应急准备、监测与预警、应急处置与救援、事后恢复与重建等应对活动；山东省人民政府下发了《山东省气象灾害评估管理办法》《山东省地震应急避难场所管理办法》，降低了气象灾害和地震灾害所造成的人员伤亡与财产损失；海南省人民政府通过了《海南省旅游安全管理规定》，从而为加强旅游安全管理，规范旅游市场秩序，预防和及时处置旅游安全事故和突发事件，保障旅游者和旅游经营者的合法权益，促进旅游业持续健康发展奠定了基础。这些地方性法律法规的完善为应对突发自然灾害提供了指导性的意见，提高了地方应对自然灾害的能力。

2. 强调旅游安全，加强应对自然灾害预案制定与演练

加强应对自然灾害预案制定，提高灾害监测、预警、预报水平，是有效减轻灾害损失的重要环节。"十二五"期间，应该不断加强自然灾害早期预警能力建设，完善自然灾害灾情上报与统计核查系统，尤其要重视县级以下灾害监测基础设施的建设，初步建立卫星减灾应用业务系统。除了预案的制定外，还应该不断加强预案的演练，检验应急预案的可行性，寻找演练过程的不足。关于应对自然灾害涉旅安全事故预案的演练要定期在灾害多发区举

行，提高全民的减灾控灾意识以及突发事件应急救援能力，从而减少自然灾害给旅游者带来的伤害。

3. 社区减灾能力不断提高

随着社区居民灾害防控意识的提高，创建综合减灾示范社区的积极性不断提高，防灾减灾进社区的步伐不断加快。开展综合减灾示范社区创建工作，不断完善社区防灾减灾处置预案，壮大防灾减灾队伍，加大宣传营造社区防灾减灾氛围，提高应对各种灾害的能力。上海开展《城镇社区防灾减灾指南》编制工作；在天津市，气象灾害预警服务进社区，社区家庭可以通过社区气象服务网站、电子显示屏、手机短信等方式享受气象信息服务；大连市7家社区获评省地震安全示范社区。

三 影响自然灾害涉旅安全事件的主要原因

（一）自然灾害的突发性与并发性

自然环境的影响是不容忽视的。2014年自然灾害发生的频度和强度较2013年轻，发生的涉旅安全事件明显偏少。东北、黄淮等地夏旱严重，洪涝风雹灾害偏轻。自然灾害与涉旅安全事故的发生有着直接的关系。2014年因大雾造成游客滞留的事件一共2起。自然灾害的发生是不可避免和不可抵抗的。一种气象灾害的发生会引发另一种气象灾害，如南方地区先后遭受33次大范围强降雨过程，长江中游洞庭湖水系沅江发生超过历史最高水位的大洪水，珠江流域北江发生超过10年一遇较大洪水，多地部分城区出现积水内涝，群众生产生活及交通出行等受到较大影响。

（二）景区防灾与救灾能力薄弱

旅游安全工作重在防范，景区是旅游安全事件的主要发生地，在灾害发生的第一时间内，景区相关安全管理部门应及时赶到，实施救助。但是目前我国大部分景区的防灾与救灾能力薄弱，很多景区地处边远山区，未设置防灾减灾中心，防灾救灾人员缺乏，设施设备陈旧。2014年7月11日，九华山风景区突遭强雷雨天气袭击，来自山东济宁的一对母女在花台景区一处防火棚内躲雨时不幸被雷电击中。在强雷雨天气的袭击下，九华山景区管理人员没有及时高效地引导游客转移到安全地带，致使游客死亡。

（三）游客缺乏安全意识与自救能力

有些景区已经明令禁止游客擅自闯入，但是有些游客明知危险的存在还是闯入。游客在明知危险存在的前提下还前去探险，危机意识薄弱，他们大多没有经过正规的求生技能培训，因此在险情发生后手足无措，往往错过了黄金救援时间，一些本不该发生的伤亡事件发生。深圳13名驴友结伴到清远英德中腔大峡谷溯溪，因山洪暴发被困，其中1人被洪水冲走后死亡。①

（四）对旅游安全教育与管理的重视不足

在旅游安全教育方面需要政府和企业的合作，政府应主要发挥其在政策层面以及旅游宣传方面的作用；从企业层面上说，尤其是旅行社，在每次旅游活动开始前，都要向游客派发关于旅游安全的小册子以及向游客普及基本的救援常识。加强游客旅游安全教育，在向游客普及有关法律法规的基础上，还要讲解有关旅游的风险辨识以及突发事件的应急措施。

四　2015年涉旅自然灾害与旅游安全的主要趋势

（一）自然灾害对旅游业的影响呈不确定态势

自然灾害的发生类型多种多样，除了气象灾害、洪水灾害外，还有地质灾害。2015年洪水灾害和气象灾害仍是预防的重点。自然灾害的突发性以及发生

---

① 《新快报》：《深圳女游客被洪水冲走失踪　近日遗体被找到》，新浪网，http：//sports.sina.com.cn/outdoor/2014-08-18/091813257.shtml。

时间和地点的不确定性加大了预防工作的困难以及人们抵御自然灾害的难度。此外，其造成的危害具有严重性，如地震的发生，造成的人员伤亡和财产损失都很巨大。因此，2015年各级政府和部门要重视自然灾害与旅游安全预防工作。

（二）局地自然灾害频发，旅游安全风险呈突出态势

山体滑坡和泥石流发生的频率会不断提高，尤其是在地形复杂的地区，地震灾害对于游客的影响可能会减弱。有序开展应急救援工作是灾害发生后减轻灾情的直接措施，在游客受困或者受伤的区域范围内，应设置安全警示线和警示牌，紧急撤离景区被困人员，发放民政物资，开展应急医疗救护，同时在地质环境脆弱、地质灾害易发区面积较大的地区，利用无人机低空遥感、卫星通信、地理信息服务等高新技术，为地质灾害预防治理及灾害应急监测提供快速、高效、精准的测绘保障服务。另外，沿海地区台风、潮汐等海洋性灾害对旅游安全的风险可能呈现突出态势。

（三）旅游日益大众化、散客化，涉旅自然灾害应对常态化

随着《旅游法》和《国民旅游休闲纲要（2013—2020年)》相继出台，加之受中央遏制"三公消费"等因素的影响，旅游行业迎来了新的发展机遇期，而居民的旅游需求也呈现多元化、大众化和散客化趋势。根据各地旅游部门的统计，消费者已经不再热衷于单一的景区旅游，而是显示出越来越多元化的需求，冰雪游、海岛游、温泉游等主题休闲旅游成为越来越多游客的选择。同时各类景区的开发规模、强度、数量呈增长趋势，诱发旅游安全问题的因素复杂多变，旅游安全管理仍然是重中之重，涉旅自然灾害应对需常态化。

五 2015年应对涉旅自然灾害的对策

（一）完善旅游地自然灾害的防治体系

自然灾害引发的旅游安全事件主要发生在旅游地和旅途中，突发性自然

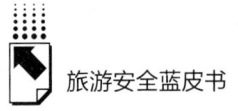

灾害发生前，游客往往得不到及时的预警信息；灾害发生后，旅游地救援人员的缺少以及技术手段的落后严重影响了救援的质量，游客在第一时间内得不到有效的救治。《旅游法》中规定旅游经营者应当对直接为旅游者提供服务的从业人员开展经常性应急救助技能培训，对提供的产品和服务进行安全检验、监测和评估，采取必要措施防止危害发生。因此，旅游地应重视涉旅自然灾害的预防与管理工作，积极建立自然灾害预防机制，完善旅游地自然灾害防治体系，及时做好自然灾害的风险评估，并加强对导游、领队和其他从业工作人员的安全管理及应急救援技能培训。

（二）旅游者安全意识与自救能力的培养

随着中国现阶段乡村旅游、生态旅游的升温，旅游者已经不再满足于在景区景点"走马观光"的游览方式，游客需求多样化，他们更愿意以一种探险的方式进行旅游。但是这种状况下旅游者安全意识的缺失往往预示着更多的潜在性的风险，尤其是现阶段自助旅游日益兴起，"驴友"这一群体在我国不断壮大，因此要注重导游或领队对游客安全意识与自救能力的培养，如人工呼吸和溺水求生的技能，以及如何在等待救援的前提下更好地保持体力。同时，平时也可以举办一些探险协会、野营协会等，向游客教授日常求生技巧，减少涉旅自然灾害中不必要的危险。

（三）加大应对涉旅自然灾害的科技支撑

科学技术处理水平包括对于自然灾害的预警技术和灾害发生后救援设备的先进性。2014年12月11日，搭载遥感卫星"二十五号"的运载火箭在酒泉卫星发射中心成功发射，可为防灾减灾研究提供数据保障；区域地质灾害监测预警系统目前已在北京、甘肃、重庆、四川、云南、新疆、西安等多个地区投入使用；在地质灾害应急救援中首次运用无人机三维建模技术，让无人机先探路，必要时再让救护人员实地踏勘，大大降低了地质灾害应急调查的劳动强度和作业风险。2015年应加大现代信息技术、虚拟仿真、云计算等科学技术在应对涉旅自然灾害方面的支撑。

（四）积极利用新媒体及时发布灾害信息

微信、微博、手机视频等新媒体的不断发展加快了信息传播的速度，在涉旅自然灾害信息传播中的优势日益凸显，尤其是在地震发生的区域内，通信设施被破坏，新媒体在游客与外界的联系中发挥了重要的作用。一方面，游客出游之前可以及时获取旅游地和旅游途中的气象和灾情信息，及时调整旅游计划；另一方面，游客在自然灾害发生的第一时间内用手机拍摄发生场景，提供了一份难得的研究资料。但是，有时候信息传播内容的失真，会给社会造成巨大的舆论压力，因此要加强对新媒体的重视，促进新媒体在相关政府部门的有效应用，加强对于网络舆论的监管，同时游客也要辨别信息的可靠度。

B.10 2014～2015年中国涉旅事故灾难的形势分析与展望[*]

王新建[**]

摘　要： 本文采用案例分析、比较分析方法，分析了2014年发生在我国境内的涉旅事故灾难的主要特征、发生原因及管理动态。研究表明，较2013年，涉旅事故灾难次数及伤亡数量上升，重大涉旅事故灾难时有发生，但百万游客事故灾难比率不高，旅游安全总体形势可控；旅游交通事故、登山探险及山地运动事故和涉水溺亡事故是旅游事故灾难高发类型，这些领域都存在管理盲区，需要进一步强化安全保障。文章最后从提高旅游安全保障的科学化水平、全面进行安全意识培育等方面对2015年旅游事故灾难及管理趋势进行了分析与展望。

关键词： 事故灾难　旅游突发事件　趋势展望　2014～2015年

涉旅事故灾难指主要由人为原因造成的，涉及旅游者人身伤亡或重大财产损失的紧急事件，包括人类活动或者人类发展所导致的计划之外事件或者事故，如交通事故、登山探险事故、火灾事故、漂流事故、群体性踩踏事故等。本文采用案例分析、比较分析方法研究了2014年1月至12月发生在我国境内（不包括港澳台地区），造成至少1名游客或旅游从业人员死亡或2

---

[*] 本文受教育部人文社科基金（11YJC790194）资助。
[**] 王新建，华侨大学旅游学院副教授，主要研究方向为旅游安全与应急管理、旅游经济。

人及以上重伤，或重大财产损失的旅游交通事故、登山探险事故、漂流或游船等涉水溺亡事故、旅游游乐项目事故、踩踏事故、酒店火灾等。研究样本主要来源于国家安监总局网站事故查询系统，通过百度、新浪微博等工具，分别以代表旅游活动项目的关键词——"交通""探险""漂流""登山""滑雪""游船""索道""游乐场"，代表旅游者、旅游地或旅游企业的关键词——"游客""旅游者""驴友""酒店""景区"，以及代表事故类型及损失的关键词——"火灾""事故""伤亡""溺亡"进行联合搜索，经逐一鉴别和去重后，共采集了68起涉旅事故灾难。

一　2014年涉旅事故灾难的总体形势

涉旅事故灾难次数及伤亡数量均上升，重大涉旅事故灾难时有发生，但百万游客事故灾难比率不高，旅游安全总体形势可控。据不完全统计，2014年共发生68起事故灾难，共造成228人死亡，其中，造成10人以上死亡的重大交通事故2起，死亡60人；群体性踩踏事故1起，造成36人死亡，49人受伤。与2013年相比，事故总数和事故造成的死亡人数分别增加11.5%和51%，10人以上死亡重大事故灾难死伤人数增加118%。如果从2014年35.8亿人次国内旅游总体规模来看，事故灾难百万人比率仍较低，属于可控范围（见表1）。

表1　2012~2014年涉旅事故灾难统计

事故类型	2012年	2013年	2014年
旅游交通事故	5~9人死亡事故灾难3起，造成23人死亡，62人受伤；10人以上死亡事故灾难5起，共造成75人死亡，73人受伤	3人及以上死亡或重伤事故灾难11起，死亡69人，重伤32人，其中10人及以上死亡的重大旅游交通事故2起，死亡30人	3人及以上死亡或重伤事故灾难12起，106人死亡，171人伤，其中10人及以上死亡重大事故2起，死亡60人
登山探险及山地运动事故	事故27起，造成43人死亡，8人重伤，其中导致2人死亡事故6起，3人及以上死亡事故5起	事故24起，造成23人死亡，3人重伤，未出现2人及以上死亡事故	28起事故，死亡或失联41人，致3人及以上死亡或失联3起

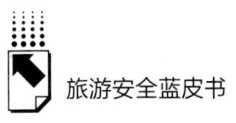

续表

事故类型	2012年	2013年	2014年
涉水溺亡事故	漂流事故6起,造成6人死亡,3人重伤;划船、冲浪、游艇事故9起,造成12人死亡	事故19起,造成35人死亡,其中漂流事故10起,18人死亡;游船事故9起,17人死亡	事故14起,31人死亡或失踪,其中,漂流事故9起,11人死亡;游船和游艇事故5起,20人死亡或失踪
酒店火灾	事故32起,共造成8人死亡,其中2人死亡事故2起	造成1人及以上死亡事故4起,共22人死亡,其中,致10人及以上死亡事故1起	造成1人及以上死亡事故4起,4人死亡,34人受伤
其他	包括一氧化碳煤气中毒1起、滑雪事故2起、温泉事故3起,共造成10人死亡	游乐场事故1起、速降事故1起、雷击事故1起,共2人死亡,19人受伤	索道故障、跌倒、落石、古树折断、马匹受惊、雷击等事故8起,死亡9人,伤22人,酒店意外事故死亡1人;群体性踩踏事故1起,死亡36人

注:旅游交通事故太多,难以统计。国家安监总局网站事故查询系统记载了全国发生的3人及以上死亡的事故灾难,比较权威,因此2014年旅游交通事故仅统计了死亡人数3人及以上的事故。

旅游交通事故、登山探险及山地运动事故和涉水溺亡事故是旅游事故灾难高发类型。综合2012~2014年三年的事故灾难案例分析,上述三类事故一直是旅游事故灾难的主要类型,发生次数最多,导致的伤亡大。其中,旅游交通事故发生频繁,每年都会发生2起及以上导致10人及以上死亡的重大事故灾难;登山探险及山地运动事故中,登山探险滑坠事故最多,因突降暴雨,山洪暴发,导致多人被山洪冲走的较大事故灾难时有发生;涉水溺亡事故中,漂流事故最多,一次导致3人以上死亡的游船事故每年都会发生多起。这些领域都存在管理盲区,需要进一步强化安全保障。

二 2014年涉旅事故灾难及其管理

(一)涉旅事故灾难概况与特点

1.旅游交通事故

旅游交通事故一直是涉旅事故灾难中最主要的类型,包括公路交通事故、铁路交通事故、航空交通事故、水运交通事故等，其中，公路交通事故次数最多，伤亡大。据不完全统计，2014年全国共发生死亡3人及以上的公路旅游交通事故12起，共造成106人死亡，171人受伤，其中，10人以上死亡的旅游交通事故2起，死亡60人。而低于3人死亡的交通事故灾难太多，难以统计。

上述12起事故中，旅行社组团交通事故7起，死亡81人，伤129人；个人或单位包车旅游事故2起，死亡10人；自驾游事故1起，死亡5人；其他2起。重大交通事故主要发生在西藏、四川、云南三地，其中，发生在西藏的事故最多，死亡人数最多，3起事故导致64人死亡、40人受伤。事故原因主要有：旅游车或肇事车违规超车，导致两车相撞或冲出路面；司机在路况不熟条件下，超速；爆胎侧翻；因下雨打滑造成翻车等。

2. 登山探险及山地运动事故

2014年，据不完全统计，发生登山探险、穿越、山地户外运动等类型事故灾难28起，共造成41人死亡或失联，其中致3人及以上死亡或失联3起。与2013年24起事故导致23人死伤相比，2014年事故次数和总体死亡人数大幅增加。

从事故特征来看，因登山、攀岩滑坠事故11起，11人死亡，占死亡总数的26.8%；因突发洪水游客被冲走事故3起，8人死亡，占死亡总数的19.5%；因溯溪或漂流溺水事故3起，3人死亡；疾病或高原反应事故3起，3人死亡；骑自行车事故2起，2人死亡；其他6起，14人死亡。

从事故产生原因看，与2012年、2013年类似，主要为安全意识不够，危机处理能力不强，盲目相信个人能力，在未充分准备条件下，贸然进入尚未开放山区，或因迷路发生坠崖事故，或突遇山洪、雪崩、暴雪等自然灾难而导致溺水、被雪掩埋、冻死等。特别值得注意的是，突发山洪是探险中非常值得注意的隐患，近年频繁发生，每次事故都造成多人死亡；此外，近年骑自行车出游的"骑友"越来越多，许多"骑友"安全意识不强，在狭窄

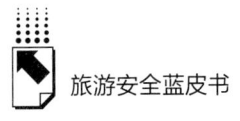

的傍山公路也并排骑行，大尺度占道，甚至躺在马路中间，或者超速骑行，造成了大量安全隐患与事故。

3. 涉水溺亡事故

相比2013年，2014年漂流、游船和游艇等涉水旅游事故灾难略有减少。2014年共发生14起漂流、游船和游艇等涉水溺亡事故，造成31人死亡。其中，漂流事故9起，11人死亡；游船和游艇事故5起，20人死亡或失踪。

从事故发生特征看，在景区发生的漂流事故较2013年大量减少，而在一些没有明确管理部门的河道、水库或滨海，由个体私自经营或者游客私自漂流，发生事故次数多，造成的伤亡大。此外，游船和游艇事故虽然较少，但每次死亡的人数多、损失大。

监管缺位导致无资质经营活动、游客安全意识不够是导致事故发生的主要原因。

4. 酒店火灾

2014年，共查到4起造成1人及以上死亡的酒店火灾事故，共造成4人死亡，34人受伤，未发生类似2013年"4·14"襄阳酒店火灾、2011年吉林通化酒店火灾一次导致10人及以上人员伤亡的重大火灾事故。

从查得的包括伤亡人数少于1人的近20起各类酒店火灾来看，2014年，引发酒店火灾的主要原因有：①酒店装修过程中，大量易燃杂物堆积，装修工违规用火；②酒店厨房液化气泄漏或煤气瓶发生爆炸；③厨房油烟管道被引燃，或锅炉房爆炸；④高功率电器着火，引燃酒店地毯等易燃物。

5. 其他事故

其他类型的事故灾难包括索道故障、跌倒、落石、古树折断、马匹受惊、雷击等事故，共10起，死亡46人，伤71人。其中，景区雷击事故1起，2名游客死亡；索道缆车坠落或游客坠落事故3起，4人死亡，15人受伤；景区骑马掉落事故1起，死亡1人；景区山石突然崩塌事故1起，1人死亡，3人受伤；景区马受惊事故1起，1人死亡，3人重伤；游客翻越景区铁索围栏，坠落百米悬崖事故1起，1人重伤；酒店意外事故1起，死亡1人。另外，群体性踩踏事件1起，导致36人死亡，49人受伤。

（二）涉旅事故灾难管理主要进展

1. 强化旅游安全事故隐患的专项治理，遏制重特大安全事故，提升旅游突发事件应急能力

2014年，在国家旅游局及各级政府的领导下，各地进一步落实旅游安全监管主体责任，强化旅游安全隐患的专项治理，重点防范和遏制重特大旅游安全事故。国家旅游局要求各地做好旅游安全重点场所、要害部位和关键环节的隐患排查治理，对于检查中发现的问题及时反馈、督促整改，特别要强化对旅行社安全用车、旅游餐饮等环节以及高风险旅游项目的联合监管，会同安监、交通运输、公安、食药监、质检等部门开展联合检查，针对各类旅游节庆活动，要求实施安全审查和管理制度，加强安全防范，做好游客疏导，严防发生拥挤、踩踏等事故。山东省政府将2014年作为"安全生产责任落实年"，省旅游局与各市旅游局及省局属各单位、各市旅游局与各县旅游局及辖区旅游企业、企业法人与旅游企业班组之间层层签订旅游安全管理工作承诺书和责任书并将责任落实到实处；浙江省旅游局推进建立全省旅游安全监管（应急）系统并修订完善安全应急预案体系，落实明察暗访、行业监管与社会监管相结合的机制，开展水上安全和出境游两个方面建设工作试点等。

2. 旅游安全不文明行为受到社会各界的广泛关注与国家层面的高度重视

我国旅游者不文明行为常被世界各国所诟病，由此引发的安全事故和社会冲突不断增加，引起了党中央及全国各级政府的关注与重视。继2013年7月中央政治局委员刘奇葆提出将提升公民出境旅游文明素质作为关系国家文明形象的一件大事来抓，从加强社会公德教育、加强舆论监督和社会监督、加强组织领导等三方面强化文明出游后，2014年中国国家主席习近平指出"要教育我们的公民到海外旅游讲文明"。国家旅游局在行业内广泛开展以"文明与旅游同行"为主题的文明旅游系列宣传活动，广泛动员导游、

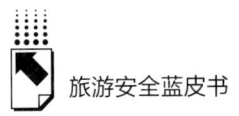

领队等旅游从业人员积极引导广大旅游者参与文明旅游的相关活动,并首次介入指导惩处游客不文明行为。

3. 不断完善旅游安全暗访检查机制,提升旅游行业安全生产保障水平

为了进一步提升旅游安全生产水平,落实旅游企业安全生产主体责任,国家旅游局要求各地采用明察暗访、交叉检查、联合检查等形式,开展旅游安全检查。7月16日至23日,国家旅游局行风建设工作领导小组办公室牵头,会同规划财务司、监督管理司,同时抽调部分地方旅游纪检监察、旅游行业监管和质量监督执法人员以及部分专家,组成六个暗访工作组,对广西、浙江、江苏、湖南、云南、广东、河北等地旅游市场秩序进行了集中暗访。江苏省出台《全面构建"畅游江苏"体系促进旅游业改革发展的实施意见》,建立全省涉旅企业安全生产监督暗访工作机制,并召开旅游安全督察员聘任及培训工作会议,有针对性地展开旅游安全工作。河北省旅游局联合省安监、省电视台、《河北日报》记者,由副局长为组长成立了暗访小组,分阶段开展旅游行业安全生产暗查暗访工作。

4. 广泛开展旅游安全宣传,强化旅游安全服务

提升全民旅游安全意识和安全应急能力是加强旅游安全工作的基础环节,2014年各地采取系列举措,全面加强旅游安全宣传,强化旅游安全服务。国家旅游局制作了"中国旅游安全公益宣传片"系列、"游客安全乘车安全温馨提示宣传片"(实景版)等,并出台《关于请做好"中国旅游安全公益宣传片"播放工作的通知》,安排该宣传片在各地旅游官方网站、当地旅行社、A级景区、星级饭店、主流媒体等平台的播放工作,以公益宣传片播放为契机,不断提高广大旅游从业人员的安全防范意识和能力。6月国家旅游局会同北京市旅游委、北京市公园管理中心、北京市东城区人民政府在天坛公园举行"2014年旅游安全宣传咨询日"活动,宣传旅游安全知识,并向游客发放《旅游突发事件应急手册》,引导游客增长旅游安全知识,增强安全意识,提高自救互救能力,防范和化解旅游安全风险。

三 影响涉旅事故灾难的主要原因

1. 监管理念滞后，监管能力不能满足大众自助旅游时代要求

近年来，旅游安全监管日益受到各级行政管理部门和相关管理部门的重视，旅游安全监管体系逐步建立，但与当前大众自助旅游时代形势相比，监管理念落后，监管与服务水平较低。旅游安全监管仍以"任务"为中心，而非以"保障全体公民安全责任"为中心，采取运动式、碎片化安全监管，旅游安全服务不到位，旅游安全保障主动性、灵活性不够，导致许多安全隐患不能科学处理，旅游安全管理漏洞多，同地段、同类型安全事故重复发生。

2. 针对大型群体性旅游活动和高风险、个性化旅游消费模式的旅游安全保障存在不足

在休闲时代，政府、各类组织及自发性的大型群体性旅游活动，以及高风险、个性化的旅游消费受到越来越多人的青睐，但对应的安全监管存在盲区，安全保障存在不足。对于大型群体性活动的安全监管还存在安全监管部门职责不明确，活动场馆安全规划与建设不够科学，安全事故预警能力、现场协调能力不足等问题。在各类高风险、个性化旅游活动方面，存在组织者、参与者市场准入及责任界定法制建设滞后，多部门联合监管不足、有监管盲区等问题。例如，对于各类驴友组织的探险活动，缺乏关于组织者的市场准入及责任界定的法律法规，缺乏针对漂流活动的监管机制，联合监管不足。

3. 旅游者安全意识与风险应对能力不足，旅游不文明行为十分突出

我国安全文化建设整体水平偏低，对不安全、不诚信行为的惩处机制不健全，相当一部分旅游者安全意识不强，应对突发事件能力不足，对安全管理相关警示缺乏足够的敬畏。因旅游安全事故是小概率事件，所以许多旅游经营者、游客，甚至旅游监管者抱着侥幸心理，为了刺激好玩忽视自身安全等现象仍比较突出。以旅游探险为例，每年都会发生一起或多起因山洪暴发

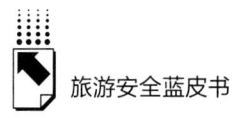

而导致多人死亡或失踪的事故灾难，经常发生一些游客从瀑布上游跌落死亡事故，有些事故甚至发生在同一区域，但是旅游者却常常忽视这些安全隐患，甚至对警示标语视而不见。旅游市场规模大，即使是非常小的概率，对于35.8亿人次的国内旅游规模而言，安全事故发生总数也很大。

四 2015年涉旅事故灾难趋势展望与对策建议

（一）2015年涉旅事故灾难的趋势展望

1. 引发重大涉旅事故灾难的安全隐患仍难以根除，重大涉旅事故灾难发生概率较高

我国幅员辽阔、地形复杂、气候多样，是世界上自然灾害种类最多且发生频繁的国家之一；作为一个地区发展极不平衡的发展中国家，我国旅游市场上还存在许多经营不规范、不合法的现象；此外，整体来看，我国居民的安全意识与安全防范能力还不高，政府公共安全管理还存在一些盲区和薄弱环节。在这些主客观因素的综合作用下，引发重大涉旅事故灾难的安全隐患很多，难以在短期内根除。而2015年我国国内旅游规模可望达40亿人次，市场规模庞大，每年发生多起涉旅事故灾难的概率比较大。

2. 旅游交通以及高风险旅游活动仍是涉旅事故灾难的高发区

尽管近年我国交通安全形势得到一定改善，交通安全事故次数及其伤亡损失逐年下降，但每年仍发生约20万起事故，造成近6万人死亡。基于交通安全整体形势及旅游活动特点，2015年，旅游交通安全事故仍是涉旅安全事故中次数最多、造成伤亡最大的类型。此外，随着参与者越来越多，在旅游安全意识不足、管理仍不足的环境下，漂流、摩托艇、潜水、探险、攀岩等高风险旅游活动发生涉旅事故灾难的概率较高，个别领域（如漂流、探险等）可能会出现重大旅游事故灾难。

3. 快速发展的新兴旅游休闲活动发生的安全事故急剧增加

在大众旅游从初级阶段向中高级阶段快速发展的背景下，我国旅游市场散客化、自主化、个性化特征愈加明显，除了登山、探险等高风险旅游活动外，许多其他个性化的旅游休闲活动，如以"骑友"为基础的自行车旅游、个性化主题节庆休闲活动、群体式亲子休闲活动、挑战性或教育性的夏令营和冬令营等，参与者的规模越来越大，安全隐患凸显，由此引发的安全事故呈急剧增加的趋势。

（二）2015年涉旅事故灾难的管理建议

1. 以新型智库建设为切入点，全面提升大型节庆活动安全保障能力

作为休闲时代的重要标志，全国各地节庆活动方兴未艾，除了千姿百态、丰富多彩的传统节庆活动外，许多具有新时代气息的现代节庆活动也在我国各城市兴起，节庆规模也越来越大，但伴随而来的安全问题日趋严重。2014年12月31日发生的上海外滩踩踏事故，暴露出我国公共安全管理的漏洞和综合治理能力的不足。党的十八大、十八届三中全会提出加快智库建设，推动治理体系和治理能力现代化，各级政府及相关部门陆续建设智库，提升决策水平，为节庆活动安全保障体系的完善和提升提供了重要契机。2015年，各级旅游安全监管部门，将以新型智库建设为切入点，提升突发事件应急预案科学性，推进旅游安全隐患的全面排查和科学治理，提升旅游突发事件的预警能力，推动旅游安全监管的现代化。

2. 完善和创新监管机制与手段，全面强化旅游安全重点环节、重点时段的综合治理

旅游安全涉及环节多、影响范围广，在当前公共安全管理不到位、旅游者安全意识偏弱的环境下，难以在短时间内实现全面治理，针对高风险旅游项目和旅游安全重点环节、重点时段的综合专项整治将在较长时间内是旅游安全监管的重要内容，完善和创新监管手段，提升治理效率十分重要和必要。通过进一步完善和强化旅游安全的联合监管机制，调动全系统力量，全面提升旅游安全专项监管力量；通过进一步推进旅游安全监管法制建设与宣传贯彻，推动各类旅游企业和高风险旅游项目标准化，制定和完善高风险项目的准入机制，落实旅游安全生产主体责任与监管部门职责，推进旅游安全监管依法治理；以智慧旅游发展为契机，提升旅游安全监管与科技保障水平。

3. 全面提升全社会旅游安全意识与风险防范能力，促进文明旅游、安全旅游

我国旅游业已全面进入大众化旅游时代，旅游消费呈散客化、个性化、网络化趋势，新的旅游方式和消费模式不断出现。然而，我国社会整体安全意识还不高，安全防范能力不足，不安全、不文明的行为较为普遍，由此引发的各类安全事故层出不穷、防不胜防，亟须从公民社会建设层面，全面、系统地加以改进。旅游安全管理各有关部门，亟须树立以"保障全体公民安全责任"为中心，而非以"任务"为中心的安全监管思想，利用全社会的合力，通过公共教育、社区教育、各类非政府机构组织教育渠道和官方媒体、网络新媒体等各种形式，采取行政、法律、经济等手段，全面提升公民旅游安全意识与风险防范能力，抵制旅游不文明、不安全行为。

参考文献

[1] 国家旅游局综合协调司编《旅游行业安全管理实务》，中国旅游出版社，2012。
[2] 王新建：《2012～2013年我国事故灾难与旅游安全形势分析与展望》，见《中国旅游安全报告（2013）》，社会科学文献出版社，2013。
[3] 王新建：《2013～2014年我国事故灾难与旅游安全形势分析与展望》，《中国旅游安全报告（2014）》，社会科学文献出版社，2014。
[4]《中华人民共和国旅游法》，国家旅游局网站，http://www.cnta.gov.cn/html/special/2013-04/zhrmghglyf/index.html。

B.11
2014~2015年中国涉旅公共卫生事件的形势分析与展望

王 芳*

摘 要： 2014年，我国涉旅公共卫生安全总体形势较为稳定，社会各界对涉旅公共卫生事件的防范意识整体有所增强，游客食物中毒、传染病疫情等危机事件数量同比2013年有所下降，但事件严重等级程度呈加重态势。具体表现在：涉旅食物中毒事件数量骤减，但事件等级有所加重；涉旅传染病疫情防范效果较好，但境内外疫情威胁严重；涉旅公共卫生事件类型增多，但监管模式尚未完善；自助游公共卫生事件频发，但管控防范困难；邮轮旅游发展迅猛，但涉旅公共卫生管理滞后；公共卫生安全意识有所提高，但游客警惕性仍不足。2015年将呈现的趋势可能包括现代旅游交通工具促发事件的频繁化，新兴目的地卫生监管环节薄弱化，老年游客突发危机中伤亡比重上升化，涉旅公共卫生危机事件跨行业复杂化等。因此，需要在法规制度建设、监管防控模式优化、监管领域与范围扩大、智能科技应用、新兴媒体宣传、国际协调与合作等方面加强协同保障。

关键词： 旅游业 公共卫生事件 安全形势 发展趋势 发展对策

---

* 王芳，华侨大学旅游学院讲师，研究方向为景观设计、涉旅公共卫生安全。

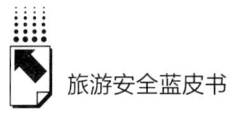

突发公共卫生事件是指"突然发生、造成或可能造成社会公众健康严重损害的重大传染疫情、群体性不明原因疾病、重大食物中毒和职业中毒以及其他影响公众健康的事件"。[①]

突发公共卫生事件具有群体性、多样性、复杂性、隐蔽性、恐惧性等特征，对社会造成巨大影响与伤害，直接或间接干扰旅游业发展进程。而旅游业具有高敏感度、强关联性和全球化迅速传播等特性，极易加剧突发公共卫生事件的传播与扩散。两者相互影响，恶性循环，负面危害严重。因此，涉旅公共卫生事件不容忽视。

一 2014年涉旅公共卫生事件的总体形势

造成重大游客伤亡的涉旅公共卫生事件包括突发性重大传染病疫情、群体性不明原因疾病、重大食物中毒，以及其他严重影响公众健康的事件等，按旅游者伤亡程度分为重大（Ⅰ级）、较大（Ⅱ级）、一般（Ⅲ级）三级。[②] 截至2014年12月底，借助新闻和网络搜索等不完全统计，2014年涉旅公共卫生事件共53起，发病人数共375人，死亡15人。其中，游客重大食物中毒事件15起，发病326人，其中死亡3人；游客重大传染病疫情8起，确诊16人，其中死亡1人；其他事件30起，发病33人，其中死亡11人；无游客群体性不明原因疾病发生。游客发生公共卫生事件等级中，重大（Ⅰ级）事件1起，发病95人，无人员死亡；较大（Ⅱ级）事件14起，发病27人，死亡15人；一般（Ⅲ级）事件38起，发病253人，无人员死亡（见表1）。同比2013年，2014年涉旅公共卫生事件发生频率骤降，发病人数骤减，但事件发生等级程度有大幅度上升。2014年涉旅公共卫生事件安全总体态势较为稳定，社会各界对涉旅公共卫生事件的应对防范意识整体有所加强，突发事件未对旅游企业和旅游目的地造成严重危害和冲击，但对旅游者人身安全仍存在较大威胁。

[①] 中华人民共和国国务院令第376号：《突发公共卫生事件应急条例》，2003年5月9日发布。
[②] 国家旅游局：《旅游突发公共事件应急预案》（简本），2005年7月。

表1　2014年涉旅公共卫生事件统计概况

单位：起，人

类型\等级	游客重大食物中毒			游客重大传染病疫情			游客其他公共卫生事件			合计		
	起数	发病人数	死亡人数	发生起数	发病人数	死亡人数	起数	发病人数	死亡人数	起数	发病人数	死亡人数
重大	1	95	0	0	0	0	0	0	0	1	95	0
较大	2	13	3	1	1	1	11	13	11	14	27	15
一般	12	218	0	7	15	0	19	20	0	38	253	0
合计	15	326	3	8	16	1	30	33	11	53	375	15

注：统计案例中无群体性不明原因疾病发生。

二　2014年涉旅公共卫生事件的概况与特点

（一）涉旅食物中毒事件

1. 涉旅食物中毒事件概况

根据国家卫生部数据统计，2014年前三季度我国食物中毒公共卫生事件共发生133起，中毒人数共4620人，死亡人数合计96人，与2013年同期相比分别上升8.1%、10.5%和9.1%。旅游餐饮消费流动性大、参与度高、季节性强，游客食物中毒公共卫生事件时有发生。根据新闻与网络搜索统计，2014年与旅游相关的游客重大食物中毒事件共15起，占涉旅公共卫生事件总数的28.3%；游客食物中毒326人，占涉旅公共卫生事件发病总人数的86.9%；游客死亡3人，占涉旅公共卫生事件死亡总人数的20.0%。按事件等级程度划分，发生重大事件1起，涉及游客食物中毒95人，无人员死亡人数；较大事件2起，涉及游客食物中毒13人，其中死亡3人；其余为一般事件，涉及游客食物中毒218人，无人员死亡。同比2013年，2014年全国涉旅食物中毒事件起数减少19起，游客食物中毒人数降低

52.5%；但食物中毒事件等级大幅度上升，发生重大事件1起，较大事件2起，死亡3人，而2013年事件等级皆为一般事件，无死亡病例。由此可见，2014年涉旅食物中毒公共卫生事件发生频率大幅度降低，食物中毒人数大为减少，但死亡人数增加，事态严重性提升。

2. 涉旅食物中毒事件特点

（1）涉旅食物中毒事件等级程度加重

2014年，涉旅食物中毒公共卫生事件事态严重性提升。按事件等级划分，发生重大事件1起，即4月21日，千人乘船下江南，95名老年游客途经南京出现疑似食物中毒症状。① 较大事件2起，即2月4日，淮安10名游客在连云港市花果山景区内"农家实惠饭店"就餐，发生一起疑似食物中毒事件，1人死亡；② 8月7日，游客在四川江油养马峡景区自己采摘野生菌并在农家乐自行加工食用后引发食物中毒事件，导致2人死亡，1人救治。③ 同比2013年游客食物中毒事件等级中无重大事件、无较大事件，也无死亡人数，2014年游客食物中毒等级程度加重。

（2）涉旅食物中毒事件时空分布跨度大

2014年涉旅食物中毒事件数量虽不多，但时空分布较为分散。在时间分布上，2014年涉旅食物中毒事件8月发生4起，1月和12月分别发生0起，2月和11月分别发生2起，其余月份每月发生1起，时间跨度较大，游客食物中毒发生时间非常零散，涉旅食物中毒事件随时都有可能发生。其中，游客伤亡人数高峰期分别在4月、8月和11月，涉及游客伤亡人数分别为95人、84人和39人（见图1）。这与2013年涉旅食物中毒时间分布呈现季节性差异（春夏季节占全年总数的88.2%）迥然不同。在空间分布上，2014年涉旅食物中毒事件地域分布广泛，涉及境外和境内。境外涉及泰国、

---

① 《95名老年游客途经南京 出现疑似食物中毒症状》，网易视频，http：//v.163.com/zixun/V7HTCN96A/V9PET8H42.html，2014-04-21。
② 万骏：《花果山发生一起疑似食物中毒事件 一人死亡》，搜狐网，http：//roll.sohu.com/20140206/n394521723.shtml，2014-02-06。
③ 任雨彬：《游客在养马峡 误食野生毒菌中毒死亡2人》，天涯社区，http：//bbs.tianya.cn/post-455-37175-1.shtml，2014-08-11。

印尼巴厘岛和我国台湾地区,各发生1起,75名游客食物中毒。境内涉旅公共卫生事件空间地域分布较广,江苏连云港、南京、南通共3起,山东烟台、威海共3起,海南三亚2起,浙江温州、四川江油、福建厦门、云南丽江各1起,基本上分布在旅游城市。涉旅食物中毒事件场所类型也较多,除宾馆与饭店外,农家乐、邮轮、家中也有发生。

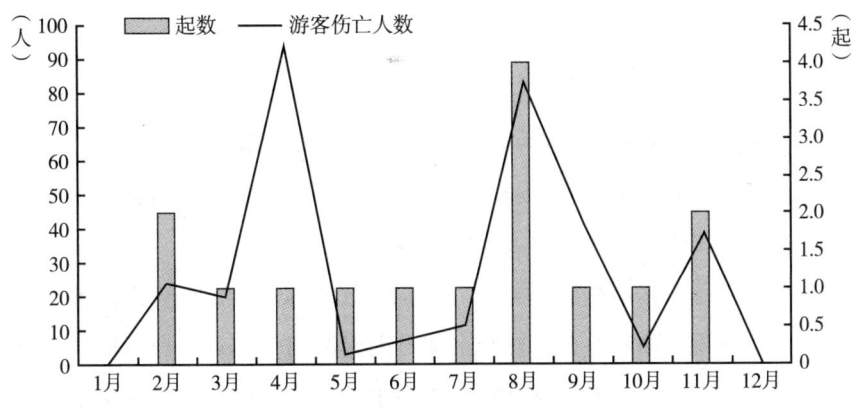

图1 2014年游客食物中毒时间分布表

（二）涉旅传染病疫情事件

1. 涉旅传染病疫情概括

据国家卫生部数据统计,2014年1月至10月,境内共报告法定传染病6656595例,同比2013年上升11.5%;死亡13340人,同比上升1.2%。通过搜索统计,2014年发生涉旅传染病疫情事件共8起,占涉旅公共卫生事件总数的15.1%;确诊发病人数16人,占涉旅公共卫生事件总人数的4.3%,其中死亡1人;其中较高等级传染病疫情1起,即江苏一名86岁游客在台湾确诊感染H7N9禽流感,于1月20日在台北死亡。[①] 同比2013年,

---

① 查文晔、何自力:《一大陆游客因感染H7N9禽流感在台死亡》,新华网,http://news.xinhuanet.com/local/2014-01/21/c_119068262.htm,2014-01-21。

涉旅公共卫生事件中游客传染病疫情事件起数下降52.9%，确诊发病人数下降15.8%。虽然涉旅公共卫生事件同比上年有所下降，但全国传染病疫情严重，国际传染病疫情形势严峻，因此涉旅传染病疫情丝毫不能懈怠。

2. 涉旅传染病疫情事件特点

（1）涉旅传染病疫情类型多样化

2014年游客发生传染病疫情中有H7N9病例2起，登革热病例4起，基孔肯雅热合并登革热疫情病例1起，札如病毒与诺如病毒混合感染病例1起。其中部分传染病病毒发生变异，疫情类型呈多样化，出现同时感染多种传染病病毒疫情，例如札如病毒与诺如病毒混合感染病例是游客1月9日自印尼巴厘岛旅游归来，经深圳湾口岸入境时检测出的，是近年来深圳湾口岸首次检出，其中札如病毒属深圳湾口岸首次检出；① 基孔肯雅热合并登革热疫情病例是游客于6月初赴泰国自助旅游归来，青岛机场检疫人员在对从韩国入境的旅客实施检疫查验时检测出的，这是山东检验检疫系统首次从入境人员中检出输入性基孔肯雅热合并登革热感染疫情。② 此外，2014年初东莞扫黄清理过程中发现隐匿的性旅游所带来的艾滋病，也应引起足够重视。

（2）涉旅传染病疫情病例多属境外输入

2014年涉旅传染病疫情多是大陆游客在境外旅游，在入境口岸处检测出传染病疫情，病例多为境外输入型。搜索案例中境外输入型病例有7起，占传染病疫情总起数的87.5%。其中，大陆游客赴印尼巴厘岛旅游度假有4起，占传染病疫情总起数的50.0%，发病人数12人，占传染病疫情发病总人数75.0%；赴我国台湾地区、泰国、马来西亚旅游各1起。游客异域活动范围大，活动频繁，加剧了传染病疫情的传播与扩散。而境外游客在境内

---

① 《深圳湾口岸检出首例札如病毒与诺如病毒混合感染病例》，深圳湾检验检疫局网站，http://www.szciq.gov.cn/cn/dol/coid/ei/ids/20140113/21012.html，2014-01-13。
② 《山东口岸首次从入境人员中检出基孔肯雅热合并登革热疫情》，新浪网，http://news.sina.com.cn/o/2014-06-02/164330278668.shtml，2014-06-02。

旅游有1起，即一名印度尼西亚籍游客，5月16日由印尼飞抵香港，随团来深圳旅游，这是一例输入性登革热病例，也是深圳口岸2014年首次检出登革热病例。①

（3）涉旅传染病疫情时间分布集中于上半年

2014年游客确诊的传染病疫情时间分布在上半年，基本上前6个月每月都有确诊病例发生，1月和6月各发生2起，2月、3月、4月、5月各发生1起。这与2013年涉旅传染病疫情16起发生在7~11月份，仅有1起发生在其他月份完全不同。虽然2014年下半年广东省登革热疫情严重，8月份世界卫生组织拉响埃博拉的全球警报，但我国涉旅传染病疫情为零，究其原因，这可能与涉旅传染病疫情防控密切相关。2014年7月，我国多部门发布关于防止非洲埃博拉出血热传入我国的通告，印发人感染H7N9禽流感疫情防控方案和埃博拉出血热防控方案，发布关于做好登革热防治工作的通知等，并有力防控涉旅传染病疫情从口岸输入，严格控制传染病疫情源头。

（三）涉旅其他公共卫生事件

在涉旅公共卫生事件中，其他严重影响公众健康的事件包括游客猝死、突发疾病、高原反应等，这类事件虽然多涉及个人，但起数多，致死亡率高，事态严重，不容忽视。据统计，2014年涉旅其他公共卫生事件共30起，占涉旅公共卫生事件总起数的56.6%；发病人数33人，占涉旅公共卫生事件总发病人数的8.8%；死亡11人，占涉旅公共卫生事件总死亡人数的73.3%。其中，猝死事件6起，死亡6人；突发疾病20起，死亡2人，重伤19人；高原反应4起，死亡3人，重伤3人。较大等级事件11起，死亡11人，重伤2人；一般等级事件19起，重伤20人（见表2）。

涉旅其他公共卫生事件时间分布较广，其中7月、8月和12月发生起数相对较多，分别为4起、6起和5起，9月和11月未发生，其他月份分别有1~3起；涉旅其他公共卫生事件空间分布跨度大，统计案例中境内游客

---

① 《深圳湾口岸检出今年首例登革热病例》，《南方日报》2014年5月22日。

表2 2014年涉旅其他公共卫生事件统计概况

单位：起，人

类型\等级	游客猝死			突发疾病			高原反应			合计		
	起数	发病人数	死亡人数	发生起数	发病人数	死亡人数	起数	发病人数	死亡人数	起数	发病人数	死亡人数
重大	0	0	0	0	0	0	0	0	0	0	0	0
较大	6	6	6	2	2	2	3	5	3	11	13	11
一般	0	0	0	18	19	0	1	1	0	19	20	0
合计	6	6	6	20	21	2	4	6	3	30	33	11

在境外泰国、马来西亚、我国台湾地区、尼泊尔等地旅游发生其他公共卫生事件4起，境外游客在境内宜昌、延边、济南、成都等地突然发病4起，境内游客在境内猝死或突然发病事件涉及多个省份和城市，其中高原反应事件多发生在四川与西藏；涉旅其他公共卫生事件中老年游客伤亡多，统计案例中18起明确显示年龄特征的安全事件中涉及老年游客（50周岁及以上）的就占8起。此外，当前雾霾天气导致游客健康受损的公共卫生事件也应引起足够重视。

三 2014年涉旅公共卫生事件安全的进展与特点

（一）涉旅食物中毒事件数量骤减，但事件等级有所加重

根据案例数据统计，2014年游客重大食物中毒事件共15起，游客食物中毒326人，同比2013年游客食物中毒事件共34起，游客中毒687人，案例起数及中毒人数大幅度降低，这与政府、旅游企业、游客等社会各界食物中毒防范意识增强分不开，如政府通过新闻、报纸、官方网站等各种途径宣传和预防食物中毒事件，旅行过程中导游宣讲预防食物中毒常识，旅行车消毒，以及游客自带食物等。同比于2013年食物中毒事件等级程度皆为"一般"，2014年食物中毒事件事态严重性提升，2014年游客食物中毒事件中重大事件1起，发病95人；较大事件2起，发病13人，其中死亡3人。

（二）涉旅传染病疫情防范效果较好，但境内外疫情威胁严重

2014年涉旅公共卫生事件中游客传染病疫情事件共8起，且疫情时间分布在上半年。而2014年埃博拉疫情"史无前例"地牵动世界神经，成为"国际关注的突发公共卫生事件"，尤其西非地区"严重且反常"，根据世界卫生组织统计数据，截至2014年12月14日，全球范围内已有超过1.8万例感染者，近7000人死亡，构成"新兴传染病"公共卫生威胁。境内下半年登革热疫情严峻，广东计生委数据显示，截至10月8日，广东省共有20个地级市累计报告登革热病例24489例，因登革热致死6人，广东遭遇20年来最严重的登革热疫情袭击。境内H7N9禽流感疫情持续，根据国家卫生部统计数据，截至11月底，全国H7N9禽流感疫情发病数306例，死亡130人，尤其前5个月最为严重，发病数289例，死亡115人。在境内外严峻的传染病疫情形势下，2014年下半年我国涉旅传染病疫情事件为零，说明涉旅传染病疫情防范效果较好。但全球传染病疫情严重，尤其是埃博拉疫情当前仍处于警戒状态，传染病疫情仍将持续威胁游客安全。

（三）涉旅公共卫生事件类型增多，但监管模式尚未完善

2014年涉旅公共卫生事件类型增加，尤其是传染病病毒变异，疫情多样化，其中有游客确诊为诸如病毒与札如病毒混合感染、基孔肯雅热合并登革热疫情；涉旅其他公共卫生事件中，出现游客自驾游旅途中劳累过度致毒性脑炎成失忆人，雾霾天气影响我国入境旅游并影响游客身心健康，性旅游所带来的艾滋病成为公共卫生系统严峻挑战之一等现象。涉旅公共卫生事件类型增加，但监管模式仍存在诸多漏洞，传统公共卫生事件仍屡有发生，例如保定40余名游客在威海食物中毒，被迫签署免责协议；① 境外游食物中

---

① 马骏：《保定40余游客在威海食物中毒 被迫签署免责协议》，网易，http://hebei.news.163.com/14/0811/09/A3BU6BKH02790AB0.html，2014-08-11。

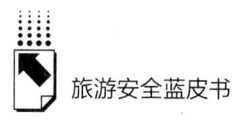

毒,游客向旅行社索赔遇阻等。① 面对涉旅公共卫生种种新旧危机事件,涉旅公共卫生事件监管模式亟待调整和完善。

(四)自助游公共卫生事件频发,但管控防范困难

在近年来多条高铁线路开通、节假日高速公路免费、私家车保有量快速上升等多重因素影响下,自助游出行方式呈扩张趋势,尤其是节假日,自驾游呈爆炸式增长。根据同程旅游 2014 年"五一"出游报告,自助游同比增长 6 倍;② 根据驴妈妈统计,2014 年国庆黄金周、周边自驾游订单量增幅显著,较上年同期增长 500%。③ 2014 年自助游公共卫生事件发生频率较高,统计案例中明确提到游客采用自助出游方式发生食物中毒事件 3 起,发病人数 9 人,死亡 2 人;传染病疫情 1 例,发病人数 1 人;猝死、突然发病和高原反应等其他事件达 90.0%以上,且致死率高,后果严重。自助游过程中公共卫生事件发生频率高,这与近年来自助游游客数量大幅增长相关。同时自助游散客活动具有更强的自发性和随机性,自助游散客危机防范意识仍然薄弱,例如随意采摘并食用野生菌及其他不明食物,不顾传染病疫情选择重灾区作为旅游目的地,选择尚未开发的危险线路进行探险旅游等。当前自助游散客监管防控难度大,尚缺乏妥当合理的防控途径。

(五)邮轮旅游发展迅猛,但涉旅公共卫生管理滞后

近年来,全球邮轮旅游人数以年均 8.2% 的速度增长,邮轮产业已是世界范围新兴的休闲旅游产业。④ 2014 年中国邮轮旅游迎来"井喷式"发展,

---

① 《境外游食物中毒 游客向旅行社索赔》,人民网,http://tv.people.com.cn/n/2014/0321/C39805 - 24705063.html,2014 - 03 - 21。
② 龚琼:《2014 "五一"出游报告发布:自助游同比增长 6 倍》,四川在线 - 天府早报,http://www.sc.xinhuanet.com/e/2014 - 05/05/c_1110540450.htm,2014 - 05 - 05。
③ 《驴妈妈发布 2014 国庆黄金周自助游趋势报告》,新华网,http://www.hb.xinhuanet.com/2014 - 10/08/c_1112737217.htm,2014 - 10 - 08。
④ 天津市旅游局信息中心:《邮轮市场爆发式增长 96 艘次邮轮今年靠泊天津》,国家旅游局网站,http://www.cnta.gov.cn/html/2014 - 8/2014 - 8 - 7 - 10 - 0 - 89591.html,2014 - 08 - 07。

并将继续保持爆发式增长，仅从上海出发的邮轮班次就超过220艘，出入境游客约120万人次，邮轮旅游逐渐成为大众化、常规化的旅游产品。但邮轮旅游公共卫生监督管理滞后，邮轮暴发的食物中毒、传染病疫情等问题突出，例如我国95名老年游客因邮轮饮食卫生问题出现疑似食物中毒症状，美国邮轮多次暴发诸如病毒疫情导致游客出现肠胃疾病，均应引起高度警惕，邮轮公共卫生有待提升监管力度。

（六）公共卫生安全意识有所提高，但游客警惕性仍不足

2014年政府、旅游企业、游客等的旅游业公共卫生安全意识整体有所提高。政府及时发布预警通知和印发防控方案；旅游企业积极应对，景区进行突发公共卫生事件应急演练，对旅游车消毒等；出入境口岸检测检疫严格把关，控制住输入型病毒疫情源头；部分游客因受埃博拉疫情影响，退团非洲游，部分游客因受广东登革热疫情影响，不再青睐广东游；部分游客自带食物以防食物中毒等；新闻媒体及时持续宣传与教育。虽然社会各界对旅游业公共卫生安全意识有所提高，但旅游活动仍很频繁，涉旅公共卫生事件防不胜防，尤其是游客警惕性仍不足，如南非埃博拉疫情严重，部分游客赴非旅游热情不减；印尼属于登革热重灾区，部分游客仍热衷于巴厘岛度假；广东登革热疫情严重，部分游客仍盛行南方游；部分游客旅游时自行采摘野生菌及不明植物加工食用，导致中毒或死亡事件等。

四 2015年涉旅公共卫生事件的趋势展望与管理建议

（一）2015年涉旅公共卫生事件的趋势展望

1. 现代旅游交通工具促发公共卫生事件频繁化

当前，以现代旅游交通工具为载体的自驾游、邮轮旅游、游艇旅游、房车旅游、高铁旅游等迅猛兴起，尤其是自驾游、邮轮旅游发展势头强劲，而

自驾游公共卫生监管难度大,邮轮旅游、游艇旅游、房车旅游、高铁旅游等公共卫生管理滞后,导致游客公共卫生危机事件频繁发生。2015年以现代新兴旅游交通工具为载体的突发公共卫生危机事件仍将持续较高的爆发频率。

2. 新兴旅游目的地公共卫生监管环节薄弱化

2014年新兴旅游目的地较多,乡村旅游、高原旅游、海洋旅游、极地旅游等发展迅速,尤其是美丽中国背景下美丽乡村建设导致乡村旅游蓬勃发展,然而乡村公共卫生资金投入有限,公共卫生环境差,管理薄弱,致使公共卫生危机事件时有发生。同时高原旅游、海洋旅游、极地旅游等仍是探险旅游者热衷挑战的旅游项目,而该类旅游一旦发生游客猝死、突然发病或高原反应等公共卫生事件,防控极为困难。2015年此类新兴旅游目的地公共卫生安全问题仍将突出,监管环节仍处于薄弱状态。

3. 老年游客突发危机中伤亡比重上升化

当前旅游市场开发中,针对老年市场的"夕阳红旅游""银发旅游""孝敬爸妈游"等老年人旅游产品兴盛起来,老年游客所占市场份额比重较大,加上老年人身体状况较差,旅游突发公共卫生危机事件中,老年游客伤亡事件也越来越多,尤其是猝死、突然发病以及高原反应事件中老年人数量较多。随着全球老龄化,中国老龄化时代已经到来,2015年涉旅公共卫生危机事件中,老年旅游者伤亡比重可能仍将加大,老年游客应被作为重点关注对象,以保障其身心健康和公共卫生安全。

4. 涉旅公共卫生危机事件跨行业复杂化

当前,旅游业跨国界、跨领域、跨行业协同发展,会展旅游、体育旅游、医疗旅游、牧游旅游等迅猛发展,涉旅公共卫生危机事件不再局限于传统旅游业与公共卫生领域,随之跨入会展、体育、医疗、牧业等多个行业,危机事件跨行业处理更加复杂化,涉及多部门协调与合作。随着旅游业与更多行业的融合发展,2015年涉旅公共卫生危机事件需要更多部门合作应对,进一步呈复杂化趋势。

（二）2015年涉旅公共卫生事件的管理建议

1. 健全涉旅公共卫生安全法规制度建设

2014年颁布实施一系列涉旅公共卫生相关的法律政策，促进公共卫生法规制度建设。例如，8月1日实施的《食品中农药最大残留限量》指标新增1357项；6月1日新版国家标准《食品生产通用卫生规范》正式实施；7月1日《食品中致病菌限量》首个国家标准正式实施；8月6日《食品召回和停止经营监督管理办法（征求意见稿）》公开征求意见；9月18日公布《食品中可能违法添加的非食用物质名单（征求意见稿）》；12月1日发布《食品安全国家标准食品添加剂硬脂酸钾》等13项食品安全国家标准；12月30日《中华人民共和国食品安全法（修订草案）》（二次审议稿）在中国人大网正式公布；1月27日印发《人感染H7N9禽流感疫情防控方案（第三版）》等。2015年，应尽快将2014年部分处于征求意见和公布阶段的法规政策正式实施，调整与完善先前制定但不再符合当前需要的涉旅公共卫生相关法规政策，并根据实际需要制定相应的新法规政策，例如一个科学合理的旅游业行业卫生标准就亟待问世。

2. 优化涉旅公共卫生安全监管防控模式

虽然2014年涉旅公共卫生事件数量有所降低，安全监管较之以前更加完善，但涉旅公共卫生事件大部分仍发生在旅游业所在宾馆、饭店、度假村等，这折射出政府对旅游企业公共卫生安全监管力度不足，也折射出旅游相关企业自律监管不到位。与此同时，境内外涉旅公共卫生安全形势严峻，全球传染病疫情严重，尤其是埃博拉疫情仍处于警戒状态，仍将持续威胁游客安全。2015年我国旅游业应进一步加强公共卫生危机预警体系研究，通过信息数据的收集、分析和反馈，对旅游突发公共卫生事件的征兆进行监测、诊断和评估，及时采取防治措施，提高预测、预报和决策能力，优化涉旅公共卫生安全监管防控模式，尽可能地降低公共卫生事件对旅游业的影响。

3. 扩大涉旅公共卫生监管领域与范围

2014年，新兴旅游业发展迅猛，传统涉旅公共卫生监管范围明显过于狭窄，导致境内外新兴旅游业公共卫生事件频发。2015年涉旅公共卫生监管范围应进一步扩大,以新兴旅游工具为载体兴盛起来的自驾游、邮轮旅游、游艇旅游、房车旅游、高铁旅游等,应进一步加强旅游交通工具和卫生环境的消毒处理,严格监管附属餐厅饮食卫生标准;以新兴旅游目的地为主蓬勃发展的乡村旅游,应加大投资费用,改善乡村卫生环境,尤其是改善农家乐、农家饭店等餐饮卫生环境;旅游业跨行业融合兴盛发展的会展旅游、体育旅游、医疗旅游、牧游旅游等,应加强多部门协调与合作,共同应对公共卫生危机事件。同时,老龄化时代老年游客伤亡事件应纳入重点关注对象;悄然兴起的性旅游所带来的艾滋病需要直面应对;雾霾天气影响游客身心健康应引起足够重视。2015年这些领域也需要纳入涉旅公共卫生监管范围,完善此类公共卫生事件应对策略。此外,对于类似于2014年巴西世界杯体育赛事、北京APEC峰会召开等所带动的旅游活动,2015年在此类大事上要健全涉旅公共卫生监管防控体系,进行全面防范,加强旅游公共卫生安全。

4. 应用现代智能化科技应对涉旅卫生事件

随着旅游数字化、智能化发展,可应用现代智能化高科技应对涉旅公共卫生事件。2014年以旅游目的地为主的高原旅游、海洋旅游、极地旅游等高风险类探险旅游,2015年可逐渐试用GPS定位追踪探险类旅游者,网络信号或者通信信号尽可能全覆盖,使游客能够及时求助或被救援,以减少或避免游客伤亡事件;针对游客食物中毒公共卫生危机事件,2015年"运用移动互联网和大数据技术推进食品安全",并尝试通过将百度推出的甄别食材安全的智能搜索外部设备"百度筷搜"量产使用,国家食品药品监督管理总局"食事药闻"APP上线等,帮助游客清晰掌握食品信息,保障旅游餐饮卫生安全;鉴于2014年游客传染病疫情病毒类型多样化、传染病疫情全球化,2015年应加强全球科研合作,共同研制新产品以应对公共卫生危机事件,例如英国葛兰素史克公司与美国合作开发的cAd3-ZEBOV以及由加拿大公共卫生局研发的rVSV-ZEBOV这两种疫苗被视为前景良好的埃博拉疫苗。①

---

① 刘军、陈勇:《埃博拉牵动世界神经》,新华网,http://news.xinhuanet.com/2014-12/23/c_1113746171.htm,2014-12-23。

5. 运用新兴媒体提升涉旅公共卫生宣传教育效果

现代社会各种信息繁多庞杂，运用新闻、报纸、宣传册等传统媒体宣传教育模式力度显然薄弱，2015 年需要运用现代新兴网络媒体，如微博、微信等公众平台，进一步加强涉旅公共卫生事件宣传与教育，通过普及旅游公共卫生常识，持续不断地发布旅游目的地相关疫情信息，多方位提醒旅游企业防范与应对突发公共卫生事件，全面提高游客公共卫生自我防范意识，使涉旅公共卫生事件宣传与教育常态化和频繁化，降低公共卫生风险发生概率。

6. 加强国际旅游业中公共卫生安全协调与合作

当前，全球旅游业跨国界、跨领域、跨行业、跨产业融合发展，中国作为一个旅游大国，境内外旅游活动频繁。根据中国旅游研究院数据，2014 年我国出境旅游人数预计达到 1.15 亿人次，入境旅游人数预计达到 1.28 亿人次。2015 年，境内外旅游业公共卫生危机事件不时爆发，我国应借鉴同为旅游大国的新加坡、日本、韩国等国的做法，采取与国际旅游业公共卫生安全接轨的防范模式，就旅游业公共卫生安全积极主动地加强与国际组织、各国政府、媒体、企业、非政府组织等的协调合作，加强知识信息、科学技术和物资设备等资源共享，共建旅游业公共卫生安全体系，共同防范公共卫生安全威胁，促进全球公共健康合作。

参考文献

［1］汪泓主编《中国邮轮产业发展报告（2014）》，社会科学文献出版社，2014。

B.12 2014～2015年中国涉旅社会安全事件的形势分析与展望

张慧 殷杰[*]

摘　要： 本文采用案例分析法，对比我国近5年的涉旅社会安全事件，归纳分析2014年涉旅社会安全事件的形势。研究表明，涉旅社会安全事件总体形势有所好转，安全管控依然严峻；安全事件覆盖面广，防控工作依然困难；重大事件时有发生，社会关注与日俱增；政府部门多头管理，管控机构尚不明晰。对涉旅社会安全事件进行聚类分析和对应分析，研究其时空分布规律。安全事件发生主要是因为旅游者安全意识薄弱、旅游企业安全认知不高、应急法制建设尚不完善和政府管控手段成效不佳等。展望2015年的涉旅社会安全形势，应以信息化建设为手段，强化新媒体社会功能；以社会组织为基础，建立公众参与机制；以安全预警为核心，加强社会安全网建设；以区域变化为视角，关注重点安全事件；以《旅游法》为准则，进一步规范旅游市场秩序。

关键词： 涉旅社会安全事件　旅游安全　聚类分析

---

[*] 张慧，华侨大学旅游学院副教授，研究方向为旅游企业管理、旅游产业发展、涉旅社会安全；殷杰，江苏无锡人，华侨大学旅游学院硕士研究生。

随着社会经济飞速发展和国民收入大幅提高,我国已进入大众旅游时代。旅游业成为我国的战略性支柱产业,其对国民经济的作用也越发重要。旅游活动是食、住、行、游、购、娱等多种要素的综合,它极易受到各类风险的侵袭。社会安全事件会危害社会稳定、干扰社会秩序,[①] 而涉旅社会安全事件则会严重影响旅游产业健康发展。

涉旅社会安全事件指在一定区域内,由于人为因素造成或者可能造成严重社会危害,并产生重大社会影响,需要采取应急处置措施的突发事件,主要事件类型包括针对旅游者的刑事犯罪事件和恐怖袭击事件。[②] 涉旅社会安全事件一般主要是由人为因素引起的,当自然灾害、事故灾难、公共卫生事件发生后,人们若没有得到及时帮助、无法应对环境变化时,也会引发社会安全事件。因此,分析涉旅社会安全事件的总体形势,识别涉旅社会安全事件的发生特征及其关联影响因素,探究其发生原因,有助于建立预防和管控机制,降低涉旅社会安全事件给旅游业带来的风险与影响。

一 2014年涉旅社会安全事件的总体形势

截止到统计期,2014年我国发生的涉旅社会安全事件以盗窃、抢劫、敲诈勒索、诈骗、网络非法言论、群体性事件、恐怖袭击等为主,共发生92起社会安全事件,涉及26个省、自治区以及直辖市,发生地域范围广泛,给经济、社会秩序带来了较大的影响。

将近5年我国涉旅社会安全事件进行对比分析,如图1所示,发现2014年涉旅社会安全事件呈现以下形式。

(一)总体形势不容乐观,安全管控依然严峻

从近5年涉旅社会安全事件发生的总量来看,2011年之后涉旅社会安

---

① 程锦:《国家治理视域下的社会安全事件及其应对策略》,《理论导刊》2014年第9期。
② 国家旅游局主编《旅游安全知识总论》,中国旅游出版社,2011。

全事件呈现上升趋势，2014年较2013年相比呈现小幅增长。从近5年总体发展态势来看，涉旅社会安全事件总体形势不容乐观。由于我国社会目前正处在转型期，而且还将不断面临新情况、新问题，尤其是在国内旅游持续火爆的形势下，各地在旅游开发、旅游市场秩序的调整和维护上还存在诸多问题，《旅游法》的许多政策需要一步步落实与贯彻，因此涉旅社会安全事件管控形势依然严峻。

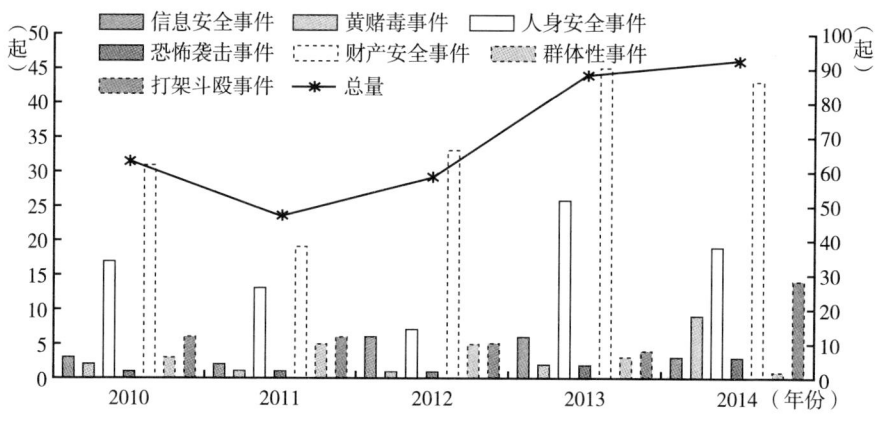

图1 我国近5年涉旅社会安全事件概况

（二）安全事件覆盖面广，防控工作依然困难

涉旅社会安全事件近年均以盗窃、抢劫、敲诈勒索、诈骗、网络非法言论、群体性事件、恐怖袭击等安全事件类型为主，安全事件表现形式呈现多样化，且分布地域广。截止到统计期，2014年我国共发生92起涉旅社会安全事件，涉及26个省、自治区以及直辖市，发生地域范围广泛，给经济、社会秩序带来了较大的影响。由于涉旅社会安全事件的突发性、表现形态的多样性、发生地域的分散性以及社会影响的严重性，其相应的防控工作依然困难。

（三）重大事件时有发生，社会关注与日俱增

按照可控性、严重程度和影响范围等因素，将社会安全事件分为特别重

大、重大、较大和一般四级。① 从近5年的涉旅社会安全事件分析来看，暴力恐怖事件等重特大安全事件持续增长，且有由民族地区向非民族地区扩散趋势，给旅游业发展和社会秩序造成严重影响。2014年3月1日晚9时20分，10余名统一着装的暴徒蒙面持刀在云南昆明火车站广场、售票厅等处砍杀无辜群众，造成29人遇难，130余人受伤。② 从目前情况来看，涉旅社会安全问题越来越多地受到各界的关注，为了预防和制止突发社会安全事件，确保社会与政治稳定，各地纷纷出台安全应急预案。如何有效进行涉旅社会安全事件的管控和预防已经成为社会关注的重要问题。

（四）政府部门多头管理，管控机构尚不明晰

县级以上人民政府应当依照《旅游法》的相关规定将旅游应急管理纳入政府应急管理体系，制定应急预案，建立旅游突发事件应对机制。但是《旅游法》并没有明确主体部门，也没有明确领导机构。由于涉旅社会安全事件牵涉面广，而地方政府在涉旅社会安全事件处理上并未建立统一的领导机构，一些地方政府成立了诸如应急办、综治办、维稳办等部门来共同领导协调涉旅社会安全事件的应急处置工作，这种情形不但影响了社会安全事件的处理效率，同时也导致社会安全应急指挥系统的重复建设等问题。因此，为加强统一协调管理，政府应精简机构、提高效率，成立以综治办为依托的社会安全事件应急处置中心。如果涉及哪个专业部门进行专业判断和协调，则将该部门纳入其中。

二 涉旅社会安全事件的特征分析

旅游安全研究的难点之一便是数据采集与获取。在研究过程中难以搜集足够数量的涉旅社会安全事件亲历者，而问卷调查等传统研究方法很难对真

---

① 《中华人民共和国突发事件应对法》，2007年8月30日由第十届全国人民代表大会常务委员会第二十九次会议通过。
② 《昆明3·01暴恐案4被告被提起公诉》，《春城晚报》2014年7月1日，第A14版。

实发生的涉旅社会安全事件进行全面的信息模拟和反馈,① 这使得基于案例统计的方法是一种可行的选择。② 随着我国逐渐进入网络时代,网络媒体对安全事件的传播、反馈作用越发重要,网络能够对大部分具有一定社会影响的典型事件进行反馈和传播。网络与新媒体的兴起,为搜集涉旅社会安全事件提供了便利。

本文抽取"中国重要报纸全文数据库"和百度(www.baidu.com)、搜狐(www.sohu.com)、谷歌(http://www.google.com.hk)等大型网站可搜索到的有关2014年我国涉旅社会安全事件的报道作为研究样本。在此基础上,剔除重复的、不完整的报道,共得到有效的案例92个。

表1 2014年涉旅社会安全事件样本来源情况

样本来源	报纸	网络
案例数量(个)	47	45
所占比例(%)	51.09	48.91

(一)我国涉旅社会安全事件的时间分布特征

对搜集到的92起涉旅社会安全事件(截止到2014年12月31日)逐一登录编码,进行统计分析,如图2所示。统计结果表明,①从涉旅社会安全事件的月份分布来看,涉旅社会安全事件在6月、7月、8月、9月以及10月呈现多发趋势,其中10月达到峰值,占比达到15.22%。而这5个月恰好对应旅游旺季,由此说明涉旅社会安全事件在旅游旺季多发,需重点管控。本文对涉旅社会安全事件进行快速聚类,将聚类数设定为2,结果表明,6月、7月、8月和10月被聚为一类,其余月份被聚为一类,聚类分析的ANOVA检验结果显示F值为18.73,Sig值为0.02,小于0.05,具有统

---

① 谢朝武:《我国酒店业盗窃案件的发生特征及其管理体系研究》,《华侨大学学报》(哲学社会科学版)2010年第3期。
② 吕艺真:《酒店老板爱上服务员结局好心塞》,《钱江晚报》2014年11月27日,第J0008版。

计意义。②从季度分布来看，第三季度明显高于其他三个季度，比例达到32.03%。因此，管控和预防涉旅社会安全事件需要注重时间管理。③从具体发生日期来看，发生在下旬的比例较高，达到38.04%。因此，涉旅社会安全事件的管控需要注重重点时段。④从案例发生的具体时段来看，涉旅社会安全事件在下午的发生比例最高，达到31.52%，其次是晚上，达26.09%。下午时段往往容易被忽略，因此，需要在下午时段加强安全事件的管控。

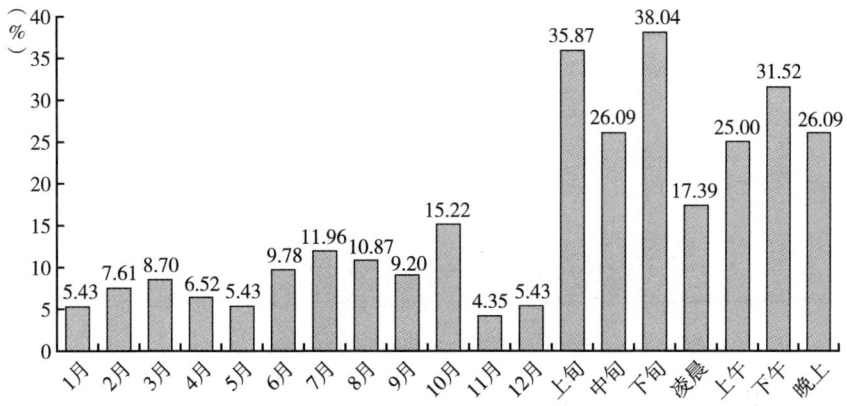

图 2　2014 年涉旅社会安全事件时间分布

（二）我国涉旅社会安全事件的空间分布特征

本文对搜集到的 92 起涉旅社会安全事件进行空间统计分析，结果如表 2 所示。统计研究发现，①从地区分布来看，华东地区涉旅社会安全事件"遥遥领先"其他地区，而华南、西南地区也是涉旅社会安全事件发生的严重区域。本文对涉旅社会安全事件进行快速聚类，将聚类数设定为 2，结果表明，华东、华南地区被聚为一类，其余地区被聚为一类，聚类分析的 ANOVA 检验结果显示 F 值为 12.176，Sig 值为 0.016，小于 0.05，具有统计意义。②从省域分布来看，涉旅社会安全事件呈现地域分散的特征。涉旅社会安全事件涉及 26 个省、自治区以及直辖市，发生地域范围广泛。其中山东省发生9起,海南省发生8起,浙江省发生7起,福建省和广东省各发生6起。涉旅社会安全事件的高发地区均为东部沿海省域,且为旅游大省。③从空间场所来看,涉旅社会安全事件呈现空间场所集中的特征,其多分布于酒店、景区等地。其中,发生在酒店的安全事件占比达60.86%。酒店应制定突发事件应对预案,积极预防和处理各类突发事件。

表2 2014年我国涉旅社会安全事件的地域分布

地区	频数	比率(%)	地区	频数	比率(%)	地区	频数	比率(%)
广东	6	6.52	贵州	3	3.26	西南	12	13.04
江苏	5	5.43	广西	2	2.17	华中	9	9.78
云南	5	5.43	安徽	2	2.17	华北	9	9.78
北京	5	5.43	吉林	1	1.09	西北	8	8.70
陕西	5	5.43	天津	1	1.09	东北	2	2.17
港澳台	3	3.26	华东	34	36.96			
四川	3	3.26	华南	18	19.57			

三 涉旅社会安全事件发生的主要原因

(一)旅游者安全意识薄弱

旅游者属于相对弱势的群体,但大部分旅游者对旅游安全风险的认知水平远远不足。旅游者的旅游安全意识薄弱,甚至有些旅游者并没有意识到旅游安全这一问题。人们外出旅游大多出于娱悦身心的目的,旅游者容易流连于旅游风景上,而忽视潜在的旅游风险。同时旅游者对旅游安全的认知存在误区与局限,主要表现在旅游者认为安全问题仅仅涉及生命与财产问题,而对自身名誉、心理安全避而不谈;部分旅游者认为旅游安全问题仅发生在游览、住宿和旅途中,而对旅游活动的其他环节认识不足。2014年10月1日至2日,4名男子假扮游客在梵净山、苗王城景区撬车,盗窃财物价值10

余万元。① 多数游客安全意识淡薄，将财物置于车内，间接导致财产损失。旅游者自身的安全意识薄弱，防范风险意识较差，这也是导致涉旅社会安全事件频发的主要原因之一。

（二）旅游企业安全认知不高

从涉旅社会安全事件发生的微观场所来看，发生在旅游业的安全事件占比达63.22%，而其中多数安全事件主要是旅游业对风险的认知不足引发，主要原因有以下三点。

1. 旅游从业者缺乏安全意识

许多旅游企业管理者、从业者自身素质不高，旅游风险意识不足，安全管理存在漏洞。如忽视日常安全操作管理，不能贯彻执行安全责任追究制度，缺乏突发事件应对预案和救援体系。如高某9月中旬捡到酒店万能房卡，在10月初连续刷开酒店房门进行盗窃。② 此案例中，万能卡丢失约半个月，酒店毫不知情，尚可继续使用，不管是酒店工作人员还是酒店管理者，风险防范意识均不足，直接导致盗窃事件的发生。

2. 员工主观故意引发安全事件

本文所研究的企业员工既包括在职员工，也包括离职员工。这些员工凭借其对旅游企业环境较为熟悉，利用职务之便进行偷窃等行为，侵害旅游者人身、财产安全。谢朝武通过研究酒店业盗窃事件发现与酒店员工相关的盗窃事件比例达26.8%。③ 浙江某酒店服务员离职前偷老板家钥匙进行复制，事后进行多次盗窃。④

---

① 雷动明、张潇妮、简冰冰：《"十一"期间，梵净山屡发盗窃案》，《贵阳晚报》2014年10月10日，第A18版。
② 於苏云：《男子捡到万能开房卡 不断到宾馆房间偷窃》，《扬子晚报》2014年11月15日，第A36版。
③ 谢朝武：《我国酒店业盗窃案件的发生特征及其管理体系研究》，《华侨大学学报》（哲学社会科学版）2010年第3期。
④ 吕艺真：《酒店老板爱上服务员结局好心塞》，《钱江晚报》2014年11月27日，第J0008版。

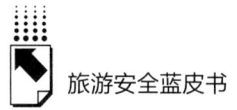

3. 旅游设施存在安全隐患

旅游企业严重缺乏对设备的维护、更新以及对操作人员的培训，甚至一些旅游企业基本设备都配备不完善。多数不法分子利用设施设备存在的漏洞，实施对旅游者人身、财产的侵害。此外，由于旅游人数的增加，多数旅游设施设备均处于高负荷运作状态，风险极高。广东某酒店一处装饰用的大理石壁炉突然倒塌，压住两名正在玩耍的4岁幼童，致一女童死亡，另一名男童重伤。①

（三）应急体制建设尚不完善

"吸纳中外经验，提炼自身精华"，"他山之石，可以攻玉"。应对突发社会安全事件是一项专业性很强的综合性工作，仅仅具备专业应急知识是不够的，只有把专业的应急知识和技巧融入事件的分析中，才能从中寻找出应急的一般性规律。目前，突发事件应急决策机制研究尚不成熟，也没有提出社会安全事件的应急决策机制。② 为此需要制定一套完整的突发社会安全事件处理体系，建立能够把全国上下各级政府机构协调起来的法制体系，保持极强的规范性，实现对国内发生的各种类型、规模的突发社会安全事件进行高效率的预防、事前准备、应对、事后恢复和管控。

（四）政府管控措施成效不佳

目前，我国从中央到地方都还没有设立应对突发社会安全事件的常设机构，更别说是针对旅游突发事件的安全机构了。目前的情况是往往突发社会安全事件发生后，地方政府仓促赶到现场指挥或组成一个临时性的应急工作小组，凭经验决策，这使得在短时间内信息和资源的整合无法实现最优化，极有可能延误救援的黄金时机，甚至进一步扩大事态的影响。旅游社会安全事件作为一种突发事件，爆发形态繁多，单单凭经验决策往往是不够的。

---

① 王吕斌：《轰隆一声，索命壁炉砸中两幼童》，《新快报》2014年8月5日，第A15版。
② 方春龙：《社会安全事件演进与应急管理研究综述》，《太原大学学报》2014年第2期。

2014年10月20日，云南西双版纳旅游协会与租赁公司发生冲突，而一旁的执法人员却不予理会。云南旅游市场秩序混乱，经常发生突发事件，而政府部门往往管控不及时、处理不力。涉旅社会安全事件需要政府制定强有力的预防和管控体系。

四 2015年涉旅社会安全事件趋势展望与管理建议

（一）2015年涉旅社会安全事件趋势展望

1. 网络舆情作用越发重要

众多旅游突发事件、涉旅社会安全事件均通过微博、微信、贴吧等新媒体进行传播、扩散。2012年的三亚"天价菜单"事件和华山事件、2013年的西双版纳飞昆明航班乘客斗殴事件、凤凰门票事件、九寨沟事件，2014年的亚航面泼空姐事件均由新媒体率先爆出。新媒体的传播速度快、受众面广，新媒体凭借其舆论传播和管控功能将在涉旅社会安全事件中扮演重要的角色。

2. 公众参与程度趋于提升

信息公开、透明、容易获取，使得公众可以及时了解涉旅社会安全事件始末，同时公众可以通过网络等渠道进行民意表达，公众的话语权和参与权大大解放，公众可以随时参与涉旅社会安全事件。此外，公众可以利用自媒体对涉旅社会安全事件信息进行扩散和传播，公众参与涉旅社会安全事件的程度将大大提升。

3. 安全网络建设有望逐步落实

以社会安全网络建设为核心的防控体系正在逐步建设中。社会安全网络建设工作得到政府、企业等利益相关者的重视，也需要各方利益相关者共同努力建设。社会安全网络建设工作需要抓住核心内容，关注建设重点。

4. 区域安全形势越发严峻

2014年涉旅社会安全事件在地域空间上呈现分散性，而在微观空间场所呈现集中性特点，暴力恐怖事件正由民族地区向非民族地区转变。2015

年区域涉旅社会安全形势越发严峻,既要关注发生地域的分散性,又要重点把握空间场所的集中性。

5. 旅游安全法制建设有望逐步完善

涉旅社会安全事件防控体系的建设离不开法制建设。随着《旅游法》的推行和贯彻,旅游安全法制建设也将逐步完善。2015年涉旅社会安全事件相关的制度规范将会随着《旅游法》的推进逐步完善。

(二)2015年涉旅社会安全事件管理建议

1. 以信息化建设为手段,强化新媒体社会功能

涉旅社会安全事件管理应以新媒体为基础,进行信息化建设。一是应加强传统媒体和网络媒体的互动和合作,通过资源的优化配置,从而实现传播效果的整体提高;二是充分发挥信息化的正面作用,加强网络舆情监控,加强正面引导和控制,形成正面的舆论流,利用媒体手段控制事态发展方向;三是构建信息化平台,形成网络旅游投诉处理机制,合理释放旅游过程中的矛盾,帮助处理旅游矛盾,化解社会安全危机。

2. 以社会组织为基础,建立公众参与机制

从近年涉旅社会安全事件可以看出,在相关问题的揭露上网络、新媒体往往一马当先。民意通过网络强势表达,公众对涉旅社会安全事件的参与权和话语权得到了空前解放,也得到了社会各界的重视,尤其是政府决策的重视。公众参与机制已成为涉旅社会安全事件应急管理体系中的重要组成部分。在当代社会中,市场和政府都不是万能的,非政府组织是协调政府部门处理社会安全事件的不可或缺的部门。要建立社会组织,构建公众参与机制,协助政府部门应对涉旅社会安全事件。

3. 以安全预警为核心,加强社会安全网建设

社会安全事件应急预警能力主要包括社会安全情报信息的收集、筛选、整理、分析、判断、预警、保障等能力。[①] 推进难、操作难、预警难等问题

---

① 袁振龙:《社会安全事件应急预警能力建设初探》,《新视野》2012年第4期。

是当前社会安全事件应急预警工作中急需解决的重要问题。以社会安全预警为核心的社会安全网的建立与完善将有力地维护旅游目的地的社会稳定和经济发展，为东道地居民、外来游客创造有序、安全的旅游秩序和旅游环境。可以预见，该项社会事业的建设会在全社会范围内形成一道保护旅游者的安全屏障，能够有效预防各类针对旅游者的刑事犯罪事件、恐怖袭击事件和其他各类涉旅社会安全事件，为人们安全出游保驾护航。

4. 以区域变化为视角，关注重点安全事件

旅游业具有脆弱性的特点，这一特点决定了涉旅社会安全事件对旅游业持续发展会产生极大的负面作用，甚至给当地旅游业带来"灭顶之灾"。从近年来看，暴力恐怖事件数量有所增长，且发生区域不断扩大，由民族地区扩大到非民族地区，新疆暴力恐怖事件从未终止，而昆明火车站、广州火车站相继发生暴力持刀砍人事件。重点安全事件造成人员伤亡大，社会影响巨大，因此，预防和管控涉旅社会安全事件必须对其变化趋势进行预判，同时对于重点安全事件需要进行重点关注和管控。

5. 以《旅游法》为准则，进一步规范旅游市场秩序

《旅游法》就旅游突发事件应对机制、旅游投诉机制做出了相应规定。《旅游法》实施一年多来，虽取得一定成效，但仍需继续加强贯彻和实施。政府相关部门未来的工作重点是继续加强"一案一台三制"的涉旅社会安全事件管控体系建设。此外，需要依据《旅游法》进行旅游投诉机制建设，提高投诉处理效率和成功率，缓解旅游环节中的矛盾，降低涉旅社会安全事件发生的概率。同时，进一步规范旅游市场秩序，整治各类旅游乱象，减少旅游矛盾的产生源。

五 结束语

涉旅社会安全事件涉及旅游者、社会大众安全和社会秩序的平稳，且旅游过程中存在众多诱发涉旅社会安全事件的隐患，因此，涉旅社会安全事件是一种复杂、多变的综合事件。妥善处理涉旅社会安全事件，减轻和消除其

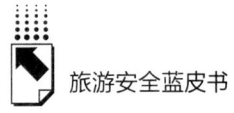

社会影响，是旅游业健康、可持续发展的重要条件。县级以上人民政府应当依法将旅游应急管理纳入政府应急管理体系，制定应急预案，建立旅游突发事件应对机制，完善旅游投诉机制和提升旅游投诉处理效率。市场和政府都不是万能的，需要进行信息化建设，强化媒体舆情管控和公众参与机制，形成政府、媒体、社会组织以及公众间的良性循环。加强对涉旅社会安全事件趋势的预判，不断更新完善预防管控体系。

参考文献

［1］程锦：《国家治理视域下的社会安全事件及其应对策略》，《理论导刊》2014年第9期。

［2］国家旅游局主编《旅游安全知识总论》，中国旅游出版社，2011。

［3］《中华人民共和国突发事件应对法》，2007年8月30日由第十届全国人民代表大会常务委员会第二十九次会议通过。

［4］《昆明3·01暴恐案4被告被提起公诉》，《春城晚报》2014年7月1日，第A14版。

［5］雷动明、张潇妮、简冰冰：《"十一"期间，梵净山屡发盗窃案》，《贵阳晚报》2014年10月10日，第A18版。

［6］於苏云：《男子捡到万能开房卡　不断到宾馆房间偷窃》，《扬子晚报》2014年11月15日，第A36版。

［7］谢朝武：《我国酒店业盗窃案件的发生特征及其管理体系研究》，《华侨大学学报》（哲学社会科学版）2010年第3期。

［8］吕艺真：《酒店老板爱上服务员结局好心塞》，《钱江晚报》2014年11月27日，第J0008版。

［9］王吕斌：《轰隆一声，索命壁炉砸中两幼童》，《新快报》2014年8月5日，第A15版。

［10］方春龙：《社会安全事件演进与应急管理研究综述》，《太原大学学报》2014年第2期。

［11］袁振龙：《社会安全事件应急预警能力建设初探》，《新视野》2012年第4期。

·安全管理篇·

B.13
2014~2015年中国旅游安全行政管理工作分析与展望[*]

谢朝武　李月调[**]

摘　要：2014年，各级旅游行政主管部门积极围绕《旅游法》的贯彻落实加强旅游安全行政管理工作，加强配套制度建设，并从规范指导、检查监督、风险警示、通报批评、安全培训、突发事件处置等方面继续强化旅游安全领域的行政管理。相比于2013年，各级旅游行政管理部门更重视依法开展行政管理工作，对境内外旅游突发事件的处置工作更为积极、系统和成熟。展望2015年，旅游行政管理部门应继续强化依法治旅，并强调管理手段的创新发展，重视频发事件的常态管理、重视节庆旅游安全、重视宏微观旅游安全环境的打造，并重视重点旅游安全工程的立项建设。

关键词：旅游安全　行政管理　总结与展望　2014~2015年

---

[*] 基金项目：华侨大学中央高校基本科研业务费资助项目·华侨大学哲学社会科学青年学者成长工程项目（13SKGC-QT03）。
[**] 谢朝武，华侨大学旅游学院副院长、副教授、博士，研究方向为旅游安全与风险管理；李月调，华侨大学旅游学院硕士研究生。

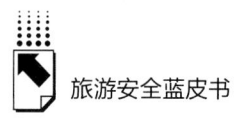

2014年,是《旅游法》落实执行的第一个完整年度。《旅游法》所带来的重大调整使我国旅游行政管理工作步入新的轨道。在国家旅游局的领导下,我国各级旅游行政管理部门依法推进旅游安全行政治理变革,积极贯彻落实《旅游法》中有关旅游安全的法制规范。

本文以我国各级旅游行政管理部门的安全管理工作为研究对象,查阅并整理2014年度国家旅游局和相关部委、省级(含直辖市)旅游行政管理部门和港澳台地区旅游行政管理部门在官网发布的旅游安全工作信息,对我国各级旅游行政管理部门在2014年度的旅游安全工作进行回顾,并对2015年度我国旅游安全行政管理工作的趋势进行展望。

一 2014年我国旅游安全行政管理工作的总体形势

(一)《旅游法》中安全管理条款得到有序推行

2014年,国家旅游局、各级旅游局以及相关旅游安全管理部门通过颁布旅游法规、规章和规范性文件对旅游安全问题进行规范,通过开展"旅游市场秩序专项整治活动"对景区、酒店、旅行社等进行旅游安全生产实地监督检查工作,通过宣传、教育和培训,提升旅游从业人员的安全知识和技能,逐步贯彻落实《旅游法》中有关旅游安全的条款。

(二)地方旅游安全法制配套建设工作取得较大成果

2014年,各级旅游行政管理部门积极贯彻《旅游法》对旅游安全管理的规定,大力加强旅游安全的配套制度建设。国家旅游局发布的《旅行社安全规范》(LB/T 028—2013)于2014年1月1日起正式实施。安徽省旅游局发布的《安徽省水上交通安全管理条例》于3月1日起施行。山东省旅游局制定了《山东省旅游安全管理有关规定》,并于5月26日施行。11月28日,海南省旅游局发布了《海南省旅游安全管理规定》。此外,各级旅游安全管理部门强化了在生产、交通、大型活动、食品、质量安全等方面的制度规范建设工作。

（三）我国旅游安全市场监督工作力度加强

2014年，我国各级旅游行政管理部门的安全监督与检查工作日益常态化。各级旅游行政管理部门依照国家旅游局的通知，持续进行旅游市场秩序专项整治活动，针对重大节假日、旅游安全风险较高的环节（如消防安全、旅游车安全、旅游道路安全），通过监督旅游安全生产、检查各类设施安全、排除安全隐患，落实旅游企业安全主体责任，降低发生旅游安全事故的风险，维护旅游市场秩序和旅游环境的安全，积极推动了旅游企业安全规范经营工作。

（四）旅游合同规范得到各级旅游行政管理部门的重视

2014年，我国各级旅游行政管理部门积极贯彻《旅游法》对旅游合同的规范。国家旅游局会同国家工商行政管理总局联合修订了《团队境内旅游合同（示范文本）》、《团队出境旅游合同（示范文本）》、《大陆居民赴台湾地区旅游合同（示范文本）》和《境内旅游组团社与地接社合同（示范文本）》，并专门发布文件，要求各地旅游局（委）、工商行政管理局充分认识推行示范文本对贯彻落实《旅游法》的重要意义和作用。

（五）出境旅游安全保障工作得到积极关注

2014年，我国出境旅游人数首次超过1亿，各级旅游行政管理部门开展出境旅游市场文明专项检查活动，明确领队、导游文明提醒职责，宣传出境旅游地行为文明规范。国家旅游局、外交部、我国驻外使馆致力于为我国公民提供持续性的境外旅游目的安全风险警示，组织我国出境游客应急救援和突发事件处置工作，为我国出境游客生命和财产安全提供了极大保障。

二 2014年国家旅游局和相关部委的旅游安全行政管理工作

（一）旅游安全的法制建设与规范指导工作

首先，2014年，国家旅游局发布的《旅行社安全规范》《旅行社产品第

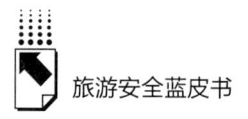

三方网络交易平台经营和服务要求》(LB/T 030—2014)正式施行,国家旅游局还发布了《旅游类专业学生饭店实习规范》(LB/T 031—2014)、《旅游类专业学生旅行社实习规范》(LB/T 032—2014)和《旅游类专业学生景区实习规范》(LB/T 033-2014)等一系列旅游行业标准,对相应领域内的旅游安全问题提出了操作指导标准,较好地规范了旅游安全实务工作。

其次,2014年1月,国家旅游局在北京召开2013年全国旅游工作总结会议,会议同时对2014年旅游安全工作做出了指导。3月,针对国内接连发生的重大交通事故,国家旅游局转发了《国务院安委会办公室关于深刻吸取近期事故教训进一步加强安全生产工作的紧急通知》。8月,国家旅游局发布了《关于做好旅游安全专项检查重点整治工作的通知》,要求各地开展旅游安全专项检查重点整治工作,确保旅游高峰期游客出游安全。8月9日,西藏自治区尼木县境内发生一起重大交通事故,对此,国家旅游局发出紧急通知,要求各地在目前已开展的旅游安全专项检查重点整治工作的基础上深入开展一次旅游道路交通安全专项治理检查。

此外,节假日游客出游相对集中,日益增加的旅游者规模加大了旅游安全保障的压力,节假日旅游安全管理成为各级管理部门的重要工作。全国假日办一直致力于节假日旅游安全的规范指导工作。在春节、清明、五一、十一等主要的节假日都发出通知,要求各级人民政府采取措施,做好旅游服务安排和旅游安全保障工作。

(二)旅游安全的市场监督检查工作

为认真贯彻实施《旅游法》,针对长期以来影响旅游市场秩序的突出问题,国家旅游局发出通知,要求各级旅游部门做好节假日、暑期等旅游旺季旅游市场检查工作,并实时对检查情况进行通报。4月28日,国家旅游局发布《关于做好"五一"假期与旺季市场服务组织和安全防范工作的通知》。5月20日,国家旅游局发出通知,要求各级旅游部门开展"安全生产月"活动。8月12日,国家旅游局发出通知,要求各地结合自身实际,认真学习、贯彻"治理旅游市场秩序西南片区会议"所达成的《治理市场秩序促进旅游发展昆明共识》，做好2014年的旅游服务监管工作。9月22日，国家旅游局副局长杜江检查甘肃、西藏十一旅游市场，强调要高度重视旅游安全，落实安全责任。11月，针对10月20日西双版纳"带团人员"与地方旅游协会人员冲突事件，国家旅游局向云南省旅游发展委员会发出督办函，要求彻查西双版纳旅游市场乱象，强调要树立依法治旅、依法兴旅理念。12月18日，国家旅游局发布《关于开展出境市场文明旅游专项检查的紧急通知》。

（三）旅游安全的风险和服务警示工作

国家旅游局高度关注游客的旅游安全。1月28日，国家旅游局根据气象台预报信息，提醒游客春节假期出游要关注天气变化。2月5日，发布关注天气变化、注意雨雪影响的提醒。5月30日，发布端午出游关注气象的提醒。7月15日，国家旅游局综合协调司提醒赴中东地区游客注意预防感染中东呼吸综合征冠状病毒。7月18日，国家旅游局提醒游客关注台风红色预警。9月28日，中国疾病预防控制中心提醒游客假期旅游要关注旅行卫生。9月29日，发布十一假期天气变化情况，提醒游客注意假期安全。

外交部和中国驻外使馆一直致力于为我国出境游客提供持续性的风险警示。1月23日，中国驻泰国使馆针对泰国反动派发起的"封城"及曼谷暴力事件，对出境游客发布泰国旅游安全风险提醒。2月，中国驻埃及使馆两次发布暂勿赴埃及西奈半岛旅行的提醒。2月20日，中国驻宋卡总领事馆提醒赴泰南旅游中国游客勿自驾汽车、摩托车和摩托艇，避免发生安全事故和纠纷。3月，针对中国游客在马尔代夫度假村酒店被盗案件，驻地使馆提醒游客注意个人财物安全。4月4日，中国驻古晋总领事馆对赴沙巴州仙本那地区旅游发布注意人身安全的提醒。5月，外交部领事保护中心针对越南反华游行提醒中国公民勿前往越南，并提醒在越南中国游客注意人身财产安全。6月，中国驻法国大使馆两次发布赴法旅游防范抢劫、盗窃的提醒。8月1日，国家旅游局转发中国领事服务网发布的信息，提醒在非洲中国公

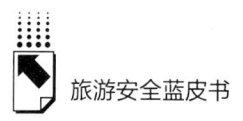

民防止感染埃博拉病毒。9月11日，针对菲律宾犯罪团伙袭击中国驻菲使馆等事件，外交部领事司提醒中国公民近期暂勿前往菲律宾。

（四）旅游安全的通报批评工作

对旅游企业及从业人员的违法违规行为进行通报批评，可以引导企业规范经营。2014年起，国家旅游局编发《旅游投诉举报案例季度通报》，同时结合《旅游法》有关规定以案释法，指导各地旅游主管部门在监管工作中正确适用法律法规。12月12日，就4名中国游客在亚洲航空由曼谷飞往南京的航班上出现的不文明行为，国家旅游局责成江苏省旅游局调查核实相关情况，江苏旅游部门向全行业通报批评涉事游客和涉事旅行社，责令涉事旅行社整改，由省旅游行业协会将涉事游客不良行为信息纳入个人信用不良记录，依据《出境领队人员管理办法》对该旅游团领队给予了相应处罚。

国家旅游局和海峡两岸旅游交流协会一直非常重视维护涉台旅游的市场秩序。2014年，海峡两岸旅游交流协会相继对游客脱团滞留的7家旅行社发出通报批评，被通报批评的旅行社包括四川和邦国际旅行社有限责任公司、广州携程国际旅行社有限公司、甘肃省中国旅行社有限公司、呼伦贝尔市经典假日国际旅行社有限公司、苏州青年旅行社有限公司、四川省中国旅行社、湖南省中国旅行社。

（五）旅游安全的宣传培训工作

加强旅游安全宣传，可以普及旅游安全知识，引导、提升广大游客的旅游安全意识。1月26日，国家旅游局拍摄了一组"中国旅游安全公益宣传片"，要求各地旅游部门下载并在本单位旅游官方网站进行播放，积极部署该片在本地旅行社、A级旅游景区、星级饭店等平台的播放工作，积极推动该片在本地主要媒体的播放工作。6月16日，由国家旅游局主办的"2014年旅游安全宣传咨询日"活动在北京举行，有关领导及工作人员现场向游客发放了旅游安全宣传资料并为游客提供咨询。8月9日，西藏自治区尼木县重大交通事故发生后，国家旅游局在此前已投放的"游客安全乘车温馨提示"宣传片

2014～2015年中国旅游安全行政管理工作分析与展望

（动画版）基础上，组织专门力量，另行拍摄完成了实景版宣传片，要求各级旅游部门做好该宣传片的投放工作，进一步提示游客注意乘车安全、加强旅游安全行车监督，切实维护广大游客在乘车过程中的生命财产安全。

（六）旅游安全突发事件的应急处置工作

国家旅游局、国家安监总局、海峡两岸旅游交流协会、外交部等部门一直在旅游安全突发事件的应急处置工作中发挥着重要作用。为加强全世界中国游客团队安全管理，国家旅游局建立了旅行社旅游团队运行系统。3月8日，马航MH370失联事件发生后，国家旅游局在第一时间调查飞机上是否有中国团队游客。5月23日，一辆载有24名台湾游客的旅行车在福建省漳州市境内发生了重大交通事故，造成7名台胞遇难、17名台胞受伤，国台办、海协会迅速启动应急处理机制，并与福建省协商开展应急救援和善后工作。8月9日，西藏自治区尼木县境内发生一起特大交通事故，10日，国家安监总局副局长徐绍川率工作组，配合公安、交通运输等部门赶赴事故现场，指导地方政府全力救治伤员，做好事故处理等工作，依法依规开展事故调查。北京时间11月15日，印度尼西亚东北部海域发生7.1级地震，太平洋海啸预警中心发布了海啸预警，国家旅游局第一时间启动了旅游应急预案，通过旅行社旅游团队运行系统排查我国29个旅游团队550余名游客所在位置并了解基本情况，并采取一系列措施保障我国印尼旅游团队游客的安全。

表1 2014年我国旅游突发事件基本情况表

	合计		特别重大		重大		较大		一般	
	数量（起）	死亡（人）	数量（起）	死亡（人）	数量（起）	死亡（人）	数量（起）	死亡（人）	数量（起）	死亡（人）
本期	32	111	1	44	0	0	11	44	20	23
上年同期	115	124	0	0	2	30	9	47	104	47
较上年同期增减数量	-83	-13	+1	+44	-2	-30	+2	-3	-84	-24
较上年同期增减比例(%)	-72	-10	—	—	-100	-100	22	-6	-81	-51

注：分级标准按照《生产安全事故报告和调查处理条例》。
资料来源：国家旅游局综合司资料。

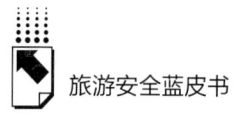

三 2014年我国省域旅游安全的行政管理工作

（一）2014年旅游安全行政管理工作的内容

我国省级旅游局的主要旅游安全行政管理工作可以概括为文件转发、规范指导、监督检查、风险警示、事件处置和安全培训几个方面。

1. 文件转发

2014年，各省级旅游局及时转发国家旅游局等部门发布的《关于做好旅游安全专项检查重点整治工作的通知》、《关于开展"游客安全乘车温馨提示"宣传片及〈游客乘车安全须知〉投放工作的通知》、《关于开展出境市场文明旅游专项检查的紧急通知》、《关于防止脊髓灰质炎野病毒传入我国的公告》、《关于加强国际旅行者健康保障工作的通知》、《国务院安委会办公室关于深刻吸取近期事故教训进一步加强安全生产工作的紧急通知》和《国家旅游局关于做好节日期间旅游安全工作的紧急通知》等相关文件，并结合自身实际开展相应的专项整治行动，指导本省旅游安全行政管理工作。

2. 规范指导

2014年，各省围绕《旅游法》及国家旅游局颁布的相关法规、标准，同时结合自身旅游安全管理的需要进行政策研发和规范指导工作。从各省旅游行政管理部门工作特点来看，一是积极贯彻落实《旅游法》属地管理和旅游主体安全责任的法律规范；二是针对季节性的旅游安全问题和专项旅游安全问题进行集中排查、规范指导工作。

福建省旅游局非常重视旅游应急治理工作，2014年1月，发布《2014年春节期间旅游安全保障应急预案》，针对各类旅游突发事件设立应急协调领导小组，明确规定应急领导小组工作职责，建立了旅游突发事件应急救援机制；8月，发布了《福建省旅游突发事件应急预案》。1月，安徽省也发布了《安徽省旅游安全突发公共事件应急预案》；3月，发布了《安徽省水上交通安全管理条例》。浙江省较为重视旅游主体安全责任落实工作，3月，发布了《浙江省旅游局关于全面落实旅游安全监管"一岗双责"责任制的通知》；12月，召开全省旅游安全责任制考核工作会议。甘肃省较为重视旅游安全监管和保障工作，3月，根据《旅游法》相关规定修改了原旅游安全监管责任承诺书，印发了2014年度旅游安全监管责任承诺书；4月，发布了《2014年旅游公共安全保障工程工作方案》。黑龙江省和山东省比较重视季节性旅游安全问题的管理工作。8月，黑龙江省旅游局印发了《开展夏季旅游安全工作大检查活动方案》；10～11月，山东省针对冬季旅游交通事故和火灾事故的预防和管理发布紧急通知，指导本省旅游行业开展冬季防火和交通安全领域的重点检查工作。其他省份旅游行政管理部门也非常重视旅游安全规范指导工作，3月，湖北省旅游局下发《2014年全省旅游安全管理工作意见》对本省2014年旅游安全工作的开展做了战略部署；5月，山东省印发了《山东省旅游安全管理有关规定》；12月，海南省发布了《海南省旅游安全管理规定》。

此外，2014年度，各省旅游局普遍下发了关于做好春节、五一、端午、国庆等节假日旅游安全工作的通知，对重大节庆期间的旅游安全工作进行规范指导，并结合各自省份旅游工作特点对旅游行业安全生产、旅游景区设备安全、旅游车辆安全等进行了专项检查，较好地维护了旅游市场秩序。

3. 监督检查

作为旅游安全行政管理的重要环节，监督检查工作受到各省旅游局高度重视。2014年，各省份普遍开展了针对节假日和各地旅游旺季的旅游市场安全检查和"安全生产月"活动。青海、江西、浙江、河南、贵州等省区旅游局针对相关旅游经营企业开展了旅游服务质量和安全综合检查，提升了旅游安全服务水平。2014年9月，为贯彻落实《旅游法》相关规定，湖北省旅游局监督全省旅游行业针对旅游市场的规范运营形势开展了"互检互查"活动。

加强专项检查是落实旅游经营企业安全职责和推动专项旅游安全管理工作的有效措施。广西壮族自治区旅游发展委员会针对阳朔4月26日一起游客溺水事故发布紧急通知,要求各市级旅游局开展水上旅游安全检查工作。6月,湖北省开展了全省旅游行业消防安全专项检查。7月,吉林省旅游执法监察总队对长白山景区索道和酒店防火等设备进行了安全隐患检查。8月,黑龙江省针对漂流旅游安全进行了专项检查,重点检查车辆船舶、旅游景区内漂流娱乐设施、水上乐园以及酒店等设施设备,以排除安全隐患,提升服务质量。8月,河北省针对景区大型游乐设施和索道、缆车等特种设施设备安全进行了专项检查。9月,陕西省组织了旅游场所餐饮食品安全专项检查活动。

4. 风险警示

对于国家旅游局日常风险警示信息,大部分省级旅游局都积极转发。例如,针对菲律宾犯罪团伙袭击中国使馆、越南反华游行、泰国政局动荡等突发事件,浙江、吉林等省旅游局都提醒游客暂勿前往危险地区;针对非洲埃博拉病毒的传播,提醒游客防止传染。同时,部分旅游局针对本区域安全隐患发布了风险警示信息。4月,针对广东省旅游市场上冒充旅行社销售"港澳旅游券"进行诈骗的现象,省旅游局警示游客谨防消费陷阱,选择正规旅行社。7月,贵州省连日降雨导致黄平两岔河水库溃坝,省旅游局发布《关于暂缓组团进入镇远的紧急通知》。8月,西藏进入雨季,受降雨天气影响路面湿滑,自治区旅游局提醒游客关注天气,妥善安排行程,确保行车安全。

5. 事件处置

及时妥善处理旅游突发事件是减少事故灾难损失的重要基础。5月23日,福建台胞旅游客车发生事故后,福建省旅游局全力协助各方开展事故搜救和善后工作,并立即发布《关于切实加强旅游安全管理工作的紧急通知》,开展旅游安全检查。8月9日,西藏尼木县发生致44人死亡、11人受伤特大旅游交通事故,事故后河北、山东、内蒙古等省级旅游局积极转发国家旅游局《关于深入开展旅游道路交通安全专项治理工作的紧急通知》并制定相应的安全检查方案。11月,针对寿光市发生致18人死亡、13人受伤火灾事故,山东省旅游局发布《关于切实加强旅游行业火灾防控严防发生重大火灾事故的紧急通知》，组织各市旅游局深入开展了火灾隐患排查整治工作。

6.安全培训

安全培训是各级旅游行政管理部门安全管理工作的重要内容之一。2014年1月，安徽省旅游局举办了全省旅游市场监管、旅游安全及政务服务工作培训班。5月，宁夏回族自治区旅游局发布《关于举办全区旅游行业安全生产管理培训班的通知》，以期通过培训使各旅游企业明确并切实落实企业安全生产主体责任。6月，四川省旅游局组织召开了2014年旅行社发展与安全应急管理专题培训会。9月，陕西省旅游局召开了全省旅游景区安全管理培训会。10月，吉林省旅游局组织全省各地市旅游部门和骨干企业开展现场旅游安全调研与培训。

（二）2014年旅游安全行政管理工作的特点

一方面，2014年各省份明确旅游安全属地管理职责，落实县级以上人民政府及其相关部门旅游安全监管职责，各旅游行政管理部门持续强化旅游市场秩序维护和安全监督检查工作。另一方面，各省份通过制定相关旅游安全管理规范和加强旅游安全培训，进一步明确旅游企业安全管理主体责任，规范旅游经营者安全管理职责。

四 2014年我国直辖市的旅游安全

北京、天津、上海、重庆是我国旅游热点城市，这四大直辖市的旅游行政管理部门对旅游安全工作都非常重视。

北京市旅游发展委员会高度重视旅游安全管理工作。在规范指导方面，2014年1月9日，北京旅游委发布《北京市旅游业安全标准化工作实施方案》；2月8日，北京旅游委联合市食品药品监督管理局修订的《北京市乡村民俗旅游户餐饮服务食品安全监督管理办法》正式施行；5月23日，北京旅游委召开了全市旅游行业安全生产月工作部署大会，对全市旅游行业安

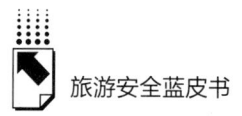

全生产月活动、安全技能大赛、APEC峰会的风险防控和应急工作进行了详细部署;5月30日,组织召开安全工作紧急会议,对端午假期旅游安全、旅游市场检查、旅游防汛和反恐防暴工作做了部署;6月,产业发展促进处发布《汽车旅游营地建设规范》,有关汽车旅游露营地安全设施建设的规范多达12条;7月8日,组织召开旅游安全规范研讨会,就依据《旅游法》对相关旅游安全法规的修改和制定工作进行了交流;11月4日,发布《关于印发北京市旅游行业2014至2015年度冬春季火灾防控专项行动实施方案的通知》,确保重要季节、重要节日、重要活动期间旅游行业消防安全;12月18日,印发了《北京市旅游行业2015年元旦春节烟花爆竹安全管理工作方案》。在监督检查方面,3月,对旅游市场秩序进行了专项整治活动;对清明、五一、端午、十一、APEC会议、"两会"期间的旅游市场秩序进行督导检查,确保重要节日、重要活动期间旅游市场秩序和安全;为打击非法"一日游",进行了"5·23""8·27""9·11"系列专项检查行动;9月29日,会同公安、交通和城管等部门对位于国家大剧院西侧路的"一日游"发车点开展专项打击行动,严厉打击黑导、黑车欺诈游客行为;12月,会同安监局,对延庆县"六打六治"打非治违专项行动工作进行了督察;12月25日,制作"旅游安全宣传片"并督促和检查该宣传片的投放工作;12月29日,发布紧急通知,要求全市各出境社自觉加强文明旅游自检自查工作。在应急管理方面,4月22日,北京旅游委组织马航失联乘客家属驻地开展突发性群体事件桌面演练,制定了相应防范措施;6月10日至15日,安全与应急处三次启动防汛应急响应机制,要求游客、饭店、景区做好防汛工作;6月,组织开展燃气使用隐患排查治理和应急演练,以提高旅游行业安全生产意识和应急处置能力。

天津市较为重视旅游安全培训和旅游安全事故预防工作。2014年1月,天津市旅游局召开旅游业安全生产工作会议,部署全市春节期间安全工作;2月底,组织开展了2014年度全市出境旅游领队人员的培训,进一步加强了出境领队人员队伍建设,规范了出境旅游市场秩序;3月,组织开展了旅行社经理岗位职务培训,进一步规范了旅行社经营行为;6月,开展"旅游安全生产月"活动，结合天津市实际进行了旅游安全检查、宣传培训和应急预案演练；12月，在全市旅游行业开展整治火灾隐患活动，对旅游企事业单位、旅行社、星级饭店、A级景区进行了消防安全大检查，排除安全隐患；12月底，转发《国务院安委办关于加强特殊时段生产安全事故防范通报》，要求各区县旅游管理部门等做好旅游安防措施，有效防范旅游安全事故的发生。

上海市是我国旅游强市，较为关注旅游安全检查工作。2014年春节前夕，为严格贯彻落实《旅游法》，维护假期旅游市场秩序，市旅游局领导带队赴浦东国际机场对出境游团队执法情况进行了以领队资质为主要内容的检查；4月，检查旅行社执法情况，规范旅游市场经营行为；在春节、五一、十一等黄金周和旅游节都对主要旅游景点市场秩序和旅游企业安全生产进行检查，确保做好游客集散服务和车辆安全检查工作；5月22日，对杨浦区小南国花园酒店进行安全生产检查，要求企业明确自身安全生产主体责任；6月，发布《2014年中国邮轮旅游发展实验区建设工作要点》，非常关注游轮旅游安全管理与应急机制的建设；11月，举办2014年度旅游行业安全培训与应急演练；11月25日，发布通知要求各区县旅游部门、旅游企业关注天气变化，加强食品安全、消防安全、疫情防范、应急值守工作；12月，上海市游客集散总站对员工进行健康安全、消防安全、文明旅游等服务培训。此外，上海旅游局质监所按月度对旅游质监情况进行通报。

重庆市努力推动旅游安全质监、执法和风险警示工作的常规化。4月底，对A级景区、旅行社、星级饭店进行大检查，排查安全隐患，落实企业安全主体责任；5月，对景区索道、星级邮轮（饭店）、旅行社用车及水上旅游项目旅游安全进行专项督察；8月，组织旅游安全专项检查重点整治工作；8月底，举办旅游安全管理专题培训班；9月，针对强降雨天气积极部署旅游安全预警防范和应急处置工作，发布东北部地质灾害和气象风险警示。同时，按月对旅游投诉处理及旅游市场质监执法情况进行通报。

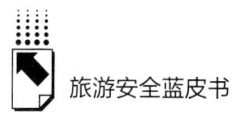

五 2014年港澳台地区的旅游安全行政管理工作

（一）港澳地区的旅游安全行政管理工作

2014年，为保障节假日高峰期的游客安全，香港旅游业议会针对元旦、春节、清明节、劳动节、端午节等进行主要景点交通疏导部署。针对埃博拉病毒，香港特别行政区政府制定了"埃博拉病毒病准备及应变计划"；香港卫生署针对禽流感等病毒的传播进行持续性预防和控制。9月，针对内地游客袭击香港导游事件，香港入境处将记录有关游客在港犯事个案，并以此刑事记录为据，涉事游客再次入境时将详细询问其访港目的，若有可疑，将拒绝入境。旅游业议会理事会也发表声明表达了反对游客暴力行为、支持入境处的处置政策的态度。为打击深圳不合格旅行社组团赴港行为，香港旅游业议会与深圳市旅游局磋商决定于2015年1月1日实施"深圳赴港旅行团专用电邮制度"；同时，议会修订了《登记内地（除深圳外）旅行团的团队确认书》。

澳门非常重视游客购物纠纷处理和游客消费权益保护工作。2014年，澳门修订了《消费者的保护》（第12/88/M号），从各个层面尤其是法治方面推动了澳门保护游客消费权益。同时，澳门旅游危机处理办公室一直致力于提醒游客注意来澳旅游安全事项。

（二）台湾地区的旅游安全行政管理工作

近年来，大陆游客赴台人次持续增长，但因受市场还不规范、供需矛盾较大等因素限制，大陆团队游客显得有点"过旺"。7月18日，在海峡两岸旅游交流圆桌会上，台湾海峡两岸旅游观光协会会长谢谓君表示两岸应加强整顿市场秩序、提升旅游服务品质、强化旅游安全领域的合作，建议进一步扩大大陆个人赴台游开放城市。7月30日，发生台湾司机殴打大陆团队游客事件，台湾"观光局"接到通报后立即调查接待社和导游是否有违规行为，并请公路总局查处涉事司机。台湾"观光局"很重视旅行社接待大陆游客服务品质，8月8日，修正发布《旅行业接待大陆地区人民来台观光旅游团品质注意事项》；8月13日，修正发布《旅行业接待大陆地区人民来台观光旅游团优质行程检查作业要点》；为治理零负团队、旅游市场购物乱象，台湾"行政院"4次召开"优化陆客团来台旅游品质"专案会议，观光局修订了《旅行业管理规则》，使导游和领队报酬法制化，以更好地维护市场秩序，保护游客消费权益。

六 2015年我国旅游安全行政管理工作的展望与建议

（一）继续强化《旅游法》的执行与长效调控

应强化对《旅游法》执行情况的实时监督检查和长效调控，这是掌握执行动态、保障执行效果和切实依法治旅的重要环节。2015年，各级旅游行政管理部门应持续加强对旅行社、旅游企事业单位、景区等安全主体责任落实情况的监督检查，进一步严格旅游从业人员资格准入、完善景区高风险项目安全规范、规范旅游企业安全生产、重视旅游应急防控工作。

（二）旅游部门应积极介入节庆旅游活动安全管控

各省市旅游行政管理部门要重视节庆旅游安全管理工作。活动前，要建立重大节庆旅游活动前的旅游安全隐患检查工作规范，加强安全隐患排查；开展突发事件应急演练，提升相关人员安全管理知识和应急处置水平。活动中，要建立节庆期间大客流应对机制、预警信息发布机制等旅游应急机制；组织客流密集区的人员和交通疏导。活动后，要进行旅游场所、设施设备的再次检查，确保活动场所没有留下安全隐患。

（三）加强对频发旅游安全事件的常态管理

对于旅游交通事故、涉水安全事故、节庆活动事件、不文明旅游事件等

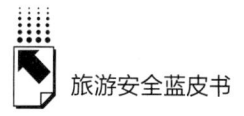

频发安全问题,各地应该加强常态化管理。要针对各类频发安全事件制定管理预案,配备安全应急资源,建立安全应急机制,通过日常化、流程化、机制化等常态管理方式,实现频发旅游安全事件的常态管理,并由此推动安全事件的减少和安全损失的下降。

(四)积极打造安全的宏微观旅游环境

打造安全的旅游环境是旅游安全行政管理工作的基础。要积极从国家宏观管理和地方微观管理、从产业宏观管理和企业微观管理等层级和层次加强旅游安全环境的建设与营造。既要加强各序列旅游安全战略方针的谋划,也要加强各层次旅游安全制度体系的建设,更要加强各类旅游地和旅游企业的微观安全管控,要在旅游安全属地管理、旅游安全应急救援、旅游安全公共服务设施建设、旅游企业安全管理等各方面加强务实的调控和治理。

(五)加强重点旅游安全工程的立项与建设

各级旅游行政管理部门可以在旅游安全规划制定、旅游安全公共服务设施体系建设、旅游安全预警监测体系建设、旅游安全应急救援体系建设等核心领域打造一批重点工程,鼓励地方加强旅游安全工程的立项和建设。同时,对于传统工程中的安全设施配置、安全信息引导和安全机制融入等软硬件工程,也应该加强引导和立项。比如,加强旅游道路建设中的安全专项工程建设,提升我国各类旅游地的道路安全水平,是降低旅游交通安全事故的重要基础条件。

参考文献

[1] 国家旅游局通知公告,国家旅游局官网,http://www.cnta.gov.cn/,2014。
[2] 各省市旅游局官网政务公开信息,2013。
[3] 谢朝武:《旅游交通安全风险因素不应忽视》,《中国旅游报》2014年8月13日。
[4] 谢朝武:《保障旅游安全,优化旅游业改革发展环境》,《中国旅游报》2014年11月10日。

B.14 2014~2015年中国节假日旅游的安全形势分析与展望

周灵飞[*]

摘　要： 本文以中国旅游新闻网的旅游安全事件为主体，并补充搜集了百度、谷歌等搜索引擎中搜索到的旅游安全事件，分析和描述2014年中国节假日旅游安全的形势和特点。本文总结了2014年政府在节假日旅游安全管理工作方面的努力和成效，在此基础上认为2015年中国节假日旅游安全形势平稳可期，并对游客分流管理、驴友安全监管和出境游安全警示三个重点环节提出建议。

关键词： 节假日　旅游安全　展望

2014年国务院对休假制度进行了微调，元旦不调休，因此全年小长假只有4个，长假2个，共27天。2014年中国节假日旅游的整体特征是出境游需求旺盛、国内游日趋成熟。总体上，2014年节假日旅游安全总体形势平稳向好，出境旅游安全风险有所增加。另外，《旅游法》实施效果显著，团队旅游安全形势大为好转，但《旅游法》规范不到的方面还很多，旅游安全事件更为隐蔽，旅游安全事件主体更多转向散客。

---

[*] 周灵飞，华侨大学旅游学院讲师，主要研究方向为旅游经济、节假日旅游安全。

一 2014年节假日旅游安全整体形势

（一）2014年节假日旅游安全整体平稳向好

经历了2012年国庆节的疯狂和2013年《旅游法》的规范作用，2014年中国节假日旅游更加理性平和，安全形势总体平稳向好。一个突出的表现是，2014年国庆节黄金周没有再出现往年热门景点游客大面积滞留的极端拥挤现象。通过节假日蹲守中国旅游新闻网和第一旅游网等旅游新闻集中网站并通过百度、谷歌等主流搜索引擎进行网络案例的搜集和统计，共搜集到2014年节假日期间旅游安全事件156起。按照国家旅游局《旅游突发公共事件应急预案》的分类标准，156起节假日旅游安全事件中只有28起够得上旅游突发事件的标准，总伤亡人数为57人。其余128起均为没有重大游客伤亡的一般性旅游安全事件和投诉。

按照上述标准分类，28起旅游突发事件只有4起一般事件，剩下24起均为较大事件，没有重大事件。正常来说各种级别的旅游突发事件的数量应该是呈金字塔形，可能因为重伤的标准原因，一般事件数量居然比较大事件数量更少。较大事件多，但所有的较大事件涉及的伤亡人数很少，都是造成1人或1人以上游客死亡，没有5~9人重伤的，这一方面说明游客出游方式发生变化，团队旅游安全事件减少，家人或朋友一起出游多，事件发生频率高，但涉事游客数量比较少；另一方面也说明旅游安全无小事，一旦发生事故极易威胁游客的生命安全。

（二）"中国式旅游"安全隐患多

"中国式旅游"的特点之一是全国人集中出游。"一刀切"的放假模式和中国人休闲渴望碰撞的结果是每逢节假日举国出游，节假日旅游规模宏大。热门景区人满为患，游客"住宿难、吃饭难、如厕难、停车难"，各类旅游服务质量问题和投诉层出不穷，并引发各类安全隐患和更多风险。2014

年节假日期间128起一般性旅游安全事件中，旅游服务方违规操作、价格欺诈等各类业务旅游安全事件多达45起，居旅游安全事件之首。另外，节假日期间因为拥堵导致大量游客走失。2014年春节北京地坛龙潭庙会五天走失600余人，大人也走丢。五一节期间成都动物园两天内发生90多起挤丢孩子事件。国庆节前三天，鼓浪屿登岛的游客量一天比一天多，1日和2日两天共接到12起儿童走失的报警，所幸这些孩子都在民警的帮助下回到了父母的身边。另外，国庆节期间湖南南岳景区微信找回8名走失游客。

"中国式旅游"的另一个特点是下车就拍照。旅途拍照本来很正常，但很多游客一定要把自己嵌入某个景观里，从而导致冒险和伤亡。有游客为拍照跌落百米山崖，还有游客翻围栏拍照坠落崖底，还有一名10岁的小游客在巴厘岛海边拍照被卷入海中身亡。

"中国式旅游"的第三个特点是出游心态焦躁。基于游客自身的原因，再加上旅游舆论的导向，中国游客在旅途中高度戒备、事事计较，生怕自己被人坑了或者欺负了，总体来说平和休闲心态不足。这种心态在拥堵环境的刺激下非常容易引发各种矛盾和冲突，一点小利都能引起争执甚至打斗。2014年节假日期间共有各类冲突案例20起。冲突案例中有游客因为航班延误殴打机场工作人员，也有游客因驾车冲卡被截停而打伤民警。有游客为争抢车位动拳头、为争抢游戏的小礼物而互殴、为排队争执引发群殴事件等不一而足。

（三）违法手段更加隐蔽

2013年《旅游法》正式实施以后，节假日旅游市场更加平稳有序，零负团费、强迫购物、高额回扣等各种违规行为已明显减少。但利益驱使和侥幸心理作用下，2014年节假日旅游市场仍存在各种违法行为，只是违法手段更加隐蔽，并暴露出很多新的问题。

在线旅游预订方便快捷，众多"钓鱼"网站抓住了消费者的这种需求，成为旅游消费的重灾区。"钓鱼"网站难以分辨，监管困难，常常给游客带来严重损失。另外，低价陷阱转移阵地，从线下改头换面出现在互联网上，

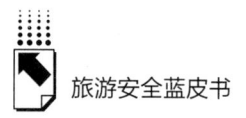

旅游报价虽然便宜，但服务严重缩水。1月31日晚上许女士在网上搜索到一个叫直接游的网站，预订了7800元的五天四晚的三亚VIP豪华唯美团，并预交了2000元的定金。可是2月2日到达三亚之后的住宿与约定的住宿酒店星级和条件相差太远引起纠纷。

在三亚、北京、厦门等热点旅游城市的车站、机场常常有人以免费接送、低价旅游为诱饵，拉游客购物，强迫购物的目标群体从以往的团队转向散客，散客拼团成为很多旅游城市旅游投诉的重灾区。除此以外，为了吸引游客加入购物旅游团，有人以各种企业感恩回馈顾客的旗号提供低价或免费旅游，主要以老年人为目标，诱骗和强迫老年游客购物。

另外一种隐蔽的违法手段就是依托宗教景点，利用游客祈福免灾的心理，以各种手段欺诈游客，泰山、五台山和济南九顶塔景区的观音寺纷纷"中标"。国庆节前往九顶塔景区游玩的田大哥在观音寺里被工作人员一再劝说进房子参观，进入房间后有僧人祈福并给出"平安符"，平安符上有199、99等数字，僧人现场要求田大哥先按平安符上的数字捐出公德钱，否则就是欺骗佛祖，不得好报。更有游客在参观刘三姐故居时也被以类似的宗教借口逼捐。

（四）驴友安全形势严峻

2014年节假日期间发生的28起旅游突发事件中有12起事件主体是驴友，事件更导致11名驴友死亡、2名驴友受伤。除了元旦以外，2014年的每个节假日都有以驴友为主体的旅游突发事件发生，平均每个节日有2起驴友旅游安全事件。

同时，2014年节假日期间另外发生了30多起驴友引发的旅游安全事件。2014年节假日共27天，平均每天都有将近2起旅游引发的安全事件。2014年国庆节期间，北京箭扣野长城6天困住27人，多方力量联合营救。十一长假期间，崂山景区先后发生至少10起游客山中迷路、受伤等险情，包括警方在内崂山各种救援力量几乎天天上山搜救，共有40多名遇险驴友被救下。仅世宝特慈善救援队，在十一长假的7天内就八进崂山。虽然因为地方政府和各方力量的大力救援，驴友最终都被成功解救，不曾造成驴友伤亡，但因为救援成本高昂，引发了社会热议。

社会高度关注驴友安全事件的另外一个原因是在校大学生高频率地出现在驴友报警求助事件中。大学生好奇心重，挑战自我意识强，好冲动冒险。浙江某职业学院的大学一年级学生张某，2014年5月31日来到天目山想走一下著名的"连穿七尖"的户外自虐路线，独自一人上山，结果迷了路，又冷又饿，报警求助。接警后警员们多次遭遇毒蛇和摔倒，花了10个小时搜寻了方向不同但发音相似的两座山峰，才成功解救了小张。[①] 2014年国庆节期间武汉两名大学生冒险穿越长白山，迷失于长白山国家级自然保护区里边地形极为复杂的暗针叶林带，相关部门动用直升机和多部门的搜救力量，16个小时才成功解救两人。此行不仅造成高昂的救援成本，而且两名学生因非法穿越长白山国家级自然保护区而面临行政处罚。[②]

二 2014年节假日旅游安全事件发生的特点和原因

（一）2014年节假日旅游安全事件的时间分布特征

表1 2014年节假日旅游安全事件时间分布表

单位：起

节假日名称	元旦	春节	清明节	劳动节	端午节	中秋节	国庆节	合计
旅游安全事件总量	1	44	17	25	7	6	56	156
旅游突发事件数量	0	8	3	6	2	2	7	28
一般性旅游事件数量	1	36	14	19	5	4	49	128

---

① 《大学生驴友挑战"连穿七尖" 警员从"天目峰"找到"千亩田"》，齐鲁晚报网，http://travel.qlwb.com.cn/2014/0603/142125.shtml，2014-06-03。
② 《大学生长白山探险被救引发思考：是否应承担成本》，为民网，http://www.wmtv.cn/html/special/2014/1013/163.html，2014-10-13。

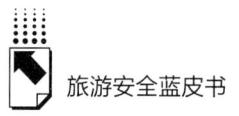

由表1可知，无论从旅游突发事件还是从一般性旅游安全事件的时间分布上来看，2014年节假日旅游安全事件的发生和中国旅游旺季时间上高度重合。2014年元旦因为与周末错开，只有一天假期，所以人们出游热情不高。这个节日没有旅游突发事件，只有1起丽江导游辱骂游客的旅游投诉。春节和国庆节假期长，旅游市场规模大，所以无论是旅游突发事件还是一般性旅游安全事件的数量都是最高的，这两个节假日的旅游突发事件共15起，占突发事件总量的54%。这两个节假日的一般性旅游安全事件共85起，占事件总量的66.4%。其次是劳动节，劳动节虽然只有三天假期，但正处于气候温和的春夏之交，是典型的旅游黄金时间，因而旅游事故量高居春节和国庆节之外的所有节假日中旅游事故量之首。劳动节的旅游突发事件共6起，占春节和国庆节之外的5个节假日旅游突发事件总量的46%。劳动节的一般性旅游安全事件共25起，占其他5个节假日旅游安全事件总量的58%。

值得一提的是，2014年清明节的旅游安全事件也不少，这说明清明节、端午节、中秋节这样的传统节假日也被人们逐步纳入了旅游休闲的计划当中，尤其是清明节，本身就有踏青赏花等传统内涵，所以更容易进入现代旅游休闲计划。这样既有效分担了春节和国庆节的旅游需求压力，同时也对持续管理节假日旅游安全提出了要求。

（二）2014年节假日旅游突发事件的类型分布特征

表2 2014年节假日旅游突发事件和一般性旅游安全事件的类型分布表

安全事件类型	数量（起）		比例（%）		备注
	旅游突发事件	一般性旅游安全事件	旅游突发事件	一般性旅游安全事件	
自然灾害	0	4	0	3	
事故灾难	20	39	71	30	
公共卫生事件	7	11	25	9	
社会安全事件	1	29	4	23	
业务安全事件	—	45	—	35	
总　　计	28	128	100	100	

由表 2 可知，2014 年节假日期间旅游突发事件共 28 起。2014 年旅游活动中对游客安全产生严重后果的自然灾害和社会安全事件很少，只有 1 起发生在境外的社会安全事件，即发生在菲律宾的枪击案件造成中国游客一死一伤。28 起旅游安全事件中，事故灾难发生 20 起，占 71%，公共卫生事件发生 7 起，占 25%，可见，事故灾难在节假日旅游突发事件中占据绝对地位，公共卫生事件次之。

2014 年节假日 20 起事故灾难包括 4 起交通安全事故、1 起设备事故、1 起滚石伤人事故、6 起涉水事故、6 起坠落事故和 2 起驴友长期失踪失联事故。也就是说，71% 的事故灾难的发生虽然都和高山、大海以及其他高风险环境有关，但也都和游客主观上安全知识和意识欠缺关系重大，包括驴友冒险激进导致失联或坠亡、漠视禁止游泳的指示而溺亡、海边游玩或拍照忽略海潮的涨落而溺亡。这充分反映了散客时代的旅游安全的表现特征，也显示了散客时代旅游安全管理工作的高难度。

2014 年节假日期间公共卫生事件的亚类集中在驴友旅途高原反应（2 起）和身体不适、失温（3 起）等原因造成游客死亡，另有食物中毒和一氧化碳中毒造成游客死亡的案例各 1 起。公共卫生事件中驴友发生事故的比例高达 71%。

（三）2014 年节假日一般性旅游安全事件的类型分布特征

2014 年节假日期间发生的一般性旅游安全事件共 128 起，包括业务安全事件 45 起，占 35%；事故灾难 39 起，占 30%；社会安全事件 29 起，占 23%；公共卫生事件 11 起，占 8.6%；自然灾害 4 起，占 3%（见表 2）。

业务安全事件主要包括旅游消费或购物价格欺诈或虚高、诱骗或强迫购物、以次充好、顾客被区别对待、虚假宣传、景点缩水、天价停车和宗教强捐等各种类型。因为《旅游法》的实行和约束，团队旅游业务安全事件非常少见，几乎所有的业务安全事件的主体都是散客。离开团队旅游的"保姆式"服务，节假日出行的散客食、住、行、游、购、娱各个环节都面临挑战，每个环节都要和经营者斗智斗勇。2014 年所有业务安全事件中最突出的热点事件是天价停车场事件，自驾游的迅猛发展和城市与景区基础设施和服务的不足产生了尖锐的矛盾。春节期间，北京地坛庙会附近的停车场8元/小时的收费标准被改成100元停车一次；① 三亚南山文化旅游风景区附近村民私设停车场高价收费。

事故灾难的亚类中以游客在旅途中因迷路、摔坠等原因被困的事故最多，共20起，占事故灾难总量的51%，其次是涉水事故，达9起，其中有7起涉水事故都发生在海边，事故的发生由海浪和海潮的涨落引发；另有游客景区坠湖和普者黑景区发生翻船事故导致游客电子产品落水受损案例各1起。此外，发生设施设备事故4起，另有火灾事故3起，其他意外事故3起。

社会安全事件的亚类中以各种类型的冲突为主要形式，共20起，占69%。旅游本为散心和休闲，实际却发生这么多的冲突，开心变糟心。其次是游客走失，共5起，节假日期间大量游客与亲人走散。这两种类型的社会安全事件总体来说"都是拥堵惹的祸"。另外，游客被偷盗或抢劫事件共3起，还有其他社会安全事件1起。

公共卫生事件主要有旅游中游客发生身体不适或疾病的事件6起，食物中毒事件4起和一氧化碳中毒事件1起。

（四）2014年节假日旅游安全事件的空间分布特征

2014年节假日期间在境外一共发生了5起涉及中国游客的旅游突发事件，包括2起交通事故、1起枪击事件和因徒步时高原反应与海边拍照被海浪卷入海中而造成游客死亡的案例各1起。高达18%的境外旅游突发事件反映了2014年中国居民出境旅游快速增长。

2014年节假日旅游安全事件与旅游要素空间的关联关系非常集中，只有2起事件发生在室内，另有4起交通事故，余下的22起旅游突发事件几乎都发生在游览环节。户外运动安全影响因素众多，分布范围广，管控难度

---

① 《北京庙会附近现百元一次"天价"停车场 节后处罚》，中新网，http://finance.chinanews.com/cj/2014/02-06/5804773.shtml。

大，安全形势错综复杂。

2014年节假日期间境外一共发生了6起一般性旅游安全事件，虽然数量不多，但涉及的不安全因素很分散，包括游客被强奸、滞留境外、食物中毒、抢购产生混乱、因个签团签没分清楚导致未能出境和因报关原因导致高档相机被扣留。这充分反映了出境旅游安全涉及的因素更多，在出境旅游尤其是出境自助游迅速发展的前提下旅游安全形势也日趋严峻。

三 2014年节假日旅游安全管理的主要进展和特点

（一）节假日旅游安全管理机构常设化

2014年9月14日国务院旅游工作部际联席会议成立，取代了已经运行14年的全国假日旅游部际协调会（简称假日办）的全部职能。这是1999年假日调休制度以来国务院首次对旅游管理机制服务体系进行调整。联席会的成员单位包括国务院的28个部门，相比之前的假日办，包括的部门更多、级别更高，权责也更大，节假日旅游安全管理更稳定，也更加系统，管理工作将更加全面，政策目标也更有延续性。

（二）节假日旅游安全管理手段技术化

2014年节假日没有出现往年类似华山、九寨沟等热门景区大面积滞留的极端拥挤现象，一方面是因为游客安全旅游和文明旅游意识增强，旅游消费更加理性化，另一方面是因为传统热门景区通过分时段进入、车辆限行分流、旅游电子行程单的应用等多种智慧化管理手段管理庞大的客流，这是大数据预报预测的成果，充分显示了技术手段在节假日旅游安全管理中的重要作用。

技术手段不仅在预测分流、预防拥堵以杜绝安全隐患方面威力强大，而且在旅游安全事件发生之后的处置和救援中也显示了强大的作用。游客利用微信、微博等进行投诉和求救，经营者也利用微博、微信等平台对游客进行

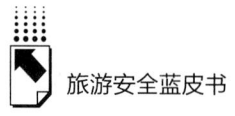

教育引导，发布信息和天气预警，与游客进行多方面的沟通交流。2014年年底三亚还使用桌面推演，通过电话接线、问答、现场演示等方式对可能出现的旅游投诉突发事件的处置过程进行检验。

（三）节假日旅游安全监管社会化

自媒体时代个人体验可能通过媒体、网络、手机、微博、微信等多种方式立体化传播，引发社会全面关注。节假日旅游安全事件的处置也处于全社会的舆论监督之下。节假日旅游安全监管社会化，对政府严格执法、经营者依法经营和旅游者文明旅游都是一种有力的推动，能有效促进节假日旅游安全。节假日旅游安全事件在社会化监督和舆论压力下，处置都非常及时和到位。春节期间北京的天价停车场事件和海南的南山景区停车场高价收费事件从消费者爆料到媒体报道和政府做出反应，每个环节都迅速有效。尤其是政府有关部门，信息及时，反应迅速，而且处置有力。北京市发改委当即联系区发改委，对该停车场违法收费事件进行审查审理，讨论研究具体惩处办法。[1] 海南三亚市相关部门对南山景区附近农民自设的停车场进行调查，先采取临时措施，农民自设停车场将免费供车辆停放，其后将对景区公共停车场容量偏小问题进行调查并规范农民自设停车场的收费行为。[2]

（四）《旅游法》实施效果显著，但可操作性仍有待强化

《旅游法》以法律的形式确定了旅游市场各方利益主体的责、权、利，厘清了旅游市场监管各方主体的职责和权限，为旅游企业规范经营、政府规范执法提供了法律依据，对旅游市场秩序的重塑发挥了重要作用。

但是2014年节假日期间仍有很多旅游行业陋习（如虚假宣传、强迫购物、价格欺诈、零负团费等）死灰复燃，各类旅游纠纷不断。这一方面是

---

[1] 《北京庙会附近现百元一次"天价"停车场　节后处罚》，中新网，http://finance.chinanews.com/cj/2014/02-06/5804773.shtml，2014-02-06。
[2] 《三亚景区附近农民自设停车场高收费　官方称将规范》，中新网，http://www.chinanews.com/sh/2014/02-06/5805031.shtml，2014-02-06。

因为旅游者抵制不了低价等手段的诱惑，对旅游经营者花样翻新的诈骗手段缺乏必要的警惕性；另一方面是因为《旅游法》的相关规定含糊，可操作性不强，从而为旅游经营者打擦边球、相关部门互相推诿拒绝执法或者选择性执法提供了空间。

四 2015年节假日旅游安全的形势展望

（一）可以预期2015年节假日旅游市场整体上平稳有序

2015年节假日旅游安全法律上有《旅游法》可依，机构上有联席会议坐镇，管理上有大数据和智慧旅游的各种技术手段的支撑，旅游者的行为还有《中国公民出国（境）旅游文明行为指南》和《中国公民国内旅游文明行为公约》引导和规范，并且游客出行时间和方式以及目的地的选择等行为更加理性和成熟。鉴于有如此多的利好因素，2015年节假日旅游安全形势总体上平稳有序是值得期待的。

（二）拥堵仍然是最大的安全隐患

中国经济的平稳增长和居民健康生活意识增强这一总体态势2015年仍将延续，旅游经济平稳较快增长可期。2015年中国节假日调休拼假的基本制度没有变化，节假日旅游市场规模庞大，旅游接待压力过大，拥堵导致的各类旅游纠纷和安全隐患不容小觑。拥堵最大的安全隐患是踩踏和景区游客大面积滞留，其次是因拥堵而焦躁不安的人群极易发生各种冲突。各旅游城市和热门景区应借大数据手段分析和充分预估节假日旅游客流量，提前预警和准备预案，合理安排旅游线路和接待要素，有效预防拥堵产生旅游纠纷和突发事件。

值得注意的是，中国居民出境游意愿持续高涨，且出境游目的地相对集中，所以要提防节假日游客拥堵趋势向境外延伸，杜绝出境旅游安全隐患。

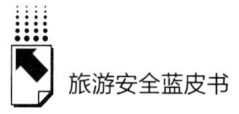

五 2015年节假日旅游安全的管理建议

(一)游客分流管理要精细化

2015年节假日期间人山人海的"中国式旅游"涛声依旧,旅游价格飙升、服务质量下降、游客体验质量低下、安全隐患增大等众多节假日旅游安全问题需要破解。破题的根源在于分流。游客的有效分流需要政府、企业、公民的共同努力。政府应该积极寻找现行统一休假制度的替代方案,完善城市游客集散中心的信息服务并依法规范旅游企业的经营活动。旅游城市和热门景区应该加强数据收集和处理技术的应用,有效预测和制定预案,并通过网站、广播、景区显示屏等多种媒体和终端公开信息,通过信息公开引导游客分流,避免发生拥堵。传统热门景区还可以借鉴国外预约旅游的方式,通过完善制度的设计防止游客失约造成的损失,从而有效控制景区容量。游客应该强化安全意识,主动关注旅游动态,理性选择旅游目的地和出行时间,通过多种形式享受假期的快乐时光。

(二)驴友安全要加强监管

户外运动和自助游迅速发展,中国已进入散客时代。2014年节假日期间发生了近50起驴友旅游安全事件。不少人不顾年龄、不顾自己的身体状况、不顾前程风险,或为逃票,或为追求冒险刺激,盲目挑战自我,最终将自己陷于危险当中,也导致政府耗费大量的人力、物力进行救援。因此,旅游行政管理部门应加强对野外自助游的行业监管和规范。对于组织野外自助游的人员和组织应该进行资质认证,没有取得资质认证的人员和组织不得组织野外自助游,否则发生意外事故,组织者要承担刑事责任和民事赔偿责任。另外,野外自助游发生意外事故,政府提供救援的成本由被救援驴友承担,以此遏制驴友的野外冒险冲动。另外,景区应该对常规路线以外的其他路线进行监管,避免驴友从野路上山发生意外。2014年端午节晚上10点多,泰山景区天烛峰直沟检查站工作人员发现,70多名潍坊驴友意图绕过检查站从野路上山。检查站工作人员反复劝说,僵持了3个多小时,凌晨1点多终于说服他们下山,避免了可能出现的危险。

(三)出境旅游安全要系统治理

2014年节假日期间出境旅游市场火爆,携程网等调查数据显示,2015年出境旅游将持续增长,已经有预订信息显示2015年春节许多国民选择出国过洋节。出境旅游,尤其是出境自助游面临更多旅游安全影响因素,政府、企业和游客自身都应该充分考虑出境旅游面临的安全隐患,多做预判评估,共同发力为出境旅游安全保驾护航。

B.15
2014~2015年中国自助旅游安全的形势分析与展望

曾武英*

摘 要： 由于旅游个性化需求的迅猛增长，2014年中国自助旅游呈现蓬勃向上的发展态势，同时自助旅游安全事故时有发生，有些地区甚至是频频发生，安全形势仍然严峻。自助旅游安全事件在时间、空间及类型的分布上仍有明显的规律性和鲜明的特点。旅游者自身的因素、自然环境的因素以及管理因素始终是出现安全事故的重要因素。展望2015年，自助旅游安全形势依然严峻，政府及旅游管理部门将进一步加大对自助旅游安全问题的管理，并应在安全宣传教育、体制机制、引入现代技术等方面进行新的探索。

关键词： 自助旅游 安全形势 管理建议

自助旅游与传统组团旅游不同，它是由旅游者根据自身条件（包括时间、财力、身体健康状况等）和喜好，自由地选择和安排旅游活动的一种新兴旅游方式，这种新兴旅游方式已受到越来越多人的青睐。然而随着人们自助旅游范围的扩大，出游人数激增、出游次数增加，自助旅游安全事件的报道不断见诸报端，自助旅游安全问题引起人们的格外关注。

---

* 曾武英，华侨大学旅游学院副教授。

一 2014年中国自助旅游安全的总体形势

随着旅游业的快速发展，自助旅游已成为主要的旅游模式之一，人们为了追求奇特的感受，进行徒步、登山、探险等一系列活动，催生出了许多旅游安全方面的问题。自助旅游者因对所选的项目没有做好充分的准备，比如对旅游目的地的环境不熟悉，对自身的身体状况估计不足，在物质、心理方面准备不足，缺乏野外生存经验和自救能力等，导致自助旅游安全事件时有发生。根据人民网旅游频道、国家旅游局网站等各大门户网站及相关报纸报道的关于自助旅游安全事件的统计，2014年1~12月我国自助旅游安全事件146起，比2013年（95起）增加53.7%，分布24个省（自治区、直辖市），涉及1282人（2013年516人），其中死亡79人（2013年38人）。从类型上来看，自助旅游安全事件主要为事故灾难（如因景区安全设施、景区安全管理、自组团组织等原因造成的安全事故、交通安全事故）、自然灾害、公共卫生安全事件这三大类，其中，事故灾难发生频率最高，自然灾难和公共卫生安全事件相对较少。

二 2014年中国自助旅游安全的概况与特点

本文抽取人民网旅游频道、国家旅游局网站及相关报纸关于2014年1~12月自助旅游安全事件的新闻案例146起作为研究样本，经统计及分析得出以下几个方面的结论。

（一）自助旅游安全事件的分布特征

1. 时间分布

2014年自助旅游安全事件较2013年有明显的增加，在各月份的集中分布情况也有变化。2014年自助旅游安全事件在时间分布上每个月都有发生（见图1）。从图1所示可以看出上半年1~5月安全事件较少，而下半年则明显增多，这是因为年初至三四月天气较寒冷，6月份开始天气转暖，早就想出游的人们纷纷走出户外开始了自助游活动，形成了本年度的第一次出游高潮，而7月、8月暑假，教师、学生出游人数猛增，安全事件发生较多。中秋节、国庆节长期是游客集中出游的高峰期，11月和12月期间雨季少，适宜人们外出旅游，安全事件发生较多。2014年自助旅游突发事件在时间上呈平稳波动上升的趋势。

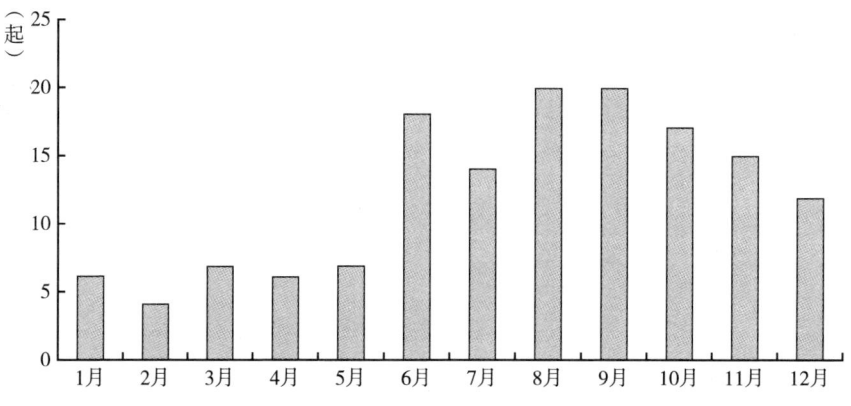

图1　2014年自助旅游安全事件月份分布

2. 空间分布

2014年收集到的146起自助旅游安全事件中，从地域分布来看，集中分布在24个省（自治区、直辖市），其中陕西居首位，共有22起（见图2）。从发生的景区类型看，比较多地发生在地文景区和水域景区。如发生在2014年7月1日的"海宁驴友天台漂流从五六米高瀑布滑落一人遇难"事件等。而生物景区和建筑景区则基本没有事件产生，特别是未开发管理的地处偏远的自然景区事件发生率明显较高，如2014年4月8日，10名驴友探险未开发的杭州市富阳桐庐瑶琳镇纪龙山洞被困2小时，1人重伤。又如2014年10月13日《青岛：七天八进崂山解救了32名驴友》这则报道也与景区分布及景区的管理有关。

3. 类型分布

从自助旅游安全事件的类型分布上看（见图3），2014年发生自助旅游

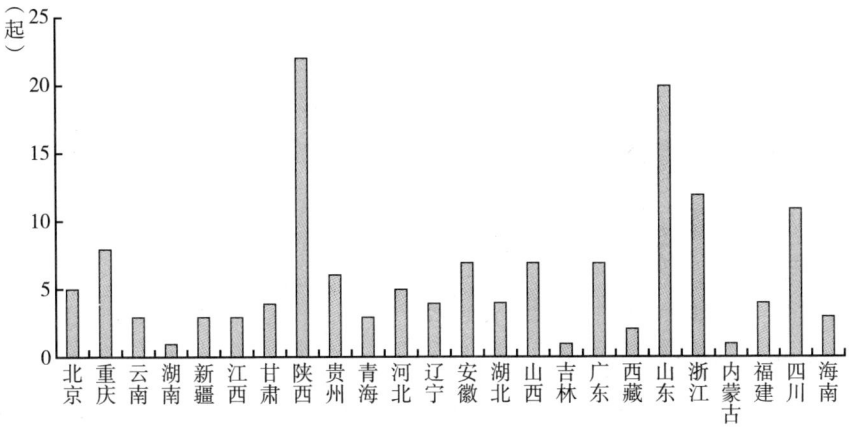

图 2　2014 年自助旅游安全事件在各省（自治区、直辖市）的分布

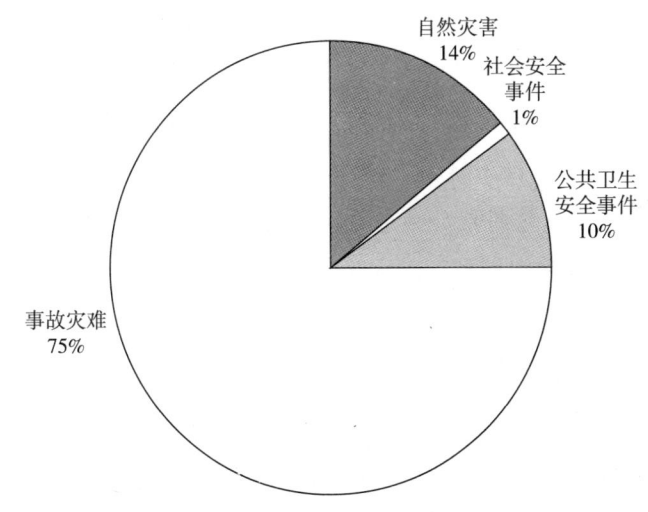

图 3　2014 年自助旅游安全事件类型

安全事件与 2013 年相同，主要涉及事故灾难、自然灾害和公共卫生安全事件三大类，基本上没有涉及社会安全事件。其中，事故灾难发生 110 起，自然灾害发生 20 起，公共卫生安全事件发生 15 起，社会安全事件发生 1 起，事故涉及 1282 人，其中死亡 79 人。2014 年自助旅游突发安全事件和涉及人数（包括死亡人数）均比 2013 年有所增加。

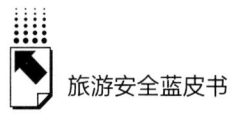

（二）自助旅游安全事件发生的特点

1. 自助旅游安全事件上半年与下半年比重相差较大

2014年，1~6月份自助旅游安全事件占32.9%，7~12月份则占67.1%，上半年、下半年事故发生比重相差较大。主要是因为下半年较上半年适宜旅游的时间较长，其中有7~8月暑假、中秋节小长假、国庆节长假，民众有假期；另外，下半年气候干燥，阳光明媚，而上半年气候潮湿，多为雨季。

2. 事件发生区域的不均衡性

自助旅游通常具有强烈的自主性和随意性。自助旅游目的地设施条件差异性大，导致自助旅游安全事件具有不均衡性。在产生的146起安全事件中，从发生的地域来看，我国境内31个省（自治区、直辖市，不包括台湾省和两个特别行政区）中，发生自助旅游安全事件的省有24个，而且集中在陕西（22起）、山东（20起）、浙江（12起）、四川（11起）、重庆（8起）、山西（7起）、安徽（7起）、广东（7起）等8个省（自治区、直辖市），其余16个省（自治区、直辖市）虽然也有事件的产生，但都较少；从不同类型景区发生事件的分布来看，也具有不均衡性。如前所述，主要集中发生在地文景区和水域景区，而生物景区和建筑景区则基本没有事件产生。特别是事件一般集中在未开发管理的地处偏远的自然景区。

3. 事件发生的突发性

旅游安全事件具有突发性，自助旅游事件也具有这个特点，比如旅游过程中的交通事故、旅游者身体突然不适、不留神掉进悬崖及自然灾害等都具有突发性，都是在极短时间内，在毫无防备的情况下发生的。例如，2014年1月4日晚间，广州一伍姓女子从四川四姑娘风景山登山时，突然岩钉脱落坠崖死亡；又如2014年6月26日苏州驴友四川雅安游玩遇惨烈车祸致一死一伤。

4. 自助团队出游安全系数低

自助旅游通常是由召集人通过网络论坛、QQ、微信群等形式提出出游计划，愿意参与者自愿报名参加。召集人往往是兴趣较浓的热心人，但他们中不少是不具备户外旅游相关知识的非专业人士，这些人往往缺乏野外生存、救助知识以及野外防范和规避危险能力，缺乏对出游目的地的地貌、地形和气候的了解。由于自助团队组织的松散性、临时性，出游前准备不足，具体体现在对目的地的地形地貌、气候条件，安全配套设施以及旅游者个人身体状况了解不够，为在游览中突然发生事故埋下了隐患。例如，2014年5月2日晚，河北省赤城县海坨山景区3名驴友和1名向导被困，另外还有15名驴友也失去联系。据了解，这19名驴友并非专业登山爱好者，大多为散客，从小路分三个小分队私自上山，最终由于通信不畅、野外旅行经验不足，发生人员被困事件。

三 影响自助旅游安全的主要因素

（一）旅游者方面

1. 旅游者安全防范意识的缺乏

自助旅游与旅行社组团旅游相比，旅游内容自主性很强，随意性比较大，整个旅游行程都由旅游者自行安排。正是出于对"自由"的追求，很多人往往忽略了旅游安全的问题，据有关报纸报道，对驴友的随机调查显示，对于外出旅游遭遇山洪、暴雨、暴雪等不可抗力的因素该如何展开自救，半数以上驴友竟然一无所知，而且很多人为了追求新鲜和刺激，自助旅游常常会选择一些比较偏僻、未知地带探险，这是导致自助旅游安全事故频发的重要原因。

2. 出游前准备工作不够充分

为了防止和防范自助旅游中出现安全事故，客观上就要求自助旅游者出发前必须做好一系列充分准备。一般而言，出行前一定要了解活动时间、地点、乘车工具、活动强度、人员限定和活动风险级别等，乃至谁负责领队、谁负责后勤、谁负责收尾、遇到突发情况该如何处理，都要一一纳入计划之中。特别是登山探险活动，组织实施前，有的还要实地考察地形，做好前期准备工作，对活动的强度和风险进行评估，对出游的天气状况有个大概了

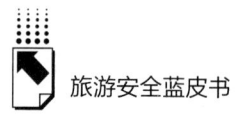

解。对队员的身体状况和所要配备的装备要了如指掌,并签订免责协议。可是,现实中驴友不少是通过网络发布一个公告或者出游计划的帖子,便把素不相识的爱好者组织起来,而这部分人中,尤其以学生、背包客和自驾游的居多,并且往往凭着一腔热情在没有充分准备、对可能出现的突发情况判断也不够准确下就出行。甚至个别游客明知有危险但仍然采取不安全行为,由此而发生的惨案还是不少的。例如,站在危险处观景或拍照不慎摔倒。如2014年11月25日发生了驴友攀爬拍照从10米高处坠亡事件。

(二)景区管理部门方面

1. 景区安全管理手段落后

对景区事故进行有效监控和预防,这还要依靠先进管理方法和高新技术在安全管理上的应用。旅游景区面积大、地形和气候复杂,容易出现发生事故的"盲区",而很多景区无法对辖区内游客活动情况进行有效监控,仍然停留在原始的巡逻或坐等事故报案阶段,这成为自助旅游的安全隐患。

2. 景区旅游标识不完善

自助旅游者相比于旅行社组织的旅游者更需要准确的旅游标识系统。准确的旅游标识,主要包括精确的导游图和准确的地面标志物。地面标志物主要指旅游景点设置的标志牌和岔路口的方向导引牌,这对自助旅游者十分重要,因为自助旅游是在没有导游的带领下自行游玩的,游客们对旅游景区的游览线路、景区规模、地形地貌等情况通常不太熟悉。准确的地面标志物让游客一目了然,有助于自助旅游者快捷、顺利地到达旅游目的地;而如果没有清晰的地面标志物则容易使自助旅游者迷路或失踪。如2014年1月3日在湖北就发生了"七名驴友迷路 深夜被困大山"的事件,5月6日发生了"5名驴友爬崂山迷路 随身食物被猴子抢走"事件等。

(三)政府管理部门方面

1. 自助旅游组织者资质审查缺失

自助旅游,特别是具有探险目的的自助旅游,之所以会发生安全事故,最主要的原因就是自助旅游组织者组织自助旅游的能力不足。组织者对风险的认识能力和判断能力、经验是否丰富和对突发事故的处理能力对于自助旅游的安全保障有着重要的意义。目前自助旅游的组织非常不规范，组织者往往是凭着自己的爱好，在互联网上发帖或以其他方式，邀请其他人一起组队进行户外自助旅游，而国家还没有建立自助游组织者的资质制度，目前任何人均可组织自助游，特别是探险性极强的自助游，极有可能给他人造成生命和财产威胁。

2. 缺乏具有实用价值的自助旅游信息

现今各大旅游网站上公布的信息大多是介绍景点风光、票务预订等，但对旅游目的地的天气、路况、治安问题、交通网络的畅通问题以及人文习俗的介绍等信息比较少，有些还不够准确；节假日客流信息一成不变或者更新较慢，新的旅游产品不能及时宣传与推广，另外有关旅游目的地的详细信息还不够准确，旅游目的地情况不能真实地呈现，使旅游者不能详细地了解旅游目的地的状况，从而做好出行准备，也为自助旅游埋下安全隐患。

（四）自然环境因素

自然环境因素是影响旅游安全的常见因素，如暴雨、洪水、泥石流、滑坡、地震等常见因素都会极大地威胁旅游者的出行安全。有些游客为寻求刺激热衷于探险活动，喜欢前往一些陡峭险要的未开发地带观光浏览。如1月5日山东因景区雾大，造成了"夫妻俩爬山'雾'入迷途，多名民警紧急上山搜寻"；又如6月29日"浙江30余驴友登山遇山体滑坡，1人下身被巨石压住"。类似事件屡有发生。

四 2015年自助旅游安全形势的展望与管理建议

（一）2015年自助旅游安全形势展望

1. 自助旅游安全形势依然严峻

随着市民生活水平的提高和旅游观念的不断转变，越来越多的市民已经

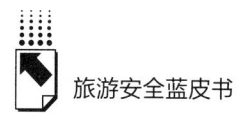

不再倾向传统的跟团旅游方式,而是选择几个朋友相约自驾游或者通过网络征集"英雄帖",呼朋引伴和一些自助游爱好者外出旅游探险,自助游的群体规模呈现逐年扩大的趋势,并且占到了出游人群中相当大的比例。因此,随着我国自助旅游持续升温的发展势头,自助旅游安全隐患不仅难以在短期内有效消除,而且有些方面还在加剧中,未来一年之中,自助游安全事故仍然是个不可忽视的问题,很可能安全事故总量还要持续上升,自助旅游安全保障工作存在许多新挑战。

2. 错开休假日期出游,减缓景区拥挤程度

2008年7月17日通过施行的《企业职工带薪年休假实施办法》、2014年8月21日公布的《国务院关于促进旅游业改革发展的若干意见》这两份文件的出台,为广大旅游爱好者错开休假日期出游,减缓景区压力提供了有力的保障,要求各级地方政府要将带薪休假制度落实情况纳入各地政府议事日程。可以让自助旅游者能够选择相对好的时空条件去旅游,缓解黄金周和小长假景区拥堵,减少安全隐患,促进旅游业健康发展。

3. 自驾游将进一步增多,旅途安全隐患仍不可忽视

据统计,2014年国内旅游人数达到32亿人次,其中54%的人选择了自驾游。2015年,随着我国居民的私家车拥有数量增多,加上黄金周期间高速公路免费开放,自驾车出游人数会持续大幅度增加,自驾车旅游安全事故的发生将持续不断。对发生的多起自驾车旅游安全事故进行分析研究发现,自驾车旅游出现的安全事故,往往因驾驶员长途疲劳驾驶、行驶在环境险恶的陌生地带而导致。

4. 智慧旅游将不断推进,安全管理将得到进一步加强

旅游业是信息高度集中并对信息高度依赖的行业,旅游信息化水平已经成为旅游目的地发展水平的重要标志之一。大数据时代,伴随着高新技术的发展以及各种移动智能设备逐渐在旅游管理中的普及,特别是2014年实施"智慧旅游年"活动,很多景区着力创建"智慧旅游区",现代新技术在景区人数限制、预警、及时救助、智能泊车、游客远程购票、应急避灾、及时求助等方面的应用,大大地方便了游客出游和景区的管理。2015年,旅游企业将更广、更全面地展开智慧旅游,为自助旅游者提供智慧化的旅游服务,降低旅游安全风险。

(二)2015年自助旅游安全管理建议

1. 强化风险意识

综上所述,无疑自助游出现安全事故的风险比较大,而减少这一风险的重要前提是游客自身应在自助游的活动中始终牢固树立风险意识,居安思危。而且,在自助旅游出发前,准备充分,具体包括:一是要有专业装备,例如合适耐用的鞋子、防水的睡袋、帐篷等;二是要对旅游目的地作一个详细的事前了解(包括气候条件、水文情况、地形地貌等)。与此同时,为强化风险意识,政府有关管理部门可通过在景区印发宣传手册,建立自助游宣传网站,发布自助游的相关视频资料,收集游客意见和建议,让游客在出发前通过这一平台进行交流学习与经验分享等方式,以提高自助旅游者自助游的相关知识和技能,增强他们的风险意识,培养风险判断力,做好心理、物质和身体准备,以应对自助旅游过程中出现的安全问题,做到有备无患。

2. 提供定位服务

地广人稀的自然景区,特别是陡峭的山崖、荒无人烟的沙漠、一望无际的原始森林等地往往是自助游的好去处,然而这些地区地形地况复杂,是游客迷路、失踪而造成事故最多的地区。随着现代技术特别是卫星定位技术在人们生活中的广泛应用,定位服务(LBS)近年来快速发展,为"智慧旅游"提供了重要的技术服务,旅客可以通过定位服务来确定自己在哪里、同伴在哪里,还可以通过GPS装置在迷路情况下寻找正确的路线等。所有这些都为排除安全隐患、解决自助中的安全问题提供了有效措施。

3. 建立自助旅游组织者资格认证制度

自助旅游,特别是那些攀登险峰、穿越原始森林以及水上漂流等以探险的目的活动,本身存在十分高的风险,随时都可能出现安全事故。然而面对这些探险活动,组织者通常是凭着个人热情、喜好和经验组织活动。运气好时,一切顺利;运气不佳时,事故灾难就降临,损失惨重。实际上,组织者

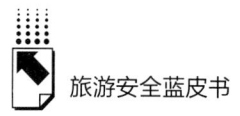

（或称领队）的组织能力、自助游的经验与自助旅游的安全息息相关。目前，什么样的人都可以作为组织者组织自助游，并没有对自助游组织者应具备什么样的条件才有资格组织自助旅游活动做出明文的规定，这是长期以来旅游管理法规中的空白。但这些立法的空缺，给探险性强、风险高特别是较大规模的自助活动埋下了安全隐患。为此，政府相关管理部门应适当地规范自助旅游活动，可以参照《导游人员管理条例》等法律法规，对组织自助旅游的领队实行资格认证制度。资质可以分为不同类型和不同级别，不同类型、不同级别的资质对应着不同的自助旅游活动项目和规模。

4. 加强自然景区建设与管理

随着旅游市场的持续升温，大多收费景区往往在黄金周人满为患，因而，自助游客往往会更倾向选择那些人烟稀少、交通不便但又极具无际风光的自然景区，而且往往是越危险、越具备挑战性，就越受关注。正因为如此，自助旅游中经常会出现各种各样的安全事故，造成巨大的社会资源损失。因此，加强自然景区建设与管理显得十分重要。首先，各地旅游管理部门应当做好辖区内的旅游景区的宣传工作，及时地把景区内的客流分布、景区交通和未来气候情况等方面信息公之于众，为旅客选择合适的时间与旅游目的地提供参考。其次，当景区的气候条件、安全措施条件达到预警条件时，要做好警示宣传工作，采取有力措施及时制止冒险行为发生，防范安全事故的发生。最后，加大对未开发旅游地区的管理，在一些醒目的地方设立警示牌，提示旅游者可能存在的危险，告诫自助旅游者不可贸然旅行。

5. 完善旅游标识系统

旅游标识在旅游业中被普遍运用，涉及食、住、行、游、购、娱各领域，与旅游供求双方关系密切。旅游景区的旅游标识系统则是指帮助引导旅游者完成旅游活动的各种信息符号的总和，具体包括道路指示牌、景区宣传手册、标语、图片或石刻、楹联甚至假山等。因此，首先要设置完善的地面标识。要在旅游管理部门的统筹规划、综合协调下，各有关部门齐心协作，努力使景区及景区附近的地面标识准确、清晰，以最大程度地提示旅客。其次，在旅游目的地城市入口设置显眼的旅游指示系统，规范道路以及旅游景区内外旅游交通引导标识,针对自助旅游者选择旅游目的地的避热性特点,不仅在人流量相对较多的市区,而且在人流量较少的郊区或乡间更要逐步完善旅游标识系统。最后,要编制精确的导游图。除了标明常见的道路、河流、景点等一般要素外,还要标明出入旅游景区的交通方式、换乘地点、班次时间及交通耗时等,方便自助旅游者通过导游图规划线路,选择自助旅游产品和服务,并且能让自助旅游者真正通过有效的旅游标识系统按图索骥。

6. 拓展自助旅游商业保险产品种类

多年以来我国旅游保险业务发展较慢。我国的旅游保险有旅行社责任保险和旅游意外保险两种,国内只有三家比较大型的保险公司经营旅游意外保险业务,它们分别是太平洋保险公司、泰康人寿保险公司、中国人寿保险公司。旅游意外险险种主要有四大类:旅游人身意外伤害保险、旅游意外伤害保险、住宿游客人身保险、旅游救助保险。以上四个险种实际上是以通常的意外伤害保险来代替旅游保险,而且,这些险种无法涵盖自助旅游中遇到的各种风险,比如行李遗失、因迷路而引起的额外旅行、住宿费用及社会巨大的救助负担等。随着旅游业的发展,各级政府有关管理部门要加大旅游保险宣传力度,拓宽旅游保险的销售渠道,加强市场导向,大力扶持保险公司开发和拓展与自助旅游活动相匹配的保险产品,将旅游保险服务延伸到吃、住、行、游、购、娱各个环节。同时,扩大旅游意外险的承保范围,对旅游险市场和旅游险条款进行细分,可针对团体、散客以及公务旅游者的不同旅游特点设计不同的保险条款,并可以将自助游游客纳入保障范围,确定不同的费率,加强风险防范,从而进一步促进旅游业的健康发展。

B.16 2014~2015年中国高风险旅游的安全形势分析与展望[*]

曾 怡[**]

摘　要： 本文系统分析了2014年我国高风险旅游活动安全概况、分布特点、诱发因素等，并对2015年高风险旅游活动安全趋势进行了展望。分析结果表明：2014年我国高风险旅游安全形势较为严峻，高风险旅游活动在项目类型和数目上均进一步增长，提升了我国的旅游安全风险指数，户外探险旅游、水域类项目与大型游乐设施等高风险旅游项目存在较大的安全隐患；在安全管理方面主要表现为新型旅游活动项目缺乏行业监管，相关安全设施和技术落后，安全管理人员匮乏，游客安全意识淡薄，旅游安全管理工作面临严峻考验。以上现状迫切要求我国出台具体的高风险旅游项目安全管理条例和规范，建立高风险旅游活动立项审批与准入禁止制度，做好高风险旅游行业从业人员的安全培训与管理工作，加强各地各景区安全应急预案制定工作与紧急救援能力，通过安全教育与宣传提高游客自我保护意识，全面做好高风险旅游活动的各项监管工作，从而切实保障旅游主体的生命财产安全。

关键词： 高风险旅游　高空　高速　水域　户外探险

---

[*] 基金项目：华侨大学中央高校基本科研业务费资助项目·华侨大学哲学社会科学青年学者成长工程项目(13SKGC-QT03)。
[**] 曾怡，华侨大学旅游学院讲师、博士，研究方向为旅游安全。

近年来，我国旅游业在国民经济的大幅拉动下，各种新形态的旅游项目出现蓬勃发展的态势。其中，高风险旅游项目由于具有强烈的刺激性和挑战性，持续吸引着大批旅游者，并形成了一条完整的产业链，成为新兴旅游业态的典型。但由于存在多方监管空白，加之专业水平有限、游客安全意识不足等问题，高风险旅游安全事故频发，越来越多地引起了社会的广泛关注和反思。因此，分析目前我国高风险旅游安全趋势并提出建议，对于促进我国高风险旅游项目的健康发展具有重要实际意义。为此，本文收集了2014年1~12月我国高风险旅游安全事故的相关资料，并对我国2014年高风险旅游安全形势进行了系统分析，旨在对2015年高风险旅游安全形势进行合理预估，为采取风险防范措施和做好应急救援预案提供参考和依据。

一 2014年高风险旅游安全的总体形势

目前，我国并没有针对高风险旅游项目发布专项分类目录，但在我国首部《旅游法》（2013年10月1日施行）中，已经首次并正式提出了高风险旅游项目的概念，并将其概括为五大种类，包括：高空、高速、水上、潜水及探险。随着旅游产品的进一步丰富，高风险旅游活动的项目类型和数量均有逐年递增的趋势。

2014年，我国高风险旅游活动安全形势总体较为严峻，安全隐患多、风险大、安全事故高发以及人员伤亡大成为该年度高风险旅游活动的风险特征。据调查分析，大多数事故是由高风险旅游参与人数增多、行业监管存在空白地带、从业人员安全管理与专业技术水平总体偏低等因素所引起的。本文通过百度、谷歌、必应等主流搜索引擎，人民网、新华网、凤凰网等主流媒体网站，国家旅游局及各地市旅游管理机构官方网站，以及登山协会、田径协会、漂流协会、潜水运动协会等高风险旅游项目相关协会网站以及新浪微博客户端进行了网络调查，遴选出我国2014年1~12月的高风险旅游活动安全事故110起。这些高风险旅游安全事故广泛分布在24个省、自治区、

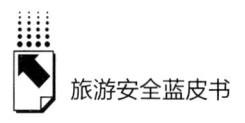

直辖市以及境外区域,发生地域范围广泛、社会影响大,给我国经济与旅游业发展带来了较为严重的负面影响。

二 2014年高风险旅游安全的事故特征与管理问题

(一)安全事故类型分布特征

根据文献分析与案例统计,结合《旅游法》的相关条文规定,本文将我国高风险旅游活动中发生的安全事故分为以下五类:高空项目(如滑翔伞、热气球等空中项目)、高速项目(如滑雪、赛车等速度类项目)、水上项目(如漂流、水上摩托等水域类项目)、探险类项目(如登山、徒步等户外探险项目)以及其他项目(主要包括潜水、马拉松、高速骑行、观潮等典型高风险项目)(见表1)。

表1 高风险旅游项目分类

项目分类	项目内容
高空	滑翔伞、热气球、索道缆车以及高空游乐设施(摩天轮)等
高速	滑雪、滑板、轮滑、赛车、骑马以及高速游乐设施(过山城、海盗船)等
水上	漂流、激流回旋、水上摩托、快艇、水上游乐设施(水滑梯、室内冲浪)、戏水等
探险	登山、徒步、穿越峡谷、露营、洞穴探险、自驾游等
其他	潜水、高速骑行、马拉松、观潮等

在抽样调查的110起2014年高风险旅游安全事故中,死亡150人,超过81人受伤,且8人失踪至今。其类型分布特征如图1所示。其中,共发生了43起探险类相关高风险旅游安全事故,占总体事故数的39%,包括发生了25起登山事故、11起徒步风险事故、3起穿越峡谷安全事故、2起洞穴探险安全事故、1起露营安全事故和1起自驾游安全事故。探险类安全事故分别造成了83人死亡、超过11人受伤以及4人失踪,为2014年我国高风险旅游项目中事故发生频次最多、损失最为惨重的类别。其次为水上相关

高风险项目,共发生了 26 起安全事故,约占整体事故数的 24%,其中发生了 14 起漂流事故、4 起危险地区戏水事故、3 起水上游乐设施事故、2 起水上摩托风险事故、2 起快艇事故以及 1 起激流回旋场地溺水事故,合计造成 30 人死亡、19 人受伤、3 人失踪的损失。而高空项目、高速项目与其他项目分别发生了 15、14、12 起安全事故,占总体事故数的 14%、13%、11%,共造成 33 人死亡、51 人受伤、1 人失踪(见图 2)。

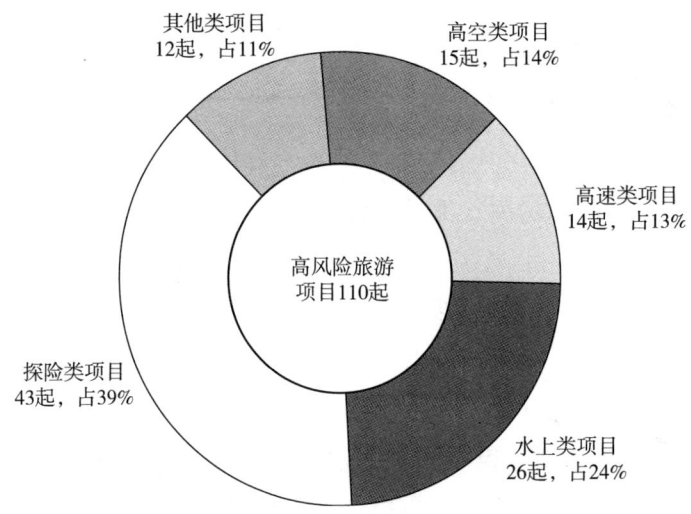

图 1　2014 年我国高风险旅游安全事故类型结构

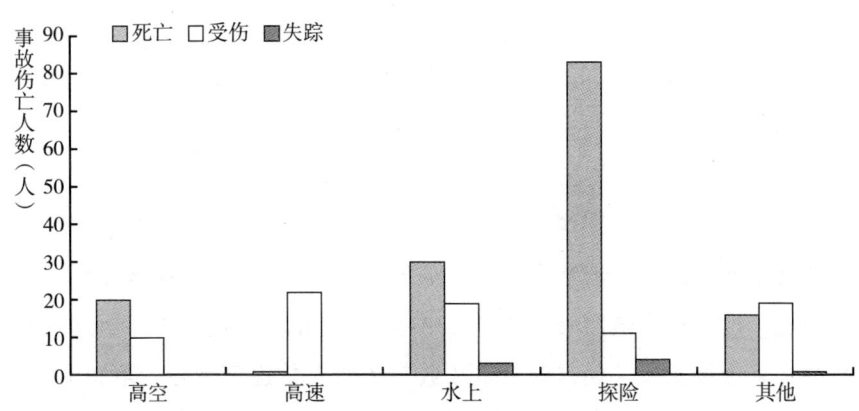

图 2　2014 年我国高风险旅游安全事故伤亡人数分布

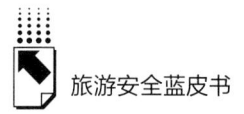

参考2012~2014年的户外登山事故统计数据以及相关户外探险类事故分析材料，可以发现2014年户外探险运动是我国高风险旅游领域当中的高危项目。户外运动存在一定刺激性，这也正是户外探险类旅游项目受人青睐的主要原因。户外出行人数尤其是自助游、背包游客数量的迅速增长，同样也伴随着旅游风险的增加。但是对于如何控制探险类旅游项目中的风险，消除旅游过程中的潜在安全隐患，树立行业标准，建立市场监督与管理规范机制等问题，目前在我国还未有较为良好的执行与解决方案。

水上项目特别是漂流运动是一个热门旅游项目，但大部分地区管理机构的漂流旅游项目管理办法和保险理赔措施还不够完善，从项目审批到日常管理，监管和监督的力度还不足，部分漂流点放任企业"自主自发"经营管理，从而造成了漂流全国各地到处开花，也导致了多次重大的旅游伤亡事故。

其他类别如马拉松，被列为危险体育赛事，其死亡率约为五万分之一。我国在2014年内已举办了51场长跑赛事（包括全程马拉松、半程马拉松、超级马拉松、10公里跑和5公里跑等），约90万人参赛，其中发生5起安全事故，其中4人猝死，而上述伤亡案例中当事人均为非专业选手，这也反映了参与此项活动的人员自身安全意识薄弱，同时相关赛会组织方缺乏严谨而科学的选拔流程和全程救援协助措施。相比组织严谨、应急救援机制完善的"零死亡率"的东京马拉松赛，我国近年来各地兴起的长跑赛事组织松散混乱，在大力宣传城市形象、吸引游客参与的同时，政府和相关机构的旅游项目管理者应反思如何开发安全、健康、可持续发展的马拉松项目。

我国传统的钱塘江观潮活动一直就存在一定危险性，每年均有潮水冲坏堤岸甚至卷走游客的不幸事件发生。虽然当地相关部门能吸取经验教训，修牢河堤，设置安全隔离带并提前安排交通管制，对游客进行全方面的安全教育并且现场监管，使得观潮事故数与死伤人数逐年下降，但2014年还是发生了3起事故，主要原因是游客安全意识不足，擅自进入或逗留危险区域。

（二）安全事故时空分布特征

1. 我国高风险旅游安全具有典型的季节分布特征

从时间分布趋势来看，我国高风险旅游安全事故的发生频数和伤亡损失分布具有典型的季节性特点。如滑雪相关的安全事故均发生在冬季（1月、2月、12月），而夏季（6～8月）则为水上项目（如漂流、水上摩托、快艇等）安全事故的高发季节。整体而言，夏季为高风险旅游项目事故的高发季节，共发生49起事故，占全年抽样事故的近一半。这与我国大部分地区处于北半球温带，该时期温度适宜户外探险、水上休闲等活动，且游客数量相对集中有关。此外，5月和10月均有较高的高风险旅游事故发生频数，这与五一和十一两个节假日旅游高峰期有关（见图3）。

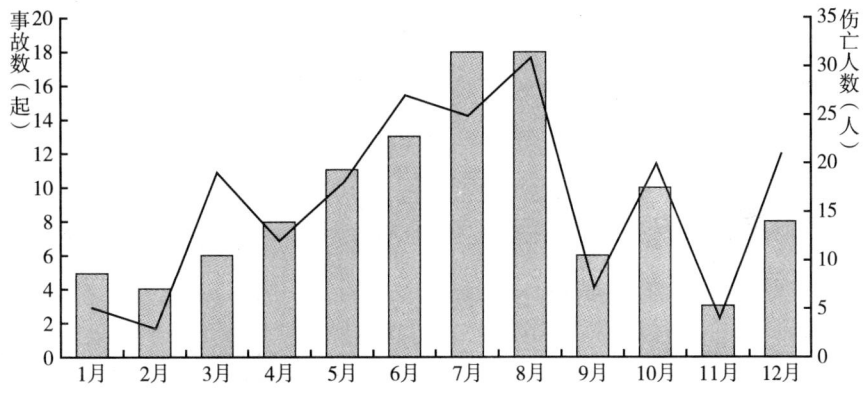

图3　2014我国高风险旅游安全事故和伤亡人数的时间分布

2. 我国高风险旅游安全事故分布区域广泛

由图4可知，我国高风险旅游安全事故广泛分布在24个省、自治区和直辖市以及境外区域，跨越幅度大、影响范围广。其中，浙江和四川为高风险旅游事故的高发区，与其具有典型的地形地貌和众多的山川旅游资源有关。同时，在不同地区，典型的高风险旅游项目也不尽相同。如登山探险类项目事故，多发生在四川、西藏等高原地区，水上项目事故多发生在广西、重庆、湖南等水资源丰富的地区。而2014年本文收集到的境外中国游客遭遇的高风险旅游事故并不多（相反，境外游事故以交通事故、食品安全事故为主），但由于我国出境旅游呈快速增长态势，市场规模在持续扩大，截至2014年11月，中国内地公民当年出境旅游首次突破1亿人次，消费规模也在不断增长。其中自由行、出境潜水、探险、登山等旅游行为也在不断增加，同时国际政治形势严峻、极端天气频现等也增加了高风险旅游项目中的不稳定因素，因此，应持续关注出境游中的高风险旅游项目安全形势，严格把控安全形势，促进国际合作和保护，完善异地救援机制。

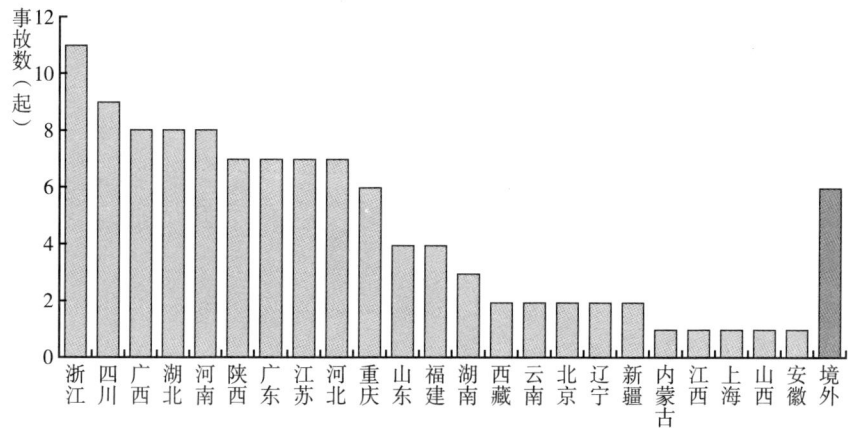

图4　2014我国高风险旅游安全事故空间分布

（三）安全管理存在的问题

1. 我国高风险旅游活动受多部门多机构交叉管理，缺乏统一的规范标准

高风险旅游项目涉及的业务范围广泛，牵涉的主管单位众多。2013年我国出台的首部《旅游法》第四十七条对于高风险旅游项目做出明确的界定，第五十六条对经营单位经营许可权与责任保险制度的认定也做出了规定。同时《国务院关于促进旅游业改革发展的若干意见》也提出我国高风险旅游项目防控与管理是我国旅游安全风险防范的重点方向，也是旅游安全工作的常规重点内容。在高风险旅游项目的专项监管中，其他法律法规也做出了针对某项高风险旅游项目的规定。高空旅游项目一般依照《民用航空法》、《航空体育运动管理办法》的规定。高速旅游项目一般是依托游乐设备等特种设备来实施的旅游项目，《安全生产法》和《特种设备安全监察条例》均就其生产、制造、使用、维护做出严格规定。此外，《海上交通安全法》、《国内水路运输管理条例》和《内河交通安全管理条例》等对快艇等水上高危旅游项目做出了规制。交通运输部的《游艇安全管理规定》对游艇所有人自身用于游览观光、休闲娱乐等活动的游艇航行、停泊以及俱乐部等进行了规范。《国家特种设备目录》列出了"峡谷漂流系列、水滑梯系列"等水上游乐设施。《国内登山管理办法》对高海拔地区的登山活动的发起和审批也有一系列的规定，但并没有针对户外洞穴探险以及低海拔山体攀登和攀岩等活动制定管理规范。总体而言，我国相关管理部门对于高风险旅游风险项目还缺乏统一的管理条例和规范。

2. 我国高风险旅游缺乏专业的预警救援支持系统和高水平的应急救援力量

我国各地均设立小规模的应急救援机构和自发组织的民间救援团体，但迄今还没有体系化、专业化的高风险旅游安全预警和救援机制，2014年我国高风险旅游安全预警仅有中国旅游局官网发布的"国家旅游局提示请慎重选择高风险旅游项目"的预警信息，预警相对滞后。而救援力量不足、救援成本过高也加剧了高风险旅游项目的事故程度。如2014年8月，5名驴友网络约定并未经备案擅自进入黑竹沟探险，3人失踪后至今只找到两具遇难者尸体，另一人仍然失联，给遇难者亲属与社会带来了极大的不安。

3. 我国尚未建立高风险旅游强制保险机制

我国《旅游法》规定，高空、高速、水上、潜水、探险等高风险旅游项目的经营者应投保责任保险。但按照国际案例，我国高风险旅游项目，如潜水、滑水、漂流、滑雪、跳伞、攀岩、探险活动、武术比赛、摔跤比赛、特技表演、赛马、赛车等高风险运动，造成身故、残疾或产生治疗费用，普通旅游意外险和旅行社责任保险都会免责，尽管在责任险的附加险中有提供高风险旅游类别保险和境内外经济救援保险的选择。并且，高危的旅游项目（如户外探险和潜水等）多为游客自助旅游或者是经由某协会团体组成的驴友团队组织的旅游，我国针对这些人群还没有综合性的高风险旅游保险保障机制。因此，我国需要结合进一步落实《旅游法》的契机，扩大旅游保险范围，增加高风险旅游专项险种，并强制要求高风险旅游项目参与者与经营者参保。

三 影响高风险旅游安全的主要因素

根据分析与统计，可将110起事故的直接原因分为：①人的因素，指游客的安全素质（心理与生理素质、安全能力素质、文化素质）（见图5），例如乘坐大型游乐设施时游客未系上安全带、驴友缺乏户外探险生存常识、游客为寻求刺激或试图逃票"另辟蹊径"等不安全行为均体现了游客的安全意识和风险防范意识水平不高；②物的因素，即设备的安全可能性（设计安全性、制造安全性、使用安全性），例如高空索道缆车突然断线、代步机传送带断裂、设备老化着火等均为物的不安全因素；③环境因素，不良的旅游环境会影响人的行为，同时对物产生不良的作用，常见的环境风险因素如恶劣天气、自然灾害、极端气候等；④管理因素，法律规范、对于旅游经营行为和游客行为的监管、现场旅游秩序的维护与控制、事后对损失的保险赔偿构成了典型的旅游安全管理因素，如设立专门的行业监管平台与出台安全规范条例、要求漂流游客必须穿戴救生衣和安全帽、预警后及时启动预案以及应急救援等。

（一）游客安全意识淡薄，风险应对准备不足，安全专业技能与自救能力缺失

从图5可以看出，在2014年我国的高风险旅游安全事故中，人的因素（即人员安全意识不足与自救能力缺失）是造成高风险旅游安全事故的主要因素（55起直接原因为人的因素，占50%），这与我国旅游安全教育水平偏低、游客对于风险的评估与应对准备不足、存在侥幸心理以及缺乏有关的培训及认证机制有关。如2014年初两名登山者未经注册就前往攀登山南地

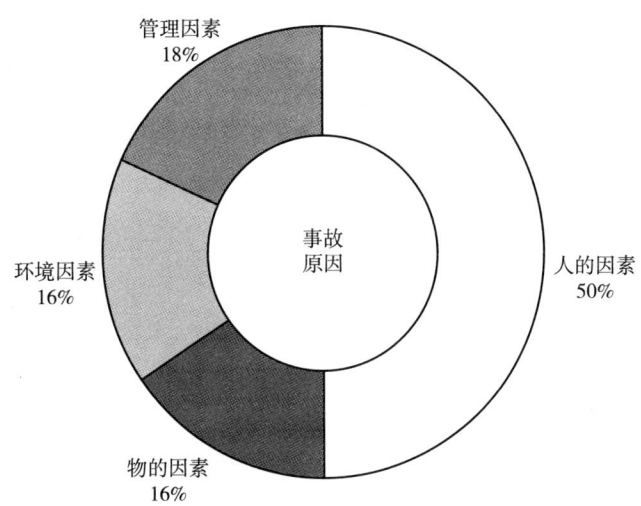

图 5　2014年我国高风险旅游安全事故直接原因分布

区洛扎县境内一座雪山，也未充分做好登山前的准备，未携带登山绳、登山冰爪，也没有进行结组攀登，这是典型的"自杀山登山"。因为没有气象资料，也没有高山向导及高山协作等专业人士的帮助，加之对山峰情况也不甚熟悉，遭遇危险情况并非偶然。

（二）旅游安全管理混乱，存在监管空白地带，安全教育与培训系统尚未完全建立

管理因素为2014年我国发生高风险旅游安全事故的第二大直接原因。尽管我国《旅游法》对于高风险旅游项目有了首次界定，对高风险旅游项目经营单位也做出了相关规定，但由于高风险旅游活动项目类别多、项目新、覆盖范围广，我国尚未针对各个项目制定严格的安全准入机制，设立监管机构，以及设计安全预案和应急救援措施。在高风险旅游相关行业中均有针对特定项目（如登山、漂流、滑翔伞等项目）的管理规范和注册准入制度，但仍存在监管的空白，使得高风险旅游活动参与者不能得到有效的安全保障、安全救助和事故理赔。如四川彭水的阿依河景区在2014年已发生

3起严重的事故,但仍未停业整顿,正是由于相关主管部门存在监管空白,造成安全管理混乱的现象。

(三)行业发展过快,基础设施与相关安全保障设施尚未配套完善,风险抵抗能力偏低

在我国质检总局2014年针对特种设备中的大型游乐设施进行全面检查的过程中发现,"中小游乐园成为大型游乐设施安全工作的薄弱环节",娱乐场发展"大跃进",建设最快仅需不到一年,工程质量堪忧。另外,随着我国经济的稳步发展,包括专业领域、休闲及体育运动领域在内的潜水活动数量大幅增加,带动潜水相关旅游项目逐年大幅增长。据中国潜水运动协会统计分析,我国自2006年开始,体验潜水业务保持年均30%的增长速度,2010年体验潜水业务收入为4.5亿元,随着潜水旅游人数的增加及风景区的开发,适合潜水的区域将快速增加,预计2015年我国体验潜水业务收入将达到21.33亿元。其他项目,如登山、漂流、滑雪等项目也处于快速增长阶段,存在许多安全隐患。如高空索道缆车多次发生机械故障,高空停摆,严重影响游客旅游体验。游乐设施缺乏紧急制动和安全联防系统,一旦发生意外,无法立刻断开事故链,如新疆一名8岁女童在滑雪场乘坐代步机时围巾卷进代步机里,现场操作人员人工停机不及时,致使女孩不幸死亡。

四 2015年我国高风险旅游活动安全的主要趋势与展望

(一)2015年高风险旅游活动安全的趋势展望

1. 我国高风险旅游项目将持续、快速增长,带来更多的安全隐患与风险

随着我国旅游产业的繁荣发展,高风险旅游项目作为新兴的旅游业态,必然在2015年呈现快速增长的态势,项目类型多样化、项目参与人数增加、项目产值扩大,但随着而来的是更多的安全隐患与未知风险。

2. 我国高风险旅游新项目将不断涌现，带来风险识别与控制的挑战

极限运动（如极地探险、太空旅游等）将会进入中国旅游市场，而这些新项目将带来更高的旅游安全风险与应急救援难度，如英国维珍银河公司用于搭载旅客进入太空旅行的"太空船2号"商业载人飞船10月31日飞行测试时在美国加利福尼亚州莫哈韦沙漠上空爆炸，造成一名飞行员死亡，另一名重伤。

（二）2015年高风险旅游活动安全的管理建议

1. 进一步加强我国高风险旅游活动的安全管理与监管力度

全国人大常委会委员长张德江表示，"在实施旅游法后的第一年就部署开展执法检查，目的是为了推动法律的有效实施。要进一步加大普法宣传力度，强化旅游市场综合整治和执法力度，促进旅游业健康有序发展"。因此，可以预见我国旅游行业主管部门及各级单位将在2015年全面提升旅游安全管理与监管力度，进一步保障高风险旅游活动人员的生命财产安全。在安全管理方面，应完善高风险旅游安全规范和标准，健全高风险旅游安全制度和应急救援预案；同时在安全监管方面，落实高风险旅游活动发起方和承接方的安全责任制，在高风险旅游安全事故高发的时间和空间全面开展安全督察，排除风险隐患，建立监管机制；在安全教育方面，应对高风险旅游相关从业人员开展针对性的强化安全培训，增强从业人员的安全意识与责任感，同时营造"安全第一"的旅游安全文化氛围，以多种方式对游客开展高风险旅游活动相关的安全教育与宣传，提升游客的安全意识以及自我保护、自救互救的基本技能和应急处置能力。

2. 建立健全高风险旅游专项安全预警与应急救援机制

基于2014年我国高风险旅游安全形势展现的类型特征和时空特征，建议相关机构管理者应针对典型高风险旅游项目（如登山探险、漂流等）展开专项安全预警与应急救援机制调研与设计工作，提高风险预判能力与预警精确度和有效性，投入专业救援设备与人员力量，建立跨区域、跨行业的联合应急救援响应机制，避免或减少事故造成的人员伤亡和经济损失。

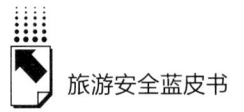

3. 增加高风险旅游项目基础建设项目投入，升级安全设施与设备

2014年发生了多起由于设施设备过于陈旧、安全等级低而无法抵抗突发风险或者高风险旅游场所不具备安全旅游的必要保障条件等原因造成的高风险旅游事故。目前，我国的高风险旅游行业尚处于起步阶段，项目基础建设尚不完善，安全设施与设备配备不全。因此，在2015年，相关政府主管部门、景区管理者、行业监督者应增加对于高风险旅游活动项目的基础建设投入，如修缮滑雪道、加固防洪堤、开拓登山道等，更新或者升级设施设备，如缆车、升降梯、安全帽等，为游客创造更加安全舒适的旅游环境。

4. 设计高风险旅游强制险种，出台高风险旅游保险规范

2014年我国旅游人数将近40亿人次，但购买保险的比例不足20%，并且常见的旅游意外险承保范围并不包括高风险旅游项目。因此，有必要出台相关的高风险旅游强制保险规范，评估不同高风险旅游活动的风险程度，设计合理的分类型、分级别高风险旅游保险产品，保障游客的人身财产安全。

参考文献

[1] 中华人民共和国国家旅游局官方网站，http://www.cnta.gov.cn/，2014。
[2] 谢朝武：《我国高风险旅游项目的安全管理体系研究》，《人文地理》2011年第2期。
[3] 邹统钎、陈芸、胡晓晨：《探险旅游安全管理研究进展》，《旅游学刊》2009年第1期。
[4] 中国登山协会登山户外运动调查研究小组：《2013年户外登山死亡报告》，http://images.sport.org.cn/File/2014/03/14/1607025422.pdf，2013。

B.17
2014~2015年中国女性旅游的安全形势分析与展望

范向丽*

摘　要：2014年，我国女性旅游规模持续扩大，安全形势总体平稳，多数安全事件得到及时有效处理。总体上，女性旅游安全事件仍然集中于人身安全、财产安全事件，其中女大学生、出境游女性安全事件开始凸显，主要是由女性游客风险意识不足、安全管理制度和政策不够健全等原因造成的。同时，由于旅游相关管理部门对旅游安全管理问题的重视，以及女性游客的日益成熟，2015年女性旅游安全态势将持续平稳。

关键词：女性　旅游　安全事件

近年来，女性市场开始成为商家关注的焦点，同时这一市场也受到了旅游业界的追捧。就我国来讲，女性市场潜力巨大。我国女性中大约有1亿人生活在城市，而城市女性中近40%的女性年龄在20~40岁，其中90%是职业女性，这部分女性受教育程度高，消费能力强，对新事物的接受能力强，喜欢追逐时尚，也是引领潮流的领头军。《中国女性生活状况报告（2013）》针对中国城市女性的调研结果表明，60%的女性来年有旅游计划，旅游已成为城市家庭继房产、车辆支出之后的第三大支出，年均支出达到31400元，

---

* 范向丽，华侨大学旅游学院讲师、博士，主要研究方向为旅游安全、女性休闲与旅游。

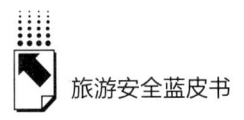

同时该报告发布的中国（8个城市）女性消费状况调查显示，90%的女性渴望到国外旅游。此外，去哪儿网、中商情报网、中研普发公司等旅游服务商和研究咨询机构也陆续公布了一系列有关女性旅游者的调查数据。可见，女性旅游市场已经引起业界广泛关注，但对女性旅游安全管理问题的重视仍显不足。

一 女性旅游安全的总体形势分析

总体看来，2014年我国女性出游数量和频次依旧保持稳步增长趋势，尤其是女性出境游市场份额增幅明显，安全形势良好，各项安全工作部署到位、措施得力，多数旅游突发事件处理及时、有效。根据本文从报纸、期刊、网络、电视等大众媒体搜集的安全事件案例来看，女性旅游安全事件主要涉及人身、财产、心理、名誉等诸多方面，这些事件大都得到了当地甚至上级相关管理部门的关注，并得以妥善处理。

二 2014年女性旅游安全的概况与特点

（一）女性旅游安全突发事件的分布类型

2014年度1~12月，本文共搜集案例64例，其中女性出境旅游案例24例。从伤害结果来看，2014年女性旅游安全事件仍然主要体现为人身、财产安全事件两大类，其中不少财产安全事件也导致了人身伤害。具体来讲，人身安全事件主要为溺水、动物袭击、滑坠、交通事故、性侵犯等导致的人身伤害，财产安全事件主要为抢劫、偷盗、诈骗等导致的财务损失。

1. 溺水

溺水又称淹溺，是人淹没于水或其他液体介质中并受到伤害的状况。游客溺水事件多发于女性和儿童，这可能与游客本身体能、水性等相关，也与女性游客偏好滨海类旅游目的地有一定关系，同时潜水、冲浪、漂流等水上休闲项目本身也具有一定的危险性,由此导致女性游客溺水或漂流艇侧翻等事故频发。这类事故一旦发生,后果都比较严重。本次共搜集溺水类女性旅游安全事件7起,其中4起为漂流筏侧翻,共导致10人死亡,2人受伤。如10月3日下午两点左右,4名女性游客在福建长乐海边玩耍,由于风大浪急,又逢涨潮,4名女游客被突如其来的海浪卷入海中,当地派出所通过信息联动平台通知公安消防部门、长乐市医院急救人员赶往现场,最终4名女子急救无效死亡;4月26日,阳朔县发生一起排筏侧翻事故,排筏上27名游客和1名筏工落水,2名广东女游客不幸遇难;8月10日,一名女性游客乘坐"公主号"邮轮前往济州岛度假期间,在该邮轮上的游泳池内溺水,不幸身亡。

2. 殴打行凶

殴打是指行为人公然实施的损害他人身体健康的打人行为。一般采用拳打脚踢方式,或者使用棍棒等器具殴打他人。针对女性游客的殴打事件多数是由强迫消费等纠纷引起,这主要与女性游客心直口快、自我保护能力差等相关。本文共搜集此类事件5起,其中3起发生于境外,3起源于强迫消费纠纷。如7月30日,一名随旅行团赴台的河南女游客在台东县知本地区旅行期间,因未在指定商家消费达到一定金额被台湾旅行社两名司机殴打致伤;12月1日,在丽江旅游期间,陈女士一家应某客栈工作人员秦某要求搭乘其车到丽江某个景点游玩,当到达拉市海马场后,陈女士考虑到父亲年事已高,不宜骑马,决定离开马场时,遭到秦某拒绝,同时马场工作人员也向其提出要交人头费才能离开,陈女士上前与之理论,结果遭到秦某和马场多位工作人员围殴,致其掌骨第四骨骨折,疑似脑震荡。

3. 跌落

跌落类事故主要指摔倒、滑落、坠落、物体高空坠落等导致的人身伤害事件。这类案件多发于较为恶劣的自然环境、交通环境、气候环境中,受害者多为女性、老人等群体。本次共搜集此类案例6例,其中5例发生在山岳型景点景区,1例发生于酒店。6月5日,泰山桃花源索道附近一名女性游客不慎坠崖摔伤,因为救援及时,受伤游客并无大碍;9月16日,一名年届花甲女驴友在攀登泰山时迷路,由于下雨路滑跌落山坡下4米的一平台处,腰部受伤从而被困30多个小时,最后被景区人员和消防官兵成功救援;10月9日,又一名女游客在泰山龙门上方不小心摔伤,导致其额头、眼眶周围、嘴唇处均有较大伤口,且出血量较大,同时胯部磕伤,胳膊、手腕处等多处骨折;10月19日,一名女游客在顺义区木林镇茶棚村舞彩浅山,因长期徒步登山不慎将脚扭伤无法下山被困,最终被消防官兵成功营救。

4. 抢劫

抢劫是指行为人对公私财物的所有人、保管人、看护人或者持有人当场使用暴力、胁迫或者其他方法,迫使其立即交出财物或者立即将财物抢走的行为。抢劫是侵犯财产罪中最为严重的犯罪,因为其既侵犯了被害人的财产,还危害到被害人的人身安全,因此,多数针对游客的抢劫事件发生在出境游中,受害者多为女性。本次共搜集此类案例6例,5例发生于境外。例如,3月5日,一名首次游马来西亚槟城的独行中国女背包客遭骑摩托车匪徒从身后掠夺其肩包绊倒,在路面被拖拉几十尺受伤;6月29日晚,一名中国女游客在吉隆坡购物后,于拉惹劳勿路行人道遭4名匪徒从身后敲打及抢劫手提袋,损失约1500元人民币现款、手机等;5月26日凌晨,泰国南部旅游城市苏梅岛发生4名中国女游客被歹徒入室砍伤并抢走手机、数码相机及钱包事件,4名女游客均受伤,其中最严重的缝了47针;3月18日,一名赴柬埔寨旅行的中国籍女游客在搭乘嘟嘟车完毕,下车踏入湄公河酒店入口时,突遭骑摩托车匪徒抢走其手提包,手提包内有1000美元、600元人民币、两本护照以及身份证和信用卡等;7月27日,一名50岁女游客张某独自一人在洽川旅游期间,轻信陌生男子并搭乘其摩托车,在游玩期间,被该男子载至黄河浮桥路边的偏僻狭窄地带,被强奸并被劫走身上仅有的700余元钱。

5. 交通意外

旅游交通安全事故是旅游突发事件中伤亡规模较大、爆发频率较高的事件类型。随着境内外自由行、自驾游线路越来越丰富,拥有驾驶执照的女性游客越来越多,女性旅游交通事故也开始出现。虽然这并不是特别针对女性游客的一类安全事件，但是根据案例分析，在各类交通事故中，女性受伤往往比男性更为严重。而且交通事故主要发生于境外，这可能与游客对目的地交规不熟悉有较大关系。此次共搜集交通事故案例7例，其中5例发生于境外，共导致10人死亡，5人受伤。例如，2月2日，一名中国女游客及两名中国留美学生在亚利桑那州自驾游过程中，于大峡谷国家公园外公路上遭遇车祸，后座上的女游客因伤势过重死亡，驾车者（即留美中国学生）轻微脑震荡，另外一位留学生手臂等部位受伤。4月3日，4名中国女游客在新西兰南岛西海岸地区自行驾车途中，小车冲出路面，导致一死三伤，受伤的驾车女游客被控一项疏忽驾驶致人死亡和两项疏忽驾驶致人受伤的罪名，并被禁驾2年。10月15日，一名57岁女游客在胡杨林景区参与吉普车穿越沙漠的自费项目过程中，吉普车突然侧翻导致其昏迷。11月21日傍晚，两名中国女游客在澳大利亚黄金海岸滑浪者天堂横过马路，被一辆汽车撞成重伤，其中77岁女游客的身体多处受伤，头部及面部严重擦伤，腹部压痛，40岁女游客颈部断骨。

6. 其他安全事件

据不完全统计，2014年，女性游客还发生了一些其他安全事件，共20余起，如偷盗、诱骗、欺诈、失踪、自杀、性骚扰、食物中毒、动物袭击、雷击、劫持等。例如，11月1日，一名38岁女性游客到泉州武陵农场游玩期间，见马场外马儿俊美，随手拿起地上的草喂马，不料马突然把头向前伸，咬断了她的两根手指并吞下。7月15日，3名香港女游客在槟岛某星级酒店居住期间，发现酒店清洁工使用酒店房卡私闯自己房间行窃。6月19日，一名26岁中国女游客在法国旅行期间，遇到一名年轻男子搭讪，并主动提出陪同她游巴黎，结果被强奸，钱包、手机等财物也被该男子抢走。1月某日晚，一名参加东南亚旅游线路的女游客在到达目的地酒店入住后，领队借口进入房间，企图和她发生性关系，在其极力反抗下未果。1月4日上午，一广州旅行团游客在四川海螺沟景区食用当地酒店提供的早餐后出现中毒症状，一名女游客病情严重，送往医院后不治身亡。1月9日晚上，两名游客在桂林市桂湖边看到一名男子落水，就在女游客欲下水救人时，落水

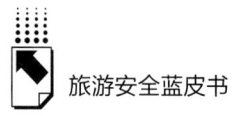

男子却爬上岸将该女游客推入水中,导致其昏迷不醒。3月4日早上7点左右,三亚文明路一酒店发生一名女子坠亡事故,事发后警方封锁现场,事故原因初定为自杀。8月15日,3名衡阳籍女大学生一起赴山东旅游,27日3名学生一起失踪,手机集体关机,据悉,3名女生失踪前至少共携带4万元学费,至今杳无音信。11月29日,一名女游客与其亲人在广东旅游期间,在大沙头珠江夜游码头旁边的空旷地带等候票和游船时,突然遭到雷暴,该女游客被雷击身亡,其他3位亲友被击伤。

(二)女性旅游安全突发事件的发生特点

根据所搜集的相关案例,2015年女性旅游安全突发事件主要有以下几方面特点。

1. 人身安全类事件多

从搜集的案例以及上文的论述中可以看出,我国女性出境旅游安全事故主要集中在女性游客的人身安全方面,例如溺水、殴打、跌落、意外交通事故、性骚扰、动物袭击等。造成这些事件的原因除气候、交通、社会治安等客观因素外,同时也与女性本身的体质特点、冒险心理、风险与安全意识、安全知识等诸多主观因素密切相关。另外,女性出游安全事件的频发与近年来自由行、自驾游、个人游等自主性较强的旅游线路增多有较大的关系,女游客脱团失踪、女游客浮潜溺水事件、女性出境自驾游事故都可说明这一点。可见,目前旅游市场对女性的关注仅仅停留在针对其设计线路、产品,而没有考虑到女性应该特有一些安全保障。女性旅游市场在促进旅游业发展、丰富女性生活的同时,也带来了挑战。

2. 受害者低龄化趋势明显

在本次搜集的64例女性旅游安全事件案例中,涉及30岁以下女性游客的案件共有35例,涉及31~40岁女性的案件13例,涉及41~50岁女性案件8例,涉及50岁以上女性案件8例。可见,年轻女性是旅途中的主要受害对象,在目的地不良的社会治安条件下,犯罪分子认为外地年轻女性游客有钱有貌,其较强的浪漫动机、冒险意识、交友心理特征使其成为犯罪分子欺诈、诱骗、抢劫、性骚扰、殴打、劫持、偷盗的主要对象。另外，2014年发生的 7 起溺水事件伤害主体也均为年轻女性，这虽然与目的地景区景点对女性游客安全管理不到位或多或少有关系，但最重要的原因在于她们对自身的体力、体能、水性没有正确认识，从而导致惨剧发生，10 个年轻生命最终溺亡。

3. 部分事件无果而终

购物是女性游客最重要的旅游活动项目之一，不少知名旅游目的地都有专门与导游对接的或专门针对外地游客的商品或商场，假货、次品、售后等问题屡见不鲜，这类事件常见于女性出境旅游并多数无果而终。另外，2014年发生的 3 名女性游客失踪案件至今也仍无定论。

4. 部分事件性质极为恶劣

与传统旅游安全事件中常见的偷盗、诱骗、火灾、食物中毒等事件相比，女性旅游安全事件的案情性质更为恶劣。如轮奸、劫持、蓄意抢劫杀害、殴打等，犯罪分子的犯罪动机的卑鄙程度、手段的狡猾、危害后果的严重程度和社会影响程度令人发指。

三 2014年影响女性旅游安全的主要原因

（一）旅游主体欠缺旅游安全意识

近些年来，女性社会地位的提升、收入的增加使其主体意识、交友观念等发生较大变化，女探险爱好者、女驴友数量猛增。这部分女性性格开朗、爱好冒险、热衷旅途中的刺激和不确定性给其带来的体验和满足感，但如果没有足够的安全常识、自我保护意识、风险意识，旅行就成了一次冒险。比如，2014 年发生的大学生失踪或被抢劫、女游客被黑车司机诱骗、女游客独自潜水溺亡、老年驴友登山被困、孕妇旅途早产、刻意显露钱财被偷盗等事件都说明了这一点。

另外，出境游的女性更应该在走出国门前有意识地去关注目的地相关注意事项。近年来,外交部、国家旅游局等官方网站设立的"出国特别提醒"和"走出国门注意事项"等栏目涉及的国家和主要旅游城市已增加到200多个。内容包括出入境须知、当地政局和治安状况、交通和旅行注意事项等,还推出了《中国公民海外安全常识》与《中国领事保护和协助指南》等供下载的手册。这些安全知识和经验都会在很大程度上降低出境游的安全隐患。

(二)境外旅游安全保障及应急管理机制不够健全

随着近几年来女性出境游人数的逐年快速增长,女性境外游安全事件逐渐浮现,也暴露出我国境外旅游安全管理的一些缺陷,如领队对女游客进行性骚扰、旅行社不知目的地状况盲目出团、境外险险种有限等。此外,境外旅游安全法规与应急机制尚不完善。目前,我国仅有部分省份的外事、旅游、公安等相关部门已建立了境外中国公民安全保护工作机制,这在主动救助我国在境外遭遇突发事故人员方面发挥了积极的作用。但我国以及地方政府在境外旅游安全法规和安全标准的制定,以及境外旅游安全突发事件的信息收集、风险评估、应急处置等方面的效率提高上还有许多工作要做。

(三)安全管理缺乏性别意识

旅游者的安全需要社会、企业及个人的共同努力和保障。目前国内外社会普遍存在社会治安管理、企业安全管理缺乏性别意识这一现象。意识决定行为,没有安全管理性别意识,也就没有分性别的安全管理。通过上文分析可以发现,男、女游客安全事件是有明显差异的。比如,本次搜集的案例中有漂流筏侧翻事件4起,共导致10名女游客身亡,这足以说明,女性对这项运动的适应性是存在一定问题的,如果相关企业能够对参加漂流筏项目的女游客进行特别管理,如安排其在较为安全的位置就座,增加特别的安全防护装备或在漂流筏上增加救援人员等也许惨剧就不会发生。此外,本次搜集的64起安全事件中,有20起发生于酒店,这说明女性住宿安全是应该特别关注的。

四 2014年女性旅游安全管理的主要进展与特点

(一)多数事件应急处理及时有效

对比过去的女性旅游安全事件,2014年所发生的大部分事件实际都得到了及时有效的处理。如自杀女游客的紧急救援、突发疾病老年游客的空中接力、被困女驴友的成功搜救等,总之,2014年,我国旅游行业通过成功处理多起旅游安全突发事件,显示出我国旅游安全管理的应急处置能力有很大提升。与以往相比,2014年,国家旅游局和地方各级政府都将旅游安全作为一项重要的工作来抓,取得明显成效。比如,各地方旅游相关管理部门也逐渐出台旅游安全相关管理条例、规章和标准,形成了完整的旅游安全应急预案;同时,多数地方政府相关管理部门都成立旅游安全专门管理小组,落实旅游安全责任,形成稳定有序的旅游安全应急队伍;国内不少航空公司、酒店等相关旅游企业加强了对女性游客的特别照顾和安全管理,女性旅游安全将得到更多保障。

(二)市场关注多而政策关注少

从目前状况来看,女性游客已经成为景区、酒店、旅行社关注的焦点。于是,专门针对女性游客的女性主题旅游线路、女性主题客房、女性主题活动项目等越来越丰富,大大满足了女性游客的休闲、体验、社交、学习等方面需求。但旅游相关部门和企业的安全管理政策还很少考虑到性别差异。如旅游相关管理部门和统计部门在数据统计、规则制定等方面较少关注到性别因素。如我国多数大型旅行社和相关管理部门对旅游安全事件的统计还是停留在几死几伤上,而受害者的年龄、性别等个体特征信息不全,导致事故档案无法起到应有的分析、预测和反馈作用。

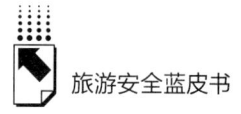

五 2015年女性旅游安全管理建议与形势展望

（一）2015年女性旅游安全形势展望

2015年，我国女性旅游者人数将持续增加，女性旅游产品将更加丰富和多元，女性旅游安全形势将更加乐观。原因在于：首先，《旅游法》的出台后，国家和地方各级政府将更加关注旅游安全问题，相关安全管理条例和规章制度将更加完善，这将为女性游客安全管理指引方向；其次，经过这些年女性旅游安全事件的处理，国家及地方各级政府在处理国内、出境旅游安全事件方面将会更加有经验，各地、各企业的安全应急预案也将会越来越完善；最后，随着女性游客的出游经验越来越丰富以及各企业对女性游客的重视，女性出游安全保障将会加强。

（二）2015年女性旅游安全管理建议

1. 加强行前教育，增强女性游客安全意识

行前教育，即旅游活动发生前对旅游者行为的教育。目前，各地展开的行前教育主要针对团队游客，而且基本上没有突出性别差异，尤其是自助游、自驾游的女性游客。本文在这里呼吁各级旅游相关管理部门、旅游企业等除通过电视、广播、杂志、报纸等大众媒体以及微信、微博等新型社交媒体以公益广告、知识讲坛、知识竞赛等形式向广大社会公众普及旅游安全常识、文明旅游、旅途自救等旅游安全知识和技能外，还要针对女性游客增加商品真伪辨别、徒手自救、紧急求助、正当防卫、紧急避险、自卫防身等比较实用的技法，在增强其安全意识的同时，让其掌握一定的安全知识和技能。

2. 完善境外旅游安全保障与应急管理

积极调动地方政府共同参与到境外游客安全保障与应急管理的工作中。首先，可鼓励各地方旅游相关管理部门，结合《旅游法》完善我省旅游风险评估、目的地风险安全预警、突发事件报告、应急及善后处置的地方性法规制定，设立旅游突发事件应对的专用基金等。其次，应突出旅游安全预警信息的告知效果，有关部门在颁发因公、因私护照时，免费赠发外交部编印的《中国公民海外安全常识》、《中国公民出国提醒》、《中国领事保护和协助指南》和《海外中国公民文明指南》等资料，并及时提醒护照申领者查阅外交部和省（市）外事、旅游部门的官方网站，关注目的国（地区）的安全预警信息。最后，外交部、大使馆、旅游局等境外旅游安全相关管理部门可选择在境外旅游旺季时段，协调宣传、信息等部门，通过报刊、电台、电视台、手机短信等渠道及时发布不适合出境旅游的目的地信息，播放出国安全提示和领事保护知识，从而提高境外旅游安全预警信息的告知率和送达率。

3. 安全管理应关注性别因素

目的地以及旅游企业的安全状况影响着女性游客的决策和消费，建议相关旅游企业不要仅仅将注意力集中于女性主题旅游线路、女性主题客房等女性主题产品，而应该将了解女性游客的安全忧虑作为提升旅游服务质量突破口，在酒店住宿设施和空间布局、交通工具卫生舒适、旅游目的地旅游环境以及社会治安等方面，满足女性的旅游安全需求，提升当地旅游业服务质量。此外，也可以借鉴国外经验从硬件、软件两个角度出发去加强女性游客安全管理。

参考文献

［1］陈萍：《都市职业女性旅游消费偏好研究》，厦门大学经济管理学院硕士学位论文，2007。

［2］韩湘景：《中国女性生活状况报告 No.7（2013）》，社会科学文献出版社，2013。

［3］佟吉清：《警惕"强奸文化"背后的歧视逻辑》，《中国妇女报》2014年7月14日，第3版。

［4］何一枫、姚升厚：《境外旅游安全问题亟需引起关注》，《政策瞭望》2011年第12期。

[5] 范向丽:《2011~2012我国女性旅游的安全形势分析与展望》,《中国旅游安全报告(2012)》,社会科学文献出版社,2012。
[6] 姜麒麟、彭运海:《60起道路交通死亡事故分析》,《中国法医学会·全国第十七届法医临床学术研讨会论文集》,2014。
[7] 蒋皓:《儿童溺亡已尽合理义务不担责》,《法制日报》2014年8月7日,第5版。
[8] 王春、鹿轩:《"驴友"溺亡活动组织者被判赔》,《法制日报》2014年2月22日,第8版。
[9] 孟刚:《不文明出游这事儿大了》,《中国消费者报》2014年12月24日,第3版。
[10] 胡建兵:《云南旅游乱象,伤害游客到何时》,《检察日报》2014年12月17日,第6版。
[11] 司马童:《出境游客怎成了"违章常客"》,《中国商报》2014年12月9日,第2版。
[12] 张文:《严打黑车黑导黑托》,《西安日报》2014年11月2日,第2版。
[13] 储静伟等:《上海女游客在马来西亚遭绑架 疑已被叛军劫至菲律宾海域》,《东方早报》2014年4月4日,第10版。
[14] 钱春弦:《透视我国出境游安全趋势》,《国际商报》2014年8月15日,第6版。
[15] 杨朝清:《量力而行才能先手户外运动乐趣》,《中国旅游报》2014年6月6日,第6版。
[16] 黄娴、李君光、廖思宇:《打造"安全网"严防涉水事故》,《北海日报》2014年5月24日,第1版。

B.18
2014~2015年我国旅行社责任险统保示范项目的发展形势与展望

张志安 胡笳*

摘　要： 2014年共18200家旅行社参加旅行社责任险统保示范项目，31个省（自治区、直辖市）的统保率进一步提高。江泰保险经纪股份有限公司加强了统保项目的品牌宣传和保险经纪服务，2014年统保示范项目共接报案9533起，较2013年（9896起）降低了3.67%。展望2015年，统保项目的覆盖面仍需进一步扩大，项目保障仍需进一步加强，产品服务需持续优化。

关键词： 旅行社责任险　发展形势　管理建议

自2010年启动旅行社责任险统保示范项目以来，在国家旅游局的大力推动下，各地旅游行政管理部门高度重视，积极宣传推动示范项目，着力提升项目运行服务水平，发挥项目风险管控作用，不断完善配套旅游保险体系。2014年广州、贵州、山东、四川、青海、海南、黑龙江、湖北、江西、内蒙古、山西、陕西、新疆、西安、石家庄、廊坊等地下发了续保文件，全国有18200家旅行社投保了统保示范项目，统保率达到72.96%。河北、湖北、江西、陕西、浙江、内蒙古、宁夏、青海、湖南等省区和福州、增城、

---

* 张志安，江泰保险经纪股份有限公司副总裁；胡笳，江泰保险经纪股份有限公司旅游行业事业部员工。

广州、肇庆、珠海、韶关、清远、邢台、石家庄、平顶山、黄冈、郴州、南昌、九江、新余、中卫、固原、吴忠、石嘴山、银川、厦门、大连、晋中、临汾、运城、长治、晋城、阳泉、朔州、大同、西安、随州、武汉、乐山等市召开2014年续保宣讲会议，集中宣传推动统保示范项目，安排当地旅行社集中投保，进一步提升了项目覆盖率，深化了行业安全管理。

一 2014年我国旅行社责任险统保示范项目的总体形势

2014年共18200家旅行社参加统保示范项目，统保率为72.96%，参保家数比2013年增加844家，由于旅行社数量增长较快，因此统保率较2013年降低0.31%（见图1）。参保规模不断扩大，偿付能力不断提高，进一步提升了示范项目利用保险"大数法则"转移风险的能力。

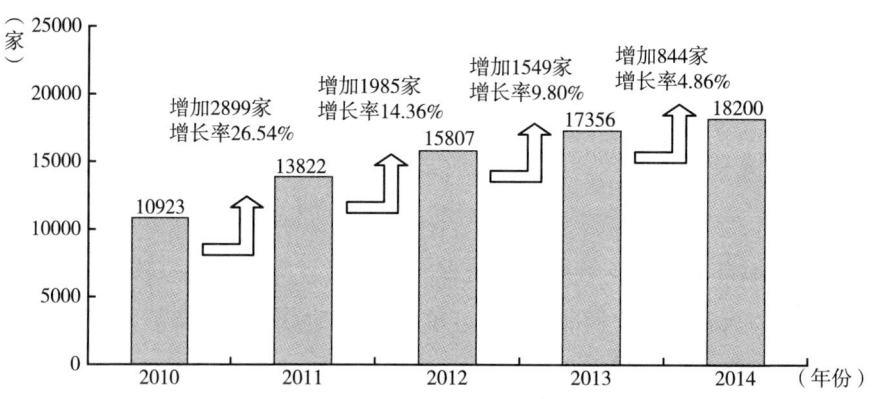

图1 2010~2014年参保旅行社家数及增长情况

31个省（自治区、直辖市）中，山西、内蒙古、陕西、云南、四川、海南、青海、宁夏8个省区实现100%统保，福建、新疆、广东、湖南、山东5个省区统保率超过90%，吉林、天津2个省市统保率超过80%，北京、贵州2个省市统保率超过70%（见表1）。

表1 2014年度旅行社责任保险统保示范项目统保率一览表

省(区、市)	旅行社投保数量	统保率(%)	省(区、市)	旅行社投保数量	统保率(%)
山西	815	100.00	内蒙古	918	100.00
陕西	656	100.00	云南	608	100.00
四川	616	100.00	海南	359	100.00
青海	224	100.00	宁夏	103	100.00
福建	756	99.47	新疆	386	96.98
广东	1438	95.11	湖南	686	94.88
山东	1843	93.89	吉林	464	85.93
天津	276	80.23	北京	777	76.10
贵州	207	74.46	辽宁	777	68.10
河北	845	67.49	重庆	291	66.90
广西	330	64.71	湖北	672	64.55
黑龙江	407	62.23	浙江	1145	60.45
江苏	1155	57.87	河南	624	54.69
安徽	404	40.97	甘肃	158	37.00
江西	260	34.21	上海	0	0.00
西藏	0	0.00			

注：截至12月31日，按统保率排序。

在各级旅游部门的引导和经纪公司、保险公司的共同努力下，示范项目运行日益顺畅，需通过全国联合工作小组层面讨论解决的问题日益减少，2014年项目组织召开了两次共保体工作会，对2014年度示范项目推广、加速赔案处理、做好期内保险服务、完善项目保障、经纪公司和保险公司履约等工作进行部署及重点推进。

全国29个省（自治区、直辖市）建立省级联合工作机制，召开地方联合工作小组会议30余次，沟通结算、重大案件处理、事故鉴定等内容，及时有效地解决项目运行过程中发现的问题，根据当地旅游风险事件情况，有针对性地探讨化解风险和防灾防损的具体措施。

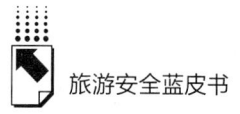

二 2014我国旅行社责任险统保示范项目的品牌宣传

在国家旅游局和各级旅游行政管理部门的大力支持下，江泰保险经纪股份有限公司大力推动旅责险统保示范项目的品牌宣传工作，并积极通过报刊、旅游保险宣传周、项目宣传材料、电子商务途径等进行品牌营销。

（一）报刊宣传

项目中心继续在《中国旅游报》刊发旅责险统保示范项目的宣传文章，全年共发表相关文章48篇。保险、法律、旅行社等各领域的专家分别从运行机制、保险保障、重大案件处理、风险防范等角度对示范项目进行了宣传介绍。

（二）旅游保险宣传周

根据全国旅游工作会议、国家安委办下发的《关于开展2014年全国"安全生产月"和"安全生产万里行"活动通知》文件，国家旅游局决定在全国旅游行业开展"安全生产月"活动。各地旅游局积极响应国家旅游局的号召，大力宣传旅游安全和旅游保险常识，开展具有当地特色的旅游保险"安全生产月"活动。

江泰保险经纪股份有限公司作为国家旅游局旅行社责任险统保示范项目的保险顾问和参保旅行社的保险经纪人，积极配合各地旅游行政管理部门开展活动，共同宣传风险知识、保险知识、旅游安全知识。陕西、青岛、贵阳、深圳、成都、江苏、泰州、广州等多个省、区、市开展了"安全生产月"活动。各地活动形式多种多样，如西安、广州、深圳、成都等地举办了培训会议，青岛开展了突发事件应急演练，贵阳、江苏等地举办了安全咨询日活动，部分地市开展了安全检查等。通过活动的开展，旅游安全知识、旅游保险知识深入人心，进一步提高了旅游行业及旅游参与者的安全意识与保险意识。

（三）项目宣传材料

编制印发6.9万册《旅行社服务手册》、6万册《导游手册》、3.3万张示范项目宣传折页、3.5万张示范项目封套、1.8万册《旅行社责任保险统保示范项目2013年年度报告》、2万册《2011~2013年度旅行社业风险白皮书（含案例汇编）》，向全国参保旅行社发放。

（四）电子商务开拓新途径

不断优化旅游保险网系统功能，通过系统加强了全国调处中心对分中心案件处理的实时监控功能，加强了对案件处理的时效性、准确性、赔款金额核定合理性等内容的检查和评估，建立大案逐案监控、其他案件抽查的工作机制，进一步提高工作效率和服务质量。启动对旅游保险网B2B业务改造工作，细分用户群，对界面设定、网站功能进行归总，强化旅游交易功能，提升旅游保险网流量，为电子商务业务开展、提升客户体验奠定基础。

三 2014我国旅行社责任险统保示范项目的保险经纪服务

（一）咨询投保服务

1. 经纪公司全力推广

2013年底，17300多家旅行社需在一个月内集中续保2014年示范项目，对服务机构的人力调配、系统保障和服务时效等提出了较高要求。为在有限的时间内通知各地旅行社保险到期、协助旅行社办理续保手续，江泰保险经纪股份有限公司统一布置、分批推进、提前应对，累计在全国召开了不同形式的培训会议1100多场，对已投保旅行社逐个电话沟通，提醒保险到期时

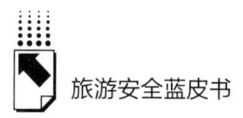

间,告知续保手续。因为是业务淡季,许多旅行社处在放假阶段,服务人员通过多次电话联系甚至反复上门确保旅行社知晓保险到期,协助旅行社及时办理续保手续,累计提供投保咨询22000多人次。

旅行社办理投保手续后,将保费支付至经纪公司设立的示范项目保费专收账户,由经纪公司向各出单保险公司划付保费。由于20个省市的保险监督机构要求保险公司收到保险费后才能出具保险单和发票,因此,为确保这部分见费出单地区的旅行社续保时能够及时获得保险保障,规避保险公司无法及时收到保费,不能按时出具保单的风险,经纪公司自行为参保2014年示范项目的旅行社垫付保费325万元。

2. 保险公司同心协作

6家共保公司与经纪公司全力配合,积极参加各级联合工作小组会议,重点解决统保率低的地区的市场推广问题,加快佣金和调处费结算以保障项目健康运行,建立境外法律援助机制并优化小额快付机制以便给旅行社提供更好的理赔服务。各共保公司贯彻落实会议决议,推动项目规范化运营,共同为各地参保旅行社服务。

3. 优化投保方式,提高投保效率

根据2013年度投保服务中反映的问题,及时对投保系统和服务方式进行了改进和优化。

第一,优化线上线下结合的立体投保方式。经纪公司在为参保旅行社提供网络、电话、现场投保等线上线下立体投保方式的基础上,要求400客服专员的询问与引导用语更加简洁、规范,解释更加到位,进一步提高投保效率,方便旅行社选择最适合的保险方案。同时在2013年系统对接出具保单的基础上,进一步优化数据接收流程,使出单效率进一步得到提升。

第二,协调保险公司提高投保效率。2014年度6家共保公司共同优化出单系统对接,共保公司接收保单出单指示数据失败率明显降低。经纪公司共向6家保险公司补充发送投保数据、投保材料5000多份,协调保险公司优化系统、核对并补发数据,确保及时出具保单。

（二）出险案件处理

1. 2014年度案件情况

由图2可知，2014年示范项目共接报案9533起，较2013年（9896起）降低了3.67%。其中，基本险案件6513起，较2013年（6451起）增加了0.96%；附加险案件3020起，较2013年（3445起）降低了12.34%。2014年结案率为83.56%，赔款总计7103.6万元，比2013年度6815.7万元增加4.22%。其中，已决赔款2489万元，未决赔款4614.6万元。基本险已决赔款1143.8万元，占已决总赔款的45.95%；附加险已决赔款1345.2万元，占已决总赔款的54.05%。基本险未决案件1855起，未决赔款3789万元；附加险未决案件752起，未决金额825万元。2014年未决案件共2607起，主要包括临近年底期间发生的案件、协调不一致需通过诉讼解决的案件和伤者仍在治疗中的案件。

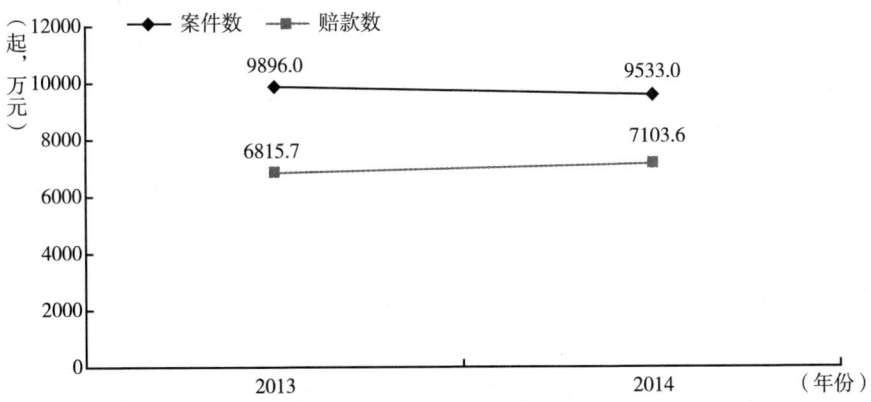

图2　2013、2014年案件数和赔款数对比

2. 基本险情况

案件种类多样。动物咬伤共213起，销案144起，结案16起，赔款168069.81元；未决53起，未决估损461300元。猝死共116起，销案35起，结案23起，赔款1228653.54元；未决58起，未决估损85000元。高原反应共87起，销案62起，结案10起，赔款76122.04元；未决15起，未决估损91800元。交通事故共441起，销案209起，结案22起，赔款1400399.64元；未决210起，未决估损22116096元。溺水事故共53起，销案13起，结案9起，赔款1354191.84元；未决31起，未决估损2298700元。失踪事故共42起，销案28起，结案4起，赔款229520.09元；未决10起，未决估损37010元。食物中毒共334起，销案185起，结案48起，赔款333238.79元；未决101起，未决估损491100元。一般意外共4284起，销案2610起，结案377起，赔款5880361.52元；未决1297起，未决估损10173090.61元。游客自身疾病事故共362起，销案266起，结案20起，赔款756148.06元；未决76起，未决估损2132500元。旅行社工作人员死伤共8起，销案1起，结案3起，赔款11357.17元；未决4起，未决估损4100元。

3. 附加险情况

案件同样存在多种类型。财物被盗抢共355起，销案188起，结案91起，赔款949993.63元；未决76起，未决估损1163230元。财物丢失共199起，销案125起，结案36起，赔款262811.73元；未决38起，未决估损146700元。证件丢失共19起，销案13起，结案2起，赔款6373.8元；未决4起，未决估损14500元。旅程有责取消共254起，销案116起，结案75起，赔款1058227.51元；未决63起，未决估损421849元。旅程无责取消共260起，销案110起，结案89起，赔款1059855.24元；未决61起，未决估损849989元。旅程有责延误共737起，销案344起，结案214起，赔款3074747.3元；未决179起，未决估损2284083元。旅程无责延误共1769起，销案949起，结案489起，赔款7044009.99元；未决331起，未决估损3370643元（见图3）。

4. 重大案件垫付、预付情况

2014年示范项目通过专项保证金累计为3起重大案件垫付120万元，协调共保公司为9起重大案件预付513万元。示范项目在使重大案件处理获得及时的资金支持的同时，保障了旅游者的权益，减轻了旅游企业的负担，成为旅游部门处理重大案件的有力抓手。

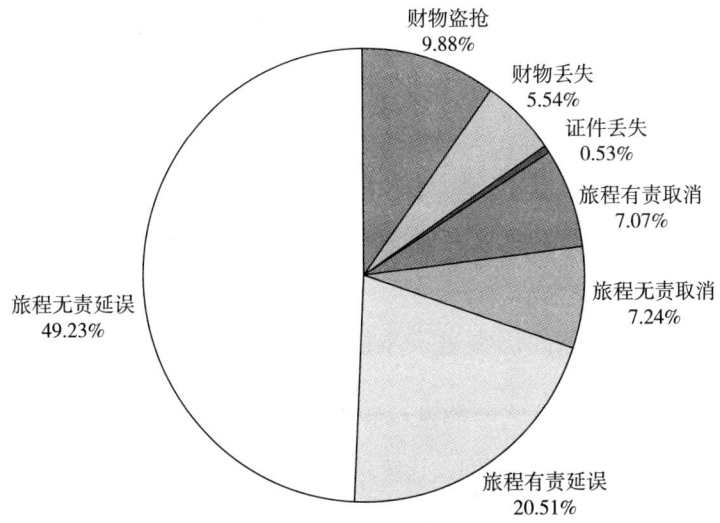

图 3　附加险出险类型比例图

（三）培训咨询服务

咨询、培训常态化发展，风险管控服务逐步深化。2014年江泰保险经纪股份有限公司加强与当地旅游部门、旅行社的沟通并加大上门拜访力度，借助电话、短信、邮件、QQ、网站平台等多种渠道随时向旅行社提供投保、案件处理、索赔指导、风险防范、防灾防损建议、资料提供等咨询、培训服务。通过给旅行社提供上门培训，分析归纳出险情况并进行总结对比，并就旅行社在经营管理或带团过程中存在的风险提出风险防范和防灾防损建议。2014年累计接受电话咨询73000多人次，为18200家旅行社提供投保服务，上门拜访7000余家旅行社，为旅行社提供培训600余次，上门里程60多万公里。

（四）行业风险防控

经纪公司每季度向国家旅游局及29个省（自治区、直辖市）、6个计划单列市旅游部门提供《出险情况分析及风险管理建议报告》，累计报送过百

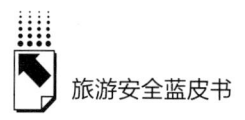

份。5年来，在各地旅游部门领导下，统保示范项目风险管控工作逐步深化，与行业整体安全管理相结合。

四 2015年我国旅行社责任险统保示范项目的形势展望与管理建议

（一）项目覆盖面仍需进一步扩大

2014年示范项目的统保数总体而言距离80%的统保目标尚有差距。2015年需进一步加大推广力度，让统保示范项目为更多旅行社保驾护航。

要重视旅行社追逐低价、不重保障的现象。由于保险条款的专业性，很多旅行社不懂或没有时间研究条款，不明白如何选择最适合自身的保险保障，加之被市场上低价产品所诱惑，往往选择了表面上与统保示范项目相似、实则无相关保障机制的"盗版"示范产品。"盗版"示范产品虽模仿了示范项目，但其在责任认定和调解处理机制、医疗、随团工作人员保障等方面大打折扣，借以拉低产品价格、维持市场份额。此外，要积极推进行业的统保进程。旅游行业小、散、多，不同旅行社的发展十分不均衡，旅行社对统保示范项目的了解需要一个过程，要实现旅游行业整体统保尚需时日。

（二）项目保障仍需进一步加强

保险经纪服务团队建设需不断加强。保险经纪公司对行业特点的认知不足，对全国统保过程中的问题应对不够，面对极度分散、高度市场化的旅行社业，其业务能力和服务意识有待进一步提高。

共保公司服务需不断加强。保险公司在承保、保单批改（特别是增加保额、退保）和开具发票、结算、预付、赔款摊回等方面的协同性不强，案件后期处理效率下降，影响旅行社对示范项目的满意度。保险公司需要从大局出发，通过适度集中业务规模、统一考核、线上线下操作相结合、建立奖惩机制等方式革新项目管理模式，适应示范项目的分散性和集中性并存的特点。

调解处理专业技能有待进一步提高。旅游案件复杂多变，对调处员的专业性要求较高，需要时间积累、实践磨炼和加强管理来培养一支高素质的调处员队伍。

（三）产品服务需持续优化

2014年我国出境游人次达到1.09亿，人均出境游消费1400美元，成为世界第一大出境游市场和第一大出境游消费国，但与此同时，近些年来发生的"1·31"上海团美国交通事故、"10·1"北京团南非交通事故，动辄花费二三百万元的紧急救援费用，无论对旅行社还是出境公民，都不啻为天文数字。

以旅行社责任险统保示范项目为例，5年来投保紧急救援附加险的旅行社仅百余家，出现因无救援责任造成的游客逾期滞留、拖欠医药费造成停止治疗甚至惊动外交层面解决的诸多案例，如"10·1"北京团南非交通事故中，旅行社、游客均未投保救援责任保险。

市场现有产品的救援责任均以"事故是否属于保险责任"为前提，如不属于保险责任则无法启动紧急救援，这一产品壁垒亟须打破。紧急救援的响应程度和服务水平取决于救援机构的规模和服务网络，由于境外医疗救助服务成本较高，救援机构服务水平差异较大且服务标准不统一，因此，建立统一服务标准的境外救援体系十分重要。

因此，有必要优化旅游救援类的保险产品体系，在国内旅游、出入境旅游等各专业市场提供具有针对性的旅游救援保险产品，推动旅游救援业务的健康发展。

结 束 语

建立健全中国公民出境旅游紧急救援与安全保障体系迫在眉睫。国家旅

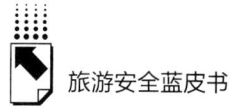

游局李金早局长在 2015 年全国旅游工作会议上提出的"515 战略",明确了旅游安全的发展目标和加快旅游紧急救援体系建设、完善旅游保险保障体系等两项举措。旅行社责任险统保示范项目应该进一步优化产品体系,推动建立政府救助与商业救援相结合的旅游紧急救援体系,推广利用商业保险的境外救援新模式,完善旅游保险保障体系。

B.19 2014~2015年中国旅游保险的发展形势与展望*

李勇泉 曹娜 阮文奇**

摘 要： 2014年，我国旅游保险业发展总体形势良好，呈现政策利好、投资活跃、创新不断、总量增加但占比增幅不大等特点。本文具体剖析了旅行社责任保险统保示范项目、旅游意外险等保险类型，政府、保险企业、旅游企业、旅游者等相关主体以及旅游保险救援与理赔的发展形势与特点。预测2015年我国旅游保险业将呈现市场规模有较大拓展、产品和营销更加精准、销售与理赔更趋简易和出境游及自助游稳步增长的趋势。建议改进旅行社责任保险统保示范项目运作模式，加大宣传力度，加强国际交流合作，借助大数据和移动网络等促进产品创新以及网络销售与理赔的便利化。

关键词： 旅游保险 形势 展望

导 言

2014年是"美丽中国之旅——智慧旅游年"，是贯彻落实《国民旅游休

---

* 基金项目：华侨大学"侨办"科研课题（11QSK05）。
** 李勇泉，华侨大学研究生院副院长、副教授，中国社会科学院博士后，硕士生导师，研究方向为旅游保险、区域旅游发展、饭店管理；曹娜、阮文奇，华侨大学旅游学院硕士研究生。

闲纲要（2013—2020年）》等旅游业利好政策的重要一年，旅游发展环境良好，旅游智能化和信息化快速发展，旅游公共服务设施不断完善，旅游投资和业态创新活跃，旅游业顺利实现了平稳增长。预计全年国内旅游接待36亿人次，同比增长10%；入境旅游1.28亿人次，出境旅游1.09亿人次，旅游接待总收入3.25万亿元，同比增长11%。[①] 2014年也是《旅游法》和《旅游突发事件信息报告办法》等相关法律法规开始实施的重要一年，各级政府和旅游企业都高度重视，旅游市场秩序日趋规范有序，旅游安全防控措施逐渐完善，旅游保险宣传力度加大，旅游保险产品和营销手段不断创新，旅游者投保意识有所增强，总体来看，我国的旅游保险业有了较大的发展。然而随着旅游规模不断扩大，旅游方式日趋自由化，旅游市场更加多元化，旅游安全防控的紧迫性以及旅游保险的重要性日益凸显。本文通过回顾与总结2014年度我国旅游保险发展形势与特点，探讨我国旅游保险发展的主要影响因素和预测2015年的发展趋势，对2015年促进我国旅游保险业的发展提出建议。

一 2014年我国旅游保险的总体发展形势

2014年我国旅游保险总体发展形势良好，呈现政策利好、投资活跃、创新不断、总量增加但占比升幅不大等特点。国务院常务会议分别就旅游业和保险业的发展进行部署，并给出较多的利好政策，出境游免签或落地签的国家或地区有了较大幅度的放宽。全球最大保险集团安盛集团以及阿里巴巴、腾讯、去哪儿等各大资本纷纷进入旅游保险行业，众安在线、意时网等在线旅游保险企业积极发力微信平台和手机APP终端，推动产品创新、网络营销和在线交易，"雾霾险"、"无理由取消险"、"零险"营销、"即时赔付"等推陈出新，旅游者购买旅游保险意愿增强，但参保率仍然不高。在

---

① 《2015年全国旅游工作会议工作报告全文》，中国网，http://www.china.com.cn/travel/txt/2015-01/16/content_34575800.htm，2015-01-16。

国家旅游局和保监会、各地方政府以及共保企业的积极推动下,江泰保险经纪股份有限公司推出旅游团体意外险、承运人责任险、导游执业综合险以及各种专属险种充实旅游保险保障体系,旅行社责任保险统保示范项目实现了稳步增长,参保2014年度统保示范项目产品的旅行社达18164家,同比增长4.65%,①但统保率比2012年和2013年有所下降。

二 2014年我国旅游保险的发展概况与特点

(一)保险类型的发展概况与特点

1. 旅行社责任保险统保示范项目稳步发展,但仍有较大空间

2014年,在各级旅游行政管理部门和保险机构的努力推动下,旅行社责任保险统保示范项目实现平稳增长,在重大案件处理、行业风险管控等方面发挥了重要作用。2014年是旅行社责任保险统保示范项目产品优化年,江泰保险经纪股份有限公司在推出旅游者团体意外保险系列产品后,相继推出航空意外保险、导游执业综合保险、大陆居民赴台旅游意外保险、突发疾病医疗保险、景区/饭店安全生产责任保险等保险产品,进一步满足了旅游企业、导游(领队)、旅游者的保险保障需求,为提升旅游行业综合风险能力搭建了新一级台阶。截至2014年12月21日,参保2014年度统保示范项目产品的旅行社达18164家,相比2013年增加了808家;接到报案9372起,比2013年下降2.65%。②其中人身伤害案件5566起,占出险总数的62.43%,同比下降1.68%;非人身伤害案件3350起,同比下降15.66%;受伤11183人,同比下降22.79%,死亡493人,同比增长11.79%。③

---

① 《江山万里,永保安泰》,旅游保险网,http://lvyou.jiangtai.com/news/2015-02-03/jt0000032273.shtml,2015-02-03。
② 《江山万里,永保安泰》,旅游保险网,http://lvyou.jiangtai.com/news/2015-02-03/jt0000032273.shtml,2015-02-03。
③ 《2014年度第四季度旅行社责任保险统保示范项目案件情况分析及风险管控建议报告》,旅游保险网,http://lvyou.jiangtai.com/list/RiskControl.shtml。

总体来看，2014年旅行社责任保险统保示范项目呈现以下特点。①总量增加，统保率下降。由于旅游业的快速发展，我国旅行社数量逐年递增，因此，虽然2014年参保旅行社数量增加800多家，但统保率仅68.33%，相对2012年和2013年的73%不升反降。②出险案件总量下降，结案率也下降。2014年的结案率为73.21%，① 根据旅行社责任保险统保示范项目官方网站提供的案例数据，2010年、2011年和2012年的结案率分别为99.07%、95.96%和84.96%，2013年统计数据不完整，但已有数据显示结案率不到50%，呈现逐年下降的趋势。② ③出险季度及类型基本稳定，死伤人数差异较大。与2013年类似，2014年第一、第四季度相近且出险数较低，第三季度出险数最高，第二季度次之；出险案件中人身伤害与非人身伤害的比重与2013年也基本接近；受8月份西藏两起交通事故死亡53人影响，2014年死亡人数有较大增长，但全年受伤人数总量同比降幅则达22.79%。④出险区域情况和2013年基本一致，个别区域稍有变动。2014年出险量最多的云南、湖南、广东等前10个区域排序和2013年基本一致，其中，云南省2014年第四季度案件数较2013年同期增加127起，增长38.02%。此外，河北、江西、宁夏、广西等区域案件数量有较大幅度的下降，而安徽、新疆等个别区域则有一定的上升。③

2. 旅游意外险创新与推广力度加大，但增幅不大

2014年旅游意外险整体呈现良好的发展势头，政府、旅游企业以及旅游者各方对旅游意外险的重视程度都得到了较大的提高。《旅游法》规定，"旅行社应当提示参加团队旅游的旅游者按照规定投保人身意外伤害保险"。各级政府有关部门加大了对旅游意外险的宣传推介和督促落实的力度。8月19日，第三届海峡两岸绿色通道紧急救援暨两岸旅游安全高峰论坛上，针

---

① 《江山万里，永保安泰》，旅游保险网，http://lvyou.jiangtai.com/news/2015-02-03/jt0000032273.shtml，2015-02-03。
② 《2013年各省市旅责险案件情况统计图》，旅游保险网，http://lvyou.jiangtai.com/service/CaseData.shtml。
③ 《2014年度第四季度旅行社责任保险统保示范项目案件情况分析及风险管控建议报告》，旅游保险网，http://lvyou.jiangtai.com/list/RiskControl.shtml。

对大陆居民赴台湾旅游各类安全事故较快增长的情况，启动了大陆居民赴台旅游意外、突发疾病医疗保险项目。[1] 9月26日，湖南省旅游保险工作调度会决定2015年推出"湖南省旅游意外伤害保险示范项目"，确保重大案件将有500万元专项保证金，定损金额2000元以下（含）的案件可实现当日赔付。[2]

保险企业加大旅游意外险产品的创新和推广力度，投保数量稳步提升但增幅不大。除了江泰保险经纪股份有限公司配套旅行社责任保险统保示范项目推出的系列旅游意外保险产品外，面对旅游市场规模的不断扩大以及保险行业激烈的竞争，2014年各家保险机构和旅游企业积极推出各种特色旅游保险产品或者DIY产品，并在节日营销、微信营销等营销手段上不断推陈出新。泰康人寿4月推出"飞常保"产品，首创全民免费航意险模式；[3] 意时网开发保险黑板擦APP，全部采用在线直销方式，推出的"意时'千里行'境外旅行保险（钻石计划）"可以提供95种语言翻译服务；[4] 携程网与平安保险合作推出"雾霾险"，并在"境外邮轮短线保险"基础上推出"无理由取消险"，任何旅游出险都能赔；[5] 众安保险推出"37度高温险"这一旅游天气保险产品等。[6] 但居国内首位的在线旅游运营商携程网5月份发布的《2013年—2014年旅游意外险投保理赔报告》显示，近一年内，携程网上购买旅游产品的游客旅游意外险的投保率与上一年相比仅提高5%，[7] 与近几年我国出游人次每年递增10%左右相比，以及与马航空难、越南排华等境外天灾人祸事件递增相比，旅游意外险的投保情况总体还不理想。

---

[1]《海峡两岸携手为大陆居民赴台旅行提供安全保障》，旅游保险网，http：//lvyou.jiangtai.com/news/2014-09-18/jt0000032161.shtml，2014-09-18。
[2]《全省旅游保险工作调度会在长沙召开》，湖南省旅游局门户网站，http：//www.hunan.gov.cn/hnly/lydt/lyww/201410/t20141015_1155287.html，2014-10-15。
[3]《告别裸飞 泰康人寿免费赠百万航意险》，泰康人寿网，http：//www.taikang.com/tab164/info278300.htm，2014-04-15。
[4] 意时网，http：//www.ins110.com/。
[5] 携程旅行网，http：//vacations.ctrip.com/insurance。
[6]《众安保险首推37度高温险》，慧择保险网，http：//www.hzins.com/study/detal-104180.html，2014-05-25。
[7]《携程发布2013年—2014年旅游意外险投保理赔报告》，旅游圈，http：//www.dotour.cn/article/7441.html，2014-05-21。

（二）相关主体的发展概况与特点

1. 政府继续强化旅游保险工作，但成效有待提升

各级政府高度重视旅游保险工作，2014年继续加强对旅行社责任保险统保示范项目的宣传推介和督促工作。2013年4月，国家旅游局就启动了2014年度统保示范项目优化工作，11月正式开展续保工作之后，各省及地市旅游局都下发了通知，山东、海南、山西、内蒙古、江西等地旅游局还召开专门的培训会议，海南、福建等省对未投保旅行社进行了通报。2014年1月29日，上海市旅游行业协会代表本市旅行社与旅游管理部门、保险公司共同推出《2014年上海市旅行社责任保险统保方案》，针对性补充完善了相关条款。① 3月28日《云南省旅游条例》重新修订，明确规定旅行社、旅游住宿企业、旅游车船企业等及其他一些高风险旅游项目经营者应当参与云南旅游组合保险统保统筹。② 8月，国务院先后下发《国务院关于加快发展现代保险服务业的若干意见》和《国务院关于促进旅游业改革发展的若干意见》，指出要运用保险机制创新公共服务模式，保障旅游安全。9月26日，国家旅游局办公室下发《关于启动中俄免签团队游客旅游保险合作项目的通知》，分四期举办"中俄旅游保险数据服务平台应用培训班"。③ 但由于各地重视程度不同，实际推动力度也有较大差别，还没有对旅游保险市场产生广泛的影响，如云南旅游组合保险等项目的运作也还存在有待完善的地方，④ 从旅行社责任保险统保示范项目以及旅游意外险的实际投保率来看，成效并没有显现。

---

① 《上海市旅游行业协会积极推进本市旅行社责任保险统保》，上海市人民政府网，http://www.shanghai.gov.cn/shanghai/node2314/node2315/n31406/u21ai839510.html，2014-01-29。
② 《〈云南省旅游条例〉5月1日起实施 规定旅行社须参与旅游组合保险》，和讯网，http://insurance.hexun.com/2014-04-21/164121442.html，2014-04-21。
③ 《中俄旅游保险数据服务平台培训会圆满结束》，中国旅行社协会网，http://cats.org.cn/xinwen/gongzuo/23636，2014-10-30。
④ 《云南首例"旅游组合保险"拒赔案进展》，金投保险，http://insurance.cngold.org/c/2014-07-01/c2622162.html，2014-07-01。

2. 保险企业参与热情高涨，但产品良莠不齐

保险企业参与旅游保险市场热情高涨。江泰保险经纪股份有限公司在旅行社责任保险统保示范项目基础上，对旅游保险网进行改版，分设企业保险和个人保险，与中国平安财险、中国太平洋财险、中国人寿财险等共保企业合作开发了旅游团体意外险、承运人责任险、导游执业综合险以及各种专属保险产品。9月23日，江泰保险经纪股份有限公司与教育部合作的校企合作项目"江泰保险实用型人才培养培训基地"正式启动，进一步加强了对专业人才的培养。[1] 各保险企业也纷纷推出产品和创新营销方式，国华人寿推出最低保费1元的旅游意外险，太平洋保险推出最低4元的交通意外伤害保险，生命人寿推出2.99元保30万元的旅游综合意外险，君龙保险推出了最低0.7元的短期旅行险，众安保险配合同程网"1元门票"活动推出"下雨贴10元"的天气服务保险。各保险公司也纷纷登录微信平台和推广手机APP终端，泰康人寿、意时网等企业还推出免费赠送旅游保险的优惠活动。[2] 与此同时，也存在一些保险产品质量缺陷或者陷阱问题，导致投诉率上升，如"美亚碧海蓝天旅行意外伤害保险（2014年第一版）"因存在条款名称与费率名称多处不一致等霸王条款问题[3]、众安保险的个人航空行李托运丢失保险因费率厘定不符合公平性原则而一起被保监会叫停。[4] 保监会由此也将对人身保险公司赠送保险行为进行规范，严禁以赠送保险为由，变相开展违法违规业务或进行不正当竞争。[5]

---

[1] 《江泰与教育部共建保险人才培养基地》，江泰保险经纪网，http://www.jiangtai.com/newsmain1.asp?id=6098&tid=216&cname，2014-10-31。

[2] 《1元也能买到旅游意外险——网售保险频现"白菜价"》，网易新闻，http://news.163.com/14/1218/13/ADOIOEL300014AED.html，2014-12-18。

[3] 《美亚财险意外险产品涉嫌霸王条款被保监会点名》，旅游保险网，http://www.517bx.com/index.php?m=news&a=details&newsId=37&typeId=1，2014-09-06。

[4] 《互联网保险投诉量屡居首 行业受制创新不足》，微日报，http://www.wribao.com/tech/201502/2014478587.html，2015-02-13。

[5] 《保监会拟规范人身险公司赠送保险行为》，中新网，http://finance.chinanews.com/fortune/2014/11-25/6810591.shtml，2014-11-25。

3. 旅行服务企业积极推广旅游保险，但运行中仍有漏洞

面对持续增长的旅游市场，在各级政府的推动下，旅行社参与旅行社责任保险统保示范项目的数量稳步增加，并积极宣传推介旅游保险。9月19日召开的"第三届海峡两岸旅游安全与保险救援高峰论坛"，两岸100多家旅行社200多位代表参加，同时成立了"旅游绿色通道救援联盟"，依托"海峡两岸紧急医疗救援服务平台"在台湾设立旅游保险服务中心，拓展了大陆居民赴台旅游意外、突发疾病医疗保险项目。[1] 但仍有部分旅行社利用游客对旅游保险认知不清的情况，把责任险当意外险宣传，巧立名目把保费分摊到团费中，由消费者为旅行社责任险买单。[2] 当游客出现意外事故时，旅行社一推了之，游客则由于对旅游意外险的了解有限而无从补偿。[3] 此外，也有部分代理旅游意外险业务的旅行服务商存在虚假销售的欺骗行为，只收钱而没有代理投保，央视还专门对某知名旅行服务网站销售假保险事件进行报道。[4] 低价机票捆绑销售航意险[5]或门票捆绑销售意外险[6]等一些现象也为各界所诟病。

4. 旅游者投保意识有所增强，但认知仍有误区

携程网5月份发布《2013年—2014年旅游意外险投保理赔报告》，通过对来自全国20个主要城市的数千份旅游保险用户调研数据的分析显示，旅游者购买旅游保险意愿高达83%，比往年有了较大的增长。旅游者购买旅游保险的原因主要是"习惯性购买，出行有保障，放心"（超过七成），依次还有旅途中有高风险项目、目的地不安全、出游中有老人和小孩等因

---

[1] 《扩展旅游保险产业链，保障赴台游健康发展》，旅游保险网，http://lvyou.jiangtai.com/news/2015-02-03/jt0000032266.shtml，2015-02-03。
[2] 《"羊毛出在羊身上"的旅行社责任险》，大河网，http://www.dahe.cn/2014/03-20/102694533.html，2014-03-20。
[3] 《老人旅游途中摔伤 旅行社"不作为"被判赔偿》，第一旅游网，http://www.toptour.cn/tab1210/info177345_page2.htm，2014-07-30。
[4] 《20元航班延误险 买的竟是假保险》，央视网，http://news.cntv.cn/2014/10/26/VIDE1414300320198290.shtml，2014-10-26。
[5] 《被航意险绑架的低价春运机票 套餐搭售现象仍存在》，旅游保险网，http://www.chinatourins.com/cms/cms_view.jsp?id=13904398380001，2014-01-23。
[6] 《十一国庆旅游需注意 门票搭售保险保监会已叫停》，中商情报网，http://www.askci.com/finance/2014/09/30/161055ocqn.shtml，2014-09-30。

素。游客最关注的保险是意外伤害、医疗保险,其次是财产安全保险。① 7月份一周之内马来西亚航空、复兴航空和阿尔及利亚航空三架飞机接连坠落,近500人遇难,也使得旅游意外险、航意险的投保量出现了一个小高峰,咨询保险条款的电话也激增。② 但总体来看,受旅游者认识局限、侥幸心理以及旅行社的误导等影响,仍有相当一部分旅游者对旅游保险的认知存在误区,混淆旅行社责任保险和旅游意外险,或者只重视航意险而不重视其他旅游意外险险种。携程网调查报告显示,"不了解旅游保险"(24%)是旅游者不购买保险的第二大原因,理赔不成功的主要原因为不符合保险的理赔范围也可以反映这个问题。因此,携程网旅游保险投保率相对前一年也仅提高5%(而我国旅游出游人次年增10%,通过网络预订旅游产品的比重也大幅增加),经济发达的广东区域投保率在20个调研城市中最低,③ 截至6月份,中国国旅广东公司仅有1位自助游游客单独购买旅游保险,④ 这些数据都表明我国旅游者的保险意识还需要大幅度提升。

(三)保险救援与理赔发展概况与特点

旅游保险救援与理赔程序优化效率提高,但机制尚待理顺。随着旅游保险规模的增加、旅游保险业竞争的日益激烈以及信息技术等手段的创新,旅游保险行业的理赔程序逐渐优化,理赔效率大大提高。携程网的调查报告显示,虽然92%的报案旅游者成功获得了理赔,但"理赔太烦琐"(28%)是旅游者不购买保险的最大原因。⑤ 不过,2014年里不少旅游保险企业在理

---

① 《携程发布2013年—2014年旅游意外险投保理赔报告》,旅游圈,http://www.dotour.cn/article/7441.html,2014-05-21。
② 《一周三架飞机坠落 空难对中国旅游业将会产生什么样的影响》,旅游圈,http://www.dotour.cn/article/8524.html,2014-07-25。
③ 《携程发布2013年—2014年旅游意外险投保理赔报告》,旅游圈,http://www.dotour.cn/article/7441.html,2014-05-21。
④ 《自助游为何都不肯买保险?》,中证网,http://www.cs.com.cn/ssgs/bxgs/201406/t20140604_4408757.html,2014-06-04。
⑤ 《携程发布2013年—2014年旅游意外险投保理赔报告》,旅游圈,http://www.dotour.cn/article/7441.html,2014-05-21。

赔方面有了创造性的改进。江泰保险经纪股份有限公司采购了国内最先进的人身保险业务系统，实行人身保险案件委托服务模式，保证理赔过程公平公正的同时，赔付时间由至少半个月缩减至一周之内，甚至隔天即可获得理赔。① 穷游网/意时网合作推出的"意时'千里行'境外旅行保险（钻石计划）"则直接采用简化的网络理赔方式，推行"手机拍照闪电赔"和10分钟快速理赔受理的服务，受到了消费者的欢迎。② 但是目前大部分的旅游保险理赔程序仍然是传统的模式，手续麻烦，甚至理赔困难。如国内率先推出的"云南旅游组合保险"，首例发生旅游交通事故后，旅行社与保险公司却相互推诿，而诉讼程序则十分烦琐。③ 即使是理赔案件最多的旅程延误险，也有很多人因为不清楚或者赔偿金额不高但理赔手续麻烦而放弃，也因此导致很多游客不愿购买，从而影响该险种的健康发展。④

三　影响我国2015年旅游保险发展的主要因素及趋势预测

（一）政策红利及各大资本注入旅游保险行业，市场规模将有较大拓展

7月2日，国务院常务会议重新定位旅游业为现代服务业的重要组成部分，提出业态发展新突破和带薪休假制度创新，同时推行保险版"新国十条"，部署加快发展现代保险服务业。2015年全国旅游工作会议工作报告也提出增强全社会旅游安全意识，鼓励通过财政补贴等方式为青少年和老年人

---

① 《前一天交资料　次日即拿到理赔款——江泰保险首创人身保险案件委托服务模式》，江泰保险经纪网，http://www.jiangtai.com/newsmain1.asp? id=5278&tid=216&cname，2014-08-07。
② 《手机拍照闪电赔》，意时网，http://www.ins110.com/product/GoodB.JSP。
③ 《云南首例"旅游组合保险"拒赔案进展》，金投保险，http://insurance.cngold.org/c/2014-07-01/c2622162.html，2014-07-01。
④ 《航班延误险拿到赔偿有多难：申请费时费力》，金融界，http://finance.jrj.com.cn/consumer/2014/11/10085218323982.shtml，2014-11-10。

旅游购买旅游意外保险，试点开展旅游景区责任险联合投保，① 这一系列政策红利必将进一步推动旅游业和保险业的同步兴旺发展。2014年初，"股神"巴菲特旗下的伯克希尔哈撒韦公司宣布进军旅游保险业务，② 全球最大保险集团法国安盛集团3月进入中国入股天平汽车保险组建安盛天平保险公司，并快速推出包括各类旅游保险在内的产品，③ 而国内继阿里巴巴、腾讯、百度等互联网公司进军保险领域之后，去哪儿11月20日宣布获得保险经纪业务牌照，发展旅游相关的金融业务，并正在开发基于大数据的保险产品。④ 目前我国旅游保险投保率还比较低，可以预见，随着旅游业快速增长所形成的巨大旅游保险市场空间将被政策红利以及雄厚专业资本所激活，在近几年内将有较大规模的拓展。

（二）大数据的发酵将促使旅游保险产品和营销更加精准

大数据是近几年各个领域的热门话题，对于旅游业和保险业的发展也都将有着深远的影响，越早研究和利用好大数据，将越有利于旅游保险行业的发展。2015年全国旅游工作会议工作报告提出以国家智慧旅游公共服务平台为载体，建立全国旅游的大数据集成及应用平台，创建中国旅游服务门户和社会综合管理平台，计划10月份全面运行，⑤ 保监会也明确支持保险公司运用云计算、大数据、移动互联网等新技术促进销售渠道和服务模式创新，⑥ 这必将在旅游保险业界掀起大数据开发利用的热潮。旅游保险产品的

---

① 《李金早2015年全国旅游工作会议工作报告全文》，中国网，http://www.china.com.cn/travel/txt/2015-01/16/content_34575800.htm，2015-01-16。
② 《巴菲特旗下的伯克希尔哈撒韦公司将进军旅游保险》，慧择保险网，http://www.hzins.com/study/detal-103684.html，2014-05-21。
③ 安盛天平保险网，http://www.axatp.com/。
④ 《去哪儿携大数据闯互联网金融，锁定旅游保险》，微头条，http://www.wtoutiao.com/a/700694.html，2014-11-12。
⑤ 《李金早2015年全国旅游工作会议工作报告全文》，中国网，http://www.china.com.cn/travel/txt/2015-01/16/content_34575800.htm，2015-01-16。
⑥ 《国务院关于加快发展现代保险服务业的若干意见》，中国保监会网站，http://www.circ.gov.cn/web/site0/tab7562/info3924841.htm，2014-08-14。

开发以及营销是和客户数据最为密切的。通过对相关大数据的收集、存储和分析，可以更清晰地了解旅游者整体的需求状况与趋势、预测风险概率以及成本效益状况，更精准地开展旅游保险产品的项目设计、组合、定价等保险精算工作，也可以更加精准地对潜在消费群体开展针对性的营销推介工作，更好地满足旅游者的旅游保险需求，并保障保险企业和旅游行业的健康运行。

（三）网络化和移动终端的快速发展，将使旅游保险销售与理赔更趋简易

《中国互联网络发展状况统计报告》显示，截至2014年底，我国网民数量达到6.49亿，互联网普及率为47.9%，其中，手机预订机票、酒店等旅行产品的用户达到1.34亿，年增长194.6%，成为增长最快的移动商务类应用，手机支付用户年增长也高达73.2%，[①] 互联网尤其是移动终端的使用已成为大多数人一种重要的生活方式。据预测，2015年中国在线旅行预订市场规模将达到3630亿元。[②] 国家旅游局也在积极推广携程等公司的经验，鼓励网络旅游企业加强自媒体智能终端的APP开发及推广。对于单笔金额少、规模大、受众分散的旅游保险而言，借助网络尤其是移动终端开展产品的销售和交易将更加便利。为了有效拓展市场和降低成本，借助移动终端拍照互动等方式简化理赔程序也将成为重要的发展趋势。可以预见，意时网、众安在线、金棕榈保险平台等旅游保险企业2014年的尝试将带动旅游保险销售与理赔更趋简单便利，更好地满足用户多样化和个性化的需求。

（四）出境游及自助游的稳步增长，将带动国际交流与合作的发展

2014年中国公民出境旅游目的地国家和地区达151个，出境旅游1.09

---

① 《CNNIC发布第35次〈中国互联网络发展状况统计报告〉》，新华网，http://news.xinhuanet.com/politics/2015-02/03/c_127453226.htm，2015-02-03。
② 《360发布2014二季度App行业报告：用户更青睐知名旅游App》，旅游圈，http://www.dotour.cn/article/8901.html，2014-08-12。

亿人次,[①] 增长11%,中国稳居世界第一大出境旅游市场,并且自助游的比例也在不断上升。[②] 随着"泰国免签证费""免签国增多"等有关签证措施的放宽和手续的简化,中国公民持普通护照能去的国家近60个。外交部也在积极争取与更多国家达成签证互惠的政策,[③] 2014年增加开放10个城市赴台个人游和第六批赴台游组团社,中国大陆游客出境游将变得更加便利,也将刺激出境旅游更大幅度的增长。出境游目的地国家和地区范围的扩大,自助游等出游方式的变化,必然带来更多的旅游安全隐患和旅游保险需求,也将要求加强开展国家间有关旅游安全救援和旅游保险服务方面的交流与合作。

四 2015年促进我国旅游保险发展的对策建议

(一)改进旅行社责任保险统保示范项目运作模式,提高运作品质和统保率

各级政府、共保企业以及各旅行社在继续推动旅行社责任保险统保示范项目发展,提高统保率和扩大统保示范项目范围的同时,还应正视统保率徘徊不前、结案率持续下降等客观现实,深入分析旅行社不愿参加统保项目的原因,改进旅行社责任保险统保示范项目运作模式并提高服务质量,真正落实"政府引导、市场运作、企业自愿"的原则,逐步从前期以行政推动为主实现规模效应的方式向由市场和行政部门共同推动的方式转变,提升项目内涵和品质,以高品质的产品和服务吸引旅行社主动参保,促进旅行社责任保险统保示范项目的健康良性发展。

---

① 《李金早2015年全国旅游工作会议工作报告全文》,中国网,http://www.china.com.cn/travel/txt/2015-01/16/content_34575800.htm,2015-01-16。
② 《2015春节出境游需求趋势:自助游占近七成》,新华网,http://news.xinhuanet.com/travel/2015-01/27/c_127427579.htm,2015-01-27。
③ 《外交部:积极争取与更多国家达成签证互惠安排》,中工网,http://news.workercn.cn/610/201502/10/150210231836363.shtml,2015-02-10。

（二）加大对旅游意外险的宣传力度，提高旅游者投保率

针对游客对旅游意外险认知不清、投保意愿不足以及旅行社正面宣传不够的情况，政府旅游行政管理部门一方面应加大对旅行社落实《旅游法》有关"提示游客购买旅游意外险"要求的监督检查，另一方面协调旅游保险企业和旅游企业制作旅游意外险宣传材料，突出其转移风险、保障游客切身利益的特性，在结合"旅游安全宣传周"开展宣传的同时，重点依托旅行社、在线旅游网站和移动终端开展宣传，在重要旅游安全事件发生期间加大宣传和讨论力度；旅游保险企业则应加强对旅游意外险知识的普及工作，与旅行社及在线旅行服务商加强无缝对接合作，在游客购买旅游产品的同时做好旅游保险产品的宣传和推介工作，提高旅游者对旅游保险的认知和重视程度，进而提高投保率，保障旅游者的切身利益。

（三）加强国际旅游保险工作的交流合作，提高救援服务与理赔品质

随着出境游的快速增长和入境游的平稳发展，亟须加强国际旅游安全救援和旅游保险的交流与合作。在前几年两岸合作、中俄合作等基础上，政府有关部门宜结合2015年出境签证政策的放宽，加强与主要出境旅游目的地的沟通，签署双边或多边旅游保险交流合作协议，搭建平台；旅游保险相关企业也应主动介入，寻找合作伙伴，探讨合作模式，推进紧急救援、及时治疗和便捷理赔等方面的有效衔接，提高救援服务与理赔品质，保障出入境旅游的健康稳定发展。

（四）积极借助大数据等手段、方式，促进旅游保险产品的创新

在国家大力推动大数据、云计算等平台建设和鼓励大数据等科技创新用于旅游保险业的政策利好背景下，旅游保险企业宜在积极参与政府平台建设、共享大数据资源的同时，加大技术设备和人才的投入与储备，加强数据资源的收集和整理，构建企业大数据资源库，积极研究如何利用大数据等科

技手段开展旅游保险产品和服务的创新，探索大数据开发旅游保险产品的模式和服务机制，开发定制化和人性化产品，满足游客多元化和个性化的需求，以应对市场变革和竞争。

（五）依托移动网络等手段，实现网络销售与理赔的便利化

移动终端选购和支付日渐成为重要的交易方式，随着"80后""90后"成为消费主力这一趋势将更加凸显。意时网的"保险黑板擦"APP、"零险"营销、"闪赔"等举措都将带来保险业网络销售和理赔的变革。2015年旅游保险企业应加大移动网络平台的建设，做好网站、微信、手机APP的衔接互动，在核心系统开发、产品研发、移动支付、后台客服、理赔和救援服务机制建设等方面做好支撑，以人性化、娱乐化的互动界面增强客户体验价值，增加客户的感性认知，降低客户交易和服务成本，提高理赔的便利性和效率，实现旅游保险业务快速健康的发展。

参考文献

[1] 国家旅游局网站，http://www.cnta.gov.cn。
[2] 《2015年全国旅游工作会议工作报告全文》，http://www.china.com.cn/travel/txt/2015-01/16/content_34575800.htm。
[3] 旅游保险网，http://lvyou.jiangtai.com/。
[4] 中国保险监督管理委员会网站，http://www.circ.gov.cn。
[5] 意时网，http://www.ins110.com/。
[6] 旅游圈，http://www.dotour.cn/。
[7] 《2013年—2014年旅游意外险投保理赔报告》。
[8] 携程网，http://www.ctrip.com/。

B.20
2014~2015年中国旅游安全法律规制的形势分析与展望

郭志平 武冰欣*

摘 要： 2014年，党的十八届四中全会通过了《中共中央关于全面推进依法治国若干重大问题的决定》，为推进法治国家、法治政府和法治社会建设指明了方向。国家旅游局为此专门印发了《关于贯彻党的十八届四中全会精神 全面推进依法兴旅、依法治旅的意见》，标志着依法兴旅、依法治旅成为旅游行业繁荣发展的正确选择和必由之路。同年，《中华人民共和国安全生产法》修订颁布，进一步更好地发挥其对各行各业安全生产工作的统领与规范作用。另外，在《中华人民共和国旅游法》（以下简称《旅游法》）实施一年之际，2014年全国人大常委会对《旅游法》实施情况进行了执法检查，极大地推动了《旅游法》的贯彻执行。在众多利好政策的指导下，旅游安全的法治化正在按照科学立法、严格执法、公正司法、全民守法的步伐稳健迈进。

2014年，国家旅游局印发了16个旅游安全方面的通知，发布了42个关于自然灾害、天气、卫生、社会治安、财物安全等方面的旅游出行提示。《云南省旅游条例》、《海南省旅游条例》和《上海市旅游条例》3个地方性旅游法规相继

---

* 郭志平，国家旅游局法规处干部，法律硕士，主要研究方向为旅游法律规制、旅游行政和民事法律及旅游安全；武冰欣，北京第二外国语学院老师，主要研究方向为旅游管理、旅游安全。

修订颁布，政府规章《海南省旅游安全管理规定》（海南省人民政府令第 253 号）制定出台，这些规定在旅游安全监管、安全预警、经营主体责任、景区开放和流量控制制度、高风险旅游项目制度和保险制度等方面都体现出了一些亮点和特点。

2015 年，各地将会继续根据《旅游法》的规定，对《旅游法》有关安全制度进行细化和完善，对现有一些不合适的制度进行调整。

关键词： 旅游　安全　法律　规制

2014 年，党的十八届四中全会通过了《中共中央关于全面推进依法治国若干重大问题的决定》，对全面推进依法治国做出了整体部署，提出了建设中国特色社会主义法治体系、建设社会主义法治国家的总体目标，为推进法治国家、法治政府和法治社会建设指明了方向。该决定对科学立法提出了要求，体现了在立法项目选择上要立实践急需的法；在政治上要坚持党的领导；在体制上要坚持人大主导立法工作；在价值上要坚守公平正义的法治底线；在理念上要恪守社会主义核心价值观，体现立法为民；在体系上要有系统性、完备性和统一性；在内容上要坚持从实际出发，反映客观规律且有针对性、有效性和可操作性；在程序上要体现民主性，防止部门利益和地方保护主义。

在全面建设法治中国的大背景下，依法兴旅、依法治旅定将是旅游业繁荣发展的正确选择和必由之路。为此，国家旅游局专门印发了《关于贯彻党的十八届四中全会精神　全面推进依法兴旅、依法治旅的意见》（旅发〔2014〕241 号）。在众多利好政策的指导下，旅游安全的法治化正在按照科学立法、严格执法、公正司法、全民守法的步伐稳健迈进。

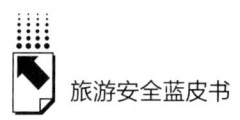

一 2014年旅游安全法律规制的总体情况

2014年8月31日，第十二届全国人民代表大会常务委员会第十次会议审议通过了《关于修改〈中华人民共和国安全生产法〉的决定》，新法自2014年12月1日起施行。《中华人民共和国安全生产法》（以下简称《安全生产法》）于2002年制定，实施12年来，对预防和减少生产安全事故发生、保障人民群众生命财产发挥了重要作用。但是，安全生产责任不落实、安全防范和监管不到位及重特大事故时有发生等问题仍然客观存在。为了进一步解决法律本身尚未完善的问题，全国人大常委会从加强预防、强化责任、加大排查、完善监管、严厉惩处等方面对《安全生产法》进行了修订，增加完善和创新建立了若干法律规定，对旅游安全法律规制的建设产生了极大的引领和推动作用。

2014年，为贯彻实施《旅游法》，云南省、海南省和上海市相继完成了本省市地方性旅游法规的修订工作，海南省还专门出台了一部有关旅游安全的政府规章。其中，2014年3月28日，云南省第十二届人民代表大会常务委员会第八次会议通过了《云南省旅游条例》，自2014年5月1日起施行，该条例涉及4个旅游安全的条款。2014年9月26日，海南省第五届人民代表大会常务委员会第十次会议修订了《海南省旅游条例》，自2014年11月1日起施行，该条例第七章专章规定了旅游安全。2014年12月25日，上海市第十四届人民代表大会常务委员会第十七次会议审议通过了《上海市人民代表大会常务委员会关于修改〈上海市旅游条例〉的决定》，新条例自2015年3月1日起施行，该条例涉及9个旅游安全的条款。2014年11月24日，六届海南省人民政府第30次常务会议审议通过了《海南省旅游安全管理规定》（海南省人民政府令第253号），自2015年1月1日起施行，该规定共有25条。

据统计，国家旅游局2014年全年共印发了16个涉及旅游安全方面的通知，发布了42条关于自然灾害、天气、卫生、社会治安和财物安全等方面的旅游出行提示。① 1月18日，国家旅游局印发了《关于做好2014年春节假日旅游工作的通知》（旅游明电〔2014〕3号），要求切实抓好旅游安全；1月26日，印发了《关于请做好"中国旅游安全公益宣传片"播放工作的通知》（旅办发〔2014〕25号）；3月12日，国家旅游局办公室印发了《关于转发〈国务院安委会办公室关于深刻吸取近期事故教训进一步加强安全生产工作的紧急通知〉的通知》（旅办发〔2014〕53号）；4月28日，印发了《关于做好"五一"假期与旺季市场服务组织和安全防范工作的通知》（旅办发〔2014〕87号），要求树立安全理念，强化安全保障能力；5月20日，印发了《关于在旅游行业开展2014年"安全生产月"活动的通知》（旅办发〔2014〕107号），提出活动的重点内容是旅游安全检查、宣传咨询和应急预案演练；7月3日，质检总局、外交部、公安部、国家计生委、国家旅游局联合印发了《2014年关于防止脊髓灰质炎野病毒传入我国的公告》（2014年第79号）；7月7日，质检总局、国家旅游局联合印发了《关于加强国际旅行者健康保障工作的通知》（国质检卫联〔2014〕350号），要求加强出入境游客传染病防控知识宣传教育、国际旅行健康服务保障、疫情信息共享与通报机制、传染病疫情防控协作机制和加强旅游突发公共卫生事件应急处置；7月9日，质检总局、外交部、国家计生委、国家旅游局联合印发了《关于防止非洲埃博拉病毒病传入我国的公告》（2014年第75号）和《关于防止中东呼吸综合征传入我国的公告》（2014年第76号）；8月4日，印发了《关于做好旅游安全专项检查重点整治工作的通知》（旅发〔2014〕161号），提出主要检查内容为旅游车辆、船舶，旅游景区内娱乐设施设备，戏水乐园、滨海、湖泊、浴场景区，员工住宿区、办公区，安全责任制与全员责任制的落实情况，要求检查工作要做到"四不两直"，即"不发通知、不打招呼、不听汇报、不用陪同和接待，直奔基层、直插现场"；8月12日，针对西藏旅游交通安全事故，印发了《关于深入开展旅游道路交通安全专项治理工作的紧急通知》（旅办发〔2014〕148号），提出要严

---

① 资料来源：国家旅游局通知公告栏，http://www.cnta.gov.cn/。

格落实旅游安全责任，全面深入开展旅游道路交通安全专项治理检查，积极构建旅游道路交通安全管理长效机制，全力做好目前旅游旺季期间的旅游安全工作；同日，印发了《关于做好埃博拉出血热疫情防范和应对工作的通知》（旅办发〔2014〕153号），要求落实疫情防范应对的各项措施，做好旅游团队疫情防范应对工作，加强相关教育培训和宣传；9月2日，印发了《关于开展"游客安全乘车温馨提示"宣传片（实景版）投放工作的通知》（旅办发〔2014〕164号）；9月15日，印发了《关于做好2014年国庆节假日旅游工作的通知》（旅游明电〔2014〕39号），要求牢固树立"安全第一"的理念，认真落实假日旅游安全的企业主体责任、部门监管责任、政府领导责任；12月31日，印发了《关于做好2015年元旦春节期间旅游工作的通知》，要求提升安全意识，落实安全措施，确保假日旅游安全平稳；2015年1月1日，针对上海外滩群众拥挤踩踏事故，印发了《关于做好节日期间旅游安全工作的紧急通知》，提出要进一步落实安全责任，完善安全制度与应急预案，加强重点部位的隐患排查，强化应急值守和信息报告工作。

二 《安全生产法》的修订情况

新修订的《安全生产法》的框架结构没有改变，依然为总则、生产经营单位安全生产保障、从业人员安全生产权利义务、安全生产监督管理、生产安全事故应急救援与调查处理、法律责任和附则共计7章。在内容上，从强化安全生产工作、落实企业主体责任、明确政府安全监管职责、加强基层安全生产执法力量和强化对安全生产责任的追究等方面创新建立了10项法律制度，强化了10项法律规定，增加完善了15项法律规定，法条从原有的97条增加到了114条。新《安全生产法》有利于进一步促进安全生产形势的持续稳定好转。此次修订的内容和特点主要包括以下四个方面：

（一）突出以人为本、安全发展和综合治理的理念

此次修订把保护人民生命财产安全放在更为重要的位置，作为立法和一

切工作的根本,坚持了安全生产高于经济发展、没有安全就没有一切的科学发展理念,在第一条立法目的中,将"促进经济发展"① 修改为"促进经济社会持续健康发展";② 在第三条增加了"安全生产工作应当以人为本,坚持安全发展"③ 的规定,并在相关条款的修改中也秉持了这一理念。同时,此次修订在原来安全生产"安全第一、预防为主"方针的基础上,第一次加入"综合治理"方针,在立法导向和条款方面均体现了运用经济手段、法律手段综合治理旅游安全,增加了安全规划、安全投入、安全技术、安全培训、安全文化及责任追究等方面的规定,丰富了安全生产的综合治理手段,旨在建立"生产经营单位负责、职工参与、政府监管、行业自律和社会监督"④ 的安全生产长效机制。

(二)强化和落实企业安全生产的主体责任

此次修订明确了生产经营单位安全生产主体责任,在第三条中明确规定强化和落实企业安全生产的主体责任;在第十八条和第二十五条增加了安全生产教育和培训的规定,特别是明确了企业对劳务派遣用工和实习学生在安全生产教育和培训方面的职责,要求建立安全生产教育、培训档案并且如实记录教育和培训的时间、内容、参加人员及考核结果情况;在第十九条明确了安全生产责任制及应包括的主要内容,并规定企业应建立安全生产责任落实情况监督考核机制;在第二十条规定加大企业安全生产投入保障力度,按照规定提取、使用安全生产费用;在第二十二条规定企业安全生产管理机构及人员应当履行的7项职责;在第二十三条明确企业做出涉及安全生产的经营决策,要听取安全生产管理机构及相关人员的意见,不允许因安全生产管理人员依照法律法规履行职责就降低其工资、福利等待遇,或者解除与其订立的劳动合同;在第三十八条明确企业应建立健全

---

① 原《安全生产法》第一条。
② 新《安全生产法》第一条。
③ 新《安全生产法》第三条。
④ 新《安全生产法》第三条。

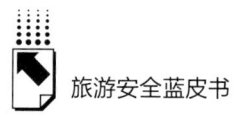

生产安全事故隐患排查治理制度、如实记录事故隐患排查治理情况,并向从业人员通报。

(三)强化了政府安全生产的监管责任

落实政府安全生产的监管责任,是抓好安全生产工作的第二核心。此次修订在第八条、第九条明确了各级政府和安全生产监管部门及有关部门的安全监管职责;第三十八条明确监管部门应建立健全重大事故隐患排查治理的督办制度,督促企业消除重大事故隐患;第五十九条规定企业要制订安全生产年度监督检查计划,并按照计划监督检查,发现事故隐患应及时处理;针对实践中有些企业存在重大安全事故隐患,但拒不执行监管部门做出的停产停业等决定而导致事故发生的情况,规定监管部门可依法做出停产停业、停止施工、停止使用相关设施或者设备的决定,对拒不执行的,还可以依法采取通知有关单位停止供电、停止供应民用爆炸物品等措施,强制生产经营单位履行决定;① 在第八十二条增加了参与事故抢救的部门和单位应服从统一指挥、加强协同联动的规定。

(四)强化了对安全生产违法行为的惩处

"现行安全生产法规定的法律责任对违法行为的惩处和威慑力度明显不够、方式单一,难以适应当前安全生产领域'重典治乱'的实际需要。"② 为此,此次修订强化了安全生产违法行为的法律责任,加大了惩处力度。一是只要有违法行为就有法律责任,不再有责任空白。二是提高处罚幅度、加大处罚力度、增加处罚类别。例如,增加了按照上一年收入一定比例给予罚款的处罚方式;罚款额度从最高20万元提高到2000万元;增加了终身禁止担任本行业生产经营单位主要负责人的规定;增加了对相关主管人员和直接责任人员的处罚。三是增加了"黑名单"制度,规定监管部门"应当建立

---

① 新《安全生产法》第六十六条。
② 《关于〈中华人民共和国安全生产法修正案(草案)〉的说明》,http://www.law-lib.com。

安全生产违法行为信息库,如实记录生产经营单位的安全生产违法行为信息;对违法行为情节严重的生产经营单位,应当向社会公告,并通报行业主管部门、投资主管部门、国土资源主管部门、证券监督管理机构以及有关金融机构"。①

此外,在职工参与方面,按照第七条的规定,企业工会依法组织职工参加本单位安全生产工作的民主管理、监督和维护合法权益。企业制定、修改安全规章制度要听工会意见。在行业自律方面,增加了第十二条,规定协会依法和章程为企业提供安全生产信息、培训服务,促进企业加强安全生产管理。在社会监督方面,强调了信息公开的社会公告制度。

三 地方性旅游法规修订中涉及旅游安全的相关情况

云南省、海南省、上海市在本省市旅游条例的修订中,细化了《旅游法》关于旅游安全的有关规定,涉及安全预警、安全管理和应急处理等方面。主要内容和特点包括以下七个方面。

(一)旅游安全监管职责方面

海南省确立了"谁主管、谁负责""谁审批、谁负责"的原则,旅游及相关部门在各自职责范围内,依法履行旅游安全监管职责,同时明确了旅游部门在突发事件后的协同处理、指导救援、发布信息、参与调查和解决纠纷等职责。上海市提出建立旅游安全联动机制,旅游部门负责旅游安全监督管理工作,牵头会同有关部门定期开展旅游安全监督管理联合检查;"公安、消防、卫生计生、食药监、质量技监、交通、绿化市容、旅游、商务、文化、体育等依法负有审批、处罚等职责的部门,应当严格按照有关规定实施旅游安全监督管理,逢重大节庆、赛事、会展等活动进行重点安全检查。"②

---

① 新《安全生产法》第七十四条。
② 《上海市旅游条例》第十九条第二款。

（二）旅游安全预警方面

云南省和海南省都提出，旅游部门应与有关部门建立旅游信息预警发布制度，对突发事件及相关危及旅游者人身财产安全的事件，向旅游经营者和旅游者发布安全警示信息。上海市规定旅游部门应当在重要节假日期间及假前一周，向社会发布主要景区的住宿、交通等接待状况和突发事件旅游警示信息。

（三）旅游安全经营主体责任方面

云南省和海南省都要求"旅游经营者对发生的旅游安全事故应当向旅游、公安、卫生和安全监管等有关部门或者事故发生地的人民政府报告"。[①]海南省规定"旅游经营者应当对具有危险性的旅游场所、路段、设施设备和游览项目设置明显的安全警示标志"。[②]上海市规定旅行社租用客运车船舶的，应当选择有营运资质的运输企业和已投保法定强制保险的车船，同时对承担旅游运输任务的车辆、船舶提出明确要求。此外，还对旅馆、网络旅游经营者提出了安全经营规范要求。

（四）高风险旅游项目方面

云南省明确的高风险旅游项目包括"登山、露营、探险、漂流、攀岩、蹦极、过山车、骑马、水上娱乐等"，[③]并要求向县级以上人民政府旅游行政主管部门备案。海南省明确的高风险旅游项目包括潜水、漂流、冲浪、摩托艇、水上拖曳伞、低空飞行等，同时要求"旅游经营者应当制定安全操作规程，并对涉及人身安全的旅游设施、设备每日投入使用前，进行试运行和例行安全检查，并对安全装置进行检查确认，对参与高风险旅游项目的旅游者进行安全培训"[④]。上海市明确的高风险旅游项目包括漂流、狩猎、探险等。

---

① 《云南省旅游条例》、《海南省旅游条例》。
② 《海南省旅游条例》。
③ 《云南省旅游条例》。
④ 《海南省旅游条例》。

（五）景区开放制度方面

海南省明确规定，"旅游景区开放前应当将证明景区开放条件的相关材料报市、县、自治县人民政府旅游部门备案；重点旅游景区应当同时报省人民政府旅游部门备案"。①

（六）景区流量控制制度方面

海南省规定，由"省旅游部门制定旅游景区最大承载量具体核定标准和办法，并加强对重点旅游景区执行最大承载量情况的监督和检查；由市、县、自治县旅游部门核定旅游景区最大承载量，并报省人民政府旅游部门备案"。②

（七）旅游保险制度方面

云南省规定，"旅游部门应当会同有关部门建立全省统一的、涵盖旅游经营者责任险的旅游安全组合保险体系，指导和监督全省旅游组合保险工作的开展；旅行社、旅游住宿企业、旅游车（船）企业、高风险旅游项目的经营者应当依法投保相应责任险后，参与云南省旅游组合保险统保统筹"。③上海市规定，"推行旅游经营者责任险统保制度，相关行业协会可以组织本市旅游经营者及外省市旅游经营者在沪分支机构集中投保相关责任险"。④

四 2015年旅游安全法律规制形势展望与建议

2014年12月22日，十二届全国人大常委会第十二次会议发布了《全国人民代表大会常务委员会执法检查组关于检查〈中华人民共和国旅游法〉

---

① 《海南省旅游条例》。
② 《海南省旅游条例》。
③ 《云南省旅游条例》。
④ 《上海市旅游条例》。

实施情况的报告》(以下简称报告)。报告指出配套法规制度建设未能及时跟上是《旅游法》贯彻实施过程中存在的主要问题之一,特别是在《旅游法》规定的景区开放、景区流量控制、安全风险提示和高风险旅游项目等关键性制度上表现尤为突出,为此建议抓紧制定有关配套法规制度。

目前,在国家层面,旅游安全相关法规制度仍在研究制定当中;在地方层面,绝大多数地方已经将旅游条例的修订列入立法计划,部分地方准备制定专项的旅游安全法规。从关注的焦点看,旅游安全规制建设仍将主要集中在景区开放、景区流量控制、安全风险提示、高风险旅游项目和应急救援处置等方面。

2015年的旅游安全法制工作应注重以下议题:第一,各地应继续根据《旅游法》的有关要求,进一步细化和完善现行安全法规制度,重视对《旅游法》和相关安全法规的落实与执行;第二,重视并制定和出台与《旅游法》相适应的配套法规制度,尤其要重视旅游安全模块的配套制度建设;第三,地方人民政府应该根据地方旅游安全工作的实际,制定和完善地方性的旅游安全规章制度与政策,加强旅游安全政策的动态调整与优化。

参考文献

[1] 国务院法制办公室:《法律法规全文检索系统》,http://search.chinalaw.gov.cn/search2.html。
[2] 中华人民共和国中央人民政府门户,http://www.gov.cn/zwgk/index.htm。
[3] 国家旅游局通知公告,http://www.cnta.gov.cn/html/chts/index.html。
[4] 《关于〈中华人民共和国安全生产法修正案(草案)〉的说明》,http://www.law-lib.com。
[5] 《全国人大新闻发布会解读安全生产法修改》,http://www.aqsc.cn。
[6] 《守住生命红线:聚焦安全生产法修改三大亮点》,http://www.aqsc.cn。
[7] 《安全生产立法史上的又一里程碑》,http://www.aqsc.cn。

B.21
国内外背包探险旅游安全管理法律制度比较研究[*]

朱璇 王玉松[**]

摘 要： 本文针对中外背包探险旅游的法律制度进行比较研究，从国内现状的薄弱环节和与国外经验的对比研究中，提取出了对中国有借鉴和应用意义的方案。

本文的核心观点如下。①我国背包探险旅游和户外安全管理领域遗存的主要法律问题在于户外活动的准入和资质认证缺失，户外活动的多头管理，户外活动主体的法律关系不清、责任不明。②国外没有适用于户外风险管理的专门法，户外安全管理通过相关领域的法律法规和标准程序来评判。③今后国内背包探险旅游法律建设的主要方向为：借鉴ISO 31000－2009，制定我国户外风险管理的规范流程；细化《旅游法》等新出台法律法规的相关条文，解决多方责权利界定难题；厘清户外探险旅行中组织者、领队和参与者之间的责任关系，推进民事纠纷的合理解决；从事前、事中、事后等三个方面来推进背包探险旅游法律制度的全域建设。

关键词： 背包旅游 探险旅游 户外风险管理 安全管理 法律制度

---

[*] 本文受国家旅游局2012年面上课题（项目编号12TABG021）、2012年度上海市政府决策咨询研究政府法制专题（编号2012－Z－28）、国家自然科学基金课题（项目批准号41201135）资助。
[**] 朱璇，上海师范大学旅游学院旅游学系副教授，研究方向为背包旅游、国家公园规划与管理、社区参与；王玉松，上海师范大学旅游学院旅游学系副教授，研究方向为旅游法律法规。

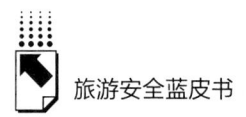

背包探险旅游是以户外活动为核心的自助旅行或有组织的旅游。与探险旅游安全管理内涵最接近的英语词语为"outdoor risk management"（户外风险管理）。由于"背包探险旅游安全管理"和"户外风险管理"是在中英文不同语境中的表达和转译，所以作者在本文中将两者视为同一概念。

一 国内背包探险旅游管理的法律制度现状

（一）新颁布的《旅游法》为户外安全管理提供了基本的法律依据

2013年4月25日公布的《旅游法》中的相关条款（尤其是第六章"旅游安全"中的第七十六到第八十一条）为背包探险旅游安全管理提供了基本的法律依据。该法的相关规定包括如下内容。

1. 规定了旅行者遇险时的求救权

《旅游法》第十二条规定："旅游者在人身、财产安全遇有危险时，有请求救助和保护的权利。""旅游者人身、财产受到侵害的，有依法获得赔偿的权利。"第八十二条规定："旅游者在人身、财产安全遇有危险时，有权请求旅游经营者、当地政府和相关机构进行及时救助。中国出境旅游者在境外陷于困境时，有权请求我国驻当地机构在其职责范围内给予协助和保护。"

2. 规定了旅行者遇险或得到救助后应承担的相应法律责任和义务

《旅游法》第十五条规定："旅游者购买、接受旅游服务时，应当向旅游经营者如实告知与旅游活动相关的个人健康信息，遵守旅游活动中的安全警示规定。旅游者对国家应对重大突发事件暂时限制旅游活动的措施以及有关部门、机构或者旅游经营者采取的安全防范和应急处置措施，应当予以配合。旅游者违反安全警示规定，或者对国家应对重大突发事件暂时限制旅游活动的措施、安全防范和应急处置措施不予配合的，依法承担相应责任。"第八十二条规定："旅游者接受相关组织或者机构的救助后，应当支付应由个人承担的费用。"

3. 规定了景区对游客安全进行保障的条件

《旅游法》第四十二条规定:"景区开放应当具备下列条件,并听取旅游主管部门的意见:(一)有必要的旅游配套服务和辅助设施;(二)有必要的安全设施及制度,经过安全风险评估,满足安全条件;(三)有必要的环境保护设施和生态保护措施;(四)法律、行政法规规定的其他条件。"

4. 设定了特种旅游和户外活动项目经营的资质

《旅游法》第四十七条规定:"经营高空、高速、水上、潜水、探险等高风险旅游项目,应当按照国家有关规定取得经营许可。"

5. 规定了对特种旅游和户外活动项目经营者的强制责任保险制度

《旅游法》第五十六条规定:"国家根据旅游活动的风险程度,对旅行社、住宿、旅游交通以及本法第四十七条规定的高风险旅游项目等经营者实施责任保险制度。"

6. 规定了对旅游目的地的事前安全风险提示制度(预警机制)和政府的事后监管评估责任

《旅游法》第七十六条规定:"县级以上人民政府统一负责旅游安全工作。县级以上人民政府有关部门依照法律、法规履行旅游安全监管职责。"第七十七条规定:"国家建立旅游目的地安全风险提示制度。旅游目的地安全风险提示的级别划分和实施程序,由国务院旅游主管部门会同有关部门制定。县级以上人民政府及其有关部门应当将旅游安全作为突发事件监测和评估的重要内容。"

7. 规定了旅游应急管理和救援制度及其责任方

《旅游法》第七十八条规定:"县级以上人民政府应当依法将旅游应急管理纳入政府应急管理体系,制定应急预案,建立旅游突发事件应对机制。突发事件发生后,当地人民政府及其有关部门和机构应当采取措施开展救援,并协助旅游者返回出发地或者旅游者指定的合理地点。"

8. 规定了旅游经营者的提醒警示、安全生产、紧急救援和报告善后义务

《旅游法》第七十九条规定:"旅游经营者应当严格执行安全生产管理和消防安全管理的法律、法规和国家标准、行业标准,具备相应的安全生产

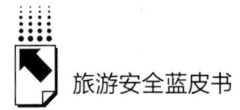

条件,制定旅游者安全保护制度和应急预案。旅游经营者应当对直接为旅游者提供服务的从业人员开展经常性应急救助技能培训,对提供的产品和服务进行安全检验、监测和评估,采取必要措施防止危害发生。旅游经营者组织、接待老年人、未成年人、残疾人等旅游者,应当采取相应的安全保障措施。"第八十条规定:"旅游经营者应当就旅游活动中的下列事项,以明示的方式事先向旅游者作出说明或者警示:(一)正确使用相关设施、设备的方法;(二)必要的安全防范和应急措施;(三)未向旅游者开放的经营、服务场所和设施、设备;(四)不适宜参加相关活动的群体;(五)可能危及旅游者人身、财产安全的其他情形。"第八十一条规定:"突发事件或者旅游安全事故发生后,旅游经营者应当立即采取必要的救助和处置措施,依法履行报告义务,并对旅游者作出妥善安排。"

(二)历史遗留问题将在相当长的时间内存在,《旅游法》相关规定仍待细化

目前国内在背包探险旅游和户外安全管理领域遗存的法律问题主要集中在以下几个方面。

1. 户外活动组织者的准入和资质认证缺失

户外活动的经营主体、准入形式及其项目等都属于户外活动准入制度的内容。管理部门的责任分摊、分工合作及收费等都和准入制度密切相关。《旅游法》与《行政许可法》都没有明确规定开办户外俱乐部的机构应具备的资质要求(《旅游法》为"按照国家有关规定取得经营许可",但"有关规定"还需细化),因此体育局及任何部门无法根据相关的法律依据对户外探险的经营许可做出规定。以上海为例,许多户外俱乐部在进行工商注册时,采用的是咨询信息服务公司、体育用品公司或贸易公司的名义。除工商局外,各地的体育局对户外运动的开展也尚未做出细致的规定。目前除了登山运动有相应规定外,其他各种户外运动都没有相应的管理办法出台。[①]

[①] 赵雯:《搜救违规探险"驴友",该谁买单?》,《检察日报》2011年10月19日。

2. 户外活动的多样性导致多头管理

户外探险形式多样，所用地理资源复杂多样。户外、探险、背包、特种旅行、另类旅游等相关概念众多，需要在立法和政策上将概念细化、明确化。作者在实地参加四川四姑娘山的调研座谈时，管理局相关负责人就指出了"户外活动"和"户外运动"在概念、属性、范畴和从事人员等方面的区别，质疑了"户外运动"一词的泛化。户外活动的内涵和外延尚未界定准确，直接导致了立法和管理的边界不明确。在管理体制上，同一地区的户外活动安全管理可能涉及包括旅游、体育、工商、文化、公安在内的多个部门。在目前部门牵头管理的体制下，让各部门协调配合对户外和旅游等活动进行有机整合是具有挑战性的命题，需要寻找相关法律依据。

3. 自助户外活动主体的法律关系不清、责任不明

因户外自助旅行引发民事纠纷的性质和类型比较相似，主要为人身损害赔偿纠纷和财产损害赔偿纠纷，两者法律责任的认定是个难点问题。原因在于：首先，相关法律法规并不完善乃至缺失；其次，相关职能管理部门缺位，导致法律法规空白和规范性意见缺失的双重障碍；再次，法学理论界也缺乏对此类新型旅游活动相关主体权利义务关系的研究；最后，社会上对该类新型旅游活动认知不一，很难达成普适的公平观和价值观。

通过网络平台结识的背包探险旅游者基本遵循非营利原则，如果活动成员之间、组织者之间或是网络社区运营和管理者各方产生法律问题，将没有适合的法律条文对其进行司法保护。"头驴"① 作为探险背包旅行的召集者，未必具有很多专业经验，更谈不上相关资质。但很多旅行者并不支持出现旅行事故后对旅行中蒙受损失一方的索赔（除非"头驴"有严重的故意责任），他们赞同网络社区作为交流平台不承担法律责任。多数人认为每一个旅行者都

---

① "头驴"，有时称为"驴头"，一般指在网络平台上牵头组织某次旅行并且在实际旅行过程中发挥主导作用的旅游者。其他背包探险自助旅游者往往被称为"驴友"。

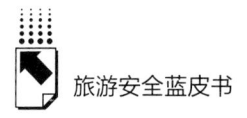

具有完全民事行为能力,应自负决策责任;同时鉴于"头驴"的非营利性,不支持相关司法对于事故受害方及其利益关系人对"头驴"的诉讼。①

目前,户外事件以人身伤亡为主,纠纷主要集中在民事赔偿方面。法院在审理这些案件时,多根据《合同法》《侵权责任法》的一般原则来认定,存在比较大的模糊性。因此司法实践中法院判决屡现"同案不同判"。建议删除案例,否则也会造成重合问题。这种"同案不同判"的司法实践不仅影响司法公正,而且可能让受害人或者其亲属再次承受另一种伤害。而这种活动主体法律关系的模糊不清,也使得各当事人在事前都不能准确、清晰地知晓自己的责任所在,导致组织者(或召集人)和参加者的集体"盲动",从而使得险情不断发生,"头驴"和其他旅行者的权益都无法得到保障。因此,户外活动主体的法律关系不清、责任不明是我国户外安全管理领域亟须规范的法律命题。

二 国外户外风险管理法律制度现状

(一)没有针对户外风险管理的专门法

"探险"和"安全"在法律领域是一组特别矛盾的概念,在国外也没有一部专门针对户外安全的法律。虽然没有针对户外安全管理的专门法,但ISO 31000 - 2009 作为一项国际标准,规定了风险管理的国际标准、管理程序和纲要,具有法规的意味。②

(二)户外安全管理适用相关领域的法律法规

在澳大利亚和其他一些发达国家,与背包探险旅游安全关系最大的法律主

---

① 韩静、顾城竹:《我国驴友旅游发展现状及存在的问题》,《法制与经济》(下旬刊)2009年第7期。
② ISO 31000:2009 风险管理原则与实施指南是针对风险管理的纲要,虽然不是特别针对户外风险管理,但是对户外风险管理同样适用,其文本详细内容(中英对照版)参见"卓质管理咨询",http://www.sdqmc.cn/ucecmc/33612 - 373414. aspx。

要集中在两大领域：一是与安全有关的法律，二是与看护责任（Duty of Care）有关的法律（类似于国内的《侵权责任法》）。其他则涉及《雇佣法》（Employment Law）、《消费者权益法》（Consumers Law）、《儿童保护法》（Child Protection）、《隐私权法》（Privacy Law）、《渎职法》（Law of Negligence）、《民事责任法》（Civil Liability）和《刑法》（The Criminal Law）。以下将相关法律条款与户外安全事故的案例结合起来说明国外户外安全管理领域法律法规的司法实践。

《澳大利亚样板工作健康和安全法案2010》（Australian Model Work Health and Safety Act 2010）是与安全有关的法律，它根据不同角色的人群来设定不同职责，这些人群是：①某项业务/事业的执行者，包括营利或非营利的某一公司或团体，也可以是个人；②某项业务/事业执行主体的长官/管理者；③员工，包括志愿者；④其他人。与这四类人群相关的主要法律条文如下。

（1）针对某项业务/事业的执行者

a. 消除威胁健康和安全的风险，只要是合理可行的；

b. 如果合理可行的范围内不能消除，则要尽可能地最小化威胁健康和安全的风险。

（2）针对某项业务/事业执行主体的长官/管理者：敬业尽职，以保证手下员工都各行其职、恪尽职守。长官的职责包括：

a. 保持更新有关工作健康和安全的知识；

b. 充分了解与业务运作有关的威胁和风险；

c. 确保恰当可用的资源已运用于消除或减低风险；

d. 确保执行了与职责相匹配的恰当流程；

e. 核实提供了合适的资源并采用了恰当的流程。

（3）针对员工

a. 对自身的健康和安全尽到合理的责任；

b. 对自身所做（或未做到的）事件尽到合理责任，不对他人的健康和安全产生负面影响。

（4）针对其他人

a. 对自身的健康和安全尽到合理的责任；

b. 对自身所做（或未做到的）事件尽到合理责任，不对他人的健康和安全产生负面影响。

c. 遵从有关工作健康和安全问题的合理指导。

案例1揭示了该法律如何应用于户外安全事故的处置。

案例1：2007年一名13岁的男孩参加了生平第一次军营学员的露营。集训前他父母曾给学校和露营组织方出具书面警告，说明孩子对花生过敏。该男孩第一天拿到了一份内含沙爹①牛肉的配给餐包，后因花生过敏致死。2009年澳大利亚国防军（Australian Defense Force，ADF）被判有罪。其法律依据是《澳大利亚职业健康与安全法案1991》（Occupational Health and Safety Act 1991）16（1），它规定雇主必须采取一切合理可行的步骤去保护其雇员的健康和安全。根据这一法案，男孩作为军营新兵正接受军训，属于澳大利亚国防军的雇员。ADF为此被罚20万澳元。②

在有关看护责任的法律中，看护责任意指甲方（包括"法人"）对乙方负有的责任，这一责任要求甲方采取合理关照，规避任何对乙方造成的可预见伤害。这类法律与户外风险管理的关系显而易见：①可预见性表明甲方必须考虑到可能会发生的情形——这是风险确定；②合理关照表明甲方必须考虑到针对这些可能的情形，他们应当如何规避或最小化可能的后果——这是风险分析和风险控制。这一看护责任具体由谁来承担要视具体情况而定，这些情况包括：①各方关系的性质；②乙方对甲方专业性的依赖程度；③是否有其他环境（如营销材料上的合同条款或表达陈述）对看护责任造成影响。

案例2是一起典型的渎职案件。

案例2：1997年6月，一位英国人在攀登欧洲的勃朗峰时遇难，法庭注

---

① 沙爹酱由花生酱、椰酱、幼虾调制而成。
② 本案具体法律分析见 http://www.austlii.edu.au/au/cases/cth/FCA/2009/700.html。

意到了这位登山者知晓了攀登途中的常规风险，但由于他聘请了付费向导，并完全相信了向导的专业技能，因此高山向导被判渎职。

案例3是一起适用《渎职法》和《消费者权益法》的案例。

案例3：1999年7月，在瑞士Saxetenbach峡谷漂流中，21名年轻人遇难，其中18名游客来自澳大利亚（占大多数）。本次漂流的当地组织者"探险世界"（Adventure World）的6名员工在2001年因渎职（"未对危险进行预防性解释"）导致过失杀人被裁定有罪，被判2~5个月的监禁，罚款4000~7500瑞士法郎。但澳大利亚遇难者的亲属向澳大利亚消费者协会（Australian Consumer Complaints Commission）提出申诉，认为澳大利亚旅行组织方康体柯假日（澳大利亚）旅行公司［Contiki Holidays（Australia）］也对事故负有责任。法院根据《消费者权益法》，认定该旅行社在促销资料上误传安全信息，并且对当地旅行运营商的安全性未做到充分调查，对事故负有间接责任。①

正如加拿大大不列颠哥伦比亚省上诉法庭的法官Taylor指出的，"被告人要保证客人远离所有的雪崩发生地点是无须争辩的，但在直升机滑雪②的背景下，这点几乎是不可能做到的"，因为防止野外滑雪中雪崩事故的唯一方法就是待在家中。法庭的判决很大程度上取决于被告人的后见之明。渎职责任在下列情况下是不成立的：①风险不是能在合理范围内预见的；②暴露于风险之下的概率很小；③基于风险评估，应对风险控制的步骤是合理的。在审判时，法庭也会兼顾考虑风险控制的相关拖累和这一户外活动的社会价值。③

---

① 该案在澳大利亚的具体处置见 http：//transition. accc. gov. au/content/item. phtml？itemId = 331712&nodeId = 6b77fc6d12f6f95a7fd94963b8179c09&fn = d02_ 64643. pdf。
② 直升机滑雪（Helicopter Skiing），是指用直升机将人运送到没有滑雪道的野外进行高山滑雪的一种滑雪方式。
③ Dickson, T. J., Gray, T. L., "Risk Management in the Outdoors: A Whole-of-Organisation Approach for Education", *Sport and Recreation*, Cambridge University Press, 2011.

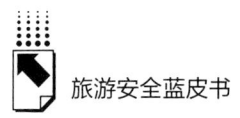

三 国外户外风险管理对完善国内背包探险旅游法律制度的启示

（一）借鉴ISO 31000-2009，制定我国户外风险管理的规范流程

将ISO 31000-2009中规定的风险管理标准和程序，结合我国户外探险旅行的现状进行适当调整，推动户外风险管理的标准化。

（二）细化《旅游法》等新出台法律法规的相关条文，解决多方责权利界定难题

1. 廓清户外背包探险旅游中相关概念的内涵和外延，确定相关企业和组织的合法地位

在确立户外运动俱乐部合法地位的同时，也要考虑到目的地探险旅游运营商的称呼，同时还要注意专业运动和户外爱好者的运动两者间的区别。

户外运动不是一个单独的体育项目，而是以大自然为场地的一系列体育运动的集合，包括登山、徒步、溯溪等。法律应该是严密的，户外运动的内涵和外延难以界定，直接导致了立法的边界不明确。[①] 在与"户外活动"和"背包探险旅游"相近似的概念中，廓清该类活动"未知风险"的特征，以与普通常规的旅游活动相区别。我国《旅游法》中已经使用了"探险旅游项目"这个概念，可以此为术语，进一步明确边界。此外，该类活动"追求精神愉悦"的旅游属性还是非常明显的，确定为"探险旅游"也可以将此类活动与典型的登山类体育活动（攀登3500米以上山体）相区别。

2. 在尊重事实的基础上寻找其他相关法律依据，以"疏导"原则办案

在《旅游法》条款还未完全细化之前，其他相关法律也能为审判机关处理户外纠纷提供依据。相关法律法规的处理方法可以参见上述国外案例的

---

① 梁昌杰、潘俊强：《中国旅行者户外遇险频发 多头管理导致责任不清》，《人民日报》2011年10月24日。

司法实践。审判机关应当充分考虑户外运动的特点，分清责任，以"疏导"方针去创新规则。

以救援费用的承担为例，国家对户外自助旅行者的救援义务是绝对的，但对救援费用的承担则应是有限的。这种观点的依据主要基于以下几个方面的思考。

（1）公共财政合理支出原则。虽然《消防法》第四十九条明确规定，公安消防队、专职消防队扑救火灾、应急救援，不得收取任何费用。但这里所指的应急救援，是否适用于驴友"擅闯禁区"发生的事故？对该类事故的救援是否也属于公共财政合理支出的范畴？公共财政是指国家（政府）集中一部分社会资源，用于为市场提供公共物品和服务，满足社会公共需要的分配活动或经济行为。公共财政支出的合理性应当在供给范围、支出结构以及使用管理和监督等方面体现。在供给范围方面，合理的公共财政支出应当是以满足社会公共需要、为社会成员提供大体均等的公共服务所需开支为界限。公共财政的本质是公共服务性财政，为此必须保证政府的支出要真正符合公共性的要求。而具有探险性质的户外旅行活动，无论在当下还是今后，只是而且只能是少数人的个性化旅行活动，并不代表社会公众的旅游需求。因此，此类旅行救援行动所发生的费用，一概由国家财政承担的做法并不合理。①

对救援费用谁来承担的对策性讨论将要涉及旅游保险，已不在本文主题范围之内。简而言之，虽然旅游保险是旅行者的自由选择，但国外政府对旅游者购买旅游保险起到了强大的推动作用。澳大利亚政府在官方网站上公示："如果您买不起旅游保险，您就无法享受旅游。"保险是许多国家或地区分散户外活动风险的重要途径。发达国家常通过风险宣传和教育引导旅行者购买旅行商业保险。虽然大多数国家或地区并不强制推行保险，但几乎去往欧洲滑雪的每个人都会购买旅行意外险。国外的专业保险为驴友支付户外

---

① 王玉松、朱璇、刘巍嵩、林宁、顾延珺、黄芸芸、鲍新则：《户外自助旅行救援法律问题研究》，《政府法制研究》2013年第1期。

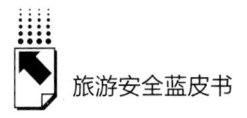

遇险施救时救援队产生的费用。政府和相关旅游目的地引导探险旅游者购买商业保险,这将是今后解决我国户外探险旅游财政分摊问题的一大思路。

(2) 公民的权利和义务相一致原则。保障公民安全是国家应当履行的法定义务,安全权也是公民依法享有的基本人权。但是需要强调的是,公民既是法律上的权利主体,也是义务主体;公民在享有权利的同时,也应当履行相关义务。《宪法》规定公民在行使权利时不得损害国家的、社会的、集体的利益和其他公民的合法的自由和权利;公民必须遵守《宪法》和相关法律,爱护公共财产,遵守公共秩序,遵守社会公德。那些违反景区管理规定,不如实进行申报登记的户外探险旅行者,其行为本身就违背了《宪法》的上述规定,应当对其不履行义务的行为承担一定的法律后果。况且,如果无论何种情况下开展的救援都由政府埋单,也会造成这些旅行者过于依赖政府的力量,从而在开展户外活动时更注重新鲜、刺激,而降低了对自身安全的关注。①

国外户外风险管理的核心在于旅游预警,重在给予户外旅行者以良好的信息,使他们能在信息充分的情况下为自己的生命做出正确的决策。根据这一理念,为生命做出决策、为自身安全负责的人必然是旅行者自己,判定旅行目的地是否存在过错的第一准则是它是否给予了旅行者足够的信息(比如地图路线、注意事项、明确警示等)。对于擅闯禁区、盲目探险的旅行者,目的地和当地救援部门虽然负有道义上营救的责任,但不应当承担由此带来的法律风险。

(3) 安全第一、预防为主的原则。《安全生产法》第三条规定,安全生产管理,坚持安全第一、预防为主的方针;《突发事件应对法》第五条规定,突发事件应对工作实行预防为主、预防与应急相结合的原则;《消防法》第二条规定,消防工作贯彻预防为主、防消结合的方针;《旅游安全管理暂行办法》第二条规定,旅游安全管理工作应当贯彻"安全第一,预防

---

① 王玉松、朱璇、刘巍嵩、林宁、顾延珺、黄芸芸、鲍新则:《户外自助旅行救援法律问题研究》,《政府法制研究》2013年第1期。

为主"的方针。以上规定说明，任何领域的安全问题，关键都在于事前的防范，事后的救援以及各种补救措施都是被动的、次要的。探险旅行中的安全问题同样如此，比救援更重要的安全管理环节是事前的事故防范，其中包括对户外自助旅行者的安全风险宣传和教育。让违法违规开展探险旅行的被救者承担一定的救援费用，也可以从一个侧面达到对这类旅行者惩戒的目的，从而对其自身以及社会公众都起到教育作用，引导其在开展这类户外活动时更加关注安全问题，以尽量减少这类旅行安全事故的发生。[①]

从这一原则来说，这与国外户外风险管理注重风险防范和风险评估的过程是一致的。旅行目的地的环境调查和解说、游客教育将是解决游客安全和事故预防问题的关键。

（三）厘清户外探险旅游中组织者、领队和参与者之间的责任关系，推进民事纠纷的合理解决

背包探险旅游各相关主体的法律责任可以根据户外旅行的不同类型来认定。

第一，组织者是否具有营利性质。背包探险旅游活动一般遵循"自由组合、自愿参加、自主判断、自备装备、自力完成、自负费用、自担风险"原则但是当组织者具有营利性质时，就要承担"安全保障义务"，风险部分转移给组织者。这如同国外的商业性探险旅游组织，它们必须具有良好的专业能力，对风险进行合理的事先防范、事中执行和事后评估。

第二，组织者是否享有决定权。将探险旅行区分为组织化和非组织化的旅行。在组织化的户外旅行中，组织者具有较大的决定权和主导权，根据权利和义务一致的原则，组织者同样具有大于其他成员的义务，需承担一定的安全保障义务。如果探险旅行的主要日程是由参加者共同商定的，那么组织者只承担和其他成员大致相同的义务。当然，如果参加者与组织者之间存在约定，组织者也应当根据约定承担相应责任。

---

① 王玉松、朱璇、刘巍嵩、林宁、顾延珺、黄芸芸、鲍新则：《户外自助旅行救援法律问题研究》，《政府法制研究》2013年第1期。

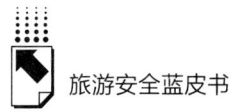

国外各种高风险探险活动的组织者事先会要求参与者签订相应保险条款,同时签署相关免责条款。比如作者在美属领地塞班岛参加高空跳伞前,必须签署由跳伞公司指定的保险合同和免责条款,让商业保险分摊主要的事故风险。松散型的背包探险旅游活动的各个主体之间也可以大力倡导引入签署事先的书面权责约定,防止事后的责任认定不清。

第三,从背包探险旅行法律制度系统化建设考虑,应将背包探险旅游的不同形式纳入法律调整范围,并按照不同类型来设定具体的调整制度和措施。根据现实中的情况,应当将背包探险和户外旅行分为俱乐部组织(营利性组织)、学生或其他社团组织(非营利性组织)、个体自发(非组织化)三种类型来分别进行准入、资质等相关制度的设计。

(四)从事前、事中、事后等三个方面来推进背包探险旅游法律制度的全域建设

事前预警、事中救援和事后评估三阶段都需要有法律法规予以保障。以事先预警为例,对于景区的安全信息的提供,怎样的信息才是充分而完全的,应当有一个较规范的框架或标准。类似规范的制定,不仅涉及法律部门,而且需要多个专业和职能部门的共同努力。如国外户外旅行目的地对于在旅行过程中可能会遭遇的有风险的动植物、规避方法和应急处理方式都有明确的事先提醒,这需要农、林等专业部门的技术或资源支持。这些信息会通过相关链接标注在其官网上,并通过旅行手册在景区各个入口处或游客中心发放。这种安全信息提供和游客教育职能实现的必要性、安全信息完整性的框架和安全信息编制的多部门合作机制,是可以通过法律来做出规定的。

参考文献

[1] Dickson, T. J., Gray, T. L., "Risk Management in the Outdoors: A Whole-of-Organisation Approach for Education", *Sport and Recreation*, Cambridge University

Press，2011.

［2］韩静、顾城竹：《我国驴友旅游发展现状及存在的问题》，《法制与经济》（下旬刊）2009年第7期。

［3］梁昌杰、潘俊强：《中国旅行者户外遇险频发 多头管理导致责任不清》，《人民日报》2011年10月24日。

［4］《中华人民共和国旅游法》。

［5］王玉松、朱璇、刘巍嵩、林宁、顾延珺、黄芸芸、鲍新则：《户外自助旅行救援法律问题研究》，《政府法制研究》2013年第1期。

［6］赵雯：《搜救违规探险"驴友"，该谁买单?》，《检察日报》2011年10月19日。

B.22 2014~2015年中国旅游安全预警形势分析与展望[*]

罗景峰[**]

摘　要：	本文在对2014年度我国旅游安全预警相关信息进行系统梳理的基础上，分析了本年度我国旅游安全预警的总体形势和存在的问题，并对2015年旅游安全预警总体形势进行了展望，提供了相关建议。2014年，我国旅游安全预警总体形势依然严峻，景区冷热不均、智慧预警不智慧以及旅游不文明现象越发突出，具体表现在：旅游安全预警分级标准不一，影响地区间信息共享；旅游安全预警各自为政，缺乏联动机制；旅游安全预警信息发布存在不足，缺乏科学规划。2015年，我国应进一步加强旅游安全预警分级标准化工作，构建全国统一的旅游安全预警分级标准体系；建立旅游安全预警联动机制，消除预警信息孤岛现象；加强智慧预警力度，切实有效提升旅游安全预警水平；消除旅游不文明行为，构建文明旅游预警常态化机制。
关键词：	旅游安全　预警　分析与展望　2014~2015

---

[*] 华侨大学中央高校基本科研业务费·华侨大学哲学社会科学青年学者成长工程项目(13SKGC-QT03)。
[**] 罗景峰，华侨大学旅游学院教师、博士，主要研究方向为旅游风险分析与安全评价、乡村旅游安全管理等。

旅游安全预警在预防和有效控制旅游安全事故、保障旅游者安全方面，作用日益突出。继《中华人民共和国旅游法》之后，《国务院关于促进旅游业改革发展的若干意见（国发〔2014〕31号）》再次对旅游安全预警工作的重要性进行了阐述。本文根据我国各级旅游局官方网站、180家5A级景区官方网站所公布的旅游安全预警资料，对2014年我国旅游安全预警工作进行了回顾、总结和分析，并对2015年我国旅游安全预警工作的形势进行了展望。

一 2014年旅游安全预警形势分析

（一）国家层面旅游安全预警形势分析

《国务院关于促进旅游业改革发展的若干意见》要求各旅游景区建立健全旅游安全预警信息发布制度，将其纳入当地统一的应急体系，并对高风险旅游风险提示预警做出了明确规定，又一次从政策层面强调了旅游安全预警工作的重要性和紧迫性。

笔者在国家旅游局官方网站，以表明旅游安全预警的关键词"提示""劝告""警告""警示""提醒""劝诫""忠告""建议"等进行检索，获得旅游安全预警信息共116条。将这些预警信息分别按预警关键词、月份、内容进行统计分析，如图1、2、3所示。由图1可知，国家旅游局官方网站发布的预警信息基本上以"提醒""提示""警示"三种形式向公众进行发布，与以往基本一致；由图2可知，旅游安全预警信息发布数量由大到小依次为1月、9月、5月、7月、4月、8月、2月、3月、6月、10月、12月和11月，这与目前我国节假日分布状况完全吻合，但同时也暴露出一个问题，即旅游安全预警"重旺季、轻淡季"的不足；由图3可知，预警内容主要集中在政治/治安预警、节假日预警及消费预警等三个方面，旅游目的地容量预警仍显不足，文明旅游预警成为本年度旅游安全预警的新亮点。

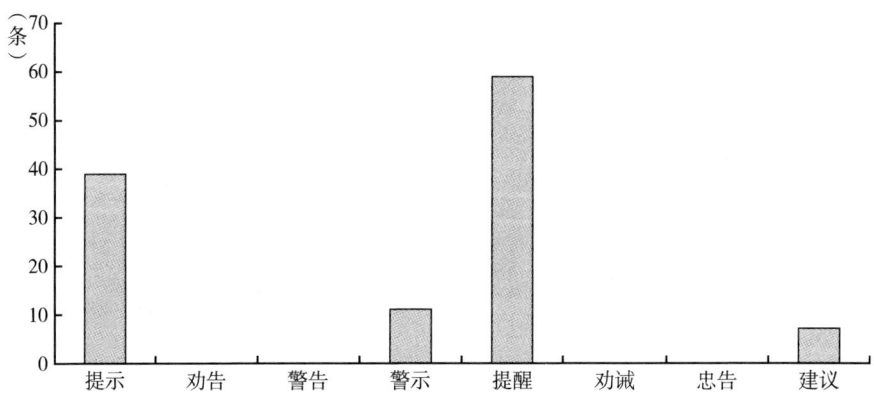

图1　预警信息按不同旅游安全预警关键词统计

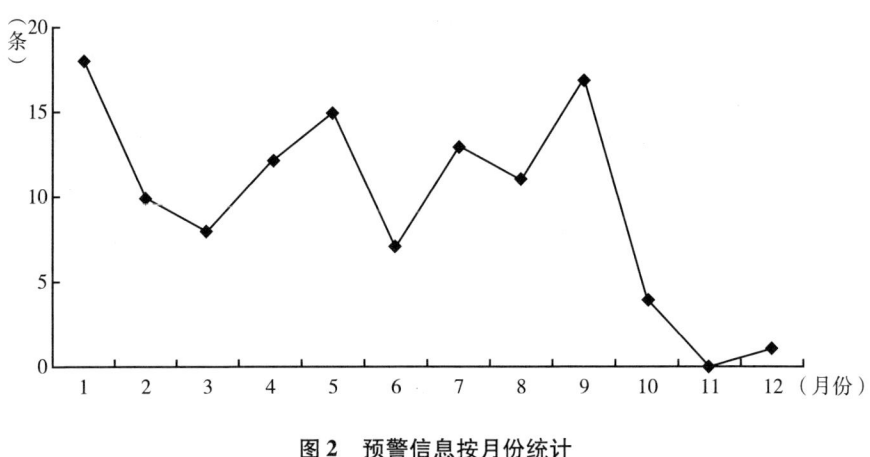

图2　预警信息按月份统计

（二）省、自治区、直辖市层面旅游安全预警形势分析

目前，我国31个省、自治区、直辖市及新疆生产建设兵团中，仅黑龙江、江苏、贵州、甘肃等四省尚未制定本地区的《旅游突发公共事件应急预案》。在已制定《旅游突发公共事件应急预案》的地区中，有关预案的细化工作本年度尚未出现新的进展。其中，值得借鉴的是四川省加大力度构建智慧旅游体系，综合运用信息技术、北斗定位技术等相关技术手段，建立了全省旅游运行监管及安全应急管理联动指挥平台，并借助四川电视台、四川

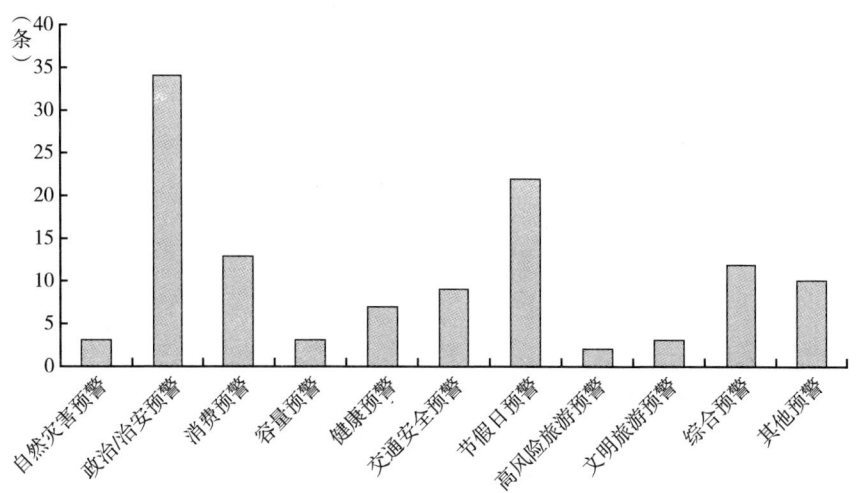

图 3　预警信息按内容统计

广播电台等新闻媒体，向游客发布旅游安全预警实时信息，有效引导了游客的有序出行，可靠保障了全省十一黄金周的旅游安全，其经验被中央综合频道《晚间新闻》、新闻频道《新闻直播间》等节目报道。另外，北京市2014年又增添了"旅游防汛应急响应启动单""旅游防汛预警响应结束单"的旅游安全预警发布形式。

在各省、自治区、直辖市旅游局或旅游发展委员会官方网站，以表明旅游安全预警的关键词"提示""劝告""警告""警示""提醒""劝诫""忠告""建议"等进行检索并加以整理，结果如图4所示。

由图4可知，在旅游安全预警信息发布数量方面，前3名依次为广西、云南和福建，后4名依次为宁夏、内蒙古、海南和青海，且后4个地区发布预警信息均为0条，其余地区居中且信息发布数量较为悬殊，与以往相比，仍处于一种不均衡状态。并且，各地区所发布的旅游安全预警信息多引自国家旅游局或其他地区，本地区本地化旅游安全预警信息发布明显不足。

（三）地市级层面旅游安全预警形势分析

针对各省、自治区、直辖市所辖325个市、盟、自治州及大兴安岭地区

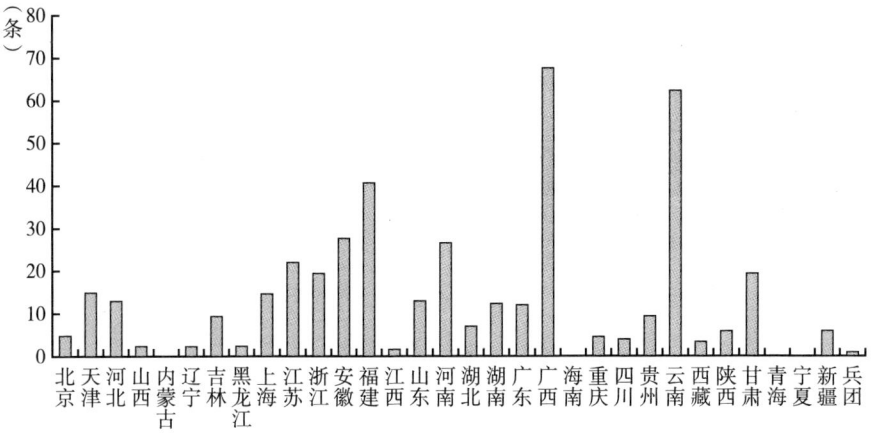

图 4　我国各省、自治区及直辖市及新疆生产建设兵团旅游安全预警信息发布统计

旅游局预警状况进行统计,已经建立预警机制的有141个,占43.38%,比上年环比增长3.07%。其中,福州市旅游局最新修订的《福州市旅游突发事件应急预案》对特别重大突发事件进行了重新界定,即指突发事件造成旅游团队人员一次死亡(含失踪)30人以上(含中毒死亡,含本数),或者100人以上重伤、严重食物中毒(住院救治)的,或旅游团队人员滞留人数在1000人以上,旅游团队人员安全受到严重威胁的旅游突发事件。龙岩市旅游局新出台了《龙岩市旅游地震工作预案》,按旅游者伤亡程度将地震灾害旅游安全预警等级分为重大(Ⅰ级)、较大(Ⅱ级)、一般(Ⅲ级)三级。青岛红岛经济区建立了游客容量预警机制,规定当游览人数超过景区(点)接待游客最大承载量的80%时进行容量预警。2014年度新增10个城市中,乌兰察布市预警分级为三级〔重大(Ⅰ级)、较大(Ⅱ级)、一般(Ⅲ级)〕,黄冈市、怀化市、梅州市、河源市、三亚市以及昭通市等预警分级为四级〔特大(Ⅰ级)、重大(Ⅱ级)、较大(Ⅲ级)、一般(Ⅳ级)〕,而江门市、贺州市、黔西南州等仅建立了预警机制,缺乏明确的量化标准和实施细则。综上,四级预警分级标准处于主导地位,这与我国国家标准乃至国际标准相吻合,是今后各地区建立旅游安全预警机制首选的分级标准。

（四）旅游景区层面旅游安全预警形势分析

对我国180个（2014年新增9个）5A级景区以关键词"预警"进行检索统计，预警内容主要包括景区容量预警、自然灾害预警、文化景观遗产预警、防火预警、食品安全预警、不文明旅游预警、空气重污染预警以及景区舆情预警等。其中，景区容量预警仍是全年旅游安全预警的焦点和备受诟病之处，各大景区的"冷热不均"便是佐证，而食品安全预警、不文明旅游预警、空气重污染预警以及景区舆情预警等预警新形态成为2014年度的亮点，已经开始引起各界关注。在预警机制建立健全方面，相关报道不多，南通濠河景区建立了四级水上预警机制、岳阳南湖景区建立了四级预警机制、衡山景区建立了四级燃气事故预警机制。在预警系统建设方面，基于智慧景区构建的智慧预警平台成为2014年度主流导向。世界文化遗产动态信息及监测预警系统建设取得初步成效，庐山、武夷山、峨眉山、敦煌、十三陵、八达岭、天坛公园、龙门石窟、苏州园林等景区相继建立该系统，泰山景区于2014年11月中旬完成编制并上报国家文物局评审，故宫景区预计2020年建成完整的监测系统。都江堰景区启用"悠悠游－都江堰"智慧旅游系统，依托智能手机终端发布景区旅游安全预警信息。神农架景区以该地区气象局为首，成立神农架自然灾害预警指挥中心，整合全区自然灾害监测设施、信息资源和服务手段，着手建立多位一体的全区自然灾害综合监测预警指挥体系，以实现对各类自然灾害的及时监测、快速响应、科学预警和高效处理。

二 2014年旅游安全预警存在的问题

（一）旅游安全预警分级标准不一，影响地区间信息共享

目前，我国旅游安全预警分级标准主要有三级标准和四级标准两种，且从全国及各地区制定情况可知，四级标准占据主导地位。四级分级标准中根

据具体量化标准不同包括三种情况：一是以国家旅游局、唐山市、河源市等为代表的《旅游者安全保障办法（初稿）》中规定的分级标准；二是以石家庄市为代表的分级标准；三是以运城市、大同市为代表的分级标准。三级分级标准中根据具体量化标准不同包括两种情况：一是以海口市为代表的分级标准；二是以乌兰察布为代表的分级标准。综上，我国旅游安全预警分级标准各不相同，较为混乱，这给旅游安全预警信息资源共享带来了极大的不便，旅游安全预警分级标准化是破解这一问题的有效途径。

（二）旅游安全预警各自为政，缺乏联动机制

纵观各地旅游安全预警现状，虽有四川全省旅游运行监管及安全应急管理联动指挥平台的建立、京津冀旅游消费预警联合发布机制的启动，但国内大多数地区尚未建立旅游安全预警联动机制，总体上仍处于一种各自为政、资源自享的信息孤岛状态，地区性、全国性旅游安全预警联动机制建设举步维艰。相对于三峡大坝旅游区、故宫、八达岭长城等景区的"爆棚"现象，九寨沟景区国庆首日、次日游客接待量分别下降40%、49%，峨眉山景区国庆首日、次日游客接待量分别下降46%、33%，五台山国庆首日比上年同期减少26.15%，众多热门景区出现了游客接待量的"遇冷"。各热门景区游客接待量呈现"冷热不均"现象，究其原因，一是景区在旅游安全预警方面的不作为，二是景区与游客之间存在明显的信息不对称，但根本原因在于缺乏有效的区域性乃至全国性的旅游安全预警联动机制和平台。

（三）旅游安全预警信息发布存在不足，缺乏科学规划

目前，我国旅游安全预警信息发布存在三点不足：一是重旺季、轻淡季；二是部分地区引用多、本地化信息少；三是内容单一、不全面。上自国家旅游局，下至各省（自治区、直辖市）市旅游局，再至各大景区，所发布的旅游安全预警信息数量均呈现节假日等旅游旺季多而其他时段少甚至没有的特点，而国民旅游休闲时代要求旅游相关管理部门能够提供全方位常态旅游安全预警信息，这种供需不平衡急需改变，尤其对于老年旅游、乡村旅

游等新兴旅游产品而言这个问题更是亟须解决。通过对各省（自治区、直辖市）旅游局官方网站的分析，虽然我国大部分省（自治区、直辖市）能够做到预警信息本地化，但河北省、山西省、辽宁省、黑龙江省、浙江省及江西省等省份发布预警信息仍存在完全引用的情况，不利于预警信息资源的共享。由各级旅游主管部门及各大景区发布的预警信息内容分析表明，预警内容较为单一，不能全面反映旅游地旅游安全的具体风险性，如很多地区基本上以"出境政治/治安预警"或"大客流、容量预警"或"消费预警"等预警内容为主，而对于"自然灾害预警"、"高风险旅游预警"及"文明旅游预警"等预警内容极少关注，并且，很多地区缺乏对本地区特有旅游风险因素的预警，这对于游客而言很难起到保障其旅游安全的作用。

三 2015年旅游安全预警形势展望

（一）2015年旅游安全预警的形势展望

1. 旅游安全预警分级标准化有望进一步加强

到目前为止，国家旅游局、多数省（自治区、直辖市）旅游局、部分地市级旅游局以及部分景区纷纷建立了旅游安全预警分级管理制度，并在实际应用中取得了显著效果。尤其是2014年度又有10个城市建立了本地区旅游安全预警分级管理制度，且这10个城市所建立的旅游安全预警分级管理制度中多为按四级标准进行预警分级的，符合我国旅游安全预警分级标准的需求，在一定程度上推动了旅游安全预警分级标准化工作。但总的来说，旅游安全预警分级标准化工作仍进展缓慢，缺乏统一的分级制度和统一的分级量化标准是不争的事实，它将直接影响区域性或全国性旅游安全预警联动机制的建立和运行。

2. 旅游安全预警联动机制建设势在必行

"黄金粥""堰塞湖""走不动""爆棚""被挤怕""遇冷"等耳熟能详的关键词，正是目前我国旅游安全预警现状的真实写照，揭示了我国旅游安全预警工作中存在的不足和缺陷，旅游安全预警工作如何变革创新以应对日益严峻的旅游安全形势，已经成为全社会普遍关注的热点话题。区域性或全国性旅游安全预警联动机制及其平台建设，无疑可以弥补旅游安全预警存在的不足和缺陷。目前，国内仅有少数省份或地区建成了旅游安全预警联动机制及其平台。四川省依托智慧旅游平台及其相关技术，建立了全省旅游运行监管及安全应急管理联动指挥平台，并在十一黄金周得到了检验，保障了游客的有序出行，实现了预期安全目标，其经验和做法被中央综合频道《晚间新闻》、新闻频道《新闻直播间》等节目报道。京津冀三地消协为促进京津冀一体化协同发展，达成加强信息共享的共识，决定对涉及三地消费者共同利益的事件进行联合发布，并针对河北地区夏季旅游中如海蜇伤人事件、高风险娱乐项目及溺水事件等发布了消防提示。北京市建立了本地区旅游产业调度平台，实现了旅游相关数据资源的共享，可监测40家重点景区的实时人流量、在节假日实时发布景区游览舒适度指数及人流量预警信息等，有效引导游客出行，并向国家旅游局等相关政府机构提供共享服务。旅游安全预警联动机制及其平台建设已经初具成效，在有效疏导游客、保障游客安全方面作用明显。

3. 智慧预警将成为旅游安全预警的主要形式

2014年1月21日"美丽中国之旅——2014智慧旅游年"的启动，标志着我国智慧旅游建设的大幕已经全面拉开，旅游安全预警平台被列入智慧旅游五个示范工程之一，基于智慧旅游相关技术的旅游安全预警将逐渐取代传统旅游安全预警形式，成为未来旅游安全预警的主要形式。国家智慧旅游公共服务平台项目落户西太湖，可提供实时景区游客承载量统计和预警信息；中国世界文化遗产动态信息及监测预警系统初见成效；北京市建立地区旅游安全预警联动平台；四川省建立全省旅游运行监管及安全应急管理联动指挥平台；浦东推出首个红（通畅）、黄（拥挤）、蓝（爆满）三色客流智慧预警系统；宁夏建成景区游客流量动态监测和服务系统；青岛智慧旅游预警，使游客满意度提高3%；厦门将旅游安全预警纳入智慧旅游城市建设十大工程；郑州"1146"将旅游安全预警列为重点建设内容；苏州阳澄湖建立智慧半岛旅游应急预警机制；华山成立预警舆情监测指挥部；等等。

4. 文明旅游预警将成为旅游安全预警的新常态

近年来，中国公民不文明旅游行为屡见报端，备受诟病，从国内的三亚海滩游客与海豚"暴力合影"、北京草莓音乐节"垃圾狼藉"、天坛公园汉白玉石雕"惨遭踩躏"，到国外的埃及卢克索神庙浮雕"到此一游"、法国卢浮宫外水池"泡脚"、亚航"泡面泼空姐、扬言炸飞机"、曼谷机场插队与外籍女动手，这些行为在国内外造成了不良影响，妨碍了我国与世界各国的民间旅游交往和文化互通。"一带一路"战略已经上升为新时期国家发展战略，其核心论述"五通"中的"加强民心相通"为我国与"一带一路"沿线周边国家民间旅游交往提供了政策指南。如何有效避免中国公民国内外旅游不文明行为、如何重塑国人旅游良好形象、如何承担中国优秀文化传播者等一系列问题的破解，除了法律约束、深化旅游文化及提高服务能力之外，文明旅游预警也是一条行之有效的途径。《中华人民共和国旅游法》第十三条对旅游者遵守旅游文明行为进行了规定，《中国公民国内旅游文明行为公约》与《中国公民出国（境）旅游文明行为指南》对中国公民旅游文明行为提出了具体要求，各级旅游主管部门针对文明旅游向旅游者发出预警提示，文明旅游正在逐渐成为全社会的共识，文明旅游预警势必会成为今后旅游安全预警的一种新常态。

（二）2015年旅游安全预警的管理建议

1. 旅游行政部门应予高度重视，推进旅游安全预警分级标准化工作进程

旅游行政部门应给予高度重视，科学评估现有旅游安全预警分级标准的优劣，在此基础上制定一套客观可行的统一的旅游安全预警分级标准，并以政令形式逐级贯彻实施，以达到旅游安全预警信息资源一体化共享的目的。

2. 各级旅游相关部门应积极作为，协同构建旅游安全预警联动机制

各级旅游相关部门应积极作为，相互协同，以智慧旅游相关技术为基础，建立国家、省（自治区、直辖市）、市、区（县）及景区的逐级实时共享互通的旅游安全预警联动机制及其平台，有效发布各类预警信息，实现游客与景区间的信息对称,最终实现旅游业安全有序运行。

3. 各地应结合本地区实际,依托智慧旅游技术,切实有效提升旅游安全预警水平

我国智慧旅游预警机制及其平台建设已经开始步入发展快车道,各地应抓住机遇,结合各自特点构建适合本地区的智慧旅游预警机制和平台,为更好地服务游客、保障游客安全提供切实有效的实时预警信息。

4. 各地各方应积极响应,将旅游文明预警工作常态化

各地各方应积极响应,将旅游文明预警纳入旅游安全预警工作中来,建立一套针对旅游者不文明行为进行识别、预警的智能系统,并将之常态化,不断提升国民旅游文明程度,从根本上杜绝各类旅游不文明行为的出现,以全民的行动迎接文明旅游时代的早日到来。

参考文献

[1] 郑向敏、谢朝武主编《中国旅游安全报告(2014)》,社会科学文献出版社,2014。

[2] 国家旅游局网站,http://www.cnta.gov.cn/。

B.23 2015年中国旅游上市公司财务安全预警

周春梅 吴玉婷 荆亚宇*

摘 要： 国内旅游安全问题凸显，建立旅游企业财务安全预警体系迫在眉睫。文章采用因子分析方法，以方差贡献率和因子载荷为依据对预警指标相对重要性进行排序，构建出旅游上市公司财务安全三级预警体系，并据此对我国旅游上市公司2015年的财务安全状况进行预警。预警结果显示，2015年我国旅游上市公司财务安全整体形势不容乐观，大部分公司预警警度达到中警或重警，尤以综合类公司最为严重，究其主要原因在于资产管理能力以及支付能力表现普遍欠佳，建议旅游上市公司巩固自身资产管理，强化"现金至尊"观念。

关键词： 旅游上市公司 安全预警 财务安全预警体系

预警（Early-warning）指预先警示相关人员存在安全隐患，以便其及时应对，减少损失。本文通过定量分析，从盈利与发展能力、资产管理能力、支付能力、核心竞争能力四个方面构建旅游上市公司财务安全预警体系，及时发出财务安全预警信号，为旅游上市公司提供借鉴。

---

* 周春梅，女，河北衡水人，华侨大学旅游学院副教授、博士，研究方向为旅游企业管理与财务问题；吴玉婷、荆亚宇均为华侨大学旅游学院硕士研究生。

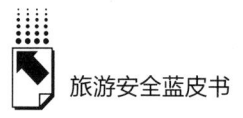

一 旅游行业分类与样本选取

上市公司行业分类是否科学，直接影响着国内学者对上市公司的相关研究。我国早期资本市场并未对上市公司进行统一分类，深圳证券交易所和上海证券交易所出于各自需要分别对上市公司所属行业进行了简单划分。然而，这种粗略的行业划分已不能满足资本市场迅速发展的需要，亦给市场各方进行相关研究带来极大不便。中国证监会（CSRC）2001 年 4 月颁布的《上市公司行业分类指引》以上市公司营业收入为行业分类标准，并由证券交易所根据经会计师事务所审计的上市公司合并报表数据进行行业划分。根据 CSRC 分类标准，目前上市公司经济活动可分为 13 个门类，其中属于旅游行业业务范畴的有社会服务业门类（K）中的餐饮业（K30）、旅馆业（K32）和旅游业（K34）。[①] 同时，参考 2005 年 1 月道琼斯指数与富时集团合作制定的"行业分类基准"（Industry Classification Benchmark，ICB），将其中归属于旅游与休闲行业的中青旅（600138）、首旅酒店（600258）、国旅联合（600358）也纳入旅游上市公司范畴之中。综合 CSRC 与 ICB 两套分类标准，截至 2014 年 12 月 31 日，我国共有 A 股旅游上市公司 30 家。

为了便于分析，研究将旅馆业和餐饮业归并为酒店类上市公司，而旅游业（K34）则拆分为景点类和综合类上市公司。其中，景点类上市公司是指 CSRC 分类标准（2001）中拥有代表性景点或景区的旅游上市公司，其余旅游上市公司则归属于综合类。[②] 根据营业收入情况，将 ICB 分类中的中青旅（600138）、国旅联合（600358）归为综合类上市公司，首旅酒店（600258）归为酒店类上市公司。

本文选取的研究样本为 2009 年 12 月 31 日之前上市的旅游企业，研究

---

① 周春梅、张成心：《管理层权力、高管－员工薪酬差距与旅游企业绩效》，《旅游学刊》2014 年第 9 期。
② 刘海英、王素洁：《旅游行业上市公司多元化经营与公司价值实证检验》，《北京第二外国语大学学报》2007 年第 5 期。

样本区间为 2009~2014 年。为保证样本可信度和时效性，剔除了财务状况异常的＊ST 新都及在 2009 年之后上市的长白山、世纪游轮两家公司。据此，文章最终筛选出 27 家旅游上市公司的 155 个年度数据，所涉及的财务数据来自巨潮资讯网公布的 2009~2014 年度财务报告。① 本文采用 SPSS 17.0 统计软件中的因子分析（Factor Analysis）方法对相关数据进行处理。

二 财务安全预警指标选取与体系构建

（一）财务安全预警指标选取

对企业财务状况进行预警需要借助于相关财务指标的计算，为了尽可能全面反映企业财务安全状况，本文认为应至少从盈利能力、营运能力、偿债能力、发展能力四个维度选取预警指标。其中，现金流量是企业至关重要的"红色血脉"，随时揭示出企业资金运转的状况。因此，在以上四个维度基础上，特别注重有关现金流量指标的选取。本文通过查阅相关文献资料，初步选取了 32 项财务安全预警指标。入选指标的名称及其相应的计算公式如表 1 所示。

表 1　初步入选的财务安全预警指标及其计算

预警维度	预警指标名称	计算公式
盈利能力	总资产报酬率（$X1$）	（利润总额＋利息支出）/平均资产总额
	净资产收益率（$X2$）	净利润/股东权益平均总额
	营业利润率（$X3$）	营业利润/总主营业收入
	成本费用利润率（$X4$）	利润总额/（营业成本＋期间费用）
	销售净利率（$X5$）	净利润/销售收入净额（营业收入）
	经营活动现金流量占主营业务收入比（$X6$）	经营活动现金流量/主营业务收入（营业收入）
	主营业务利润率（$X7$）	主营业务利润/主营业务收入
	净现金流量占净利润的比例（$X8$）	净现金流量/净利润

---

① http：//www.cninfo.com.cn.

续表

预警维度	预警指标名称	计算公式
营运能力	总资产周转率($X9$)	主营业务收入/平均资产总额
	流动资产周转率($X10$)	主营业务收入/平均流动资产
	股东权益周转率($X11$)	营业总收入/平均净资产
	存货周转率($X12$)	主营业务成本/平均存货
	应收账款周转率($X13$)	主营业务收入/平均应收账款
	固定资产周转率($X14$)	销售收入净额/固定资产平均净值
偿债能力	资产负债率($X15$)	负债总额/资产总额
	流动比率($X16$)	流动资产/流动负债
	速动比率($X17$)	(流动资产 - 存货)/流动负债
	现金比率($X18$)	(现金 + 现金等价物)/流动负债
	长期资产适合率($X19$)	(股东权益 + 长期负债)/(固定资产净额 + 长期投资)
	现金流动负债比率($X20$)	经营活动现金流量/流动负债
	现金流量指数($X21$)	现金流入量/现金流出量
	营业现金流量指数($X22$)	营业现金流入量/营业现金流出量
	维持当前现金流量能力的保障率($X23$)	营业现金净流量/必需的维持性资本支出额
发展能力	净利润增长率($X24$)	本期净利润/去年同期净利润 - 1
	净资产增长率($X25$)	期末净资产/去年同期净资产 - 1
	总资产增长率($X26$)	期末总资产/去年同期总资产 - 1
	营业收入增长率($X27$)	本期营业收入/去年同期营业收入 - 1
	营业利润增长率($X28$)	本期营业利润/去年同期营业利润 - 1
	经营活动现金流量净额增长率($X29$)	本期经营活动现金流量净额/去年同期经营活动现金流量净额 - 1
	主营业务鲜明率($X30$)	主营业务利润/利润总额
	资本积累率($X31$)	本年所有者权益增长额/年初所有者权益
	持续可能增长率($X32$)	净资产报酬率×净资产增长率×净利润留存比例

根据表1可知，进行旅游上市公司财务安全预警涉及指标数量较多，对众多指标进行综合分析难度较大，且指标间或多或少存在相关性，导致信息重叠，进而影响到统计方法的应用。为了既减少参与数据建模的指标个数，又尽可能在最大程度上保留相关信息，更好地通过分析企业财务状况进行安全预警，本文采取因子分析方法对我国旅游上市公司2015年的财务安全状况进行预警。

（二）财务安全预警指标正向化处理

预警指标具体包括三类：正向指标、逆向指标与适度最优指标。正向指标是指值越大越好型的指标，比如总资产报酬率值越大越好；逆向指标刚好相反，比如成本费用比率越小越好；而适度最优指标既不是值越大越好，也不是值越小越好，而是在某一区间为最佳，比如通常认为流动比率数值应保持在2:1。由于正向指标、逆向指标、适度最优指标性质不同，相互间不具有可比性，因此必须对逆向指标、适度最优指标进行正向化处理。

在初步入选的32项财务安全预警指标中，资产负债率、流动比率、速动比率、现金比率、长期资产适合率等5项指标为适度最优指标，需进行正向化处理。经查阅相关文献和参考以往经验，确定适度最优指标的理想值（见表2）。

表2　财务安全预警适度最优指标的理想值

预警指标名称	理想值	预警指标名称	理想值
资产负债率[①]	50%	现金比率[②]	行业均值（0.9097）
流动比率	2:1	长期资产适合率	100%
速动比率	1:1		

注：①资产负债率：目前并无统一标准，一般认为其理想值为40%～60%，本文以其中间值50%作为旅游上市公司资产负债率的理想值；②现金比率：目前并无经验数值可供借鉴，取行业均值0.9097为理想值。

假定旅游上市公司财务安全预警指标的理想值为 X_B，实际值为 X_T，则适度最优预警指标正向化处理公式为：

$$X_i = \left| \frac{1}{X_T - X_B} \right|$$

（三）财务安全预警指标体系构建

因子分析是一种能够有效降低变量维数、应用广泛的统计分析技术，立足于观察变量间的共变关系。由于初步入选的预警指标过多，出现了与公共因子高度负相关的预警指标，无法对提取出的公共因子进行有效命名，因此本文分三次对这类指标予以剔除。第一次因子分析过程中剔除与第一公共因子高度负相关的两项预警指标，分别为总资产增长率（$X26$）、营业收入增长率（$X27$）；第二次剔除与第一公共因子高度负相关的两项预警指标，分别为总资产报酬率（$X1$）、持续可能增长率（$X32$）；第三次剔除与第一公共因子高度负相关的一项预警指标主营业务利润率（$X7$）。

本文对予以保留的剩余27项预警指标进行第四次因子分析。能够运用因子分析进行数据处理的前提是变量之间必须存在线性的关系。因此在运用因子分析方法进行数据处理前，必须先检验观察变量间的相关性。通常是对变量进行KMO检验和Bartlett球形检验，依据检验结果分析指标是否能够进一步进行因子分析。其中，KMO统计量值越大说明变量越适合进行因子分析，Bartlett球形检验越显著则表明越适合做因子分析。本次研究样本量过少而预警指标过多，导致相关矩阵非正定矩阵，无法给出KMO与Bartlett球形检验的统计结果。

研究采用主成分分析法对原始预警指标提取公共因子，原始变量中有营业利润率、应收账款周转率、资产负债率、现金比率4个指标的公共因子方差的提取值略低于0.5，其余均在0.555~0.956区间，表明选取的财务安全预警指标对预测旅游上市公司2015年的财务安全状况均非常重要。研究以Kaiser提出的特征值大于1为标准决定因子提取数目，共提取出11个公共因子，累计方差贡献率达67.135%，因子分析结果较为理想。出于控制篇幅的需要，文章仅列出特征值大于1的11个公共因子的方差贡献率，具体见表3。

由于后面3个公共因子的方差贡献率较低，且第1个公共因子至第8个公共因子的累计方差贡献率达54.116%，超过Tabachnica & Fidell给出的50%的理想值，说明原始变量的大部分信息得到保留。为了便于对公共因子进行命名，本文采用最大方差法对成分矩阵进行旋转，以达到0~1分化效果。旅游上市公司财务安全预警指标的旋转成分矩阵如表4所示（仅列示方差贡献率最大的前8个公共因子）。

表3　财务安全预警指标中公共因子的方差贡献分析表

成分	初始特征值			提取平方和载入			旋转平方和载入		
	合计	方差的比例(%)	累计(%)	合计	方差的比例(%)	累计(%)	合计	方差的比例(%)	累积(%)
1	2.930	10.850	10.850	2.930	10.850	10.850	2.816	10.428	10.428
2	2.585	9.573	20.424	2.585	9.573	20.424	2.202	8.154	18.583
3	2.147	7.951	28.374	2.147	7.951	28.374	2.011	7.450	26.032
4	1.792	6.637	35.011	1.792	6.637	35.011	1.788	6.621	32.653
5	1.568	5.807	40.818	1.568	5.807	40.818	1.705	6.316	38.969
6	1.403	5.195	46.013	1.403	5.195	46.013	1.397	5.173	44.142
7	1.278	4.732	50.745	1.278	4.732	50.745	1.375	5.093	49.233
8	1.220	4.519	55.264	1.220	4.519	55.264	1.318	4.883	54.116
9	1.099	4.071	59.335	1.099	4.071	59.335	1.244	4.608	58.724
10	1.076	3.986	63.321	1.076	3.986	63.321	1.141	4.228	62.951
11	1.030	3.814	67.135	1.030	3.814	67.135	1.130	4.184	67.135

表4　财务安全预警指标旋转成分矩阵

	成分							
	1	2	3	4	5	6	7	8
$X9$	0.895							
$X10$	0.885							
$X12$	0.742							
$X5$		0.964						
$X6$		0.964						
$X28$			0.834					
$X25$			0.769					
$X24$			0.706					
$X21$				0.797				
$X8$				0.771				
$X22$					0.786			
$X20$					0.709			
$X15$						0.651		
$X11$						0.516		
$X31$							0.808	
$X23$							0.644	
$X16$								0.733

根据旅游上市公司财务安全预警指标旋转成分矩阵的结果可知,F1 与总资产周转率($X9$)、流动资产周转率($X10$)、存货周转率($X12$)高度正相关,将其命名为资产管理能力;F2 与销售净利率($X5$)、经营活动现金流量占主营业务收入比($X6$)高度正相关,将其命名为盈利与发展能力;F3 与营业利润增长率($X28$)、净资产增长率($X25$)、净利润增长率($X24$)高度正相关,将其与因子 2 合并统一命名为盈利与发展能力;F4 与现金流量指数($X21$)、净现金流量占净利润的比率($X8$)高度正相关,将其与因子 2 和因子 3 合并统一命名为盈利与发展能力;F5 与营业现金流量指数($X22$)、现金流动负债比率($X20$)高度正相关,将其命名为支付能力;F6 与资产负债率($X15$)、股东权益周转率($X11$)高度正相关,将其命名为核心竞争能力;F7 与资本积累率($X31$)、维持当前现金流量能力的保障率($X23$)高度正相关,将其与因子 5 合并统一命名为支付能力;F8 与流动比率($X16$)、成本费用利润率($X4$)高度正相关,将其因子 6 统一命名为核心竞争能力。

根据以上分析,可构建出我国旅游上市公司财务安全三级预警指标体系。该指标体系中二级预警指标与三级预警指标均已按照重要性由高到低进行了排序。其中,二级指标相对重要性的依据为方差贡献率;三级预警指标相对重要性的依据为因子载荷。具体如图 1 所示。

三 旅游上市公司财务安全预警体系应用

本部分以旅游上市公司 2009~2014 年 6 年间的财务数据对 2015 年的财务安全状况进行预测。

(一)财务安全预警指标综合得分与排名

本文以各公共因子的方差贡献率为权重,计算我国旅游上市公司 2015 年财务安全状况的综合得分,并根据综合得分对各公司进行排名。财务安全状况综合得分的具体计算公式为:

$$10.428\% * F1 + 8.154\% * F2 + 7.450\% * F3 + 6.621\% * F4 + 6.316\% * F5 + 5.173\% * F6 + 5.093\% * F7 + 4.883\% * F8$$

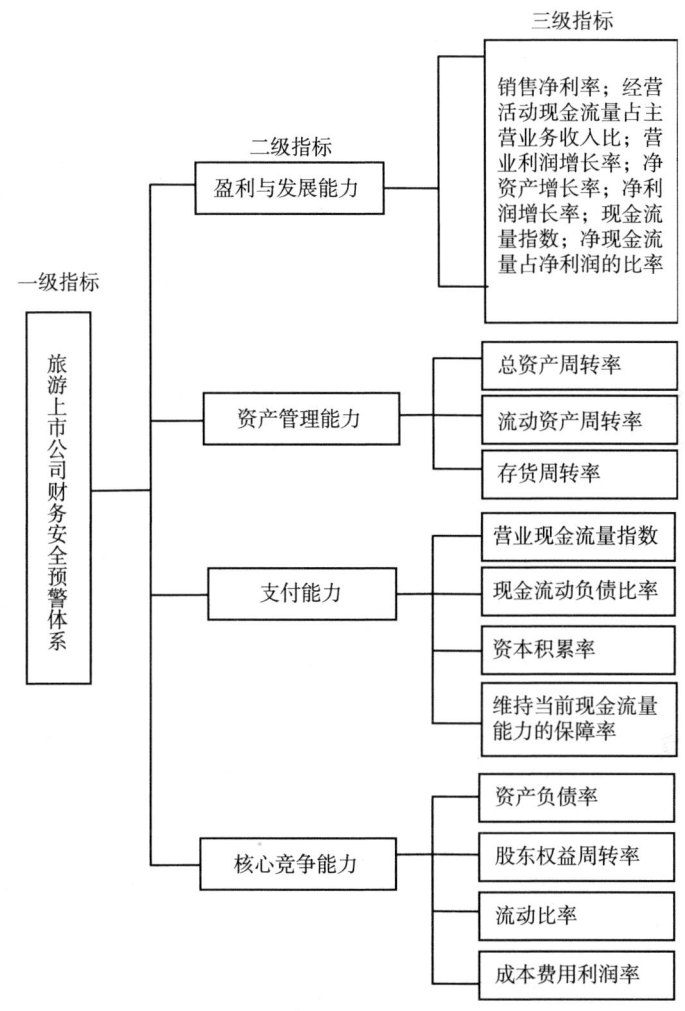

图 1　旅游上市公司财务安全三级预警指标体系

注：F4（6.621%）和F3（7.450%）的方差贡献率均略低于F2的方差贡献率8.154%，因此该公共因子中的三级预警指标均排在F2之后；同样地，F7的方差共献率为5.093%，略低于F5的方差贡献率6.316%，因此该公共因子中的三级指标均排在F5之后；F8的方差贡献率为4.883%，略低于F6的方差贡献率5.173%，因此该公共因子中的三级指标均排在F6之后。

综合因子得分是旅游上市公司财务安全状况的综合反映，各旅游上市公司综合因子得分及其排名（降序排列）情况如表5所示。

表5 旅游上市公司财务安全预警综合得分与排名

公司名称	综合得分	综合排名	公司名称	综合得分	综合排名
中青旅	0.2923632	1	峨眉山A	-0.028772	15
首旅酒店	0.1970505	2	云南旅游	-0.029835	16
全聚德	0.157251	3	华侨城A	-0.0304005	17
张家界	0.1549874	4	桂林旅游	-0.032180833	18
丽江旅游	0.116731167	5	金陵饭店	-0.033429167	19
湘鄂情	0.1046698	6	三特索道	-0.038722333	20
锦江酒店	0.052391833	7	北京旅游	-0.0472895	21
宝利来	0.050588	8	东方宾馆	-0.047418833	22
西安饮食	0.037894	9	华天酒店	-0.0846422	23
易食股份	0.0329468	10	大东海A	-0.152729	24
大连圣亚	0.02634325	11	零七股份	-0.1576514	25
西安旅游	0.023309333	12	国旅联合	-0.243303667	26
西藏旅游	-0.0005478	13	曲江文旅	-0.2831992	27
黄山旅游	-0.0141665	14			

表5为27家旅游上市公司财务安全状况的综合因子得分，综合因子得分大于0表明该公司财务安全状况的综合排名处于中上水平，小于0则意味着财务安全状况相对较差。但综合评分法最大的缺陷在于，容易掩盖上市公司在某一方面或某些方面的不足，① 可能会出现部分公司综合排名靠前却在某些方面存在严重的财务风险，从而无法对未来的财务安全状况进行科学、有效的预警。关于27家旅游上市公司2015年的财务安全状况，需要结合二级预警指标的得分情况作进一步的分析与评判。

（二）财务安全二级预警指标得分与预警

本文将财务安全二级预警指标的实际值与标准值进行比较，以决定是否发出财务安全预警警报以及具体的预警警度。本文将财务安全二级预警指标的平均水平（即0）视为标准值，预警指标分值为负表明该项指标的实际值

---

① 张慧、周春梅：《我国旅游上市公司经营业绩的评价与比较——基于因子分析和聚类分析的综合研究》，《宏观经济研究》2012年第3期。

表6　旅游上市公司财务安全二级预警指标得分与预警

公司名称	盈利与发展能力	资产管理能力	支付能力	核心竞争能力	预警警度	预警信号	行业细分
零七股份	-0.16832(-)	-0.60273(-)	-0.63197(-)	0.14630(+)	重度预警	★★★	
宝利来	0.41491(+)	0.04774(+)	-0.13621(-)	-0.30891(-)	中度预警	★★	
西安饮食	0.06565(+)	0.26203(+)	-0.05631(-)	0.02390(+)	轻度预警	★	
易食股份	0.21715(+)	-0.13829(-)	-0.35688(-)	0.39599(+)	中度预警	★★	
全聚德	0.06227(+)	1.29153(+)	0.12793(+)	-0.05833(-)	轻度预警	★	
湘鄂情	0.31321(+)	0.25681(+)	-0.22151(-)	0.33363(+)	轻度预警	★	酒店类
华天酒店	0.00949(+)	-0.66340(-)	0.08325(+)	-0.26912(-)	中度预警	★★	(12家)
东方宾馆	-0.12661(-)	0.03171(+)	0.23751(+)	-0.49407(-)	中度预警	★★	
大东海A	-0.01610(-)	-0.57260(-)	-0.25259(-)	-0.60285(-)	重度预警	★★★	
首旅酒店	0.06345(+)	2.28041(+)	-0.43039(-)	-0.05718(-)	中度预警	★★	
锦江酒店	0.03794(+)	-0.07701(-)	0.31642(+)	0.15802(+)	轻度预警	★	
金陵饭店	0.08295(+)	-0.67695(-)	-0.35957(-)	0.59415(+)	中度预警	★★	
华侨城A	0.19302(+)	-0.64762(-)	-0.22548(-)	0.19848(+)	中度预警	★★	
峨眉山A	-0.00274(-)	0.47650(+)	0.21650(+)	-1.01981(-)	中度预警	★★	
桂林旅游	0.23725(+)	-0.66572(-)	-0.26244(-)	0.14372(+)	中度预警	★★	
丽江旅游	0.25035(+)	-0.55759(-)	0.95478(+)	0.10253(+)	轻度预警	★	景点类
黄山旅游	0.00021(+)	-0.2812(-)	0.12037(+)	0.01370(+)	轻度预警	★	(8家)
张家界	-0.16809(-)	1.77431(+)	0.45667(+)	-0.44532(-)	中度预警	★★	
大连圣亚	0.06657(+)	-0.16817(-)	0.34749(+)	-0.10503(-)	中度预警	★★	
曲江文旅	-1.38002(-)	0.67566(+)	-0.55295(-)	0.16048(+)	中度预警	★★	
西安旅游	-0.26585(-)	1.33518(+)	-0.31820(-)	-0.20420(-)	重度预警	★★★	
北京旅游	0.37770(+)	-0.68981(-)	-0.24816(-)	-0.30815(-)	重度预警	★★★	
云南旅游	-0.16235(-)	-0.54403(-)	-0.10322(-)	0.74338(+)	重度预警	★★★	
三特索道	-0.00739(-)	-0.79092(-)	0.24124(+)	0.17774(+)	重度预警	★★★	综合类
中青旅	-0.02357(-)	0.62425(+)	1.18196(+)	0.97112(+)	轻度预警	★	(7家)
国旅联合	-0.21312(-)	-0.99636(-)	-0.34058(-)	-0.52885(-)	重度预警	★★★	
西藏旅游	0.03946(+)	-0.75757(-)	0.40155(+)	0.23734(+)	轻度预警	★	

注：盈利与发展能力的得分＝8.154%/(8.154%＋7.450%＋6.621%)＊F2得分＋7.450%/(8.154%＋7.450%＋6.621%)＊F3得分＋6.621%/(8.154%＋7.450%＋6.621%)＊F4得分；支付能力的得分＝6.316%/(6.316%＋5.093)＊F5得分＋5.093%/(6.316%＋5.093%)＊F7得分；核心竞争能力的得分＝5.173%/(5.173%＋4.883%)＊F6得分＋4.883%/(5.173%＋4.883%)＊F8得分；其中，因子得分为标准化处理后的数据，"0"表示研究样本的平均水平，"(－)"表示低于平均水平，"(＋)"表示高于平均水平。

低于平均水平。如果公司在4项预警指标上的得分均为正，则该公司2015年财务安全状况无须发出警报。只要有1项预警指标的得分为负，就应发出警报，2015年预警警度为轻度预警；若有两项预警指标的得分为负，应发出中度预警警报；而有3项或3项以上预警指标的得分为负时，则应发出高度预警警报。①

四 2015年旅游上市公司财务安全主要趋势与展望

（一）旅游上市公司财务安全整体趋势

根据这一预警标准，2015年我国27家旅游上市公司中所有公司的财务安全状况均发出预警信号。其中，财务安全轻度预警的公司有8家，分别为西安饮食、全聚德、湘鄂情、锦江酒店、丽江旅游、黄山旅游、中青旅、西藏旅游，占全部公司数量的29.63%；财务安全中度预警的公司有12家，分别为宝利来、易食股份、华天酒店、东方宾馆、首旅酒店、金陵饭店、华侨城A、峨眉山A、桂林旅游、张家界、大连圣亚、曲江文旅，占比为44.44%；财务安全重度预警的公司有7家，分别为零七股份、大东海A、西安旅游、北京旅游、云南旅游、三特索道、国旅联合，占比为25.93%。从整体上来看，2015年旅游上市公司财务安全预警警度较高（含中度预警、重度预警）的公司数量合计为19家，占比高达70.37%，整体形势不容乐观。就二级预警指标来看，2015年旅游上市公司发出预警信号的最重要原因在于资产管理能力、支付能力欠佳，这两项能力低于平均水平的公司比例分别为59.26%、55.26%。

（二）不同类型旅游上市公司财务安全趋势

就行业细分来看，2015年旅游上市公司财务安全状况在酒店类、景点

---

① 周春梅、张成心：《旅游上市公司财务安全预警体系研究》，载郑向敏、谢朝武主编《中国旅游安全报告（2013）》，社会科学文献出版社，2013。

类、综合类三种不同类型的公司间存在一定差异。综合类公司为财务安全高度预警的重灾区，2015年财务安全预警警度为重度的上市公司数量为5家，占比为71.43%。其次为酒店类公司，酒店类公司涵盖了三种预警警度，其中重度警度公司数量为2家，占比为16.7%；中度警度公司数量为6家，占比为50%；轻度警度公司数量为4家，占比为33.3%。2015年财务安全状况最好的是景点类公司，轻警警度公司数量为2家，占比为25%；中警警度公司数量为6家，占比为75%。就二级预警指标来看，三种不同类型公司间发出预警信号的主要原因也存在较大差异。酒店类公司发出预警信号的原因主要在于支付能力、资产管理能力、核心竞争能力均较弱，这三项能力低于平均水平的公司比例分别为66.67%、50.00%、50.00%；景点类公司由于拥有垄断优势，因而在核心竞争能力、盈利与发展能力及支付能力方面表现均较好，该类公司发出预警信号的主要原因在于资产管理能力较弱，此项能力低于平均水平的公司比例为62.50%；除此之外，综合类公司的盈利与发展能力、资产管理能力也不容乐观，这两项能力低于平均水平的公司比例分别高达71.43%。

综合以上分析认为，2015年我国旅游上市公司发出财务安全预警信号的主要原因在于资产管理能力以及支付能力表现欠佳。受限于企业资产管理效率低下，企业在运营过程中资金周转能力表现欠佳，势必会影响企业现金流。基于"现金至尊"观念的逐步深化，越来越多的企业意识到现金流对公司发展的重要性，在这种背景下，建议各旅游上市公司提高公司资产管理效率，注重现金流量管理。

五 结束语

2015年我国旅游上市公司财务安全整体形势仍不容乐观，大部分公司预警警度达到中警或重警，尤以综合类公司最为严重，酒店类公司次之。景点类公司由于具有先天的资源垄断优势，在所有类型公司中财务安全状况最为理想。财务安全预警是公司发展到一定阶段的必然要求，各旅游上市公司应当以财务安全预警为基础,并通过追踪安全预警信号发出的具体原因提出有针对性的解决方案。旅游上市公司资产管理能力以及支付能力表现普遍欠佳。随着旅游市场的持续增长,旅游企业的主业仍具有一定的可挖掘空间。在巩固自身资产管理、强化"现金至尊"观念的基础上寻求新的市场,才能更为有效地分散财务风险,避免旅游企业陷入两难境地。

参考文献

[1] 周春梅、张成心:《管理层权力、高管－员工薪酬差距与旅游企业绩效》,《旅游学刊》2014年第9期。

[2] 刘海英、王素洁:《旅游行业上市公司多元化经营与公司价值实证检验》,《北京第二外国语大学学报》2007年第5期。

[3] http://www.cninfo.com.cn。

[4] 张慧、周春梅:《我国旅游上市公司经营业绩的评价与比较——基于因子分析和聚类分析的综合研究》,《宏观经济研究》2012年第3期。

[5] 周春梅、张成心:《旅游上市公司财务安全预警体系研究》,载郑向敏、谢朝武主编《中国旅游安全报告(2013)》,社会科学文献出版社,2013。

B.24 2014年中国旅游安全的热点与新问题

邹永广 郑向敏*

摘　要： 2014年中国旅游安全形势有热点，也出现了新问题。本报告甄选了2014年中国旅游安全的三个热点事件与三个新问题进行剖析和探讨。2014年中国旅游安全形势的热点包括：①国务院出台《国务院关于促进旅游业改革发展的若干意见》；②云南古城火灾事件备受关注；③凤凰古城洪灾事件值得深思。2014年中国旅游安全形势出现的新问题包括：①网购旅游安全监管问题；②暑期旅游安全防范问题；③出境旅游安全风险问题等。介绍这些热点事件与新问题的现状并剖析其内在原因，对2015年我国旅游安全管理与应急处置具有重要的启示意义。

关键词： 旅游安全　热点　新问题

2014年，全国各地各级党委政府、旅游主管部门和相关部门高度重视旅游安全工作，做出了积极而富有成效的努力，保持了全年总体基本平稳的安全形势。在2014年中国旅游安全诸多热点事件与新问题中，本报告甄选了以下具有代表性的三个热点事件与三种新问题进行剖析和探讨。

---

* 邹永广，华侨大学旅游学院博士生；郑向敏，华侨大学旅游学院教授、博士、博士生导师。

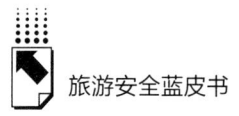

一 2014年中国旅游安全的热点事件

本报告甄选的三个中国旅游安全热点问题和案例,是2014年反响强烈,引发广大民众讨论和网络评价的热点事件,既有促进旅游业发展的积极事件,也有制约旅游业发展的消极事件。

(一)国务院出台《国务院关于促进旅游业改革发展的若干意见》,促进旅游安全治理深入

1. 事件回放

2014年8月,《国务院关于促进旅游业改革发展的若干意见》(国发〔2014〕31号)出台。《国务院关于促进旅游业改革发展的若干意见》第十三条提出:"保障旅游安全。加强旅游道路特别是桥梁、隧道等交通安全和食品安全监督检查,对客运索道、大型游乐设施等旅游场所特种设备定期开展安全检测。完善旅游安全服务规范,旅游从业人员上岗前要进行安全风险防范及应急救助技能培训。旅行社、景区要对参与高风险旅游项目的旅游者进行风险提示,并开展安全培训。景区要加强安全防护和消防设施建设。按照属地管理原则,建立健全旅游景区突发事件、高峰期大客流应对处置机制和旅游安全预警信息发布制度,将其纳入当地统一的应急体系。重点景区要配备专业的医疗和救援队伍,有条件的可纳入国家应急救援基地统筹建设。"①

2. 事件启示

(1)解读文件中旅游安全规定,需明晰旅游安全治理理念

31号文件专门就旅游安全保障做出了相应的规定,规定中旅游安全治理理念鲜明。①治理要点明确。文件明确了当前旅游安全保障的要点在于交通

---

① 《国务院关于促进旅游业改革发展的若干意见》,国家旅游局网站,http://www.cnta.gov.cn/html/2014-8/2014-8-21-%7B@hur%7D-17-89924.html,2014-08-21。

安全、食品安全、设施设备安全、安全服务、高风险项目安全、景区客流量和旅游安全应急救援体系等。②要求内容具体。文件规定和强调了桥梁、隧道等的交通安全，客运索道、大型游乐设施等旅游场所特种设备安全，重点景区的救援队伍的组成等具体内容。③保障措施得当。文件提出了当前保障旅游安全的具体措施，包括：对交通安全和食品安全进行监督检查；对特种设备定期开展安全监测；通过技能培训，完善旅游安全服务；发布安全预警信息，控制景区高峰期客流量等。31号文件是现阶段我国旅游安全治理理念在安全监管中的反映和诠释，也是推动当前旅游安全管理的制度建设的顶层规定。

（2）落实文件中旅游安全规定，需夯实旅游安全保障基础

31号文件中有关旅游安全的规定，明确了现阶段我国旅游安全治理的重点和要点。贯彻落实文件规定，需要夯实旅游安全保障基础。①需要加快旅游安全管理的体制机制变革。以文件规定为指南，结合《中华人民共和国旅游法》的有关规定，建立健全旅游安全保障体制、机制和法制，强化和落实旅游安全管理责任。②需要完善旅游安全公共服务体系建设。各地各级政府部门要整合公安、交通、消防、安监、食药监、卫生等部门力量和资源，推动涵盖交通、食品、设施设备、卫生、应急救援等核心旅游要素的旅游安全公共服务体系建设。③需要完善旅游安全风险防范与预警机制。形成以旅游安全检查为手段、以旅游安全风险评价为重点的旅游安全风险隐患排查机制，实施第三方旅游安全评价和预警机制。④形成以政府为主导、全民参与的旅游安全治理体系，积极推动实施"安全旅游目的地"战略。

（二）云南古城发生火灾事件，古建筑消防安全需重视

1. 事件回放

2014年1月11日，云南省香格里拉县独克宗古城发生了特大火灾，香格里拉县第一时间启动火灾应急救援预案，消防、驻地武警和解放军、当地民兵及干部群众等1000多人及时投入群众疏散和抗灾救灾中。由于独克宗古城为茶马古道千年重镇，房屋建筑多为木结构老屋，火灾发生后，虽然多方力量第一时间参与救援，但是由于天干物燥，风力较大，大火迅速向四周

蔓延，经过10个小时才被扑灭。据统计，共烧毁房屋343栋，总受灾户数246户，古城最繁华地带变成废墟。①

2014年4月6日凌晨，云南丽江市古城区束河街道龙泉社区一商铺发生火灾，共致10间铺面损毁。束河古镇处于丽江所有景区的核心部位，是纳西先民在丽江坝子中最早的聚居地之一，也是茶马古道上保存完好的重要集镇。②

2. 事件启示

（1）古城古镇安全风险源需全面审视

云南古城多次发生火灾，根源在于古建筑的消防安全存在隐患。研究表明，古建筑火灾发生是众多因素耦合的结果，古建筑火灾危险源不外乎来自"人、机、环、管"四方面。就云南古城火灾事件而言，在人员方面，古城管理人员和当地居民安全意识薄弱、安全职责不清，游客组成复杂，安全行为不当，以及防控和自救互救能力缺乏；在机械设施方面，古城建筑多为木质结构，着火点低、燃烧迅速、易引发火灾，古建筑的电器设备发生故障、老化，消防设施设备配备不足或不合理等都是风险源；在环境方面，古建筑纵横错落组合，间距小，较密集，火灾发生后，易"火烧连营"，同时古城内经营环境复杂、业态聚集，人文环境不安全，古城内供水系统和消防通道存在安全隐患，这些都是风险源；在管理方面，古建筑的安全管理组织、制度、机制不健全，安全系统不完善，责任主体不明确，突发事件应急预案没有针对性、实操性，安全隐患排查和检查制度、应急演练和救援制度未落实等，都表明存在管理风险。③

（2）古建筑消防安全管控亟须加强

火灾是古建筑的重大风险源，因此采取古建筑火灾防控措施是做好古建

---

① 刘丽、刘少玄、郭光明、王国红、詹德明：《香格里拉独克宗古城之殇》，《中国旅游报》2014年1月15日。
② 《云南丽江束河古镇失火　原为纳西先民聚居地之一》，中国新闻网，http://www.chinanews.com/cul/2014/04-07/6035385.shtml，2014-04-07。
③ 邹永广：《古城中古建筑的消防安全管理》，《中国旅游报》2014年7月30日。

筑消防安全管理的关键。古建筑消防安全管控在于：①明确安全监管职责，提升安全意识。明确古城安全监管主体和职责，依法依规承担责任；加强消防安全知识宣传和培训，提高游客安全意识和旅游经营者安全行为。②完善消防设施配置，加大安全监察力度。根据古城现状，结合消防安全要求，合理配置和完善消防设施，并对消防设施定期与不定期进行安全检测，消除安全隐患。③改善救援条件，营造安全旅游环境。根据古城和古建筑的现状，尽可能地改善消防设施系统和消防安全救援通道，改善救援环境，同时通过古城居民、导游、游客以及旅游经营者的安全行为引导，营造安全的旅游环境。④健全管理体系，落实安全制度。建立一套古城当地政府部门领导，旅游、消防、公安、安监等部门组成的旅游安全监管体系，统筹协调旅游消防等安全问题。完善旅游安全管理的应急预案等相关制度，并予以落实。① 古建筑消防安全是可防可控的，是保障古城安全的重要内容。

（三）凤凰古城发生洪灾事件，景区规划开发需审思

1. 事件回放

凤凰古城 2014 年 6 月 2 日因暴雨导致内涝后，又于 2014 年 7 月 14 日连降大暴雨，凤凰古城 1/3 的面积又出现内涝而发生特大洪水，导致沱江上一座风雨桥被冲走，古城用电用水暂停。针对洪灾，凤凰县全面启动抗洪救灾一级应急机制。为了安全起见，交通部门启动交通管制，凤凰古城关闭旅游景区，并开始组织疏散、救援城内的游客和居民。据不完全统计，全县紧急转移包括游客在内的群众约 12 万人。7 月 16 日凤凰县持续降雨，湘西水文局发布洪水红色预警。"当地政府组织了武警、公安、消防和民兵在内的 1200 余人救援队伍参与转移，许多群众也自发加入到救援之中。此次洪灾，全县 24 个乡镇 19.6 万人受灾，临时紧急转移近 12 万人，倒塌房屋 65 间，受灾店铺近 4000 家。"② 受超历史纪录洪灾袭击的凤凰古城灾后恢复建设于

---

① 邹永广：《古城中古建筑的消防安全管理》，《中国旅游报》2014 年 7 月 30 日。
② 《湖南凤凰洪灾见闻："烟雨"凤凰被"雨淹"》，新华网，http://news.xinhuanet.com/politics/2014 - 07/17/c_ 126762248. htm，2014 - 07 - 17。

7月20日全面启动,历经近一个月的灾后恢复建设,8月16日起凤凰古城才正式对外开放。

2. 事件启示

(1) 凤凰古城特大洪灾原因需反思

据资料显示,2010年、2011年和2012年凤凰古城曾连续遭遇水淹。2014年"7·15"超历史纪录洪灾袭击前的6月2日也因暴雨导致内涝。凤凰古城连遭洪灾袭击,非偶然、突发的不可抗力的自然因素导致!连续内涝并愈演愈烈的灾情,原因需深刻反思。专家认为,凤凰古城连续洪灾并且灾情严重是多因素耦合的结果:一方面凤凰古城的地形是引发水灾的重要因素,古城坐落在狭长的山沟里,河道较窄,地势渐低,加上两旁的吊脚楼,洪水发生后,极易被淹,造成古城水灾;① 另一方面,暴雨的加重是导致灾情严重的影响因素,暴雨持续不断,水库泄洪有限,加上古城的无序旅游开发,凤凰古城段的河滩占用、河床构筑物过多,改变了河流断面,大大地降低了江河的蓄洪、泄洪能力,一旦遭遇持续降雨,定会造成水漫古城的惨状。② 此外,旅游开发导致森林植被的破坏和水土流失,连续雨水冲刷容易引发大量洪水。

(2) 古城景区规划与开发需审思、慎思

类似凤凰古城旅游景区的古城景区规划与开发需要吸取教训,科学化解旅游景区开发与防洪的矛盾。一是古城旅游景区开发需尊重自然因素和自然规律。古城中的河流是千百年自然形成的,古城旅游景区规划需尊重历史的自然因素,如河流水位、河岸和河床的高度,同时,还需重视景区周边的森林的生态环境,不能过度开发破坏森林植被。二是景区规划和开发时,需考虑旅游安全防洪功能和应急救援场所设置。依据历时性的统计数据资料和未来旅游开发后的游客承载量,科学规划旅游

---

① 《凤凰古城遭暴雨灌淹 官员称过度开发致水灾加重》,腾讯新闻,http://news.qq.com/a/20140716/004929.htm,2014-07-16。

② 《凤凰古城遭暴雨灌淹 官员称过度开发致水灾加重》,腾讯新闻,http://news.qq.com/a/20140716/004929.htm,2014-07-16。

景区的核心区、缓冲区和保护区，充分考虑与防洪要求相匹配的建筑物数量和高度，合理布置旅游应急救援场所，满足旅游应急需求。三是防止过度商业资本的注入导致的旅游无序开发。当地政府部门必须调节和合理控制旅游景区的规划和开发的商业布局，防止过度的商业资本注入导致的盲目商业建筑扩张。政府的合理调控是尊重自然、尊重商业运行持续安全发展的必然要求。

二 2014年中国旅游安全的新问题

根据2014年中国旅游安全形势分析，本报告甄选出2014年三个广大民众反响强烈、各级政府及相关部门关注的新问题。

（一）网购旅游安全监管问题

信息技术的快速发展极大地推动了旅游业的发展，从网络购买旅游产品的便利备受当下众多旅游者青睐，网络成为购买旅游产品的主要途径和渠道。与此同时，不法分子通过不断翻新的钓鱼手段，使用"克隆正规网站、以超低价格诱骗消费者、假借系统维护要求银行转账、虚假客服收取订票保证金或佣金"[①]等欺诈方式及网购旅游安全事件时常见诸媒体报道，且愈演愈烈，不容忽视。网购旅游安全事件正在使广大在线旅游消费者蒙受越来越大的损失，网购旅游安全监管已成为当下旅游安全的新问题，需要提上各级政府的议事日程。

网购旅游安全监管需要多方共同努力推进。一是技术提供方需提供不断更新的信息技术支持。技术漏洞导致的系统故障、遭受黑客攻击成为影响网购旅游安全的主要原因。借助携程、艺龙、去哪儿、同程、网途等全国主流的旅游、票务类在线旅行商正规网站，在搜索结果、浏览器地址栏、二维码

[①] 《旅游业亟待健全网络安全体系》，中国网，http://news.china.com.cn/live/2014-10/24/content_29449720.htm，2014-10-24。

扫描结果处和即时通讯对话框等处给予"可信网站"或"认证"提示,①帮助在线旅游消费者在上网、搜索过程中查验网站真实身份,寻找正规预订网站,全力"守护"在线旅游消费者的合法权益。二是各级政府相关主管部门应尽快建立相关技术标准和安全标准。落实2014年6月国家旅游局发布的《旅行社产品第三方网络交易平台经营与服务要求》标准,通过试点、示范,建立起一套个人信息保护、相关网站注册设立和信息反馈等方面的标准、法律,完善社会监督机制。② 三是建立行业规范。旅游行业协会应在《中华人民共和国旅游法》第四十八条基础上,出台有关网购旅游安全监管的具体实施细则,协同旅游质监执法部门,开展专项整治,形成行业自律,促进在线旅游服务企业规范经营。

(二)暑期出游安全防控问题

2014年暑期旅游安全事故频发。仅8月7~10日,连续发生四起旅游安全事故(8月7日,一名29岁女游客在豪华邮轮泳池内溺水身亡;同日,一名孕妇也在邮轮上大出血;8月9日,一辆西藏旅游大巴翻落悬崖,一对上海父子身亡;8月10日,一对上海父子在诸暨风景区坠落瀑布,父死子伤③),暑假旅游群体特征和环境因素特殊,安全事故类型复杂,安全防控问题不容小视。

暑期出游群体大多以学生群体为主,以亲子游、体验游、素质拓展等旅游活动为主要活动类型。来自学生群体中的大学生、高中生较多偏向于独立、追求个性,参团旅游不听指挥,不服从安排,且安全意识薄弱。来自学生群体中的初中生、小学生,在家往往备受"保护",出游的独立性较差,且普遍存在任性、孤僻、叛逆等问题。上述学生群体行为特征是旅游安全事

---

① 《旅游业亟待健全网络安全体系》,中国网,http://news.china.com.cn/live/2014-10/24/content_29449720.htm,2014-10-24。
② 吴俊:《别让"系统故障"影响了形象》,《中国旅游报》2014年11月10日。
③ 《暑期出游事故频仍显安全漏洞 4天发生4起事故》,中国旅游新闻网,http://www.cntour2.com/viewnews/2014/08/12/h6shC1dyMLAeISaa50qf0.shtml,2014-08-12。

故产生的直接原因。暑期气候多变,易发生雷暴雨、泥石流、塌方、洪涝等自然灾害,尤其是南方山区、沿海地区更易发生雷电、台风、热带风暴等极端气候和环境因素也是暑期旅游安全事故产生的重要原因之一。此外,暑期天气炎热,食物易腐败变质,也易发生中暑、食物中毒等公共卫生事件。

暑期的特殊游客群体与特殊环境因素的耦合作用,导致暑期旅游安全事故频发。暑期旅游安全防控不容忽视,应提请政府主管部门重视。①各级旅游主管部门应加大力度抓好暑期旅游安全管控工作。包括:强化安全生产责任制,开展旅游安全大检查,针对大型游乐设施设备、旅游景区等进行安全隐患排查和专项整治;完善旅游突发事件应急预案,加强旅游应急演练;做好旅游安全信息发布与极端气象信息监测、预报和预警等。②旅游企业在经营和管理过程中,应针对暑期的特殊游客群体与特殊环境因素,建立一套科学的旅游安全保障体系和旅游应急救援体系。通过加强旅游经营过程的事前、事中、事后的安全控制,为暑期的特殊游客群体构筑安全"防护网"。③旅游者应提高暑期出游的安全意识,出游前和旅游过程中,做好风险防范工作。通过安全信息搜集,了解暑期旅游目的地的特殊环境及旅游安全状况,针对旅游目的地类型和参与旅游活动的特点,做好暑期出游决策、防范措施和应急处理方案。

(三)境外旅游安全风险问题

随着2014年中国公民出境旅游首次突破1亿人次大关,达到1.09亿人次,我国公民出国旅游满意度指数却连续四个季度下降,游客对境外旅游性价比、安全感等方面评价持续较低。① 中国游客向世界众多目的地国家送去大量外汇的同时,游客在国外被盗抢等报道也频繁见诸媒体。2014年我国出境旅游安全不容乐观。菲律宾安全形势恶化,我国驻菲律宾大使馆连续发出安全提示,就我国游客遭出租车司机抢劫受伤等多起案件发出提醒。我国

---

① 《中国出境游即将迈入"亿人次时代" 安全问题凸显》,中国旅游新闻网,http://www.cntour2.com/viewnews/2014/08/09/6sCYApBSw8ocycPlPZA10.shtml,2014-08-09。

公民组团赴越南旅游暂时停止。7~8月，国家旅游局官网、中国领事服务网等针对非洲埃博拉病毒、安哥拉治安、马尔代夫员工罢工、也门街头示威、利比亚武装冲突升级、乌克兰东南部地区局势恶化、以色列军队与加沙武装派别爆发严重冲突等发出旅游警示。① 捷克公民举行抗议示威活动；巴基斯坦俾路支省等边境地区存在各种非法武装分子，爆炸、枪击等暴恐事件频发；南非治安形势严峻；越南南部爆发暴力打砸事件等，中国外交部和国家旅游局提醒暂停前往上述国家。中国公民出境旅游安全风险在2014年不断升级。"加强安全防范，谨防盗窃抢劫"在中国驻各国使领馆海外旅游安全提醒信息中出现频率最高。

庞大的出境旅游人次和境外旅游安全风险的升级，凸显出加强境外旅游安全风险防控的重要性与迫切性。①完善和规范出境旅游安全风险信息提示显得非常重要。针对境外目的地国家或地区的安全形势，通过权威渠道，发布旅游安全警示信息，提醒旅行社和游客注意。国际旅行社应关注和了解我国使领馆发布的旅行提示，及时对游客进行提醒和宣传，使其提高安全防范意识。②我国驻外机构应加强做好境外旅游安全保护和协助工作。赴境外旅游的公民是我国领事制度的保护对象，我国目前驻外使领馆机构达260多个，我国公民境外旅游遭遇突发事件，应及时寻求我国驻当地领事机构给予帮助，同时驻当地领事机构应该及时提供安全信息和应急保护。③旅游主管部门应加快建立出境旅游安全保障体系，构建中国公民境外旅游安全救援系统，形成以政府为主导，非政府组织、企业、个人等参与，多方协同合作的中国公民境外旅游安全紧急救援体系。积极配合和争取国际救援中心的协助，完善境外旅游商业保险，形成国际旅游商业紧急救援保障机制。通过构建国际旅游安全管控与应急处置协作平台、旅游安全信息共享平台和中国公民境外旅游安全信息系统，加强国际旅游安全管控与安全风险的协同治理。

---

① 《中国出境游即将迈入"亿人次时代" 安全问题凸显》，中国旅游新闻网，http：//www.cntour2.com/viewnews/2014/08/09/6sCYApBSw8ocycPlPZA10.shtml，2014-08-09。

参考文献

［1］中华人民共和国国家旅游局：《邵琪伟在2014年全国旅游工作会议上的讲话》，2014。

［2］中华人民共和国国家旅游局：《国务院关于促进旅游业改革发展的若干意见》（国发〔2014〕31号）。

［3］国务院法制办：《中华人民共和国旅游法》，中国法制出版社，2013。

区域报告

Regional Reports

B.25
2014~2015年北京市旅游安全形势分析与展望[*]

韩玉灵 王军 周航 张焱蕊[**]

摘 要： 2014年，北京市旅游安全形势总体保持良好，全市各项旅游安全管理工作稳步推进，旅游突发事件处置及时有效，旅游接待量和旅游总收入同比均实现增长。展望2015年，北京市将进一步落实"管行业必须管安全，管业务必须管安全，管经营必须管安全"的总体要求，推进旅游安全管理工作，维护和谐健康的旅游环境，实现2015年旅游行业无

---

[*] 本研究由北京旅游发展研究基地与北京市旅游发展委员会合作完成，得到北京市旅游委副主任于德斌、主任委员赵广朝的指导；受到北京市社科规划重点项目"旅游立法研究"（10AbFX089）及"专业建设——专业综合改革"项目（394019）的支持。

[**] 韩玉灵，北京第二外国语学院旅游法律与产业规制研究中心主任、教授；王军，北京市旅游委安全与应急处（假日办）处长；周航，北京第二外国语学院研究生；张焱蕊，北京首寰文化旅游投资有限公司。

重大安全责任事故的工作目标。

关键词: 旅游安全　北京市　旅游突发事件　旅游安全形势

2014年,北京市旅游发展委员会(以下简称市旅游委)在国家旅游局的指导下,在市委市政府的正确领导下,在市安委会及相关单位的精诚协助下,认真学习《国务院关于促进旅游业改革发展的若干意见》(国发〔2014〕31号)文件精神,贯彻落实《中华人民共和国旅游法》(以下简称《旅游法》)有关规定,以"夯实安全基础、弘扬安全文化、提高安全技能、维护行业稳定、创建一流保障"为目标,以行业安全工作法制化、标准化、信息化、社会化建设为主题,紧紧围绕广大游客和市民关心的旅游安全和应急管理工作发展的短板和瓶颈,严格落实"一岗双责"制度,突出隐患排查治理、综合治理、教育培训、应急演练、突发事件处置等重点工作,行业安全监管能力得到全面加强,旅游安全风险控制水平不断提高,有效防范并遏制旅游重特大突发事件,有力保障了全市旅游业的健康协调发展。

一　2014年北京市旅游安全的总体形势

2014年,北京市旅游业平稳发展,旅游接待量和旅游总收入同比均实现增长。截至2014年末,全市接待旅游总人数已达到26149.7万人次,同比增长3.8%。其中,国内旅游者人数25722.2万人次,入境旅游者人数427.5万人次。实现旅游总收入4280.1亿元,同比增长8.0%。其中,国内旅游收入3997.0亿元,旅游外汇收入46.1亿美元。旅行社组织出境旅游人数410.2万人次,同比增长23.9%。[1] 上述数据表明,全年国内旅游市场保持较高的增长势头,北京市整体旅游市场规模不断扩大,加之出境旅游市场

---

[1] 北京旅游统计信息网,http://www.bjstats.gov.cn/。

增长迅速,对旅游安全管理工作提出了新的挑战。

据统计,2014年全年北京市旅游委共收到本市各区县及旅游企事业单位报送的旅游安全突发事件66起,与上年相比小幅增加。死亡38人(其中溺亡5人,突发疾病死亡22人,交通事故死亡9人,刑事案件死亡1人,动物伤人致死1人),伤87人,失踪、滞留82人,其中在国外失踪、滞留34人。① 旅游突发事件统计数据显示,发生事件的主要形式为突发疾病死亡、交通事故、意外伤亡和境外滞留。各旅游安全突发事件受到了高度重视,并得到了较为妥善的处理。

二 2014年北京旅游安全形势的概况与特点

(一)旅游安全突发事件概况

1. 类型分析

依据旅游突发事件的性质,将旅游安全突发事件分为自然灾害、事故灾难、公共卫生事件、社会安全事件、业务安全事故五种类型,2014年北京旅游突发事件主要涉及事故灾害、公共卫生事件、社会安全事件、业务安全事故四种类型,统计情况如表1所示。

表1 2013年北京旅游突发事件类型

事件分类	事件数量(起)	占比(%)	伤亡情况
事故灾难	19	28.8	15人死亡,79人受伤,46人滞留
公共卫生事件	24	36.4	22人死亡,1人受伤
社会安全事件	3	4.5	1人死亡,7人受伤
业务安全事故	20	30.3	36人失踪、滞留
总 计	66	100.0	38人死亡,87人受伤,82人失踪、滞留

---

① 2014年北京市旅游发展委员会安全与应急处内部资料。

(1) 事故灾难。包括火灾事故、交通客运事故、公共设施设备事故、环境污染和生态破坏事件等。事故灾难类旅游安全突发事件共发生19起，占旅游安全突发事件总数的28.8%。事故灾难导致15人死亡，占所有事件导致死亡人数的39.5%。事故灾难导致79人受伤，占所有事件导致受伤人数的90.8%。其中，交通事故8起，导致9人死亡，74人受伤；溺水事故5起，导致5人死亡；坠落、摔伤事故4起，导致5人受伤；动物伤人致死事件1起，导致1人死亡；缆车机器故障事件1起，导致46名游客滞留。

(2) 公共卫生事件。包括传染病疫情、群体性不明原因疾病、重大食物中毒以及其他严重影响旅游者健康和生命安全的事件等。公共卫生类旅游安全突发事件共发生24起，占旅游安全突发事件总数的36.4%。公共卫生事件导致22人死亡，占所有事件导致死亡人数的57.9%。公共卫生事件导致1人身体不适，占所有事件导致受伤人数的1.1%。24起公共卫生事件均因游客突发疾病引发，与往年相比，2014年未发生因食品卫生安全导致食物中毒事件。

(3) 社会安全事件。包括重大涉外旅游突发事件、港澳台和外国游客伤亡事件、旅游节庆活动中发生的人员伤亡事件等。社会安全类旅游安全突发事件共发生3起，包括15名游客在南非遭到一伙黑人投掷石块袭击，其中6名游客受伤；阿塞拜疆游客被入住同一酒店的同国籍客人扎伤；一名女子在酒店被杀害。

(4) 业务安全事故。包括旅程延误、旅程取消、人员走失、证件丢失、物品遗失、合同纠纷、票务事故等。共发生20起，占旅游安全突发事件总数的30.3%，涉及36人失踪、滞留。其中，在国外失踪、滞留34人（韩国19人，澳大利亚5人，日本4人，墨尔本3人，英国2人，意大利1人）；1人在北京走失；1人在四川九寨沟走失。

2. 时间分布

从旅游安全突发事件发生的时间来看（见图1），第一季度共发生旅游安全突发事件9起，占全年发生的所有旅游安全突发事件的13.6%，共导致7人死亡，8人受伤；第二季度共发生旅游安全突发事件17起，占全年发生的所有旅游安全突发事件的25.8%，共导致9人死亡，18人受伤，9人失踪、滞留；第三季度共发生旅游安全突发事件18起，占全年发生的所有旅游安全突发事件的27.3%，共导致11人死亡，2人受伤，5人失踪、滞留；第四季度共发生旅游安全突发事件22起，占全年发生的所有旅游安全突发事件的33.3%，共导致11人死亡，59人受伤，68人失踪、滞留。

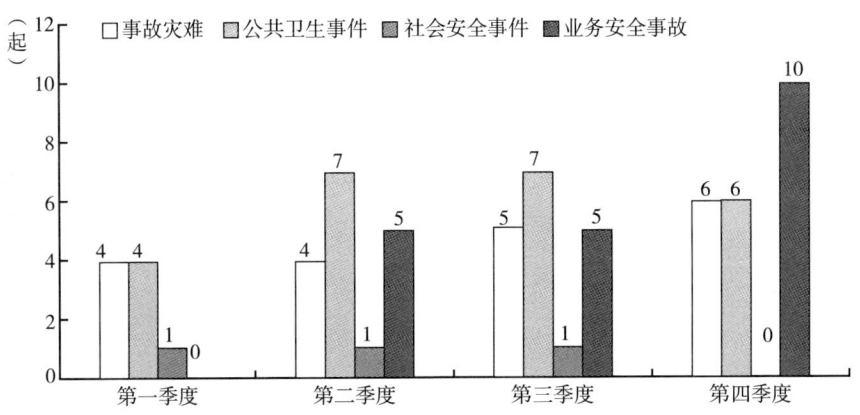

图1 北京市旅游安全突发事件时间分布情况

3. 空间分布

从事件发生的地点来看（见图2），共发生市民出境旅游安全突发事件34起，造成18人死亡（其中，9人突发疾病死亡，5人溺水死亡，4人因交通事故死亡），25人受伤，34人失踪、滞留。发生外籍游客入境旅游安全突发事件10起，造成9人死亡（均因突发疾病死亡），1人受伤。发生国内旅游安全突发事件22起，造成11人死亡（其中，5人因交通事故死亡，4人突发疾病死亡，1人因动物咬伤死亡，1人被杀害），61人受伤，48人失踪、滞留。

（二）旅游安全突发事件的特点

综合分析2014年北京市旅游安全突发事件的类型、时间分布及空间分布情况，北京市旅游安全突发事件具有以下特点。

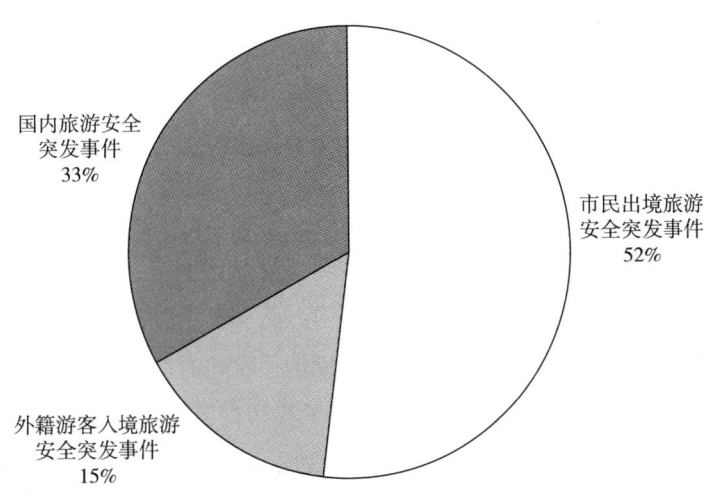

图2 北京市旅游安全突发事件空间分布情况

1. 突发性与复杂性

旅游安全突发事件通常是在意想不到的情况下、在极短的时间内爆发，发生前没有明显的征兆，具有一定的突发性。同时，旅游活动涉及食、住、行、游、购、娱六大环节，其中的任何一个环节都可能存在安全隐患，旅游活动中涉及的人、物、环境都面临着安全风险，旅游安全突发事件发生的背景、原因、过程等具有复杂性特征。

2. 多样性与突出性

除自然灾害外，事故灾难、公共卫生事件、社会安全事件、业务安全事故四类旅游安全突发事件均有所涉及。具体表现为交通安全事故、涉水事故、设备事故、坠落事故、动物袭击、个人疾病、猝死、凶杀、袭击、人员走失等，类型多样，防控难度大。

各类旅游安全突发事件中，事故灾难及公共卫生事件所占比重最大，共发生43件，导致37人死亡，80人受伤。主要表现为交通事故、溺水事故和突发疾病事件。交通事故一旦发生，往往损失惨重。津滨高速公路上发生的一起追尾事故，导致旅游巴士上4人死亡，13人受伤；在南非旅行途中发生一起交通事故，导致3人死亡，17人受伤。溺水事故发生频率也比较高，主要发生在海边景区以及酒店游泳池。公共卫生事件占有较大比重，均因游客突发疾病引发，共发生 24 起，导致 22 人死亡，1 人受伤。另外，2014 年旅游安全突发事件中人员失踪、滞留事件也较为突出，共有 46 人因缆车设备故障滞留，2 人在国内旅游中走失，34 人在国外失踪、滞留。

3. 广泛性与集中性

在时间分布上，全年各季度均有突发事件发生，但第二、三、四季度发生的频率更高。该时间段包含清明节、端午节、劳动节、暑假、国庆节、中秋节等，加之出行优惠政策的实施、居民可支配闲暇时间的增加，旅游人数屡创小高峰，旅游安全管理的压力加大，旅游安全突发事件发生的概率增加。

各季度发生的旅游安全突发事件的类型亦有差异：第一季度主要是事故灾难和公共卫生事件；第二、第三季类型相似，以公共卫生事件最为突出，其次是事故灾难和游客滞留、失踪事件；第四季度主要是游客滞留、失踪事件，事故灾难和公共卫生事件也占了一定比重。

（三）影响旅游安全的主要原因

1. 企业安全管理不到位

安全事故的发生主要是因为旅游企业安全规范化建设不到位，安全管理存在漏洞。在饭店主要表现为缺乏安全监管专职人员，设施设备老化，安全提示信息标识缺失等。例如，饭店内楼梯积水未及时擦干处理，游客意外滑倒摔伤等。在景区主要表现为安全管理人员数量不足、素质较低，设施设备未定期进行故障排查，应急救援体系存在问题等。例如，2014 年 8 月八达岭野生动物园发生的动物袭击安全员致死事件。旅行社主要表现为未尽安全告知义务、恶性竞争、员工素质较低等。

2. 游客安全意识淡薄

游客出游大多是为了放松心情，追求身心愉悦。但在非惯常环境下，对自身行为的约束相应降低，容易放松警惕，忽视身边潜在的安全隐患。近年来，游客突发疾病导致死亡的事件发生频次趋高。例如，有的游客明知道自身条件不宜参加特定旅游活动，却隐瞒病情执意参加，导致突发疾病死亡；

有的游客为追求刺激和风险体验,在明知有危险的情况下仍实施不安全行为,导致悲剧发生。例如,2014年4月,两名游客在香山公园在吊椅上掀开护栏跳下导致摔伤事件。

三 2014年北京市旅游安全工作的主要进展与特点

(一)加强组织领导,落实安全责任

北京市旅游委按照市政府关于《北京市安全生产"一岗双责"暂行规定》(京政发〔2013〕38号)要求,全面部署了安全生产工作,明确了2014年安全生产工作重点,下发了《北京市旅游发展委员会关于贯彻落实〈北京市安全生产"一岗双责"暂行规定〉的通知》(京旅发〔2014〕3号)。进一步加强领导,健全组织,明晰安全责任主体,按照"谁主管、谁负责,谁在岗、谁负责,谁操作、谁负责"的原则,分级分层落实责任,严格要求市与区县、区县与企业、企业与员工层层签订安全生产责任书,实现安全责任的全面覆盖。

北京市完成了"北京市旅游委安全应急信息管理与考核评价系统"建设,建立了旅游企业安全与应急基础台账,实现了对区县、企业的年度考核和对从业人员的在线考核等,进一步完善了责任追究制度。打造了企业落实主体责任、政企互动的平台,为行业综合监管提供了重要抓手和科技支撑。

(二)推进规范建设,强化长效机制

为进一步贯彻落实《旅游法》,强化旅游行业安全生产管理制度建设,全面提升安全管理水平,全行业全面开展了安全生产标准化创建工作,以期实现安全生产管理的制度化、规范化、标准化目标。市旅游委下发了《北京市旅游行业安全标准化工作实施方案》(京旅发〔2014〕2号),建立了标准化创建领导小组,申请了安全标准化创建资金,编制了北京市旅游行业安全标准化达标创建工具书。

2014年上半年编制完成了涉及"三个管理办法(星级饭店、等级景区、

旅行社)、一个预案(《北京市旅游突发事件应急预案》)和一个规定(报告制度)"等规范文件;下半年启动了编制《北京市社会旅馆安全管理办法》和《北京市京郊旅游安全管理办法》,以及星级饭店、等级旅游景区和旅行社教育培训教材的工作。建立了北京市旅游行业安全生产与应急管理约谈制度,制定了《北京市旅游行业安全生产考核管理办法》,旅游行业安全制度进一步完善,依法治旅得到进一步落实。

(三)着眼重点领域,开展专项整治

按照"全覆盖、零容忍、严执法、重实效"的总体要求,2014年市旅游委在全市旅游行业开展了为期5个月的安全生产大检查工作。大检查期间,市区两级共出动检查人员360余人次,检查各类旅游企业700多家,发现和消除隐患问题126起(处),责令整改2家。

市旅游委联合有关部门对重点时段、重点环节、重点地点多次进行安全隐患排查,深入开展专项整治活动,如"亮剑"系列"一日游"专项检查行动。据不完全统计,在各项专项活动中,市旅游行业共出动联合执法人员2000多人次,消除安全隐患427处。先后发布了《北京市旅游发展委员会关于开展打非治违专项行动的通知》和《关于印发〈北京市旅游行业安全生产隐患排查治理体系建设方案〉的通知》等文件。

在春节、端午、五一、十一、暑假等节假日及APEC会议期间,市旅游委及早部署了旅游安全相关工作,加大执法监督力度,联合旅游、气象、交通、民航等部门,与北京市周边各省市实施跨省联动机制,加强监测和预警,发布公共服务信息,做好各项安全应急处理准备。针对汛期,发布《北京市旅游行业关于开展2014年防汛安全大检查的通知》、《旅游防汛应急响应启动单》与《关于做好强降雨天气应对工作的通知》等文件,编制修订了防汛应急预案,建立健全了防汛工作机制,明确了防汛突发事件处置流程。对涉山涉水防汛重点旅游景区进行逐一登记核实,进一步明确重点部位、责任人和防汛措施,并筹措资金充实了防汛应急物资和装备,在重点景区进行了不同形式的防汛宣传和应急演练,确保景区安全度汛。

（四）突出教育培训，强化应急演练

市旅游委先后组织安全与应急管理系统应用及基础台账统计、安全隐患排查治理、减灾防灾常识普及、APEC安全信息报送等教育培训四次，区县旅游委及旅游企业参加人数达2000多人次。进一步完善了旅游突发事件应急预案和报送制度，建立了旅游突发事件处置专用基金，强化了相关部门及委内处室协助联动处置机制。

为确保重点地区宾馆、饭店及旅游景区反恐防暴安全，市区两级组织反恐演练15次，参与人数达700多人。此外，全市旅游行业还进行了消防、高处救援、水上救援等演练800多次，全面提升了行业应急救援能力。

"安全生产月"活动期间，市旅游委组织开展了安全生产大型公开课、安全警示教育、安全咨询日和应急演练等活动，并同期举办了北京市旅游行业第二届技能大赛，全面推进全行业安全与应急工作的深入开展，增强企业及员工的安全生产意识，提高安全生产技能，掀起了立足工作岗位、争当先进模范的良好氛围。

四 2015年北京市旅游安全形势展望与建议

（一）旅游安全突发事件形势

事故灾难、公共卫生事件仍然是北京旅游安全突发事件的主要类型，其中因游客突发疾病导致死亡的安全事件风险降低的可能性较小，交通事故、溺水事故仍会占有相当比重。节假日旅游需求旺盛，旅游人数激增，接待能力有限可能使旅游安全突发事件发生的频率增加。出境旅游市场在保持持续增长同时，涉及出境的旅游安全突发事件可能会有所增加。

（二）旅游安全管理工作要点

1. 完善监管机制，推进安全管理标准化建设

进一步加强旅游行业安全制度建设，强化安全与应急工作监管力度，努

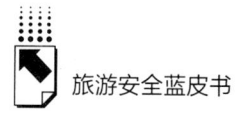

力形成依法治旅、依法兴旅的良好氛围。加快推进《北京市社会旅馆安全管理办法》、《北京市京郊旅游安全管理办法》及《北京市旅游行业大型活动安全管理办法》编制工作，进一步规范社会旅馆、京郊旅游以及旅游大型活动安全管理。制定并实施北京市旅游行业安全与应急管理约谈制度。以《北京市旅游突发事件应急预案》为基础，继续规范常见旅游突发事件的处置流程，在行业内严格落实"北京市旅游突发事件报告制度"，对瞒报、漏报现象依规处理。同时，依照新出台的《安全生产法》相关要求，加快推进行业安全生产标准化建设，全面提高行业安全生产标准化创建水平，督促旅游经营单位掌握自我管理的标准和要求，进一步统一行业安全管理的重点内容。

2. 强化教育培训，做好安全与应急考核工作

加强安全与应急教育培训与应急演练，利用行业培训大讲堂、"百千万工程"、旅游行业安全管理信息系统等平台，重点落实社会旅馆、市级民俗户负责人、安全岗位人员安全责任制及进行安全管理培训。丰富安全与应急培训材料，突出案例培训，开展《安全生产法》学习，提高全行业学法、懂法、用法的自觉性。督促旅游经营单位按照相关要求，不断完善本单位各项突发事件应急预案和应急队伍建设，定期组织应急预案演练。突出反恐防暴实战演练，突出节假日、重大活动、重要时间节点消防、水上、山地、游乐设施及特种设备救援等各种应急演练。

推进安全与应急考核工作，贯彻落实《关于在全市旅游行业开展安全管理工作考核的通知》（京旅发〔2014〕346号），明确对区县旅游委及相关旅游企业的考核标准及奖惩办法。通过政府对全市旅游经营单位安全管理机构、制度、设施设备运行管理、培训演练、应急处置以及日常工作完成情况等方面进行督察、抽查和排查，督促旅游经营单位进一步提升安全隐患排查自查整改能力，不断完善安全管理工作自查机制，切实有效地预防和减少安全责任事故，全面提高行业安全与应急管理水平。

3. 加大执法力度，加强重点时段安全保障

加强专项整治与隐患排查工作，实现旅游安全管理常态化。认真落实不

发通知、不打招呼、不定路线、不要陪同、直奔企业、直奔现场的"四不两直"安全检查方法，开展各项重点时段安全保障活动。结合行业实际，创新开展"安全生产月"、燃气专项治理、扫黄打非、打非治违、综治维稳等专项活动；做好全国"两会"、国内外重大政治活动等重要敏感节点服务保障工作；提前筹划，全面做好假日工作部署、市场监管、检查及暗访、假日宣传等工作；做好防汛、消防、预防煤气中毒、烟花爆竹燃放等季节性安全工作。

4. 创新工作方法，提高旅游安全综合管理能力

创新工作方法，充分运用信息化管理手段，建立行业安全基础台账，深化省际旅游区域联动机制，为做好行业安全管理工作提供保障。全面运行北京旅游安全与应急管理系统，实现网上工作布置、网上自查提交、网上信息共享、网上学习考核等功能。继续完善北京旅游监测运行调度中心应急指挥功能，不断提高对旅游突发事件的决策水平和处置效率。充分利用其他信息管理手段，努力实现与旅游经营单位的及时沟通与互动。

加强区域旅游工作联动机制建设，完善与河南、河北、山东、山西、辽宁、内蒙古、天津等其他七省（自治区、直辖市）间假日旅游工作区域协调机制，进一步深化周边省市安全与应急工作合作，组织交流并开展区域旅游突发事件联合演练，全面建立互通联络、信息共享、应急处置、异地旅游投诉等假日旅游联动机制，确保京津冀旅游安全与应急机制一体化建设顺利实施。同时，加强与气象、通信、民航、铁路等部门的沟通协作，做好安全预警与提示工作。

五 结束语

2014年，北京市旅游安全形势总体保持良好，全市各项旅游安全管理工作稳步推进，旅游突发事件处置及时有效，旅游接待量和旅游总收入同比均实现增长。2015年北京市旅游安全管理工作将继续稳步开展，围绕完善

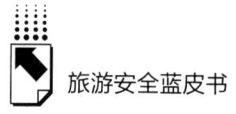

旅游行业安全监管机制一条主线，突出行业安全标准化和安全与应急考核两项重点工作，开展重点时段安全保障、地质灾害治理、旅游公众安全宣传三大活动，抓好信息化建设、行业安全调查、应急培训演练和区域联动四项保障工作，进一步提升全市旅游行业安全监管与应急管理能力和水平，形成制度健全、措施有力、工作高效的旅游行业安全监管体系和行业应急救援体系，实现2015年行业无重大安全责任事故的工作目标。

B.26 2014~2015年福建省旅游安全形势分析与展望

王祥银*

摘　要：	2014年，福建省旅游安全形势总体良好。各级党委政府、旅游主管部门和相关部门高度重视旅游安全工作，贯彻科学发展、安全发展思想，并在以下方面做出了积极而富有成效的努力：强化机制建设，全面落实企业主体责任；强化夯实基础，推进安全生产标准化建设；强化合力共为，彻底排查旅游安全隐患；强化宣传培训，提升安全意识和应急处置能力；强化责任保险，提升企业化解风险的能力等。2015年，福建省各级旅游管理部门将进一步做好落实全员责任制、推进达标创建工作、开展专项整治活动、加强风险管控、抓好宣传培训、提高应急能力等安全管控工作，继续保持旅游安全形势的稳定，有效保障广大游客人身财产安全。
关键词：	旅游安全管理　福建省　形势　展望

一　2014年福建省旅游安全的总体形势

2014年，福建省各级党委政府、旅游主管部门和相关部门高度重视旅

---

* 王祥银，福建省旅游局行业管理处副处长，管理学硕士。

游安全工作,从讲政治、保稳定、促发展的高度,把旅游安全当成旅游系统围绕省委、省政府中心工作,积极服务"百姓富、生态美"有机统一和建设生态文明先行示范区的重要保障,切实将科学发展、安全发展理念落实到旅游业发展的每个阶段、每个领域、每个环节,确保旅游安全保障能力持续增强,确保人民群众平安幸福地分享旅游业发展的成果。2014年福建省旅游安全责任落实、合力共为,省旅游局连续9年无旅游安全责任事故,被省政府评为"安全生产工作先进单位"和"安全生产工作优良单位",并被授予"全省防抗台风抗洪抢险救灾先进集体"荣誉称号,旅游安全监管水平全面提升。2014年福建省旅游安全形势总体良好。

二 2014年福建省旅游安全工作的主要进展与特点

(一)强化机制建设,全面落实企业主体责任

1. 落实"一岗双责"

福建省旅游局成立了全省旅游安全工作领导小组,以局长为组长,其他领导为副组长,各处长为组员,下设办公室挂靠在旅游局行业管理处;各级旅游部门也成立了相应机构,形成了主要领导亲自抓、分管领导具体抓、其他领导共同抓的安全生产工作格局。

2. 落实主体责任

深入开展以强化安全生产意识、提高安全生产技能、突出隐患治理、突出宣传教育、突出全员培训、突出应急演练为重点的"安全生产年"和"责任落实年"活动,督促旅游企业认真落实安全生产主体责任,分阶段、分重点、分责任落实旅游安全管理目标。

3. 落实目标责任

层层签订安全生产责任状(书),认真督促各责任单位层层分解并落实安全生产目标责任,开展目标责任实施情况跟踪,推进目标责任体系建设。

4. 落实绩效责任

一方面将旅游安全生产工作纳入绩效、综治、文明创建等考评内容，强化目标责任和领导干部安全绩效考评奖惩力度。另一方面把旅游企业安全管理工作纳入文明行业创建、平安建设、旅行社服务质量信用等级评定、A级景区和星级饭店评级等各类评定考核工作之中，实行一票否决。

（二）强化夯实基础，推进安全生产标准化建设

1. 深化部署，营造氛围

贯彻全国、全省安全生产标准化建设工作推进会精神，制定下发《福建省旅游企业深入开展安全生产标准化建设三年行动计划实施方案》与《福建省旅游行业企业安全生产标准化级别评定意见书》等文件，进一步细化达标创建工作目标和推进措施，及时规范、指导旅游行业的达标创建工作。各级旅游行政主管部门在门户网站刊登安全生产标准化建设工作信息，进一步营造有利的创建氛围。

2. 加强考核，推动提升

制定《福建省旅游安全生产标准化建设提升工程三年行动实施方案》，把安全生产标准化建设工作纳入年度安全生产目标责任制，以标准化建设提升工程为抓手，全面推进星级饭店、旅行社、A级旅游景区的安全生产标准化建设，配合省安监部门做好旅游企业标准化评级验收工作，3A级及以上旅行社、四星级及以上星级饭店全部达标。同时，严格信息报送工作，及时掌握达标创建工作进展情况，定期在全省范围内通报，督促各级旅游行政主管部门切实抓好达标创建工作。

3. 典型示范，推动落实

规范工作程序，明确各环节责任主体，加强指导服务，加强规范管理，严格执行标准，防止走过场、流于形式；加强督促指导，从旅行社、星级饭店中分别选择1~2家作为可供学习、借鉴的典型单位，通过典型示范、经验交流，全面推进企业标准化建设工作。2014年，福建省旅行社和星级饭店全部参加安全生产标准化建设提升工程。

（三）强化合力共为，彻底排查旅游安全隐患

1. 突出抓好重点时段

按照"安全、秩序、质量、效益"四统一的要求，在黄金周、小长假、暑期等游客出行高峰和"两会"、海峡论坛、海峡旅游博览会等重要活动期间，加强旅游安全部署，强化安全监督检查。以福建省假日办为牵头单位，抓好黄金周、小长假期间安全检查工作。加强对各类旅游节庆活动的审查和监管，按照"属地管理"的原则，落实承办单位和场所管理者的安全责任，强化安全措施。配合相关部门制定旅游景区（点）高峰时段分流预案，做好重点地段扩容、安全防护设施修缮等工作，保证广大游客假日出游安全有序。

2. 强化季节性安全监管

福建是台风多发的省份之一，台风容易引发水灾、泥石流、山体滑坡等次生灾害。福建省各级旅游行政主管部门始终坚持以人为本、科学防范的原则，根据防汛抗旱指挥部的指令，确定防汛防台工作重点。加强对旅行社、星级饭店的检查指导，督促旅游接待单位采取措施对旅游者进行提醒。全力做好旅游者的安全保障和救助工作，指导旅行社组织团队转移到安全地带，确保游客的生命财产安全。2014年以来，福建省成功防抗了"泰利""苏拉""天秤"等多个超强台风。在汛期、台风期间，配合相关部门关闭景区（店）118个/次，疏散游客3万多人；转移旅游团队700个、取消480个，涉及游客人数达15000人。

3. 深化综合督察

会同相关部门集中开展了旅游安全专项检查重点整治工作，并针对福建省旅游企业安全生产管理机构、人员设置和安全生产投入保障的情况等12个督察重点进行了综合督察。制定《"打非治违"专项行动工作方案》，针对福建省旅游市场存在的突出问题，严厉打击旅行社、导游人员、旅游购物企业和旅游客运企业的违法经营行为，排查安全隐患，牢守安全底线，切实维护广大游客的生命财产安全。2014年组织旅游安全检查5160人次、排除

隐患 996 项、整改到位 993 项，整改率达 99.69%，共投入整改资金 918.05 万元。

4. 开展"旅游包车"专项整治

福建省各级旅游行政主管部门全面加强辖区内旅行社租用旅游车辆工作的监管，围绕旅游汽车运输公司的车辆和驾驶人是否有资质、旅游包车合同是否规范、档案资料是否健全等内容开展重点检查，发现问题，及时纠正和整改。积极配合交通、公安和安监部门联合开展明察暗访，对旅游客运企业、驾驶人以及旅行社租赁的旅游客车有关情况进行专项督察。同时，以专项整治行动为契机，协助旅行社完善旅游包车管理制度和车辆租用协议，提高旅行社以及导游从业人员的道路交通安全意识，明确相应职责和监督责任。

5. 推进隐患排查治理

凡事预则立，不预则废。在安全生产管理过程中，福建省始终坚持预防为主的原则，强化事前防范，注重有效监管、常抓不懈、关口前移。结合福建省旅游行业的工作特点，制定下发了《旅游安全隐患排查治理实施方案》，成立隐患排查工作领导小组，明确责任部门和专人责任。督促各级旅游行政主管部门按照当地安监部门的要求，加强规范管理，强化隐患排查体系建设，防止走过场、流于形式。指导星级饭店抓好本企业的隐患排查和作业现场的安全规范化管理，全面开展安全隐患排查治理体系建设活动，构建完善的安全组织体系、安全设备体系、安全管理体系和安全制度体系，切实增强安全保障和事故防范能力。督促各级旅游行政主管部门对责任不落实、体系建设不到位、考核不达标的星级饭店进行通报，并与星级饭店复评工作挂钩，确保安全隐患排查治理体系建设工作落到实处。

（四）强化宣传培训，提升安全意识和应急处置能力

1. 完善应急预案

依据《旅游法》，结合福建省旅游行业实际，针对旅游目的地可能发生的安全事故，重新修订完善《福建省旅游突发公共事件应急预案》和《福

建省旅游突发事件应对工作手册》，增强预案的科学性和可操作性。指导地市旅游行政主管部门做好市级《旅游突发公共事件应急预案》的修订工作，并根据不同阶段的旅游安全工作特点先后制定了元旦、春节、国庆等节假日期间和极端天气期间的专项应急预案，完善了应急预案体系。

2. 强化培训演练

把旅游安全培训纳入全省旅游培训体系，加强从业人员的安全教育培训，增强从业人员的旅游安全意识，提高旅游安全生产的管理水平。定期、不定期开展预案培训和演练，熟练掌握应急方法和应急组织程序，增强应对突发事件的能力，确保应急救援工作及时、迅速、高效。2014 年以来，福建省旅游系统开展培训 228 场次，参培人员 9472 人；开展应急演练 65 场次，参演人员 7310 人。

3. 加大宣传力度

紧紧围绕"科学发展、安全发展"的主题，设计和组织开展形式多样的宣传教育活动，大力宣传国务院《国务院关于坚持科学发展安全发展促进安全生产形势持续稳定好转的意见》精神，努力营造更加有利于落实安全责任、加强安全生产的良好氛围。以"安全生产月"为契机，积极订购安全生产宣传手册，认真宣贯安全生产法律法规、安全管理制度，普及安全生产基础知识。充分利用旅游网站、旅行社门市窗口、旅游景区（点）宣传栏、星级酒店告示牌、手机短信、旅行社行前说明会等多种形式，广泛开展旅游安全知识宣传，在旅游系统和全民中树立起"没有安全就没有旅游"的意识，形成人人关注旅游安全的良好氛围。

（五）强化责任保险，提升企业化解风险的能力

1. 健全工作机制

充分发挥联合工作机制的作用，每年组织召开由旅游行政管理部门、保险经纪公司和保险公司三方组成的项目联合工作会议，研究部署统保示范项目工作，了解旅行社参保、赔案处理进展情况，协调解决示范项目推广和运行中存在的问题；协同调解处理中心福建分中心召集各方面专家召开事故鉴

定会，对重大疑难案件进行分析交流，提高案件的结案时效，提升广大旅行社对责任保险统保示范项目的满意度。

2. 抓好督促检查

福建省各级旅游行政主管部门根据《旅行社责任保险管理办法》和国家旅游局工作要求，依法对当地旅行社进行监督检查，及时掌握旅行社参加责任险情况，对不符合《旅行社责任保险管理办法》的旅行社进行通报，引导鼓励即将投保到期及新成立的旅行社积极投保，提高参保率。目前，福建省旅行社责任保险统保示范项目的投保率超93%。其他旅游企业分别投保相应责任险。

3. 全力做好服务

充分发挥保险经纪公司和共保体的作用，多形式、多渠道宣传旅行社责任保险统保示范项目，为旅行社提供投保咨询，协助旅行社办理投保手续。分片、分期举办旅游风险管理培训，提供防灾防损服务。下发旅游服务手册及导游手册、旅行社责任保险统保示范项目年度报告、旅行社责任保险宣传折页等相关材料，提高旅行社对统保示范项目的认识，增强风险管控意识。积极协助旅行社做好保险索赔工作，要求调解处理中心定期提供赔案报表，督促保险公司做好赔案处理工作，做到好赔、快赔、及时赔，让旅行社真正感受到责任保险统保示范项目在转移和防范旅游风险方面的作用。

三 2014年福建省旅游安全工作中存在的问题

2014年，福建省旅游系统安全管理形势总体平稳、有序，但依然存在以下几方面的问题：一是福建省旅游经济保持较快增长，旅游人数急剧增加，给全省旅游安全管理带来新的挑战和压力，主要体现在基层安全监管力量薄弱和经费不足；二是少数旅游企业安全生产主体责任意识不够强，安全投入不足，未按要求制订本单位安全培训教育计划，开展全员教育培训力度不够，部分单位的安全应急预案可操作性不够强；三是部分景区（点）旅游道路存在安全隐患。特别是非A级景区（点）、农家乐等接待点道路与国、省道连接线交通安全设施脆弱，容易发生交通安全事故。

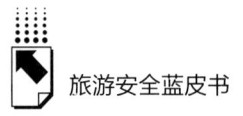

四 2015年福建省旅游安全形势展望与建议

继续深入贯彻落实国务院、国家旅游局、福建省委与省政府关于安全生产工作的指示精神,以高度负责的态度、认真扎实的作风,全力做好旅游安全和保险各项工作,为旅游业又好又快发展提供安全保障。

(一)落实全员责任制

督促各级旅游部门落实"党政同责、一岗双责"和属地管理责任,落实旅行社、星级饭店安全生产主体责任和"一岗双责",做到安全管理责任层层分解,落实到人。

(二)推进达标创建工作

以"旅游安全标准化建设提升工程"为抓手,全面推进星级饭店、旅行社的安全生产标准化建设,配合福建省安监部门做好旅游企业标准化评级验收工作。

(三)开展专项整治活动

联合相关部门开展隐患排查治理等专项整治活动,切实加大督促检查力度,针对黄金周、小长假、暑期等游客出行高峰和"两会"、重大旅游活动等重要节点进行集中整治;强化台风、暴雨、暴雪等季节性、阶段性旅游安全防范与监管;推进实施旅游安全绩效评估与考核制度、重大安全隐患挂牌督办制度。同时,配合打好"道路交通安全百日大会战"攻坚战,规范旅游包车租赁行为,明确双方责任,严厉打击违规租用旅游车辆行为。

(四)加强风险管控

督导旅游企业加强日常安全监管和隐患排查,健全安全管理长效机制和应急救援体系。建立旅游企业安全管理电子档案,完善旅游企业安全生产信用体系建设,提高企业安全管理水平。推进旅行社责任保险统保示范项目,逐步建立覆盖旅游各环节风险的保险体系,提升行业防范和化解风险能力。

(五)抓好宣传培训

把旅游安全教育培训贯穿到导游、领队等各类行业培训中,通过旅游团行前说明会、旅游车行前安全提示、典型案例分析教育等多种形式,提升旅游从业人员的安全意识和防范风险能力。

(六)提高应急能力

落实《福建省旅游突发公共事件应急预案》,指导各设区市修订完善本地区应急预案,提高旅游突发事件应急处置能力,切实保障旅游市场安全、规范、有序。

五 结束语

2014年,福建省各级党委政府、旅游主管部门和相关部门高度重视旅游安全工作,坚持以人为本、服务游客的宗旨,贯彻科学发展、安全发展思想,并在以下方面做出了积极而富有成效的努力:强化机制建设,全面落实企业主体责任;强化夯实基础,推进安全生产标准化建设;强化合力共为,彻底排查旅游安全隐患;强化宣传培训,提升安全意识和应急处置能力;强化责任保险,提升企业化解风险的能力等。相信2015年,福建省各级旅游管理部门将进一步抓好落实全员责任制、推进达标创建工作、开展专项整治活动、加强风险管控、抓好宣传培训、提高应急能力等安全管控工作,继续保持旅游安全形势的稳定,进一步树立中国安全旅游目的地的形象,有效保障广大游客人身财产安全,为将旅游业建设成为国民经济战略性支柱产业和人民群众更加满意的现代服务业而保驾护航。

B.27 2014~2015年吉林省旅游安全形势分析与展望

刘明一*

摘　要： 2014年，吉林省认真落实国家旅游局和省安委会的一系列安排部署，以旅游行业"四化融合"与"三位一体"安全监管防控体系建设为核心，以"春季行动""夏季攻坚""秋冬会战"专项整治行动为重点，以杜绝重特大旅游安全事故为目标，全力做好旅游安全工作，旅游安全形势健康、有序发展。展望2015年吉林省旅游安全工作，将不断改进工作方法，提高工作效率，落实旅游安全监管工作制度，提升旅游安全监管能力和旅游应急管理水平，坚决防范和遏制旅游重特大事故发生，继续保持吉林省旅游业安全稳定的形势。

关键词： 吉林省　旅游安全管理　形势　展望

一　2014年吉林省旅游安全的总体形势

2014年，吉林省旅游局认真贯彻落实省委、省政府部署，全面实施旅游产业壮大计划，努力提高旅游经济规模和运行质量，旅游业呈现快速增长

---

* 刘明一，吉林省旅游局监督管理处调研员。

的态势。全年接待游客总数11945.41万人次，同比增长15.20%；实现旅游总收入1846.79亿元，同比增长25.03%。其中，接待入境旅游者133.72万人次，同比增长5.00%，旅游外汇收入6.17亿美元，同比增长8.00%；接待国内游客11811.69万人次，同比增长15.33%，国内旅游收入1809.15亿元，同比增长25.49%。超额完成了吉林省政府确定的"十二五"旅游发展目标。

吉林省旅游安全工作认真落实国家旅游局和省安委会的一系列安排部署，以旅游行业"四化融合"与"三位一体"安全监管防控体系建设为核心，以"春季行动""夏季攻坚""秋冬会战"专项整治行动为重点，以杜绝重特大旅游安全事故为目标，全力抓好旅游安全工作，旅游安全形势健康、有序发展。

二 2014年吉林省旅游安全的概况与特点

（一）旅游安全事件概况

2014年，吉林省旅游安全事件明显减少，共发生83起，其中：人伤意外类事故21起，占比25.30%；疾病与死亡类3起，占比3.61%；食物中毒类9起，占比10.84%；第三方责任事故类交通事故14起，占比16.87%；延误损失类32起，占比38.55%；财产损失类4起，占比4.82%。吉林省旅游业安全形势总体良好，安全事件发生率较上年有所下降，年度旅游安全工作部署得当、平稳有序，旅游案件处理及时、有效、圆满。

主要安全事件如下。

（1）吉林市北国假期旅行社"1·29"食物中毒案。该社接待北京游客共15人赴黑龙江省镜泊湖一日游，抵达吉林省敦化市晚餐自理。第二天早上陆续有12名游客不同程度地出现呕吐、腹泻现象，旅行社紧急将其送往敦化市中心医院救治，经当地卫生检疫部门和医院共同诊断，确认为食物中毒事件。经过一天治疗患者全部痊愈。

（2）长春海外旅游有限责任公司"4·23"交通案件。4月23日，地接社为南京风采旅游有限公司，组织华东五市游，旅游大巴车在上海到苏州的高速公路上与一辆挂车相撞，造成一死一重伤的重大交通事故。经交管部门判定挂车负全责，此案件按交通事故进行解决，赔偿死者70万元；伤者治疗费用均在当地按交通事故进行赔偿。

（3）珲春市滨海旅行社有限责任公司"7·19"猝死案件。7月19日，珲春市滨海旅行社有限责任公司在接待俄罗斯游客过程中，一游客在吃早餐的过程中突发心脏病死亡。本案涉及猝死，处理烦琐，江泰公司启动旅行社责任保险，协议赔偿3万元人民币。

（4）吉林省旅游集团天马国际旅行社"8·17"猝死案件。8月17日，游客参加大连游行程中突发急性病死亡。据了解，旅行社行程安排及旅游辅助服务均无过错，经江泰公司长春分公司调查，游客系因自身疾病导致死亡，由于旅行社为游客投保畅游江泰平安行旅游意外团险，最终案件赔付10万元结案。

2014年旅游安全事故无生产和技术操作原因，均属突发、偶发事件，旅游行政管理部门和企业安全应急管理、事故救援、突发事件评估和善后工作细致扎实，各项安全措施也比较到位，旅游安全事故的预防、控制、赔付等应对工作实现规范化管理。

（二）旅游安全管理基本状况

2014年旅游安全事件的发生敲响警钟。旅游安全管理应把工作的着眼点放在预先对危险的识别、分析和控制上，以预防为主，防患于未然，强化旅游保险保障体系建设，提升行业防范和化解风险能力，切实提高旅游主管部门和旅游企业员工预防和处理应急事故的能力。纵观吉林旅游安全形势，旅游安全工作仍面临严峻考验。

1. 旅游安全监管工作存在薄弱性

2004年以来，吉林省火灾、道路交通事故呈多发、频发态势，事故起数、死亡人数分别占全省事故的98.9%、88.6%。虽然重大旅游突发事件数有所下降，但是旅游交通事故每年都有发生，一般旅游事故也呈频发态势，吉林省旅游安全监管形势依然严峻，主要表现在以下几个方面。

（1）旅游安全服务的理念有待牢固。旅游工作人员安全意识不强，旅游企业追求发展不讲安全、追求效益不顾安全的问题还部分存在。

（2）旅游企业安全管理基础薄弱。旅游业入行门槛低，中小型企业占大多数，在安全投入、安全设施、教育培训和标准化管理等方面水平较低。

（3）旅游基础设施中仍存在安全隐患。吉林省旅游公共基础设施安全标准不高，小旅游企业（如小餐馆、小旅馆、小洗浴中心、小旅行社、购物店等）证照不全和违法经营的现象普遍，小企业安全主体责任未落实，旅游安全存在隐患。

2. 旅游安全监管力度不断加强

《旅游法》的颁布和施行给旅游业的安全监管工作提供了法制基础和依据。吉林省各级旅游监管部门积极依托《旅游法》加强旅游安全监督管理的力度。但相比之下，吉林省各级旅游监管部门的主导地位和支撑作用还有待进一步的提升和发挥。工作中还存在如下一些亟待解决的问题。

（1）思想认识有偏差。旅游安全监管部门工作人员对于搞好旅游安全监管的重要性、长期性、艰巨性、复杂性和反复性认识不足，缺乏对安全监管的正确理解，在摆正位置、发挥作用、搞好服务的理念确立上有偏差。

（2）履行职责不到位。主要是工作无所适从、消极被动、工作尺度把握不准、存在不会管现象；一些地方不同程度地存在缺位、错位、越位等问题。

（3）权利、责任不清晰。主要是有些职责未完全划清，协调机制不完善，工作的积极性没有充分发挥出来，存在扯皮、推诿、不协调以及联合执法工作不到位等问题。

（4）队伍素质不过硬。主要是个别旅游安全监管部门的管理人员政治素质不高，业务能力不强，工作作风不实，不能应对具体工作。

3. 旅游业迅猛发展给安监工作提出更高要求

近几年，吉林省旅游总收入、接待旅游人数呈快速增长态势，旅游人数年均增长超过17%，旅游总收入相当于全省GDP的9%。完成旅游投资580亿元，新上超亿元项目24个，吉林省旅游产业初具规模，旅游公共服务体系逐步配套齐全，产业融合不断拓展，旅游交通等基础设施建设快速发展，连接主要旅游城市和重点景区的交通网络初步形成。一批重要的旅游景区和旅游接待服务设施得到开发与建设，接待条件明显改善。重点旅游城市面貌发生了重大变化，旅游功能明显增强。

但是，由于旅游业的综合性、生产与消费同时进行的复杂性，旅游安全监管主体涉及多部门、多领域，容易出现职责交叉、令出多门等问题。吉林省注重加强对旅游资源的统一管理，推进政府职能转变，加强公共管理与服务，完善旅游安全体系建设，进一步规范和完善县（市、区）旅游行政管理部门安全组织机构设置，理顺管理体制，在强化"大旅游安全"理念上做出了积极努力，扭转了被动局面。但是在旅游安全宣传、培训和检查中，也出现不协调等问题。旅游安全监管部门只有履行好监管职责，得到各级党委、政府和部门的重视，才能为旅游安全监管不断发展提供足够的动力和空间。

（三）旅游安全管理的主要进展与特点

1. 工作部署到位，层层落实责任

严格按照省委、省政府及吉林省安委会的指示要求，精心制订工作计划和方案，周密部署旅游安全工作。按照与吉林省政府签订安全生产承诺书、与省综治委签订综治（平安吉林建设）责任状内容，督促各级旅游主管部门与本级政府及所属旅游企业签订安全生产责任状，层层落实责任，并按责任内容，实施分级管理，有针对性地开展安全检查工作，确保一级对一级负责，旅游安全监管效率和能力得到有效提高。积极应对黄金周、小长假及极端天气对安全工作的影响，制订检查方案、下发安全通知，全年共下发旅游安全与应急管理工作通知及方案25份，有力督促旅游安全管理工作顺利开展。

2. 明确管理标准，细化管理流程

按照吉林省安委会要求，制定了《吉林省旅游行业"四化融合"、"三位一体"安全监管防控体系建设实施方案》，按照"纵向到底，横向到边"和"全覆盖"的基本原则，安全监管网格到社区、到人头，落实网格化管理。编制出台《旅行社安全管理规范》《旅游景区安全管理规范》《星级饭店安全管理规范》三个地方标准，确保安全生产网格化监管工作有章可循、有据可依，推进标准化建设。依托吉林省旅游云服务平台项目，通过旅游应急和景区监控子平台，实现对重点旅游景区和区域进行实时安全监管监控，提高对各类旅游突发事件的应急响应、综合处理能力，实现对旅游团队行程、旅游车辆、导游员进行远程定位，实时掌握旅游企业安全经营情况，实现信息化管控。

3. 加大安全检查力度，强化安全监管职能

结合旅游行业实际特点开展"春季行动""夏季攻坚""秋冬会战""安全生产月"等专项整治行动，做到"周报情况、月报小结、工作结束报总结"。同时采用明察与暗访相结合的方式，严格按照"全覆盖""零容忍、严执法、重实效"的要求，组织安全生产隐患排查与整改。2014年吉林省共出动旅游安全检查小组310次，共检查企业1080家次，严格落实工作责任，按照"谁检查、谁签字、谁负责"原则，安全检查不打折扣、不留死角、不走过场，有效防止了旅游安全事故的发生。4月下旬，针对吉林省东北虎园游览车辆无护栏、景区无标识等群众反映强烈的问题对其进行了停业整改，提出了整改要求。对珲春防川景区龙虎阁景点未经消防部门验收、旅游服务中心监控室值班人员不在位情况，要求其禁止接待游客，并立即整改。安全检查中对发现旅游企业安全管理制度不健全，隐患排查台账和安全教育培训记录不正规、不翔实，应急预案针对性和可操作性不强等问题，均一一作了整改。吉林省旅游局在黄金周、小长假及特殊时段，均由旅游局领导带队分片对全省旅游企业进行安全专项检查。

4. 加强应急演练和培训，打牢安全基础

2014年6月中旬，吉林省旅游局在延边州敦化市再次组织召开了全省

旅游应急演练现场会。主要演练了景区防火、景区拥挤踩踏、食品安全事件、旅游客车事故的应急处置方法、程序、步骤，参演和观摩人数近千人，演练组织周密、专业化水平高、针对性强，各地和重点旅游企业认真观摩，加强学习，达到了检验预案、磨合机制、锻炼队伍、警示教育的目的，进一步提高了全省旅游系统应对和防范旅游突发事件的能力。10月下旬，吉林省旅游局在云南举办了一期旅游安全与应急管理培训班，采取专题辅导、实地教学、案例教学、参观鉴学等方式进行，主要学习调研当地重点景区旅游安全与应急管理工作先进经验、旅游主管部门安全应急体系建设情况、应急救援预案制定以及各种事故处置和善后赔偿等，培训效果明显，促进了吉林省旅游安全监管和应急管理工作人员能力素质的提高。

5. 开展安全宣传，提升安全意识

2014年吉林省旅游局共印制下发《旅行社安全管理规范》、《游客乘车安全须知》、文明旅游宣传折页、文明旅游宣传片和"游客安全乘车温馨提示"宣传光碟及《中国公民国内旅游文明行为公约》、《中国公民出国（境）旅游文明行为指南》挂图和卡片等各类宣传资料100万余份；协调省安委会，在吉林电视台《安全世界》栏目制作播出《旅游——要快乐、要安全》，面向全社会宣传旅游安全知识。同时充分发挥行业网络媒体、报纸、手机短信以及景点信息屏等的作用，及时、广泛发布旅游线路、景区流量、气象、安全预警等信息，为旅游安全工作服务，促进了旅游安全工作的顺利开展。

6. 深化平安吉林建设，开展"平安景区"创建活动

吉林省旅游局紧紧围绕深化平安吉林建设、打造平安吉林的总体要求，调动全省A级景区的积极性，深入开展"平安景区"创建活动。会同吉林省综治办编制出台《吉林省平安景区创建活动考评细则》，下发通知，部署工作。在各地组织自评和初评的基础上，10月份会同省综治办组成联合检查组，严格按照《吉林省平安景区创建活动考评细则》对全省38家申报创建"平安景区"的单位进行了考评验收。各景区高度重视，创建工作准备充分，景区管理正规、宣传氛围浓厚、档案资料健全。通过"平安景区"

创建活动，提升了景区整体形象，提高了游客的安全感和满意度，促进了景区综治维稳工作的顺利开展。

7. 严格市场整治，遏制旅游企业违法经营

重点检查旅行社营业网点超范围经营、无证经营、承包挂靠的违规经营行为，以及违规宣传、不签订旅游合同和营业网点疏于管理的行为。专项整治期间吉林省共处罚违法企业63家，典型案例6例。十一国庆节期间央视《焦点访谈》栏目曝光了吉林省延边中侨旅行社违法经营一事，《人民日报》刊登了《长白山旅游乱象》一文，严重损坏了吉林省旅游形象和声誉。为进一步规范旅游市场秩序，深入推动《旅游法》贯彻实施，在吉林省开展了旅游市场秩序大检查、大整改活动，对延边中侨旅行社、长白山旅游景区分别处以10万元罚款，停业整顿3个月，对旅行社负责人处以1万元罚款，对导游处以5000元罚款，并没收其非法所得，吊销其导游证等。对长白山景区进行责令整改处罚。通过对吉林省旅游市场的规范治理，维护了市场秩序，打击了违规经营、不规范经营行为，对旅游行业健康、安全发展起到了积极的促进作用。

三 2015年吉林省旅游安全形势展望与建议

（一）不断改进工作方法，提高工作效率

有效的工作方法是提高旅游安全监管水平的助推器，吉林省旅游主管部门将本着"六大结合"工作理念，创新性地开展旅游安全监管工作。

1. 坚持走访谈心与巡视工作相结合

坚持对旅游相关部门和企业进行走访谈心。主要是征求意见，研究难题，提出建议，赢得信任，树立旅游安监部门的威信。

2. 坚持暗访与巡视工作相结合

按照"四不两直"的要求，不间断地对旅游企业和单位进行暗访。通过对企业的暗访检查，考核相关主管部门监管责任的落实情况。

3. 坚持事前预防与事故责任追究相结合

将旅游安全隐患视为事故，对隐患排查治理不履职尽责的视为事故，增强旅游主管部门的责任感，增强工作的主动性和创造性。

4. 坚持部门监管与网格化管理相结合

明确旅游主管部门在网格中对每一企业的监管责任，使旅游安全监管达到100%覆盖。

5. 坚持部门监管与安全服务标准化结合

通过规范旅游企业的安全服务标准，为旅游相关部门加强监管提供技术依据。

6. 坚持部门监管与社会化管理相结合

既要坚持发挥旅游安全监管部门的监督作用，又要充分调动广大旅游者的积极性。对于旅游者的举报，旅游主管部门负责调查处理，做到旅游者诉求100%解决，真正实行群防群治。

（二）落实旅游安全监管工作制度，提升旅游安全监管能力

1. 落实工作会议制度

开好两个会议：一是开好旅游安全工作会议，总结工作、表彰先进、部署任务；二是开好安委会各有关成员部门联络员会议，向有关部门通报旅游安全工作开展情况，共同研判旅游安全形势，推进旅游安全管理工作顺利开展。

2. 落实工作通报制度

一是及时通报旅游安全监管工作进展情况，采取邀请座谈、网站宣传等多种方式，对于各部门完成和执行情况及工作进展、遇到的问题进行通报。二是总结推广典型经验，及时发现和总结旅游安全监管工作中的先进经验，大张旗鼓地进行宣传，广泛地推广。三是及时通报旅游突发安全事故，分析事故发生的原因，汲取事故教训，制定防范措施。规范旅游企业行为，确保安全工作常抓不懈。

3. 落实旅游突发事件应急联动机制

紧紧依托吉林省旅游政务网,加强旅游安全行业信息沟通,与省气象部门开通手机气象短信服务平台业务,及时向旅游行业有关人员发布旅游气象灾害预警信息。与省应急办、省交通厅、省安监局联网,实时动态地对自然环境安全、游客状况、道路状况和旅游车辆运行情况监控,并每日上报和传达旅游安全信息,分析安全形势,有针对性地做好旅游安全工作。

4. 落实旅游安全事故责任追究制度

贯彻落实"属地管理"和"谁主管、谁负责,谁发证、谁负责"原则。坚持"严"字当头,严格执法、秉公办事。细化与吉林省安委会办公室和省综治委签订责任状内容,进一步规范管理,协调各方面力量,形成多部门齐抓共管的局面。对罔顾人民生命安全、造成重大人员伤亡和财产损失的责任事故,依法查处、严肃问责,真正起到警示和震慑作用。

5. 落实旅游事故和安全隐患挂牌督办制度

建立全面的隐患排查账目,对于存在安全隐患或发生旅游事故的企业,采取挂牌督办、每周调度、全程督导、联合约谈等方式,严格落实重大隐患、事故查处层层挂牌督办制度,充分发挥监管部门的督促指导作用。

6. 落实组织事故调查处理制度

旅游安全事故发生后,安全监管部门主要是依照组织程序,坚持"四个不放过"和"科学严谨、依法依规、实事求是、注重实效"的原则,按规定时限完成事故调查处理工作,并要求调查组提交详细的事故处理报告,及时向社会公布。

7. 落实旅游安全标准化管理制度

大力宣贯《旅行社安全管理规范》《旅游景区安全管理规范》《星级饭店安全管理规范》等旅游安全地方标准。通过标准化管理,加强对企业服务质量的监管,引导旅游企业诚实守信、合法经营。努力以标准促规范、用规范保质量、靠质量谋发展,带动旅游产业素质全面提升。

(三)旅游安全管理的重点工作

2015年的旅游安全工作,要进一步树立游客为本、科学发展、安全发展的理念，落实旅游安全责任，夯实旅游安全保障基础，提升旅游应急管理水平，坚决防范和遏制旅游重特大事故，保持吉林省旅游业安全稳定的形势。

1. 深入开展"四化融合"与"三位一体"安全监管防控体系建设工作

按照"属地管理"和"管行业必管安全"原则，实行网格化管理，落实责任，加强行业部门检查、监管和企业自查、自管。根据2014年、2015年两年全省旅游信息化建设安排，结合实际统筹推进各地旅游安全信息化工作，确保省、市、县三级和旅游企业互联互通、信息资源共享。落实社会监督工作制度，利用网络和信息平台，及时解决社会反映的旅游安全问题。

2. 修订《吉林省旅游突发公共事件应急预案》工作

将应急预案纳入全省应急管理体系之中，进一步明确旅游突发公共事件的防范措施和处理程序，切实做到明确、管用，提高预案的适用性和可操作性。指导督促各地修订完善本地区旅游突发公共事件应急预案。

3. 组织旅游安全培训和应急演练工作

继续组织吉林省规模的旅游安全培训和应急演练活动，通过开展实战性强、行业部门广泛参与的联合演练，促进旅游行业间协调配合和职责落实，并从中发现问题、积累经验，确保一旦有事能够拉得出、用得上、打得赢，全面提高旅游安全应急处置能力。

4. 探索实施旅游组合保险

旅游业快速发展，旅游安全问题逐渐受到社会的广泛关注。为规避异常天气、意外事故、自然灾害等原因导致财产损失和人身伤亡，2015年探索推出旅游组合保险。力争推出费率低、高保额、高保障、服务优的旅游保险，将保险范围扩大至游客在旅行过程中的吃、住、行、游、购等环节，实现与游客的无缝对接，提供旅行过程的全程保障，并对组合险进行可行性研究，开展试点工作。

B.28
2014~2015年四川省旅游安全形势分析

陈加林*

摘　要：	2014年四川省旅游安全形势总体稳定、良好。四川省各级党委政府、旅游主管部门和相关部门高度重视，切实加强组织领导，把旅游安全工作作为事关全省旅游发展大局的关键点来狠抓部署；完善机制，解决突发问题，把部门联动作为全省旅游安全工作的支撑点来狠抓落实；协同配合，切实开展安全检查，把排查隐患作为全省旅游安全工作的着力点来狠抓落实；加大宣传，加强舆论引导，把"人人做安全、时时想安全、事事为安全"的社会风尚作为全省旅游安全工作的落脚点来狠抓贯彻；完善应急机制建设，切实加强演练，把应急管理作为全省旅游安全工作的突破点来狠抓强化。2014年旅游安全管理水平得到提升，有效保障了广大游客的人身财产安全，促进了四川省旅游业持续稳定发展。
关键词：	旅游安全管理　四川省　形势分析

一　2014年四川省旅游安全的总体形势

2014年，四川省旅游安全工作在国家旅游局的直接指导下、在省委省

---

* 陈加林，四川省旅游局副局长。

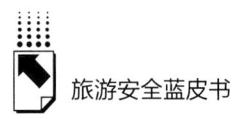

政府的正确领导下，按照"科学发展、安全发展"的方针，依法贯彻实施《中华人民共和国旅游法》等法律、法规和政策文件中有关旅游安全规定，落实旅游安全生产责任，开展"安全生产月"等一系列旅游安全管理工作，实现了"安全、秩序、质量、效益"四统一的目标，全年未发生一起重特大旅游安全事故，2014年四川省旅游安全形势保持总体稳定，有效保障了四川省旅游业安全运行，促进了四川旅游业持续稳定快速发展。

二 2014年四川省旅游安全形势的概况和特点

2014年，四川省高度重视旅游安全管理，把旅游安全工作作为事关全省旅游发展大局的关键予以全面部署，在旅游安全管理工作上做出了一系列富有成效的努力，特别是：狠抓旅游安全工作，切实加强组织领导；夯实旅游安全基础，强化部门联动；协同配合，切实开展旅游安全检查；加大宣传力度，形成旅游安全新风尚；加强旅游应急演练，提升旅游应急管理能力等。

（一）狠抓旅游安全工作，切实加强组织领导

1. 思想认识得到提升

牢固树立发展是第一要务、安全是第一责任的观念，充分认识做好旅游安全工作的艰巨性、复杂性和重要性，进一步增强政治意识、大局意识、责任意识、忧患意识，进一步增强危机感、紧迫感、使命感和责任感，在思想上更加重视、行动上更加自觉、工作上更加扎实地把旅游安全工作抓细、抓牢、抓实。始终坚持把旅游安全工作放在事关旅游产业发展大局的战略高度来抓好落实。

2. 文件精神得到贯彻

2014年四川省政府部门相继下发了《四川省旅游局办公室关于进行2014年"春节"黄金周旅游安全服务保障督导检查的通知》《四川省旅游局办公室关于在"五一"小长假期间集中开展旅游市场规范检查的通知》

《四川省旅游局办公室关于做好"五一"假期与旺季市场服务组织和安全防范工作的通知》《四川省旅游市场综合治理办公室关于开展夏秋旅游旺季综合大检查的通知》《四川省旅游局办公室关于切实做好汛期灾害防范应对工作的通知》《四川省旅游局办公室关于在全省旅游行业深入开展重大火灾隐患集中整治专项行动活动的通知》等一系列文件。在全省旅游系统迅速开展"百日安全"活动、"安全生产年"活动、"安全生产月"活动、"打非治违"专项行动、汛期涉旅灾害防治工作以及旅游客运安全专项整治工作，确保了四川省旅游安全各项工作落到实处。

3. 安全责任得到落实

进一步明确了各级旅游部门履行旅游安全监管工作职责，并按照"谁审批、谁负责""谁主管、谁负责"的原则，强化旅游企事业单位安全生产主体责任，明确企事业单位主要负责人为旅游安全第一责任人，把旅游安全工作的重点抓在基层、抓在平时、抓在重点时段、抓在重点部位；层层分解旅游安全目标责任，把旅游安全责任落实到相关涉旅部门、各个旅游企业和每一位员工，确保旅游安全分工明确、责任明晰。

（二）夯实旅游安全基础，强化部门联动

1. 强化旅游安全服务保障

为深入贯彻落实党的十八届三中全会和习近平总书记关于安全生产工作重要讲话精神，切实抓好春节、"两会"等重要时段旅游安全和服务保障工作，2014年1月24日，四川省召开全省旅游安全服务保障暨旅游市场秩序专项整治电视电话会议。通过会议全面分析全省旅游安全服务保障工作取得的成绩和存在的薄弱环节，并对抓好旅游安全服务保障工作提出了强化思想认识、勇于探索创新、突出工作重点、加大科技举措四个方面的要求，进一步规范旅游市场秩序。2014年召开旅行社发展暨安全应急管理培训会，进一步提高旅行社安全和经营管理水平，提升应对和处置突发事件能力。同年6月，四川省旅游局在眉山市青神大酒店组织召开了2014年旅行社发展与安全应急管理专题培训会，通过召开会议，进一步认识到做大做强旅行社和

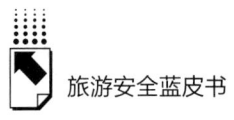

安全监管工作的重要性，进一步规范了旅行社依法经营和旅行社安全与应急管理。

2. 依法规范旅游安全整治

为解决当前四川省部分地区旅游市场不规范问题，安排布置旅游保障综合管理工作，依法依规整治旅游市场专项工作，2014年3月31日四川省旅游产业发展领导小组办公室召开了全省依法治旅市场规范工作视频会议，会议通报了"赴阿坝州旅游车辆受到阻拦"和"个别峨乐专线导游上访"事件基本情况和处置情况。通过召开会议，进一步提升了对旅游市场秩序专项整治工作的认识并作了工作安排部署。一是深刻汲取教训，举一反三，采取措施，果断处置，建立健全工作机制，依法依规治理旅游市场。二是牢固树立依法治旅的法治理念，依法规范旅游市场秩序，要坚持疏堵结合、标本兼治，切实解决旅游市场的突出问题，维护旅游市场的稳定。三是要进一步完善旅游综合应急、专项应急等预案，开展实战演练，增强处置旅游突发事件的能力。着力构建管理者、经营者、消费者和新闻工作者四位一体的监管网络，集中曝光一批违法违规案件；要充分发挥协会的作用，加强行业自律。

3. 综合形成部门联动机制

为做好汛期旅游安全防汛工作，做到未雨绸缪，研究部署汛期涉旅安全工作，2014年6月4日，四川省旅游产业发展领导小组召开汛期旅游安全会商会。四川省气象局、省国土资源厅、省安监局、省计生委、省应急办通报了2014年汛期天气气候、气象灾害的情况，并对做好旅游安全与应急工作进行了部署。2014年，四川省旅游主管部门推动省政府办公厅出台了《全省依法治旅规范市场工作方案（2014—2016年）》，启动旅游市场标本兼治工作，并作了局内任务分工安排；成立了省旅游局行管委及5个专项工作办公室。力争通过三年努力，促进全省旅游市场依法、有序、规范，提升旅游市场秩序达到全国一流水平。

（三）协同配合，切实开展旅游安全检查

在元旦、春节、五一等黄金周、小长假期间，四川省旅游市场综合治理

办公室充分发挥综合协调作用，组织公安、交通、地税、质监、安监、消防等相关成员单位，组成检查组，深入一线，对全省21个市州"分类别、有侧重"地进行了声势大、覆盖广、力度强和重点突出的安全督察。

按照《全省依法治旅规范市场工作方案（2014—2016年）》的要求和"抓典型、严查处、重实效"的原则，积极组织相关涉旅部门在四川省旅游行业开展夏秋旅游旺季综合检查整治行动，并在旅游服务广告、旅游客运、旅游团队电子行程单等方面进行专项治理和督导检查。2014年四川省各级旅游部门出动人员11573人次，执法车辆3177台次，检查旅行社、旅游景区、星级饭店、星级农家乐、旅游购物、演艺、餐饮等涉旅企业8893家次，旅游团队7983个，旅游市场综合治理工作取得了阶段性成效。中国旅游研究院发布的《中国区域旅游发展年度报告（2013~2014）》评定四川为游客满意度最高的省份。

（四）加大宣传力度，形成旅游安全新风尚

2014年，四川省通过广播电视、报纸、杂志、网站等传媒载体，深入重点企业开展专题宣讲和监督检查。大力推动企业安全文化、安全诚信建设，努力营造全社会"关爱生命、关注安全"的舆论氛围，进一步增强了广大游客安全意识，着力构建管理者、经营者、消费者和新闻工作者四位一体的旅游安全监管网络；让社会公众学习和掌握在旅游过程中预防风险、避险、自救、互救、减灾等知识和技能，并提防旅游陷阱，践行品质旅游，倡导文明旅游，切实保障自身合法权益和生命财产安全。

（五）加强旅游应急演练，提升旅游应急管理能力

1. 专项部署旅游应急管理工作

为认真贯彻落实全国、四川省安全生产工作电视电话会议精神，切实做好2014年度四川省旅游应急管理工作，四川省旅游局对四川省旅游应急管理工作进行了专项部署，向各市州旅游局下发了《四川省旅游局关于切实做好2014年度全省旅游应急管理工作的通知》，要求各地加强组织领导、完

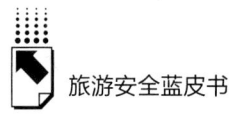

善预案装备、加强宣传培训、强化值守预警、加强督导检查和信息上报,切实做好、做实旅游应急管理工作。

2. 加强特殊时期旅游应急管理

针对2014年汛期提前,泥石流、山体塌方隐患增大这一严峻形势,四川省专题研究部署下发了《四川省旅游产业发展领导小组办公室关于做好2014年汛期旅游安全工作的通知》,要求各地及时召开汛期旅游安全专题会议,做好汛期旅游安全的部门联动和信息共享工作,建立预报预警机制,出现灾情,及时组织疏散和处置工作。

3. 强化旅游应急实战演练

为进一步提高各级政府和相关职能部门对旅游安全应急工作的认识,建立健全旅游应急救援机制,提升事故预警响应能力、应急处置能力和应急协同能力,培养锻炼应急救援队伍,促进旅游业健康发展、安全发展,四川省旅游局积极指导各市州开展旅游应急实战演练,提高应急处置救援能力。成都市举行了夏季旅游安全应急演练,自贡市举行了旅游星级饭店消防安全应急演练,广元市举行了水上安全应急救援演练,达州市举行了森林防火、地震灾害应急演练。

4. 加强运用高科技手段,切实提高旅游突发事件应对和处置能力

2014年四川省建成全省旅游运行监管及安全应急管理联动指挥平台,实现了"景区视频、流量实时采集""旅行团队实时运行监管""基于地图的旅游数据矢量运算""应急指挥通信互联互通"等多项功能,做到了旅游应急管理"看得见、联得上、呼得应",并且依托四川省旅游数据中心,进行了多方涉旅数据的整合。除了与四川省旅游局运行的"四川省导游管理系统""四川省旅游统计系统"等10余个应用系统实现了无缝对接外,还整合了国家旅游局的"旅游团队行程单"、省气象局的"四川未来72小时天气预报"、省测绘地理信息局的"天地图"、省交通运输厅的"全省旅游车辆的基础信息及运行轨迹状态"、省公安厅的"全省天网视频监控数据(与景区相关)"、部分市州与景区的"300多个视频监控点(青城山、都江堰、峨眉山、乐山大佛、九寨沟、阆中古城、熊猫基地等)"。充分运用智

慧旅游公共服务体系建设成果,即时提供交通、气象、住宿、安全警示等旅游信息,科学应用大数据调控旅游市场,加强旅游景区流量监测,强化旅游应急管理,引导游客理性出行,确保假日旅游市场平稳有序。2014年12月19日,四川省发展和改革委员会委托四川省旅游局组织省内相关领域专家召开了"四川旅游运行调度及安全应急管理联动指挥平台建设项目"综合验收会。经过专家组听取报告、现场查看、验收和综合评议,最终专家组一致同意该项目通过竣工验收。

三 结语

2014年,四川省各级党委政府、旅游主管部门和相关部门高度重视旅游安全工作,践行"游客为本,服务至诚"的旅游行业核心价值观,贯彻"科学发展、安全发展"理念,在旅游安全日常管理、旅游突发事件应急管理、旅游安全专项整治等方面做出了积极而富有成效的努力。高度重视,切实加强组织领导,把旅游安全工作作为事关全省旅游发展大局的关键点来狠抓部署;完善机制,解决突发问题,把部门联动作为全省旅游安全工作的支撑点来狠抓落实;协同配合,切实开展安全检查,把排查隐患作为全省旅游安全工作的着力点来狠抓落实;加大宣传,加强舆论引导,把"人人做安全、时时想安全、事事为安全"的社会风尚作为全省旅游安全工作的落脚点来狠抓贯彻;完善应急机制建设,切实加强演练,把应急管理作为全省旅游安全工作的突破点来狠抓强化。2014年旅游安全管理水平得到提升,旅游安全形势保持稳定,有效保障了广大游客的人身财产安全,促进了四川省旅游业持续稳定发展。

B.29
2014~2015年安徽省旅游安全形势分析与展望

梁晓莹*

摘　要：	2014年，安徽省旅游安全形势总体平稳，全省旅游安全工作有创新、有部署、有检查，扎扎实实，富有成效，全年狠抓旅游安全宣传教育和行业安全管理、景区容量管理、应急预案完善和演练等工作，没有发生重大旅游安全责任事故、重大旅游投诉和媒体负面报道。预计2015年安徽省旅游安全依然保持总体平稳趋势，旅游安全管理工作在积极创新、有序推进的基础上，将进一步走向规范化、标准化。
关键词：	旅游安全　安徽　形势

一　2014年安徽省旅游经济总体形势

2014年，安徽省旅游局紧紧围绕贯彻落实省委、省政府对旅游工作的决策部署，坚持以改革为统揽，稳中求进，开拓创新，全省旅游经济运行稳中向好，产业投资和业态创新更加活跃，主要经济指标增速仍处于较快增长合理区间。预计全年接待入境游客405万人次，同比增长5%；接待国内游客3.78亿人次，同比增长13%；旅游总收入3430亿元，同比增长14%，

---

* 梁晓莹，安徽省旅游局监督管理处调研员、安全办主任，高级经济师。

全年旅游业增加值占 GDP 比重接近 6%。预计全年旅游项目完成投资 1400 亿元。年度工作目标任务除入境旅游增长目标难以实现外，其他重点工作任务均能圆满完成。

（一）改革工作扎实开展

黄山市政府创新建立旅游市场联合执法机制，组建旅游联合执法办公室。池州市推进行政处罚权相对集中，将 9 个重点部门行政处罚权委托给九华山管委会。滁州市天长、明光、定远等县（市、区）重新单设旅游局。宣城市成立市委、市政府主要领导为组长的文化旅游产业发展领导组，设立市文化旅游产业发展办公室，统筹推进、重点调度全市文化旅游开发"八大工程"。凤阳、石台、歙县、泾县等地在推进县域旅游资源管理权相对集中、旅游景区所有权与经营权有效分离方面开展了积极的探索。跨区域景区资源整合利用改革在八公山破题，省旅游局牵头编制印发了《八公山旅游发展规划》，淮南市已将隶属于凤台县淮河以东地区及八公山周边的茅仙洞景区划归八公山统一托管，将隶属于谢家集的卧龙山景区及所在的乡镇划归八公山，并整合全市资源进行统一营销，做到"一个品牌、一个形象、一个声音"。宣城市将敬亭山 13 平方公里景区扩展为 47.7 平方公里，将管委会升格，统一整合开发辖区内的旅游资源，并成立敬亭山旅游投资公司作为投资主体，对该景区进行一体化规划开发。九华山景区"三权分离"机制基本形成，为九华股份上市创造了条件。天柱山风景区体制改革已纳入市政府工作计划。安庆市与工商银行合作，采取景区收费权质押方式支持贷款，对投入运营满 2 年、年经营收入 300 万元、年游客接待量 3 万人次以上的 3A 级以上旅游景区推出"小企业旅游贷款"，解决旅游小微企业融资难问题。省旅游集团、黄山旅游集团连续 5 年双双跻身"中国旅游集团 20 强"行列。安徽环球国旅通过资产重组，牵手万达旅业控股集团，实现了强强联合。为深化行政审批改革，省旅游局现有的所有行政审批事项共 3 类 11 项，全部进入省政务窗口办理。按国颁标准创建的四星、五星级酒店和 4A 级、5A 级景区评定以及旅游规划设计资质等级评定等也全部进驻窗口，切实做到

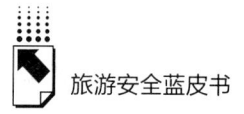

了"窗口之外无审批"。打破部门利益樊篱,下放3A级景区、4A级诚信旅行社和诚信旅游饭店的评定权,实现了"清单之外无权力",省旅游局被省行政权力事项清理规范工作领导小组确定为行政权力责任清单编制示范单位。

(二)产业转型速度加快

制定了皖南国际文化旅游示范区建设重点任务并进行责任分解。推进部分重点景区停车场改扩建工程。围绕打造精品景区景点、培育多元旅游产品、聚合旅游要素资源和促进产业融合发展,会同各市策划储备一批重点项目,制定相关工作推进方案。深入开展"三线三边"整治工作,改造提升了黄山徽州区、黟县、歙县乡村旅游沿线和天柱山、八里河等重点景区周边环境。休闲农业与乡村旅游示范点、示范县创建工作深入开展,与省妇联联合开展"徽姑娘"农家乐创建工作,影响广泛。新增旅游商品"五进"活动示范点35个。新评五星级饭店3家、四星级饭店8家。合肥市和皖南古村落被列为第三批全国旅游标准化试点城市和试点企业。召开长三角区域旅游合作联席会议,开展了"心醉夜色"主题产品研发和推广活动,制定并实施了《区域旅游一体化行动纲领》。安徽旅游手机APP上线运行,安徽旅游官方微信等平台开通。全省旅游综合信息数据库项目率先启动,完成122个旅游管理部门和831家旅游企业的账号注册和信息审核,智慧旅游建设项目率先在6个市、6个县区和6个景区全面展开。

(三)依法治旅深入推进

圆满完成了全国人大常委会委托省人大常委会所开展的《旅游法》执法检查工作。完善法规制度建设。与省法制办联合举办旅游行政执法资格认证培训班。截至2014年6月,全省463人持有旅游行政执法资格证,317人持有执法证。积极推广黄山市联合执法和九华山行政处罚权相对集中试点经验。扎实开展旅游市场专项整治活动,集中开展了以"文明旅游,为美好安徽加分"为主题的"六进"文明旅游宣传引导系列活动,全国各大媒体和网站对安徽省开展的"文明旅游,为美好安徽加分"系列活动高度关注。

二 2014年安徽省旅游安全的概况和特点

2014年,全省旅游安全工作在省委和省政府、国家旅游局与省安委会的正确领导下,以党的十八大和十八届三中、四中全会精神为指针,全面贯彻落实习近平总书记等中央领导和省委、省政府领导有关安全生产的重要指示精神及省安委会的工作部署,坚持"安全第一、预防为主、综合治理"方针,牢固树立科学发展、安全发展理念,始终坚守"发展决不能以牺牲人的生命为代价"这条红线,建立健全"党政同责、一岗双责、齐抓共管"和"管行业必须管安全,管业务必须管安全,管生产经营必须管安全"的安全生产责任体系,进一步健全完善旅游安全责任体系,落实旅游安全责任,全省旅游安全形势良好,全年没有发生一起重大旅游安全责任事故。

(一)加强领导,周密部署,狠抓旅游安全工作的落实

1. 旅游安全工作机制进一步加强

省旅游局成立了以省局主要负责人任主任,省局领导班子成员任副主任,分管局领导任常务副主任,省局机关各处室、所、中心负责人为成员的安徽省旅游局安全生产委员会。该委员会下设若干个工作组,即局机关内部安全(涉密安全)工作组,网络信息安全工作组,星级饭店和旅行社安全工作组,A级旅游景区(点)、农家乐、旅游强县安全工作组,旅游节会和促销安全工作组,财务安全保障工作组,事故应急处置联动工作组,安全培训工作组。同时明确了局安委会和各工作组的职责任务,形成了旅游安全工作齐抓共管的局面。

2. 旅游安全目标管理责任层层落实

省旅游局深入学习省政府领导与省旅游局局长签订的2014年度安全生产目标管理责任书的具体内容,细化落实方案。一是确定了各市旅游局(委)2014年度安全生产目标管理责任与任务,省旅游局局长与各市旅游局(委)主要负责人在全省旅游工作会议上举行了签字仪式。二是制定并印发

了省旅游局对各市旅游局（委）安全目标管理责任制年度考核办法及评分标准。三是进一步明确了省局机关各处室、所、中心安全责任，经局长办公会议审定后，局领导与各处室负责人签订了旅游安全目标责任书。

3. 认真部署旅游安全工作并抓好落实

省旅游局印发了《安徽省旅游行业2014年旅游安全工作要点》；印发了《认真做好"中国旅游安全公益宣传片"播放工作的通知》，并在省旅游局政务网设专题播放中国旅游安全公益宣传片（1~3集）、游客安全乘车温馨提示宣传片（实景版、动画版），供各地下载；组织开展了春季旅游安全大检查工作、汛期安全生产工作、全省旅游行业2014年"安全生产月"活动、旅游安全专项检查督察工作、国庆假日旅游安全工作等；组织开展了为期1个月的全省旅游安全联合督察工作；集中开展了为期5个月的"六打六治"打非治违专项行动等。

全省各市（省辖县）旅游局（委）为把旅游安全工作落到实处，采取多种工作形式，创新工作举措，旅游安全工作开展扎实有效。主要有：认真制定2014年旅游安全工作要点、2014年"安全生产月"活动方案、旅游局领导带队督察旅游安全工作方案等，将全年及阶段性的旅游安全工作进行系统梳理和周密部署，并要求各旅游企业切实加强领导，增强旅游安全工作的紧迫感和责任感，落实安全责任，强化安全管理，对重点单位和薄弱环节加强监督检查，实现旅游安全责任目标。积极做好春节、清明、五一、十一等假日及重要时段的旅游安全工作，在每一节假日到来之前，省旅游局和各市旅游局主要领导都主持召开旅游安全专题会议，亲自部署旅游安全工作，做到旅游安全工作常抓不懈、警钟长鸣。

（二）加强监管，扎扎实实开展旅游安全督察检查工作

1. 重视检查工作

安徽省旅游局对部分市旅游企业安全工作进行了明察暗访、抽查督察；收集汇总全省旅游安全4个督察组工作小结和相关检查表格、照片等，进行台账归类；对部分市县旅游企业安全生产工作情况、旅游安全目标任务完成

情况等进行了抽查。

2. 加强规范管理

为促进安徽省旅游安全工作进一步规范化、标准化，以适应全省旅游业快速发展的需要，省旅游局收集整理全省各市旅游局（委）最新修订的旅游突发公共事件应急预案，并进行了汇编，印发各市；省旅游局对《安徽省旅游行业安全检（督）查规范》进行了修订，重新修订完善了旅行社旅游安全检（督）查表、星级饭店旅游安全检（督）查表、A级景区旅游安全检（督）查表、旅游安全检（督）查勤政廉政纪律、旅游行业安全生产宣传教育及检（督）查年度统计表等，要求各地切实履行好旅游安全监管职责，引导和督促旅游企业严格执行国家有关安全生产的法律、法规，强化旅游安全管理工作。

3. 强调方法创新

全省各市旅游局（委）按照省局的要求并结合各地的实际，创新工作方法，不少市旅游局出台了旅游信息发布制度，对检查出的安全隐患在市局网站上发布检查通告并下发整改通知书等；此外，还出台了联合执法检查制度、局领导带队安全检查督察制度等。

（三）加强培训，提高旅游从业人员的安全防范能力

1. 加强旅游安全业务知识培训

2014年1月，省旅游局举办了全省旅游安全业务知识培训班，特邀专家授课；8月，省旅游局组织召开了全省旅游安全专项督察工作会议，专题学习国家、省领导及安委会有关旅游安全及安全生产讲话和文件精神，传达省旅游局党组书记、局长万以学的讲话。分析了1~8月以来旅游安全工作中存在的主要问题，同时部署全省旅游安全专项督察工作。省旅游局在各市自查自纠的基础上，组织8个检查督察组，分别由分管局领导和处负责人带队，对各地开展情况进行抽查督察，并将督察情况予以通报。12月，举办了全省出境游旅行社和赴台游旅游安全培训班，特邀省安全厅、省台办相关负责人等就境外旅游安全知识、应急处置等授课指导。

2. 注重网络安全宣传

自 2009 年起，省旅游局即在省旅游局主办的安徽旅游政务网首页开设了"假日协调　旅游安全"专栏，主要内容为发布旅游安全法规政策、通知文件、安全提示、安全知识等，截至目前，已发布近千篇稿件，较好地起到了旅游安全管理工作的资料库和宣传窗口的作用。

3. 突出应急演练，注重技能提升

2014 年，全省各地普遍开展了旅游安全应急演练活动。省旅游局积极参加了由省质监局主办的全省索道安全管理和事故预防研讨暨应急救援演练现场会；滁州市旅游局组织开展了旅游交通事故应急处置预案专项演练活动；淮南市旅游局组织毛集实验区旅游局和焦岗湖旅游景区管理处联合开展了"淮南市 A 级旅游景区水上救援应急演练"活动；宁国市文旅局组织开展了水上救援和安全讲座，公安、消防、安监、教体、医院部门参加；合肥市旅游局组织指导元一希尔顿酒店、合肥古井假日酒店等 7 家高星级酒店开展了消防疏散逃生和初期火灾扑救预案的演练活动，组织指导紫蓬山风景区、大蜀山文化陵园开展了森林灭火应急演练活动，组织指导三河风景区突出开展了水上安全应急救援演练，组织指导万达环球国际旅行社有限责任公司开展了防恐演练，重点突出旅游团队如何应对恐怖事件。通过一系列应急预案的演练，加强了旅游企业应急队伍建设，提升了应急救援人员的实际操作技能，完善了相关应急预案的流程，旅游突发事件一旦发生，各旅游从业人员能够熟练对号入座，知道各自如何行动、如何正确行动。

（四）创新思维，主动作为，加强旅游安全宣传

1. 加强旅游安全宣传教育

安徽省重视安全宣传教育工作，倡导文明旅游行为。2014 年 7 月，由安徽省旅游局出品、淮南市旅游局策划制作的《安全文明伴我行》宣传片正式投放全省，该片时长 10 分 23 秒，创新诠释了旅游安全、文明出行的重要性和必要性。全片以安徽省内著名旅游景区为背景，通过手绘动漫形式，以安安、全全、文文、明明四位小朋友在旅游途中的安全事项、文明行为为

故事主题，生动有趣，寓教于乐。该宣传片已在省旅游局政务网"假日协调 旅游安全"专栏登载播放，各地可自行下载。同时，省旅游局安全生产委员会将该宣传片光盘和优盘发至各市旅游局（委）和相关旅游企业，要求各市旅游部门和旅游企业加大旅游安全宣传并使之常态化。

2. 注重旅游安全氛围营造

各市旅游局（委）主动为旅游企业服务，统一制作游客提醒宣传标牌、旅游安全警示牌等，分发给旅行社、旅游景区等，并要求在旅游经营场所醒目位置悬挂，以营造旅游安全文化宣传氛围。

三 存在的主要问题

（一）旅游安全监管专职人员少

全省各市旅游局（委）从事旅游安全监管工作人员多为兼职人员，而旅游安全监管的范围很广，安全专业技能要求高，工作量大，任务繁重，安全监管队伍亟须充实力量，更需要各级领导在政治上、生活上多关心、支持。

（二）《旅游法》宣贯不够广泛深入

部分旅游者缺乏安全意识，偏好低价经营的旅行社购买保险意识不强，正确维权意识不强。部分导游人员对游客的安全提示警示不够，应急处置能力有待提高。部分旅游包车司机驾驶经验不足，部分游乐设备操作人员岗位培训不够到位等。

（三）旅游经营者安全意识不够强

部分旅游企业对安全生产的重视不够，在资金投入、人员配备、规章制度建立等方面落实不到位；一些A级景区安全组织建设有待完善，安全专职人员业务培训不够，安全责任主体意识有待加强；个别星级饭店食品卫生设施设备有待进一步加强完善；等等。

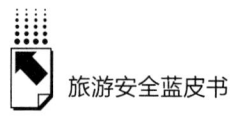

四 2015年安徽省旅游安全形势展望与建议

为进一步加强旅游安全工作,全面落实旅游安全责任,强化旅游安全目标管理,安徽省政府2015年度将继续与省旅游局签订旅游安全目标管理责任书。依照省政府对省旅游局安全生产目标管理考核的要求,省旅游局在2015年度全省旅游工作会议上,将继续与全省16个市、2个省管县旅游局(委)分别签订2014年度旅游安全目标管理责任书,重点抓好以下工作。

(一)认真贯彻安全生产方针政策和法律法规

深入贯彻落实党的十八大和十八届三中、四中全会,以及习近平总书记关于安全生产系列讲话精神,树立以人为本、安全发展的理念,坚持"安全第一、预防为主、综合治理"方针,严格执行安全生产方针政策、法律法规和制度规定,全面贯彻落实国家和省关于安全生产各项工作部署及要求,促进安全生产形势稳定好转。

(二)严格落实行业主管部门安全监管责任

按照"三个必须"的要求,认真履行旅游行业安全生产管理职责,督促地方政府及有关部门落实监管责任,严格要求有关企业落实主体责任。建立健全安全生产管理责任制度,积极做好安全生产目标管理考核工作,与各市、省直管县旅游部门签订2015年安全生产目标管理责任书,制定考核办法,并实施年度考核。

(三)深入开展安全生产监督检查

制订安全生产年度执法计划,探索实施安全生产分类分级管理,建立安全生产违法行为信息库。全面开展隐患排查治理督察和重大事故隐患挂牌督办工作,深入开展"打非治违"专项行动。加强对经营旅游业务的企事业单位安全工作的督促检查,强化对黄山、九华山等重点旅游景区(点)的安全生产检查，及时发现和排除事故隐患。加大重大节日、黄金周和重要时期的安全监督检查力度。

（四）狠抓安全生产基础管理

督促符合建立专门安全生产管理机构要求的企事业单位建立机构和配备人员，对不设专门安全生产管理机构的企事业单位，要求其明确牵头负责部门和人员。督促指导旅游业经营单位落实安全生产主体责任。制定安全生产事故灾难应急救援预案，组织开展应急救援演练。

（五）加强安全生产教育培训

组织督促各市、县（市）旅游管理部门和省内旅游企事业单位制订年度宣传教育培训工作计划，开展安全生产法律法规知识的宣传和培训活动，加大对省内旅游从业人员安全生产业务知识和操作技能的教育培训力度，对主要负责人和安全管理人员按照有关要求进行专门安全培训。组织开展"安全生产月"各项活动。

（六）严肃事故报告和调查处理

及时报告安全生产事故和反馈安全生产信息，不迟报、瞒报。参与有关事故调查，落实对有关责任单位和责任人的处理意见。

B.30 2014~2015年港澳旅游安全形势分析与展望

陈金华　李能斌　胡诗文*

摘　要：	尽管香港社会发生学生"占中"事件，但香港、澳门仍为内地游客出境旅游的首选地之一，游客人数仍然呈现增长态势。通过网络数据分析，2014年港澳地区发生旅游安全事件89起，相比2013年（83起）略有增加，交通安全事故较多。此外，"占中"事件引起的社会安全事故有所扩散，香港旅游目的地形象有所下降。展望2015年，香港、澳门特区政府要积极化解社会矛盾，加强安全信息发布，引导自助游游客在香港、澳门安全旅行；同时要积极开发新兴旅游产品，提升旅游安全品质，营造更安全、舒适的旅游目的地形象。
关键词：	旅游安全　管理对策　香港　澳门

2014年香港、澳门旅游业继续呈现快速发展的态势，入境人数和旅游收入持续增加。2014年1~12月香港入境游客人数为6083.8836万人次，同比增长12.0%，其中，内地游客访港人数为4724.7675万人次，占总入境

---

* 陈金华，华侨大学旅游学院副教授，主要研究方向为区域旅游资源开发与安全管理；李能斌、胡诗文，华侨大学旅游学院研究生。

人数的 77.7%，同比增长 16.0%，内地游客主导地位没有改变。① 2014 年 1~12 月澳门入境游客人数为 3152.5632 万人次，其中，内地游客访澳人数为 2125.241 万人次，占访澳人数的 67.4%，同比增长 15.3%。② 作为亚太地区重要的旅游目的地，港澳地区对境外游客保持着稳定的吸引力。2014 年港澳地区人均旅游消费额不断增加，旅游收入也持续增长，2014 年 1~6 月，香港地区与入境旅游相关的总消费达到 1688.8109 亿港元，同比增长 8.7%。③ 澳门地区前三季度的博彩业毛收入为 2768.701 亿澳元，同比增长了 5.9%。④ 然而，与此同时，庞大的外来游客量也给人口稠密、空间狭小的港澳地区带来巨大的社会和环境管理压力，存在不少安全隐患，因此，必须持续关注港澳地区的旅游安全管理问题。

一 2014年港澳地区旅游安全总体形势

通过百度（http://www.baidu.com）、谷歌（http://www.google.com.hk）等主流搜索引擎，以"香港/澳门+游客/旅游团+安全/受伤/事故""香港/澳门+酒店/景区/购物/餐厅/交通/+安全/受伤/事故"等关键词进行搜索，并通过访问人民网、中国新闻网、凤凰网、香港新闻网、紫荆网、香港大公网等新闻门户网站，以及香港特别行政区政府网站、澳门特别行政区政府网站，梳理出 2013 年 11 月至 2014 年 11 月期间发生在香港、澳门地区的旅游安全事件 89 起。结合港澳地区社会发展现状，得出两地的旅游安全总体形势如下。

（一）旅游安全形势总体良好，港澳旅游市场稳定

2014 年港澳地区发生涉及游客与游客、游客与导游、游客与购物店、

---

① 香港特别行政区旅游发展局，http://partnernet.hktb.com/sc/home/index.html。
② 澳门特别行政区政府统计暨普查局，http://www.dsec.gov.mo/default.aspx。
③ 香港特别行政区旅游发展局，http://partnernet.hktb.com/sc/home/index.html。
④ 澳门特别行政区政府统计暨普查局，http://www.dsec.gov.mo/default.aspx。

游客与旅行社纠纷的投诉事件 2 起,与上年同期相比,1~9 月份旅游投诉率下降 2.2%。2014 年 1~12 月,香港的犯罪案件数量持续下降,总体罪案数为 67740 起,同比下降 7.1%,其中暴力罪案数量为 11073 起,下降 8.9%(见图 1)。凶杀罪案由上年的 62 起下降到 27 起,社会治安总体稳定。① 澳门地区的罪案数量相比上年也有所下降,无凶杀案,严重犯罪案件主要表现为盗窃案(见图 2)。② 在总体稳定的社会形势下,港澳地区入境旅游人数持续增加,旅游市场扩大,旅游业维持稳定发展。2013 年 12 月 28 日厦深线高铁开通,来自浙江、福建的纯旅游团、亲子游团(或散客)有所增加,改善了香港的旅游市场结构。③ 2014 年 9 月 13 日第八届 APEC 旅游部长会议在澳门召开,会议通过了《澳门宣言》,提升了澳门作为亚太休闲旅游中心的旅游目的地形象,扩大了其旅游市场范围。④

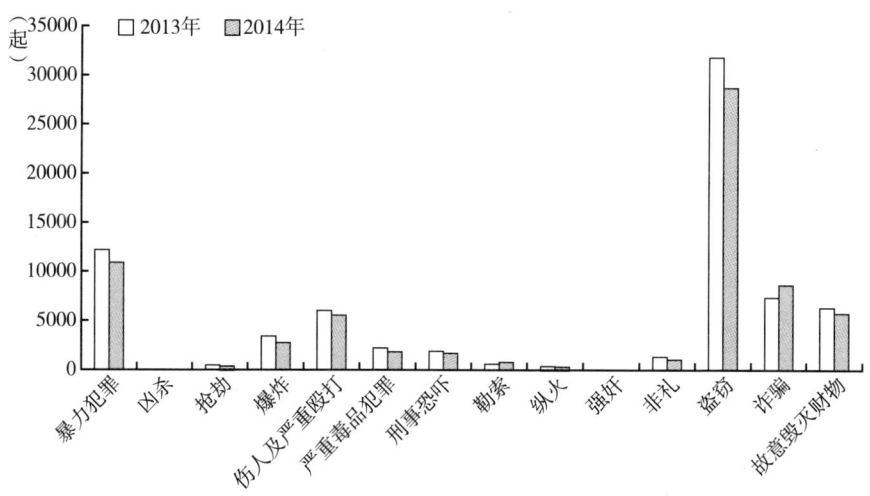

图 1　2013~2014 年香港地区犯罪案件统计

---

① 香港特别行政区香港警务处,http://www.police.gov.hk/index.html。
② 澳门特别行政区司法警察局,http://www.pj.gov.mo/main_all.htm。
③ 中国新闻网,http://www.chinanews.com/ga/2013/12-10/5603145.shtml。
④ 中国新闻网,http://www.chinanews.com/gn/2014/09-13/6588388.shtml。

2014～2015年港澳旅游安全形势分析与展望

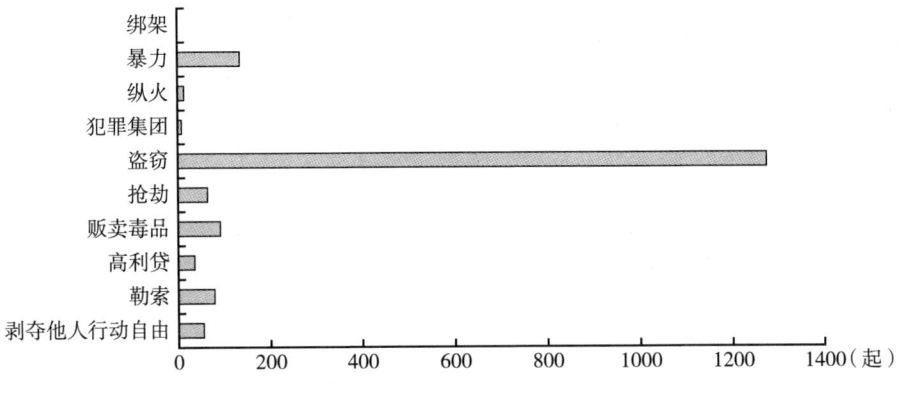

图2 2014年澳门地区犯罪案件统计

（二）受"占中"事件影响，香港地区旅游环境呈现一定的负面效应

受2014年9月28日香港学生"占中"的影响，香港旅游环境呈现一定的负面效应。比如，国庆黄金周前两日，内地来港旅客同比减少1.7%，自由行旅客则减少6.4%，给香港商场造成至少400亿港元的损失。①"占中"事件同样波及除内地之外的短途旅游市场，2014年1～9月香港短途入境旅游（除内地之外）增长势头良好，但是，进入10月后，短途入境旅游呈现急剧下滑趋势，其中，10～12月增速分别为 -7.3%、-10.6%、-6.8%。我国台湾地区、日本、马来西亚等传统市场下降明显。

（三）旅游诈骗问题依旧突出

依据香港警务处统计，2014年1～7月的勒索罪案为512起，与上年同期对比增长51.9%，诈骗罪案为5127起，同比增长21.2%。② 2014年港澳地区与旅游相关的诈骗罪案共发生6起，主要表现在旅游购物欺诈、诚信缺失、强买强卖等方面。

---

① 中国新闻网，http://www.chinanews.com/ga/2014/10 - 03/6649725.shtml。
② 香港特别行政区香港警务处，http://www.police.gov.hk/index.html。

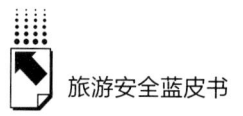

（四）旅游基础设施设备仍存在明显的安全隐患

港澳地区已有旅游安全事件中交通、游乐场问题所导致的安全事故较为明显，旅游设施、设备存在明显的隐患。2014年1~7月，香港海洋公园共发生3起安全事故，分别造成35人被困于游乐设施，1人死亡，给访港游客带来一定的安全威胁。

二 2014年港澳旅游安全的概况与特点

（一）旅游安全事件的分布类型

依据《国家安全突发公共卫生总体应急预案》，参照公共安全突发事件的分类，并结合旅游活动的特点，将2014年港澳旅游安全事件划分为自然灾害、事故灾难、公共卫生事件、社会安全事件和业务安全事故五种类型。从89起旅游安全事件中，遴选出具有代表性的安全事件20起（见表1）。

表1 2014年港澳旅游安全重大事件

事故类型	时间	地点	内容	伤亡情况 死亡	伤亡情况 受伤	安全事故等级
自然灾害	2014年5月12日	红磡车站	暴雨袭击铁路，港直通车停驶，3000名旅客受影响	0	0	一般
	2014年3月31日	香港	雷电交加，落雹，暴雨黄转黑，持续1小时	0	0	一般
	2014年9月16日	香港、澳门	强台风已致香港、澳门34人受伤，游客航班延误	0	34	较大
事故灾难	2014年6月27日	香港青屿干线	香港一辆旅游巴士突然起火，20多人全部逃生	0	0	一般
	2014年2月6日	香港大埔吐露港公路	香港两部旅游巴士与私家车相撞，致20人受伤	0	20	较大
	2014年7月4日	香港屯门公路往荃湾方向	香港两辆旅游巴士与一私家车相撞，10人受轻伤	0	10	较大

续表

事故类型	时间	地点	内容	伤亡情况 死亡	伤亡情况 受伤	安全事故等级
事故灾难	2014年2月24日	香港粉岭公路	香港一满载乘客巴士翻车,9人受伤,交通一度瘫痪	0	9	一般
事故灾难	2014年5月21日	香港长洲	香港往澳门客轮与内河船只相撞致35人受伤	0	35	较大
事故灾难	2014年6月13日	澳门码头	香港开往澳门客船撞海堤,事故伤者增至67人	0	67	重大
事故灾难	2014年5月22日	澳门关闸口岸离境大堂	澳门电梯故障,内地客滚到地上,致9人受伤	0	9	一般
事故灾难	2014年4月11日	香港海洋公园	香港海洋公园一名游客疑从高处坠落身亡	1	0	一般
事故灾难	2014年2月16日	香港海洋公园	香港海洋公园"翻天飞鹰"故障,16人悬空半小时	0	0	一般
事故灾难	2014年7月31日	香港海洋公园	香港海洋公园"滑浪飞船"故障,一度停驶,19人被困	0	0	一般
事故灾难	2014年4月25日	香港海洋公园	香港海洋公园"飞船"故障,13名旅客被困	0	0	一般
公共卫生事件	2014年7月28日	香港湾仔	13名游客湾仔用餐后,疑中毒	0	13	一般
公共卫生事件	2014年8月11日	香港	香港出现首例埃博拉病毒,怀疑感染个案	0	0	较大
社会安全事件	2014年3月12日	香港某家珠宝店	购劣质钻戒退货遇波折	0	0	一般
社会安全事件	2014年9月16日	香港某珠宝城	福州数十名老人香港旅游,遭强制购物,被困3小时	0	0	一般
社会安全事件	2014年6月13日	香港旅游旺区	海关侦破药房疑售仿冒药品案	0	0	一般
社会安全事件	2014年2月16日	香港广东道	香港数十名市民在广东道一带抗议"个人游"	0	0	一般

1. 自然灾害

在各种自然灾害中,影响港澳地区最明显的是热带台风与气旋。2014年1~11月,影响香港和澳门的台风、热带风暴、热带低压共4个,发生自然灾害3起，占全年旅游安全事件的3.4%（见图3）。自然灾害数量比2013年（5起）有所下降。主要表现为暴雨、台风影响游客行程，造成游客在车站、机场滞留。2014年9月16日，受台风"海鸥"影响，香港天气持续变坏，导致500个航班延误，全日制学校停课。① 除此以外，香港、澳门海域污染状况有所加剧，影响游客滨海休闲体验以及海上游艇与邮轮旅游业可持续发展。

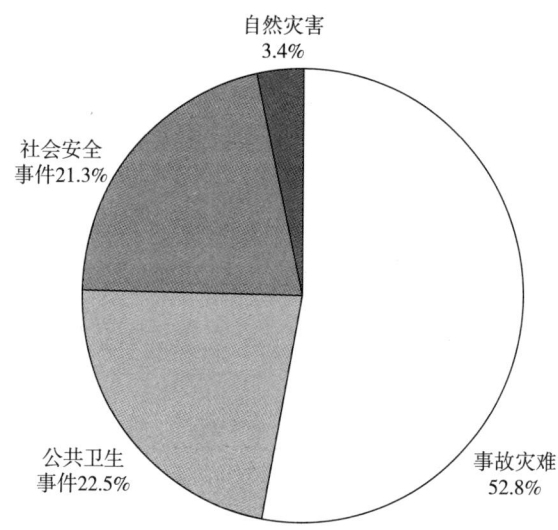

图3　旅游安全突发事件分布类型与比例

2. 事故灾难

2014年1~11月，港澳地区共发生47起事故灾难，占旅游安全事件总数的52.8%。其中，交通安全事故达到34起，占旅游安全事故灾难总数的72.3%，主要为海洋船舶相撞事故、陆上交通事故、地铁事故、机场飞机事故，以及景区的缆车事故。地铁事故对香港本地市民出行、香港自由行影响较大。2014年1~7月香港地铁共发生97起延误事件，并出现过延误6小时的事故，使乘客滞留车厢和月台，造成了严重的社会影响。②

---

① 深圳本地宝，http://sz.bendibao.com/z/hkgl/2014916/640659.html。
② 多维新闻网，http://hongkong.dwnews.com/news/2014-07-31/59601366.html。

3. 公共卫生事件

2014年1~11月港澳地区卫生事件共发生20起，与2013年同期相比有所增加。食品油安全问题居首，其次是食物中毒事件、"水货客"事件、劣质奶粉事件等。

4. 社会安全事件

2014年港澳地区的社会环境比上年呈现阶段性动荡的态势，两地全年共发生19起社会安全事件，其中以9~10月最为集中，存在隐患区域主要为金钟夏悫道、铜锣湾怡和街与轩尼诗道的部分路段、旺角弥敦道（旺角道与登打士街相交路段）、亚皆老街等。

5. 业务安全事故

业务安全事故主要体现在旅程延误、旅程取消、人员走失、证件丢失、物品遗失、合同纠纷、票务事故等方面。2014年港澳地区业务安全事故主要集中于物品遗失、证件丢失两个方面。相较于其他安全事件，由于港澳政府部门的积极响应和及时的处理，业务安全事故发生并未给港澳旅游安全带来严重的影响。

（二）旅游安全事件的发生特点

1. 社会安全事件的扩散效应

社会安全事件具有扩散效应，给事件发生地带来较大的负面影响。香港"占中"事件从9月28日爆发后，事态迅速扩大，事件一直持续到12月11日，持续75天的"占中"事件才宣告结束。经过新闻媒体的广泛宣传，我国台湾地区、日本、东南亚等邻近地区游客产生一定的心理恐慌，损坏了香港的旅游形象，给当地的入境旅游业带来负面影响。

2. 区域旅游安全关联性

香港、澳门是很多内地游客的主要旅游目的地，其社会、经济受内地、台湾地区以及东南亚、日本、韩国的影响程度较大。2014年3月18日台湾发生的"太阳花"运动，学生冲击台湾当地"立法院"，反对海峡两岸服务贸易协议。这种风潮在一定程度上影响香港学生"占中"运动。此外，我国台湾地区、越南等地食品油安全事件也影响着香港、澳门旅游美食行业。

3. 安全事件发生的时空耦合性

港澳安全事件的发生与旅游淡旺季有着显著的相关性，首先，从2012~2014年旅游安全事件统计来看，有1/3以上的安全事件集中在秋季（9~11月）。其次，从突发事件的地域空间来看，主要集中在游客拥挤的购物场所（14起）、交通道路要道（34起），具有明显的城市旅游安全特征。

4. 安全事件的多样性和复杂性

与2013年相比，2014年港澳地区旅游交通安全事故同样占据着较大比例。群体社会事件、新型网络信息安全等事件有所增加，安全事件类型呈现多样化特点。其中，以香港"占中"事件的影响最突出，而涉及食品卫生安全的案例相比前两年亦有所增加。

（三）港澳旅游安全管理措施

旅游安全管理主要涉及旅游者的安全管理和旅游目的地的安全管理。从宏观层面看，旅游安全管理较多依赖于地方政府的政策法规和执法的强度。2014年港澳地区旅游安全管理工作进展如下。

1. 积极应对"占中"事件，维护香港旅游形象

2014年9月底香港地区爆发了严重的"占中"事件，给香港社会的发展和稳定带来巨大的负面影响。香港特区政府积极应对，采取合法有效的措施应对此事，防止事件的扩大化，将负面影响降到最低程度。一方面，香港特区政府在中央政府的支持下，在遵循民主、法制的原则下，与香港学联等"占中"组织进行对话，并将对话的过程全程直播，通过有效、合理方式向所有参与"占中"人士、香港普通民众宣传政府维护香港社会稳定的态度和决心；另一方面，香港旅游部门加大对访港游客的信息披露，避开中环一带隐患区域，引导旅游者在港安全出行。由于信息公布及时、充分，香港"占中"事件并未影响内地游客访港的意愿，从9月到12月间内地游客人数仍不断增加，其中11月同比增长12.4%，促使香港旅游业持续发展。

2. 重视卫生、食品安全监管，保障游客消费安全

2014年受台湾地区"地沟油"事件、内地"福喜肉"事件的影响，港澳食品卫生形势严峻。为此，香港特区政府采取措施，禁止进口台湾地区的"顶新"和"正义"食用油。① 自2014年10月9日至10月30日，香港食物安全中心封存了约24万千克源自台湾的食用油脂。② 澳门特区政府也密切关注"福喜肉"事件，加强对快餐店（麦当劳）的食品监管，杜绝问题食品的存在。③ 对旅游投诉高的购物店进行产品质量抽查，加强对餐饮店的食品卫生监督，保障游客健康旅游。香港海关还深入九龙旺角、尖沙咀、铜锣湾等旅游闹市区，通过试购形式，侦破旅游市场的假冒名牌药品案，保障游客的购物安全。④

三 影响港澳地区旅游安全的主要原因

（一）环境因素

1. 社会环境因素

2008年以来香港社会经济受全球金融危机影响有所恶化，社会就业压力增大，一些社会下层市民与青年学生把开放内地游客自由行与香港环境恶化、自身社会地位失落联系起来，"反中""呛中""反香港政府"等不满情绪时有发生，最终在2014年9月28日总爆发。持续75天的大规模占领中环违法游行示威活动，严重影响了香港社会发展，也影响了澳门等周边旅游目的地安全形象。

2. 自然环境因素

香港和澳门两地地窄人稠，加之每年前来旅游人数众多（香港达6000

---

① 中国新闻网，http://www.chinanews.com/ga/2014/10-29/6730156.shtml。
② 香港新闻网，http://www.hkcna.hk/content/2014/1104/308268.shtml。
③ 香港新闻网，http://www.hkcna.hk/content/2014/0723/280190.shtml。
④ 中国新闻网，http://www.chinanews.com/ga/2014/06-13/6279453.shtml。

多万人次,澳门达3000多万人次),城市自然空间承受的压力巨大。另外,两地海岛、半岛自然环境脆弱,易受外界环境的影响,尤其在夏秋之际受热带洋面大气环流、气旋影响,时有台风登陆,带来狂风暴雨,严重影响旅游安全。

(二)人为因素

1. 旅游者安全意识薄弱

内地访港旅游大部分以购物旅游为主,旅游者鉴别产品真伪能力不足,盲目消费,导致旅游购物中欺诈现象频繁出现;此外,部分自由行旅游者贪图小利,选择"影子宾馆"之类无牌经营且安全隐患突出的住宿场所,最终导致旅游安全事故的频发。

2. 旅游从业者责任感不强

尽管《旅游法》的出台在一定程度上规范了从业者的行为,但是港澳地区的旅游投诉依然存在,导游强制购物、旅游商家欺诈现象仍然是旅游安全事件频发的重要诱因。例如,2014年9月16日,福州数十名老人参团去香港旅游,遭遇导游强制购物,被困于珠宝城购物店长达3个小时,最终在香港旅游管理部门交涉之后才获得自由。①

(三)旅游设施安全因素

1. 旅游设施的老化及超负荷运转

作为国际级城市旅游目的地,香港、澳门拥有众多主题游乐园。但是,由于旅游旺季游客过多,旅游经营者盲目追求经济效益,导致游乐设施超负荷运转,游乐设备更新不及时,屡屡造成严重的安全事故。2014年1~11月在香港、澳门发生4起因旅游设施老化、超负荷运转所引发的较严重的安全事故。

2. 交通工具的安全配套设施不足

交通工具安全设备配备不足也常引起安全事故,如2014年5月21日深

---

① 凤凰网,http://fj.ifeng.com/city/detail_2014_09/16/2917772_0.shtml。

夜，一艘由香港开往澳门的高速客船，在香港长洲附近与一艘内河船只相撞，客船当时载有162名乘客和8名船员，事故造成35人受伤，其中1人伤势较重。事后发现，客船没有充足的救生设备才导致游客损失的进一步扩大。①

（四）安全管理因素

1. 应对大型社会事件的预警与应急能力仍显不足

在此次出现的"占中"事件中，一方面，香港特区政府、香港警方、香港旅游管理部门表现出较好的专业沟通、处置能力，及时发布"占中"动态，引导游客安全出行，使"占中"事件最终安全落幕；但是，另一方面，长时间的"占中"游行示威，任由"占中"人士占领中环等商业中心区域，并且一度导致该区交通、商业瘫痪，这也表明香港特区政府在对重大社会事件的预警、应急、综合协调等方面还有较大的提升空间。

2. 港澳同珠三角地区海上安全协同力度不足

2014年港澳地区发生两起重大轮渡事件，造成多人受伤。尽管港澳同珠三角地区已开展多次海上巡逻合作，但是合作的力度、深度仍不够。港澳地理位置与自身资源条件决定其重大旅游安全预警与管控机制离不开珠三角海域地区的合作，特别是海陆联勤机制的建立，以及海上应急救援合作、海域旅游安全的维护，需要港澳政府同内地省份协作的进一步深入。

3. 旅游产品缺乏精细化、品质化，旅游纠纷问题依然严峻

香港、澳门特区政府旅游发展模式仍然是以数量扩张型的大众化观光、购物、博彩为主，缺乏附加值高（"高大上"）的高端旅游产品，旅游产品创新开发不足。在游客数量不断增长的情况下，业界对游客的旅游品质、满意度缺乏足够的关注。此外，导游等旅游从业人员的规范管理、薪酬激励机制亦不尽合理，导致购物纠纷、旅游欺诈、旅游（合同）违规等安全事件频频出现。

---

① 香港文汇网，http://news.wenweipo.com/2014/05/22/IN1405220005.htm。

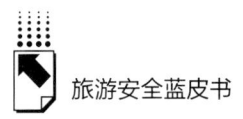

四 2015年港澳地区旅游安全形势展望与管理建议

总之，2014年港澳地区旅游业呈现整体发展良好、阶段性发展有所波动、局部有所恶化的态势。2015年香港、澳门旅游环境压力，从业人员社会心理压力仍较大，需要内地与港澳加强合作，共同构建安全、和谐的旅游目的地。

（一）港澳地区旅游安全展望

1. 社会形势不确定性仍然存在，导致旅游社会风险较为突出

香港"占中"事件平息之后，香港特区政府加强了对香港社会的管理，社会各界重视青年学生的利益诉求。可以预见，在短时间里香港不太可能发生大规模的游行、示威活动。但是，香港社会的结构性矛盾并没有缓解，某些社会群体以内地游客、"水货客"、旅游购物商店等为泄愤对象的小规模的抗议活动将有可能成为香港社会的"新常态"。为此，香港政府管理部门要未雨绸缪，做好防范工作。

2. 外来游客持续增加，挑战旅游基础设施与旅游接待人员的安全系数

由于内地不断涌现的出境旅游热潮，加之港澳地区旅游发展模式的路径依赖，港澳地区旅游接待人数仍将持续上升，这将对港澳地区旅游基础设施、旅游接待人员产生持续巨大的压力，尤其是在旅游旺季、特殊节假日，设施设备发生故障、导游与游客之间发生冲突的概率仍较大。此外，港澳两地邮轮旅游、游学旅游、都市遗产旅游等新业态旅游的开发过程中，资源安全管理、旅游者的安全管理仍需引起业界的关注。

（二）港澳地区旅游安全管理对策

1. 创建智慧旅游城市，合理测算环境容量，提升环境品质

利用香港、澳门发达的科技水平，构建智慧旅游城市管理体系，对香港、澳门两地环境承载量进行科学测算，在旅游高峰时段采取有效措施分流游客，如发布景区热点图指数、安全适宜度指数、景区环境动态信息，引导游客选择安全适宜的旅游目的地。引导外来游客在香港、澳门过夜消费，延长体验时间。重视环境问题，加强对食品安全的监管，控制重大疫情扩散，全方位提升旅游品质。

2. 重视与周边国家及地区的互动，建立区域安全合作机制

2014年香港、澳门周边区域发生的多起重大的空难事故[①]以及在欧美地区不断出现的恐怖袭击事件，给香港、澳门的旅游安全带来巨大的冲击，因此，港澳地区迫切需要与周边国家、地区加强沟通，建立有效的安全合作机制。

3. 重视旅游新业态的安全管理，提升旅游服务品质

香港、澳门特区政府要重视新业态旅游的安全管理，拓展城市旅游的新领域，引导传统的购物、博彩旅游向会展、邮轮、游艇、湿地休闲、游学、文化创意等方向发展，积极培养新业态旅游安全管理人员，创新旅游保险形式，提升旅游服务品质。

（三）中国内地安全管理对策

1. 提高游客的素质，加强沟通与对话

内地居民赴港澳旅游要尊重当地的社会风俗习惯，尊重当地文化。同时，内地旅行社要积极策划体现香港特色的旅行线路，增强旅游的体验、参与和教育的功能。利用自媒体平台，引导自由行游客关注香港、澳门社会局势，关注香港、澳门社会弱势群体，加强与港澳青年学生的沟通，积极化解香港与中国内地之间的社会矛盾。

2. 建立旅游环境安全信息共享平台，完善旅游安全保险体系

中国要积极与周边国家建立环境变化实时监控平台，与港澳两地共享周边气象、海洋、地质、交通、重点人群等信息资源，建立旅游安全救援网络（含物资、人员、设备空间配置）。此外，完善旅游保险体系，引导游客及旅游企业购买旅游保险，为旅游安全提供保障。

---

① 搜狐网，http://news.sohu.com/20140725/n402708241.shtml。

五　结束语

总体而言，2014年港澳旅游安全形势仍较为稳定，入境人数和旅游收入较上年持续增加。但受"占中"事件的影响，香港居民本土化意识增强，对于旅游业带来的负面影响表示不满等问题，影响着港澳地区的旅游安全环境；在购物投诉下降的同时，旅游诈骗、抢劫、勒索问题仍较为突出。香港、澳门特区政府要妥善化解社会矛盾，对旅游设施的安全隐患进行严格排查，加强安全信息发布，及时有效地处理突发事件，保障旅游活动顺利进行，引导自助游游客安全出行；旅游企业要面向市场，开发适合旅游者需求的新兴旅游产品；旅游从业者要增强职业安全责任感；旅游者要增强文明旅游、安全旅游的意识，尊重旅游地居民的传统习惯，共同打造更加安全、稳定的旅游目的地。

B.31
2014~2015年台湾旅游安全形势分析与展望

黄远水 孙盼盼*

摘　要： 2014年，台湾接待游客接近千万人次，旅游安全形势却不容乐观。案例数据显示，2014年台湾旅游突发事件集中于秋季，以南部居多，以旅游交通事故为主，公共卫生事件爆发突出。据事故因果连锁理论，台湾旅游环境状态、旅游者行为以及二者交互影响是造成旅游突发事件的主要原因。本文建议，2015年台湾应着重增强旅游安全意识、改善旅游环境状态、引导旅游者行为和构建旅游救援系统，以促进旅游安全形势改善。

关键词： 旅游安全　形势　展望　台湾

旅游观光业已经成为台湾六大新兴产业之一。2014年，台湾当局各部门更加注重将观光意识融入施政要点，力求达到吸引观光客900万人次的目标。根据台湾"交通部观光局"公布的数据，2014年台湾接待观光客创下历史新高，超过990万人次，[①] 全年观光外汇收入可望突破3800亿元。台湾即将成为千万观光地区，其未来若想实现继续增长，质量优化是不得不面临的重要课题。而作为质量优化的关键一环，旅游安全更需要长期持续关注、加强。本文对台湾

---

* 黄远水，华侨大学旅游学院院长、教授、博士；孙盼盼，中国社会科学院研究生院博士生。
① http://sports.sina.com.cn/outdoor/2015-01-04/122214947.shtml，最后访问日期：2015年1月5日。

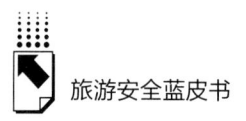

2014年旅游安全形势进行评估并展望2015年形势，对其特点和影响因素进行深度剖析，进而为台湾旅游安全建设、两岸旅游安全交流和共建提供依据。

一 研究方法和研究数据

为准确反映台湾旅游安全的实际情况，本文主要通过百度新闻网和台湾"交通部观光局"网站搜集台湾旅游突发事件数据。前者的显著优势在于可以通过关键词和时间设置来获取源自凤凰网、国家旅游局网站、人民网等国内多个网站有关台湾旅游安全的相关案例信息。具体搜索过程中，前后所利用的关键词主要有"台湾+旅游""台湾+游览""台湾+游客""台湾+旅游+事故""台湾+游览+事故""台湾+交通+事故""台湾+景区""台湾+旅行社""台湾+酒店（或饭店）""台湾+食物中毒""台湾+意外""台湾+受伤""台湾+死亡""台湾+欺骗（或欺诈）""台湾+损失（或损害）"等。然后，通过比对获得案例结果。在台湾"交通部观光局"网站，先采用类似关键词进行网站内搜索，然后主要侧重于行政公开咨询等，进一步搜集、比对和整理出案例信息。最终搜索结果如表1所示。

表1 台湾2014年旅游安全案例一览表

事故类型	细分类型	序号	事故时间	事故地点	事故表现	游客伤亡情况（人）	
						受伤	死亡
事故灾难	旅游交通安全事故	1	1月3日	桃园县	2台游览车追撞	7	0
		2	1月12日	台南市	砂石车撞上游览车	1	1
		3	3月8日	高雄走台21线	游览车着火	0	0
		4	3月15日	台东县	拖板车擦撞游览车和山壁	14	0
		5	3月28日	桃园中坜至彰化埔心路段	电车断电停运	0	0
		6	3月31日	屏东县	游览车追撞小客车	13	0
		7	4月18日	阿里山公路	小巴士追撞游览车	7	0
		8	5月5日	花莲市	游览车擦撞事故	18	0
		9	7月4日	阿里山	森林铁路发生出轨意外	0	0

续表

事故类型	细分类型	序号	事故时间	事故地点	事故表现	游客伤亡情况（人）	
						受伤	死亡
事故灾难	旅游交通安全事故	10	7月9日	花莲市	游览车撞上安全岛而翻覆	20	0
		11	7月16日	宜兰县苏花公路	游览车冒出黑烟	0	0
		12	7月23日	澎湖县	客机坠毁	15	48
		13	9月2日	桃园县（五杨高架南下46.2公里处）	游览车后方起火燃烧	0	0
		14	9月29日	嘉义县（竹崎路段）	游览车追撞小客车	4	0
		15	10月4日	新竹县	游览车失控撞及路边8辆轿车、3辆机车	4	0
		16	10月10日	阿里山公路	一辆轿车失控，冲撞路旁护栏及山壁	4	0
		17	10月14日	阿里山公路	一辆中型巴士失控擦撞护栏和山壁	9	0
		18	12月2日	阿里山公路	两辆旅游巴士擦撞和追撞	11	0
		19	12月20日	台南市	游览车与轿车相撞	3	2
	涉水事故	1	2月27日	宜兰县（员山乡大湖风景区）	大陆游客坐脚踏船游湖时落水溺亡	0	1
	动物袭击	1	10月12日~13日	南投县（玉山公园）	猕猴攻击游客	9	0
	坠落事故	1	7月29日	阿里山公路	两名游客不慎跌落山坡	1	1
	其他意外事故	1	5月初	花莲县（苏花公路）	落石砸伤游客	1	0
		2	11月中旬	新北市（北宜公路）	游客骑哈雷摩托摔死	0	1
	爆炸事故	1	7月31日	高雄市	燃气连环大爆炸	0	0

续表

事故类型	细分类型	序号	事故时间	事故地点	事故表现	游客伤亡情况(人)	
						受伤	死亡
公共卫生事件	疫情	1	1月20日	台湾	一位大陆游客感染H7N9禽流感死亡	0	1
		2	6月	以高雄为主	登革热疫情	1	0
	个人疾病	1	12月8日	桃园县(桃园机场)	与航警争执,女子高血压致使自己晕倒	1	0
	食物中毒	1	7月3日	新北市	食物中毒	10	0
		2	9月29日	台东成功镇	食物中毒	9	0
		3	9月29日	屏东垦丁	食物中毒	22	0
		4	9月30日	屏东垦丁	食物中毒	10	0
	其他卫生事件	1	9月7~8日	桃园县	地沟油事件	0	0
		2	10月11日	台南市	地沟油事件	0	0
		3	11月	新北市、高雄市	3家厂商制造假羊肉	0	0
业务安全事故	人员走失	1	11月下旬	高雄市	游客喝醉迷路	0	0
		2	11月7日	台北市	游客走失	0	0
		3	12月14日	台北市	游客走失	0	0
	合同纠纷	1	7月30日	台东	大陆女游客到非旅行社指定的店家消费而遭殴打	1	0
社会安全事件	盗窃	1	11月中旬	金门	游客偷盗台湾庙宇黄金	0	0
	诈骗	1	12月24日	台北市	疑台湾元宝旅行社遭到诈骗,致使300名陆客险被弃团	0	0

注:登革热疫情发生时间不明确,将其列为6月。

二 2014年台湾旅游安全形势分析

(一)旅游安全形势较为严峻

2014年,大陆继续贯彻实施《旅游法》,台湾继续实施"优质团"项目，理论上台湾旅游突发事件的发生率应比2013年有所下降。然而，由于网络案例搜索关键词的变化以及实际情况的复杂性，2014年台湾旅游安全形势较为严峻，共发生各类旅游安全事件41起，受伤195人、死亡55人。

其中，事故灾难和公共卫生事件数量多，伤亡严重。2014年，台湾发生旅游事故灾难25起，造成141人受伤、54人死亡；公共卫生事件10起，造成53人受伤、1人死亡；业务安全事故4起，造成1人受伤；社会安全事件2起，无人员伤亡。

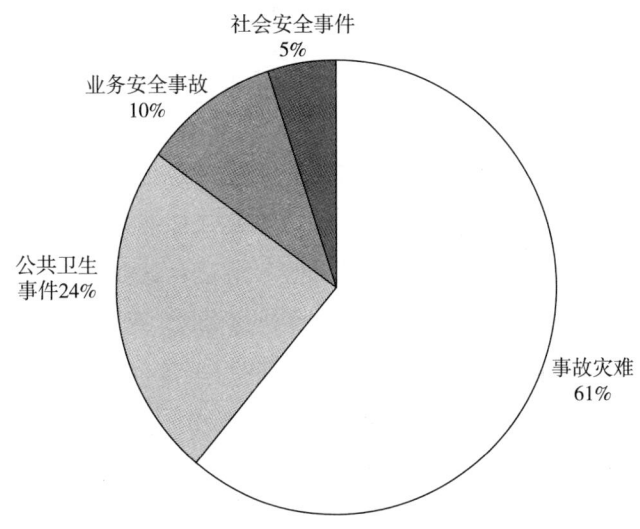

图1　2014年台湾旅游突发事件类别和比例

（二）旅游突发事件多发季节改变

较之于2013年旅游突发事件集中于夏季，2014年台湾旅游突发事件的高发性季节是秋季。数据显示（见图2），3月至5月，台湾旅游突发事件分别为4起、1起和2起；6月至8月期间，则仅仅为9起，且主要集中于7月；9月至11月分别发生6起、2起和8起；12月、1月、2月分别为5起、3起和1起。

秋季成为台湾2014年旅游突发事件多且复杂的季节。台湾秋季旅游突

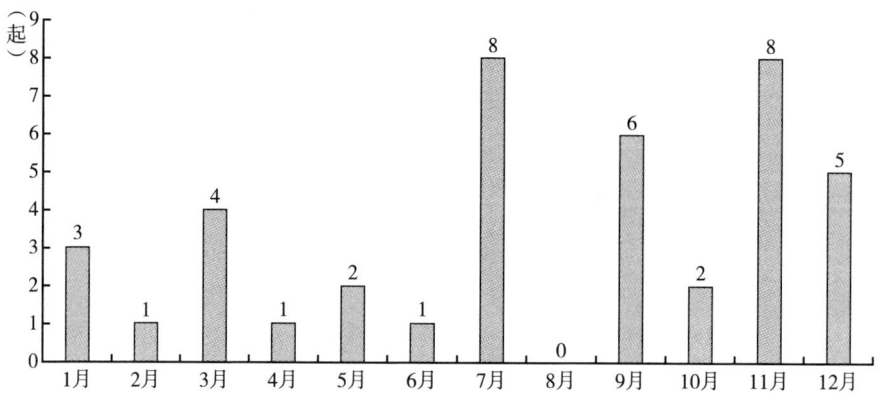

图 2　2014 年台湾旅游突发事件数量月份分布图

发事件涉及旅游交通事故 5 起、动物袭击事故 1 起、其他意外事故 1 起、食物中毒事件 3 起、其他卫生事件 3 起、人员走失事件 2 起、盗窃事件 1 起。主要原因是：一方面，秋季天气晴朗凉爽，最适合赴台湾旅游；另一方面，赴台游客的理性旅游意识逐渐增强，避免选择台风、暴雨频繁的夏季出游台湾。此外，9 月底和 10 月初，也恰逢是大陆国庆黄金周假期，作为"台湾主要旅游客源的大陆居民"多选择此时赴台旅游。因此，在各种利好的影响下，游客量暴涨的秋季容易发生各种各样的旅游安全事件。

（三）旅游突发事件空间格局不平衡

2014 年台湾旅游突发事件呈现不平衡的空间格局。图 3 显示，北部、中部和南部[①]的旅游安全事件发生数量分别为 14 起、5 起和 22 起，南部是旅游突发事件的高发区域。具体来看，嘉义县（7 起）、桃园县（5 起）和高雄市（5 起）是旅游突发事件比较集中的地区，也是台湾旅游交通安全事件的高发区域。数据显示，三个地区的旅游交通安全事件数量（10 起：嘉义县 6 起、桃园县 3 起、高雄市 1 起）占了三个地区突发事件总量的一半之

---

① 北部主要包括台北市、基隆市、新北市、桃园县、新竹县、新竹市、宜兰县、苗栗县，中部主要包括台中市、彰化县、南投县、花莲县和金门，其余地区为南部。

多，也占了台湾所有地区旅游交通安全事故数量（19起）的一半以上。其他地区旅游安全事件相对较少。花莲县、台东县、屏东县和新北市均为3起，台南县和宜兰县均为2起，台北市、新竹县、南投县、金门和澎湖县均为1起。其余地区无旅游安全事件发生。

（四）旅游交通事故为主且易发

较之于2013年，2014年台湾旅游事故灾难总量增加，为25起，含交通安全事故19起，涉水事故、动物袭击事故、坠落事故和爆炸事故各1起，其他意外事故2起。其中，旅游交通事故总量接近全部旅游突发事件总量的一半，共造成130人受伤、51人死亡。

从发生时间来看，旅游交通事故较为频繁，上、下半年的数量分别为8起和11起，几乎贯穿全年。从事故发生的地点来看，旅游交通事故集中于阿里山公路（4起），主要是由于阿里山是台湾著名的风景区之一，是观光游客的主要选择，加之山道崎岖狭窄，容易造成车辆失控、擦撞事故。2014年，仅仅阿里山公路旅游交通事故就已经造成31人受伤。相较于阿里山地区，花莲市的旅游交通事故相对较少（2起），造成伤员数量却最多（38人）。值得注意的是，2014年7月23日，澎湖区发生客机坠毁事件，造成15人受伤、48人丧生，成为2014年最为严重的旅游交通事故。游览车自身事故以及车辆相撞是主要的事故表现，前者为3起，其余12起均属于后者。

（五）公共卫生事件爆发突出

较之于2013年，2014年台湾公共卫生事件的突发数量显著增加。10起公共卫生突发事件中，疫情2起、个人疾病1起、食物中毒4起、其他卫生事件3起。疫情事件中，登革热疫情非常严峻却可控可治疗，H7N9禽流感病毒造成一位大陆游客医治无效身亡，均未对赴台旅游形成负面影响。2014年年末发生在桃园机场的游客与服务员纠纷而导致游客心脏病突发事件的影响也很小。下半年爆发的食物中毒、地沟油、假羊肉等食品卫生类旅游安全

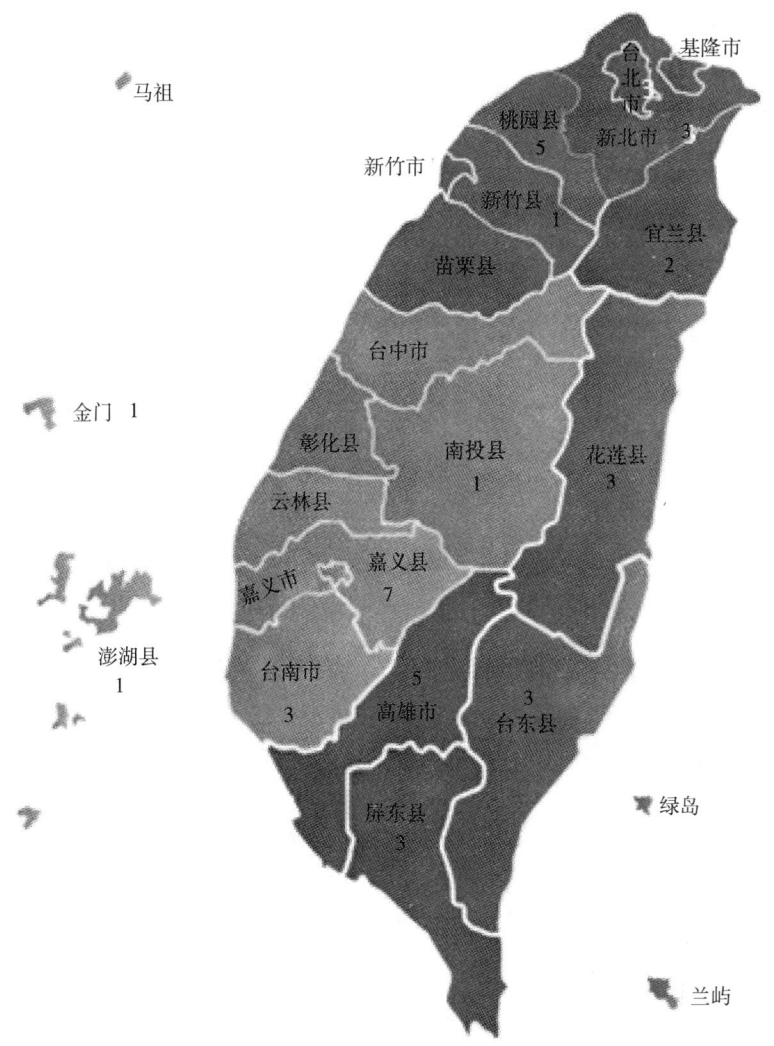

图 3　2014 年台湾旅游安全事件总量空间分布图

注：大陆游客感染 H7N9 禽流感死亡事件，由于感染地点模糊未纳入；10 月 11 日假羊肉事件，由于查检地点为新北市和高雄市，该事件分别纳入两市事故数量，各 1 起。

事件则非常突出，虽未造成游客伤亡事件，却重创台湾食品业并损坏了旅游观光业安全形象。特别是近年来，美食营销成为台湾旅游观光业的一大营销

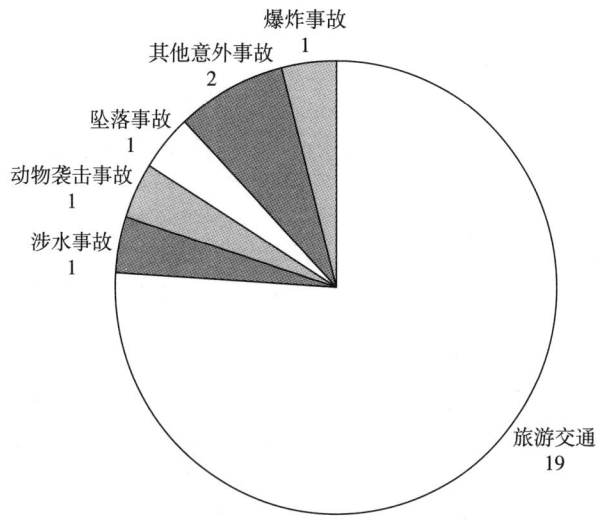

图 4　2014 年台湾旅游事故灾难细分类型数量状况

策略之一。在此形势下，上述食品安全事件使得台湾食品质量和美食旅游遭遇信任危机，良好的观光业形象的长期保持也面临挑战。可见，2014 年食品安全成为台湾主要旅游安全问题之一，也是当下和未来亟须解决的问题之一。

（六）业务安全事故和社会安全事件数量稳定

较之于 2013 年，台湾 2014 年旅游业务安全事故和社会安全事件数量较为稳定。其中，业务安全事故主要包括人员走失事件 3 起和合同纠纷 1 起，社会安全事件则包括盗窃和诈骗各 1 起。业务安全事故中，7 月 30 日发生的大陆女游客因未到旅行社指定的店家消费而被殴打事件在两岸旅游业界引起轩然大波，使得台湾旅游安全形象再次面临严重信任危机。台湾当局允许旅游业界强行带游客这一行规遭到人们的质疑，而且台湾旅行社与指定店家赤裸裸的相互利用、各取利好的趋利行为也对游客在台旅游的品质和台湾旅游业界的口碑产生负面影响。此外，这一事件也反映出台湾旅行社通过压低团费甚至零团费等手段招揽游客，开展无序竞争、恶意竞争的行业乱象，如若不加整治，必然会影响到未来台湾旅游发展。至于两起社会安全事件对台湾旅游影响较小。

三 影响台湾旅游安全的主要原因分析

事故因果连锁理论（Accident Causation Sequence Theory，ACST）认为伤亡事故的发生不是孤立事件，当人的不安全行为和环境的不安全状态发生于同一时间和同一空间时，事故即发生。按照这一逻辑框架，本部分将台湾旅游突发事件成因解剖为三个同时存在的要素：不安全的旅游环境、不安全的旅游行为、不安全的旅游环境和旅游行为在同一时空交叉相遇。

（一）自然环境状态

自然环境的不安全状态主要缘于各种自然灾害和凶猛野生动物、有毒植物、昆虫等，以及环境污染、核辐射、传染病等环境因素。2014年，台湾发生的台风、暴雨和泥石流等自然灾害并未对旅游安全状况造成直接影响，但其造成道路湿滑引发了两起旅游交通事故、澎湖县客机坠毁事件以及苏花公路落石砸伤游客事故。此外，猕猴攻击游客、登革热疫情等事件也在不同程度上对旅游者安全造成影响。由此判断，台湾自然环境状态是其旅游安全无法回避的主要挑战。

（二）社会环境状态

社会环境的不安全状态主要缘于社会与管理灾害，包括战争、恐怖主义、社会动乱、犯罪活动、火灾、旅游管理差错等引起的灾难或损害。2014年台湾不安全事件主要表现为燃气连环大爆炸事故、地沟油和假羊肉等为主的食品安全问题、食物中毒事故、旅游管理差错所引发的旅游事故灾难。例如，旅游交通事故中的游览车相撞、失火、冒黑烟等安全事故的原因有司机疏忽、交通设备安检疏失、道路监控维修不力等，游客溺亡、被猕猴袭伤、被落石砸伤等其他事故灾难也反映出旅游管理部门在相应管理层面的疏忽，而各种食品安全问题更是显示出台湾当局相关部门在食品安全监管层面的管理缺位，大陆游客因不到指定地点购物而被殴打事件也凸显出台湾旅游管理部门在行业规范、约束、竞争等方面监管不力。因此，旅游突发事件与社会环境状态之间存在必然联系。

（三）旅游者的行为

旅游者一些有意识和无意识的行为，是旅游安全事件发生的主要原因之一。例如，2014年两名大陆男性游客在台湾阿里山公路旅游时不慎跌落山坡，一名游客在北宜公路骑哈雷摩托丧生，与游客们的有意识冒险旅游心理相关，也反映出游客安全意识的薄弱。根据问卷调研数据，62.8%的大陆居民赴台前没有专门搜集过台湾旅游安全方面的信息，也有游客对旅游安全问题抱有侥幸心理，即使在知道台湾旅游安全事件后仍愿意前往。此外，游客的自身健康状况、自身素质修养等对其言行具有一定影响，也容易引发旅游安全事件。例如，游客走失、醉酒迷路、心脏病突发、偷盗等旅游安全事件。所以，旅游者行为是旅游安全事件发生的主要原因之一。

（四）环境状态与行为相互影响

实际旅游活动中，旅游环境状态与旅游者的行为是相互依存、互相影响的。不安全的旅游环境状态容易引发旅游者思维混乱、判断失误，进而加大发生旅游安全事件的概率；反之，旅游者的不安全旅游行为也会加剧旅游环境状态的不安全性，进而引发新的不安全的旅游环境状态。例如，2014年台湾诸多旅游交通安全事故中，根据当事游客对事故产生那一刻的回顾和描述，当游览车相撞、失火、冒黑烟、擦撞山壁时，几乎所有的游客处于惊恐和慌乱之中，难以做出应对危险状况的正确判断和反应，进一步加重了旅游交通安全事故带来的伤亡情况。因此，旅游活动的环境状态与旅游者行为是互为因果的关系，二者的互动状况对于旅游安全事件具有关键影响。

四 2015年台湾旅游安全形势展望与管理建议

（一）形势展望

根据上文相关分析，本文认为2015年台湾的旅游安全形势将有所改善，但波动不大，基本上保持着当下所呈现的一系列新常态问题。

首先，旅游突发事件的数量相对稳定。一方面是因为台湾当局对旅游观光业的重视，另一方面是因为台湾对不断扩大的观光旅游市场适应性的增强。然而，由于客源量的激增，不排除旅游突发事件绝对数量增加的可能。

其次，旅游突发事件的类型仍将以旅游交通事故为主。交通事故是普遍且频发的突发事件，加之台湾地区旅游活动必经的多条公路路段地势曲折、险要，若再遇糟糕天气，旅游交通事故难以避免。

再次，旅游突发事件的时空格局不稳定。综观近三年台湾地区的旅游突发事件的时空分布，可以看出旅游突发事件具有显著的季节性特点，未来时空格局或许随着自然环境、社会环境、旅游市场发展等状况改变而变化。

最后，公共卫生事件仍有发生可能，但数量会有所下降。2014年度的公共卫生事件重创台湾旅游安全形象，必然促使台湾当局注重这一领域的监管和治理。因此，2015年台湾可能仍不乏此类事件的发生，但数量可能减少。

（二）管理建议

为保障台湾旅游安全形势向好发展，根据2014年台湾旅游安全事件的特点以及成因分析，本文提出以下建议。

首先，政府、企业和旅游者均应时刻保持安全意识。台湾旅游管理部门和旅游企业应尽量增加和备足旅游安全所需要的设备、设施和资金等，消除旅游安全隐患。赴台游客应具备对台湾自然环境、社会环境、各种旅游安全隐患的清醒认识并做好应对准备，合理规划、适时调整旅游体验流程和项目，以获得安全良好的旅游体验。

其次，政府相关部门和旅游企业应长期持续关注和改善旅游环境状态。旅游管理部门和企业必须逐一排查各种旅游交通工具、路障、沿线岩石或崩石、相关旅游设施和设备、易燃物等隐患，消除一切可能对旅游活动和旅游者造成危险的因素。重中之重是针对旅游交通事故，应在经常发生旅游交通事故的地区、路段（如阿里山公路、苏花公路、北宜公路等）、景区（点）等设置可靠的护栏、护墙、铁链等安全保护设施，并随时检查、维修和完善。对于公共卫生事件，旅游管理部门应与医疗、卫生等部门做好协调共建共防工作，切实保障旅游者安全，力争为台湾旅游活动创造一个良好的旅游安全环境。

再次，旅游管理部门应合理引导旅游者行为。首先，应做好游客的旅游安全意识教育、心理训练和心理素质培养等工作，使其拥有必要的安全基础知识、自我保护意识和从容自救技能；其次，应及时准确地获悉有关地震、台风、暴雨、泥石流等灾害天气动态，加强旅游预警，使旅游者扩大认知范围、提高警惕、增强自保意识、及时调整出游计划；再次，应科学设计完善的旅游安全标识系统，并在旅游活动过程中明确告知游客旅游活动的安全范围和空间，引导旅游者安全游览；最后，应根据条件设立旅游巡查队，及时纠正旅游者的不规范旅游行为，劝阻和制止其危险的旅游行为，消除旅游安全事件发生的可能性。

最后，为消除不安全的旅游环境状态和旅游者危险行为的时空交叉，应加快建设和完善包括核心机构、救援机构、外围机构在内，由旅游接待单位、旅游救援中心、保险、医疗、公安、武警、消防、通信、交通等多部门和多人员参与的社会联动旅游救援系统，并强化旅游安全救援演练，将旅游突发事件的损失降到最低。

参考文献

[1] 台湾"交通部观光局"统计资料。

［2］黄远水、张庆：《2013～2014年台湾旅游安全形势与展望》，《中国旅游安全报告（2014）》，社会科学文献出版社，2014。

［3］陈锦玉：《台湾居民旅游影响感知研究》，《经济管理》2013年第12期。

［4］张西林：《旅游安全事故的成因机制初探》，《经济地理》2003年第4期。

［5］吕宁：《大陆居民赴台旅游安全隐患及预防对策研究》，《北京第二外国语学院学报》2014年第7期。

［6］方旭红、戚丹丹：《大陆游客在台旅游安全问题引发因素研究》，《华侨大学学报》（哲学社会科学版）2011年第3期。

［7］张进福：《建立旅游安全救援系统的构想》，《旅游学刊》2006年第6期。

B.32
2014~2015年入境旅游安全形势分析与展望

吴倩倩 吴耿安 吴媚[*]

摘　要： 2014年我国入境旅游市场整体仍呈增长趋势，入境旅游市场持续回暖，散客化趋势十分明显，而其相应的安全问题逐渐凸显，如游客遭遇财物遗失、迷路被困等社会安全事件，旅游交通事故、自然灾害以及公共卫生事件等数量都有所增长。影响入境旅游的主要因素有入境游客对环境的陌生、文化冲突、语言障碍以及部分景区景点没有外语标识等，同时我国目前旅游拉动内需的具体措施不足、入境旅游市场缺少新的旅游消费培育点，尽管各地旅游投资持续增长，但仍需谨防非理性投资以及盲目开发等。此外，入境旅游安全事件具有突发性、处理困难性和跨国性特征，因此针对入境旅游安全问题的应急和防控措施愈加复杂。展望2015年入境旅游安全形势，应该从加强新媒体传播管控、加强旅游安全法制建设、多渠道进行散客安全管理等方面来进行安全管理。

关键词： 入境旅游　旅游安全　形势　展望

根据中国旅游研究院发布的《中国入境旅游发展年度报告2014》，2014

---

[*] 吴倩倩，华侨大学旅游学院助教；吴耿安，华侨大学旅游学院讲师；吴媚，华侨大学旅游学院硕士研究生。

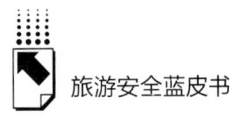

年接待入境游客人次基本与2013年持平。与前几年入境旅游市场持续下降相比，近两年我国入境旅游市场基本回暖。对比2013年我国接待入境游客12907.78万人次，2014年接待入境游客人次预计基本与上年持平或者略有超过。尽管受国内外各种负面因素的影响，但从接待游客人次与旅游外汇收入综合对比来看，持续下降的趋势得到遏制。2014年我国入境旅游客源国范围更加广泛，其中前十大客源国为韩国、日本、俄罗斯、美国、越南、蒙古、马来西亚、菲律宾、新加坡和印度，但总体上入境游客的消费水平相对偏低，70%以上的游客消费集中在501～3000美元。入境游客对我国旅游目的地的城市建设、城市管理、公共服务和行业服务等方面的评价有待提升。

一 2014年入境旅游安全总体形势

2014年我国入境旅游安全形势整体较好，但入境旅游接待食、住、行、游、购、娱六大环节的安全隐患仍不可忽视。2014年，入境游客的交通事故、游览事故、住宿安全事故、物品丢失、迷路以及意外人身安全事故等旅游安全事件时有发生。此外，境外游客在我国旅游景区或景点的不文明行为以及各种极端人体行为艺术活动，如裸奔、裸泳等，影响了旅游者的正常游览活动。境外游客入境旅游安全管理和入境旅游市场规范等工作仍需给予重视。

2014年我国入境旅游安全形势整体较好，尚未出现特别重大或是重大入境旅游安全事件。但入境旅游安全事件分布范围广，基本上食、住、行、游、购、娱等六大环节均有涉及。安全事件主要有财物遗失、迷路被困、交通事故、偷窃、突发疾病以及游览安全等，类型多样且分布分散。根据我国《突发事件应对法》和国家旅游局《旅游突发公共事件应急预案（简本）》的界定，旅游突发事件包括自然灾害、事故灾难、公共卫生事件和社会安全事件四种基本类型，因此入境旅游安全事件主要分为社会安全事件、事故灾难、自然灾害、游客个人行为不当事件以及其他事件。

二 2014年入境旅游安全的概况和特征

本文对国家旅游局官网、中国旅游新闻网、中新网、人民网以及各地政府和旅游景区门户网站进行了系统搜索,共搜集到2014年发生的43起涉及境外游客的旅游安全事件。本文以此数据为基础进行阐述和分析。

(一)入境旅游安全突发事件的类型分布

2014年入境旅游安全事件种类较多,如迷路被困、财物遗失、交通事故、偷窃、突发疾病以及游览安全等。其中财物遗失以及交通事故这两类事件发生频次最多,入境旅游安全防控形势不容乐观。2014年入境旅游安全事件的分布类型主要有以下几类。

1. 社会安全事件

入境游客在游览过程中,身处陌生环境,面临语言障碍、文化冲突等问题,极易发生安全事件。过去的一年内入境旅游安全事件中较为多见的是社会安全事件,如游客的钱包、护照、证件等随身物品丢失,景区迷路被困以及偷窃事件等,其中大部分入境旅游安全事件发生于游览环节,多数表现为财物遗失等。其一,因语言交流不畅,入境游客容易在变换各种交通环节时遗失物品;此外,外籍游客来华旅游一时粗心或者对环境不熟悉等也容易导致丢失行李或者随身物件,如护照、钱包、手机等。目前在我国入境旅游外籍游客尚不多情况下,我国较为重视外籍游客的旅游安全和保障,经常会出动各方力量尽力寻回丢失物件或者行李等,但并不能保证外籍游客的物品丢失后都能物归原主,因此财物丢失是入境旅游安全事件中较为频发的一类,需要进行进一步的引导和规范,防止较大安全事件的发生等,从而引起跨境旅游安全事件。其二,境外游客对我国交通规则和制度不熟悉,容易造成误入陌生环境、迷路等。其三,游览过程中的盗窃事件偶有发生。因国内各类旅游安全突发事件常常涉及入境游客,因而难免出现财物被盗现象。入境游客并非经济条件都较为良好,因无钱购买礼品、在景区商场盗窃礼品等个案时有发生。同样要预防外籍游客在旅游过程中被盗等安全事件,加强安全预警与管控。其四,部分外籍游客喜欢探险,好奇心强,走入非开放景区或景点而迷路被困等。此类事件在 2014 年尚不少见,如表 1 所示。

表 1　2014 年入境旅游安全事件分布不完全统计表

发生地	发生形式	客源地	事件类型
辽宁东陵	路边候车迷路	澳大利亚	迷路被困
贵州苗寨	匆忙上车忘记行李	德国	财物遗失
安　徽	女游客丢失拎包	俄罗斯	财物遗失
黑 龙 江	外籍游客钱包丢出租车上	日本	财物遗失
陕　西	急忙下车丢失行李	籍贯不详	财物遗失
湖　北	在景区候船时候意外昏迷	德国	昏迷被困
山　西	初夏突降大雪被困路上	新加坡	被困
黑 龙 江	不慎丢失钱包	俄罗斯	财物遗失
海　南	丢失现金	澳大利亚	财物遗失
内 蒙 古	丢失钱包	日本	财物遗失
湖　南	入住酒店时不慎丢失护照	美国	财物遗失
北　京	外籍游客被困野长城	澳大利亚	被困
广　东	一时粗心丢失护照	巴西	财物遗失
湖　南	将笔记本和夹在其中的护照丢失	比利时	财物遗失
山　东	外籍游客迷路	波兰	迷路
陕　西	游览途中丢失护照	德国	财物遗失
福　建	外籍游客迷路找民警帮助	俄罗斯	迷路
广　西	游览阳朔途中丢失护照	法国	迷路
云　南	两名法国游客与一名美国游客同游,一法国游客迷路走失	法国	迷路
福　建	外籍游客在厦门环岛路玩不慎丢失旅行包	韩国	财物遗失
湖　南	游览张家界弄丢护照和证件	马来西亚	财物遗失
湖　南	外籍游客迷恋凤凰古城美景走失	美国	迷路
广　东	外籍游客在吃饭时丢失装有护照的口袋	塞尔维亚	财物遗失
甘　肃	一外国游客疑似护照被偷	意大利	财物遗失
四　川	数名外籍游客游玩意外迷路	英国	迷路
湖　南	外国游客商场偷窃礼品	越南	盗窃
内 蒙 古	外国游客在景区游玩走散迷路	国籍不详	迷路

2. 事故灾难

2014 年入境游客的旅游交通事故较为多发,此外还有户外拓展意外坠落等事故。如表2所示，主要形式有：一是天气原因或者道路问题引发的意外交通事故和纠纷事件，如意外翻车、相撞、追尾、紧急避让等导致游客伤亡；二是交通系统标识没有多种语言提示，导致入境游客难以辨识而导致意外事故的发生；三是入境游客因探险或者挑战高难度旅游项目出现意外坠落事故。虽然中国作为探险和自助游的目的地，对外籍游客具有强大的吸引力，但也存在较大的安全隐患。相关部门应加强对安全隐患的管控。

表2 2014年入境旅游安全事件分布不完全统计表

发生地	发生形式	客源地	事件类型
山 东	旅游大巴与大巴撞车	韩 国	交通事故
福 建	意外翻车	台湾地区	交通事故
江 苏	刹车失灵	西班牙	交通事故
浙 江	被大巴车追尾	籍贯不详	交通事故
上 海	急刹车导致突发疾病	籍贯不详	交通事故
广西桂林	外籍游客攀岩意外坠落	澳大利亚	意外坠落

3. 自然灾害

2014年我国入境游客因自然灾害原因导致的突发事件并不多，但是伴随着世界各地自然灾害的频发和极端天气的凸显，对旅游活动的安全防控不容忽视。在入境旅游市场管理上，应该加强对突发自然灾害的应急预警管理等，确保我国入境市场的稳步发展。如新加坡籍游客在山西五台山游览途中，初夏时节遭遇突降大雪，导致百余名游客被困景区，并受到霜冻伤害等。

4. 公共卫生事件

2014年我国入境旅游公共卫生事件偶有发生，主要表现为入境游客突发疾病等个别案例。如一名德国游客在湖北某景区游船渡口等待游船时，突发疾病晕厥，幸得景区工作人员及时紧急救助方得以化险为夷。入境游客对卫生环境较为重视，吃住都选择较为安全的场所，因此入境旅游公共卫生事件较少。这并不能说明我国入境旅游公共卫生环境毫无安全隐患，而更加应该加强管理和安全保障，避免规模性外籍游客出现食物中毒抑或其他卫生事件等。

5. 游客自身行为不当引起的安全事件

入境游客来华旅游，由于对目的地国家环境不熟悉以及语言障碍等，往往容易因自身的疏忽而导致一些旅游安全事件的突发。一是不慎丢失随身物件。如一名马来西亚游客到广西旅游，在边检处不慎丢失钱物，被边检官兵捡到并物归原主，避免一起安全纠纷事件的发生。还有外籍游客不慎将钱包等物品丢失在出租车或者旅游大巴车上等。二是盲目自信而导致意外被困。如一名澳大利亚游客在山东旅游，没有跟随团队活动而意外迷路被困，求救于景区管委会方才找到团队。还有一名澳大利亚女游客自行前往北京长城未开放区域探险，导致意外被困等。此类事件多是游客自身的行为不当或者不听劝阻而导致的。

6. 其他事件类型

部分境外游客在我国存在一些不文明行为，从而导致个人损失和负面影响等。如在公共场合做出一些极端行为，类似裸奔、裸泳或者随意吐痰、语言不文明等。这既不符合我国传统文化习惯和行为习惯，也影响其他游客的正常游览活动等。

（二）入境旅游安全事件的分布特征

1. 时间分布

从入境旅游安全事件发生的月度入手，对其进行月度分布分析，其结果如图 1 所示。5 月和 10 月成为入境旅游安全事件的高发月份，而 4～10 月入境旅游安全事件的发生率达 72.08%，此时间段恰逢我国旅游旺季，入境旅游安全事件的高发期与我国旅游旺季基本吻合。

2. 空间分布

对 2014 年的入境旅游安全事件进行空间统计，从安全事件发生地区以及涉事入境游客客源地进行分析，结果如表 1 所示。由表 1 可知，入境旅游安全事件分布于 22 个省、自治区、直辖市。其中，湖南、福建、广西、海南、山东以及陕西地区入境旅游安全事件发生频数较高。从总体来看，东部地

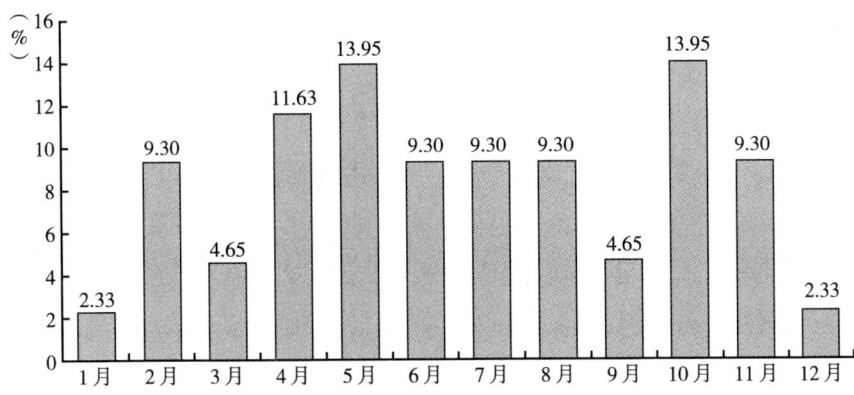

图 1　2014 年入境旅游安全事件月度分布

区的入境旅游安全事件明显多于西部地区，而旅游热点地区的入境旅游安全事件也明显多于其他地区。加强旅游热点地区以及东部地区的入境旅游安全防控十分必要。

表 3　入境旅游安全事件发生地、涉事游客客源地分布

发生地	频数	发生地	频数	客源地	频数	客源地	频数
湖　南	5	内蒙古	2	俄罗斯	6	波　兰	1
福　建	3	四　川	2	澳大利亚	5	加拿大	1
广　西	3	甘　肃	1	韩　国	3	日　本	1
海　南	3	贵　州	1	德　国	3	塞尔维亚	1
山　东	3	湖　北	1	巴　西	2	西班牙	1
陕　西	3	辽　宁	1	法　国	2	新加坡	1
安　徽	2	山　西	1	马来西亚	2	意大利	1
北　京	2	上　海	1	美　国	2	英　国	1
广　东	2	天　津	1	港澳台地区	2	越　南	1
黑龙江	2	云　南	1	新西兰	1		
江　苏	2	浙　江	1	比利时	1		

从涉事游客客源地分布来看，俄罗斯、澳大利亚、韩国、德国占据前几位，这与我国入境旅游前几位的客源地基本吻合。因此，在接待这些国家或地区的游客时必须进行重点关注。

3. 环节分布

对各类入境旅游安全事件的发生环节进行深入分析有助于避免相应环节的安全事件。入境旅游安全事件的发生环节如图3所示。结果显示，53.49%的入境旅游安全事件发生于游览环节。入境游客在游览过程中，身处陌生环境，面临语言障碍、文化冲突等问题，极易发生安全事件。而在交通环节的事故发生率也较高，这是因为境外游客对我国交通规则和制度不熟悉，容易造成误入陌生环境、迷路等。而在购物环节发生的事故则多数表现为财物遗失等。

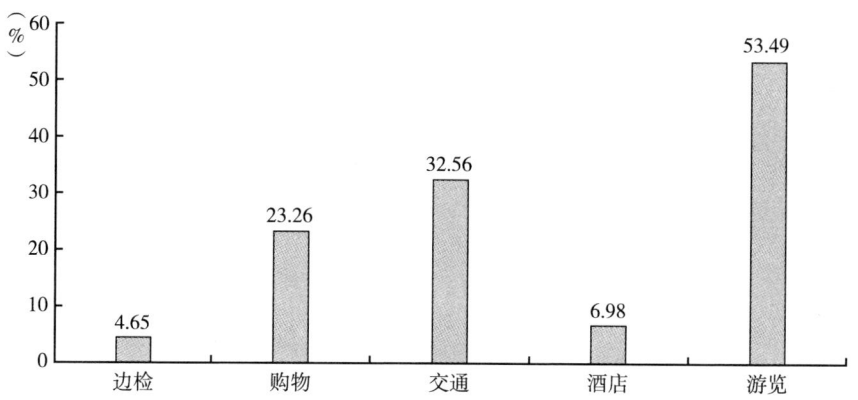

图 2　入境旅游安全事件的发生环节分布

（二）入境旅游安全事件的发生原因

1. 针对入境游客的社会安全保障措施尚不明确

安全事件的发生一方面是旅游者个人行为导致，另一方面是目的地安全保障和救援措施不足导致。如目的地安全标识牌需要多种语言进行警示和提醒，但很多景区和景点针对外宾、境外游客的特殊提示不足。目前在我国一些5A级景区或者国家遗产地等著名知名景点已有多语种覆盖，但是普通景区、交通要道和一些城市旅游目的地的标识系统尚缺少多种语言提示等。

2. 旅游者个人行为因素

部分入境游客刻意追求高风险旅游项目体验，但对该类旅游项目的运作体验不太熟悉，由此增加了事故发生的可能性，如峡谷漂流、野外探险等一些惊险项目受到越来越多的年轻游客青睐，但在保障措施不足的情况下，境外游客遭遇风险的可能性会更高。有些境外游客不顾景区安全提醒，进入非开放景区探险等，导致迷路被困等。同时，旅游者自身失误或者意外疏忽等常导致各类丢失事件，如下车没有检查个人行李导致财物丢失，出入境没有及时携带好个人证件等随身物品等。

3. 文化冲突、语言障碍等

入境游客很多都面临着文化冲突和语言障碍等。外籍游客入境旅游不仅是为了观光，更多则是感受中国文化和传统民俗等，因此在游览活动中难免会因语言障碍或者文化冲突而做出不尊重当地习俗的行为等，或因各种安全隐患而导致安全事件的发生。

（三）入境旅游安全事件的发生特征

综合起来，2014年入境旅游安全事件具有如下特征。

1. 突发性

安全事件发生具有突发性和紧急性、高度不确定性，因此入境旅游安全事件同样具有突发性。12月13日，前往山东旅游的一位澳大利亚籍游客在酒店突然浑身抽搐，脸色骤变，无法说话，在酒店工作人员的帮助下及时送医院就医。入境旅游安全事件具有突发性，如果不及时应对，入境游客的安全问题将面临巨大考验。①

2. 处理困难性

入境旅游安全事件涉及旅游业的安全性因素、经济社会性因素及物质性因素，涉及因素的复杂性使得事故处理难度较大。另外，入境旅游安全事件影响的社会性及其决策的非程序性使得事故处理的灵活性及机动性增强，无法依据特定的处理办法。此外，入境游客大多来自国外，在处置突发事件时

---

① 陈晓丽：《一对澳大利亚夫妇来济旅游发病 众人急救转危为安》，齐鲁晚报网，http://www.qlwb.com.cn/2014/1224/280454.shtml，2014-12-24。

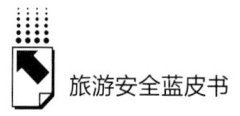

的沟通交流同样存在问题,往往突发的入境旅游安全事件难以第一时间解决。2月5日,两位俄罗斯籍游客游玩时迷路,由于语言不通,的士司机无奈向警察求助。①

3. 跨国性

入境游客涉及国家众多,各个国家社会经济及文化背景差异较大,各自国家的规章制度不同,导致误入迷途、违规等安全事故多发。此外,各国关于旅游安全事件处理的政策法规也大不相同,故在事故处理的过程中需考虑当地的政策法规及社会文化背景,这在一定程度上体现了我国入境旅游安全事件的跨国性,增加了我国处理入境旅游安全事件的难度。如5月31日两名澳大利亚游客迷路且误入应急车道,幸得路政人员帮助才得以解困。②

三 入境旅游安全事件防控建议

(一)入境旅游安全事件的预防与应急准备

1. 增强安全意识,察觉安全隐患

对旅游过程中可能会引发自然灾害、事故灾难及其他社会安全事件的源头及危险区域进行系统的调查与排查,做到能够识别旅游过程中可能导致入境旅游者及从业人员等旅游主体遭受事故伤害的根源及相关因素,达到防患于未然的效果。时刻强化入境游客的安全意识,规劝入境游客注意安全问题。

2. 增强控制能力,及时控制源头

对事故源头及较为明确的危险区域进行严格的检查与监视,并通过一定的防控方式与手段对安全事件进行规避与控制,达到消除安全隐患,降低事故发生的概率并最终避免事故的目的。

---

① 吴亚松、尤文华:《外籍游客迷路 司机误"SHIP"为"浒浦" 民警热心相助》,人民网,http://su.people.com.cn/n/2014/0218/c154777-20591566.html。
② 辽宁省交通厅:《东陵管理处路政人员救助迷失外籍游客》,http://www.moc.gov.cn/st2010/liaoning/ln_jiaotongxw/jtxw_wenzibd/201406/t20140612_163236。

3. 重视管理能力，强化现场管理

在事件发生现场，应针对事件演化的阶段以及旅游者活动的规律及特点来对安全事件进行控制与管理，最终达到降低甚至消除事件影响的目的。对于已经发生的入境旅游安全事件，制定相应的现场应急与管理的档案，针对各种类型事故拟定规范的防控操作流程，在流程中加入规避及控制事件发生及发展的具体方式与方法。

4. 落实应急制度，加强应急培训

制定一系列可依据的较为细致的安全事件管理制度及章程，并对入境旅游接待工作人员进行系统的培训及教育，使事件的处理能够遵循有序、科学的应急制度，最终达到降低事故处理难度的效果。培训时不仅要注重安全救援知识的培训，同时也要注意语言培训，保障与入境游客的正常沟通。

（二）入境旅游安全事件的救援与应急处理

1. 增强救援能力

入境游客经常发生迷路被困、摔伤被困等事故，因此及时救援以及救援能力对入境旅游安全事件的处理尤为重要。增强入境旅游安全救援能力就要提高应急预案意识，并不断完善应急预案，全面提高入境旅游安全事件处理能力及水平；增强入境旅游安全救援能力需要提高应急处置能力，加强抢险救援队伍建设，做好救助保障各项准备工作；增强入境旅游安全救援能力需要提高部门协调能力，齐抓共管，形成合力，全面落实安全事故责任，确保各项工作落到实处。救援能力是妥善处理入境旅游安全事件的前提和重要保障，需要重点加强和提升。

2. 完善公共救援体系

旅游安全事件的应对需要建立完善的救援体系。入境旅游安全事件的救援涉及社会各界的多个部门，其中的多数部门是旅游业外部门。因此，需要建立与入境旅游安全事件相对应的公共救援体系。在救援的过程中要根据事件涉及主要部门及可控性采取直接或是间接的处理方式：若主要涉及旅游业内部门，则旅游安全事件的可控性较高，则应积极处理，主动协调各部门

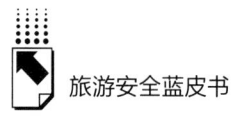

进行紧急处理；若事件涉及其他部门，如交通等部门，则应建立业内旅游安全事件信息交流平台，从而在事件发生的第一时间进行信息沟通并就如何救援达成共识，最终快速科学合理地组织救援。

（三）入境旅游安全事件的事后恢复

入境旅游安全事件处理过后，需要消除事件及舆论带来的不良影响，以保证我国入境旅游市场的良好形象。另外，还需采取危机公关以及舆情引导等方式来提升入境游客对我国安全氛围的感知，以保证我国入境旅游的良好形象。最重要的是，要根据事件发生的原因、过程及结果来制定科学合理的入境旅游安全事件管控体系。

四 2015年入境旅游安全趋势展望与管理建议

（一）2015年入境旅游安全趋势展望

1. 新媒体地位越发重要

随着我国逐渐进入网络时代，媒体的传播、反馈作用越发重要。大部分具有一定社会影响的典型事件一般都会通过网络进行反馈和传播。同样的，入境旅游安全事件也会通过微信、微博等新媒体传播。新媒体在对入境旅游安全事件进行网络传播和舆情管控中具有重要地位。而如何利用新媒体进行网络传播和舆情管控将是入境旅游安全一直关注的话题。

2. 旅游安全法制逐步建设

入境旅游安全的防控体系建设离不开法制建设。随着《旅游法》的推行和贯彻，旅游安全法制建设也将逐步完善。在入境旅游市场逐年回暖的背景下，相应的安全问题以及安全法制必将受到重视。

3. 入境旅游散客化，安全保障任重道远

据不完全统计，在2014年43起入境旅游安全事件中仅有3起事件所涉游客属于团队客。由此可见，入境旅游散客化趋势明显。而入境旅游散客化

不利于对游客进行管理。散客旅游的自由行加大了入境游客的旅游风险,其相应的安全防控工作也将随之加重。一旦入境散客发生安全事件,其处置救援难度也将大大增加,入境旅游安全保障工作任重而道远。

(二)2015年入境旅游安全管理建议

1. 加强新媒体传播管控

新媒体在对入境旅游安全事件进行网络传播与舆情管控中具有重要地位,因此需要加强其传播方面的管控,确保信息的真实性、准确性。首先,传统媒体与新媒体结合,整合资源,提升传播效果;其次,充分发挥信息化的正面作用,利用媒体手段控制事态发展方向,确保信息的真实性和准确性;最后,构建信息化平台,形成网络旅游安全救援机制。

2. 以《旅游法》为契机,加强旅游安全法制建设

《旅游法》就旅游突发事件应对机制、旅游投诉机制做出了相应规定。在入境旅游市场持续回暖的当下,政府相关部门应及时顺应形势,以《旅游法》推行与贯彻为契机,推进入境旅游安全法制建设。

3. 多渠道进行散客安全管理

入境旅游散客化趋势十分明显,入境散客安全管控难度大大增加。在大数据时代背景下,散客安全管控应充分利用大数据、新媒体等技术手段,如建立散客应急救援平台,利用自媒体平台发布救援信息等。入境旅游散客化趋势下,游客更加自由和分散,其安全管理应结合新媒体、大数据等技术手段,从多渠道、多层次、多角度入手,建立全面有效的散客旅游安全防控体系。

参考文献

[1] 张西林:《旅游安全事故成因机制初探》,《经济地理》2003年第4期。
[2] 《中华人民共和国突发事件应对法》,2007年8月30日由第十届全国人民代表大会常务委员会第二十九次会议通过。

B.33 2014~2015年出境旅游安全形势分析与展望*

方旭红 杨玉杰 聂 芳**

摘　要： 2014年出境旅游继续保持强劲增长态势，出境旅游安全问题仍然较为多发，旅游安全事件呈现一些新特点，主要表现为：出境旅游安全突发事件多，后续影响大，特别是数起客机失联事件；自然灾害频发，对出境旅游的干扰增加；针对中国游客的犯罪事件仍然较为多发，地域分布广，手段多样化；公共卫生事件高发，传播速度快，破坏力强。此外，中国游客被遣返事件增多，游客不文明行为引起广泛关注。影响出境旅游安全的原因主要有：国际政治、经济形势严峻，局部对抗不断；极端天气频现，传染性疾病迅速扩散；旅游地治安恶化，犯罪率上升；网络信息安全成为新的威胁；游客自身炫富行为等。展望2015年，出境旅游安全面临更加严峻且复杂多变的国际形势；出境旅游中针对中国游客的盗抢、诈骗等犯罪仍难杜绝；随着出境旅游自由行增多，交通事故可能相应增多；随着出境旅游散客化，境外旅游安全保障工作更趋艰巨。

关键词： 2014~2015年　出境旅游安全　形势展望

---

* 华侨大学中央高校基本科研业务费资助项目·华侨大学哲学社会科学青年学者成长工程，项目编号：12SKGC-QT04；华侨大学"海上丝绸之路"专项研究项目，项目编号：HSYB2014-09。
** 方旭红，华侨大学旅游学院副教授、博士，主要研究跨界旅游、旅游安全、文化旅游等；杨玉杰、聂芳，华侨大学旅游学院研究生。

2014年，中国出境旅游继续快速增长，市场规模进一步扩大。据世界旅游组织报告，全年出境旅游达到1.09亿人次，连续三年成为世界最大出境旅游市场。出境旅游消费1550亿美元，同比增长20%，预计全年旅游服务贸易逆差将突破1000亿美元，出境旅游对世界旅游的贡献率持续上升。免签及落地签目的地增加、签证政策放宽和手续简化、国内办签证代理费下调以及互联网和手机办理签证的技术创新，将进一步助推出境游特别是出境自由行市场的发展，这就增大了对出境旅游者保护的难度，出境旅游安全形势仍然较为严峻，旅游安全突发事件呈高发态势。

一 2014年出境旅游安全总体形势

2014年，出境旅游安全相关的法律法规及管理服务更为完善，出境旅游大环境逐步优化。但出境旅游安全形势依然较为严峻，安全隐患多、风险大，安全事件较为高发。突出表现为：出境旅游安全突发事件依然较多，事件波及范围广，后续影响大；针对中国游客的欺骗、盗抢犯罪事件多发，地域分布广，手段多样化；旅游欺诈现象有增无减，且形式多样化，游客与旅游经营企业间纠纷多，经济损失大；游客在一些国家和地区入境受阻、滞留、被遣返等旅游安全事件持续增多；全球极端天气事件多发给出境旅游安全造成更大威胁。

二 2014年出境旅游安全的概况与特点

（一）出境旅游安全突发事件的分布类型

1. 社会安全事件

2014年全球较为严重的社会安全事件依然频发，有60多个国家和地区先后爆发了不同规模的社会安全事件，与上年相比有所增加。主要特征为：一是以越南、泰国、也门、波黑、委内瑞拉、布基纳法索等国为代表的大规模罢工、示威游行及骚乱事件；二是尼日利亚、利比亚、伊拉克、菲律宾、美国等国爆发的武装冲突或兵变导致社会动荡；三是伊拉克、巴基斯坦、马里、菲律宾、尼日利亚等国的连环爆炸、枪战、绑架人质等暴力恐怖事件；四是菲律宾、安哥拉、南非、越南、尼日利亚等国多次发生拘捕中国公民事件以及针对中国公民或中资公司的恶性暴力犯罪事件；五是以越南、赞比亚、西班牙为代表的团体或个人暴力反华事件；六是俄罗斯、澳大利亚、利比亚、巴基斯坦、印度等国因中国公民的签证、居住手续、非法经营、携带禁止出入境物品等问题处罚、拘捕中国公民或驱逐其出境；七是印度、菲律宾、巴塞罗那、土耳其、马尔代夫、法国巴黎等国家和地区针对中国游客的诈骗、盗窃、抢劫事件乃至人身伤害事件持续高发。

2. 自然灾害

2014年，局部地区自然灾害频发，包括地震、火山爆发、泥石流等地质灾害，极端天气导致的特大降雨、暴雪、强台风、飓风、极端低温、极端高温等。印尼、日本、墨西哥、斐济、智利等国发生较大规模的地震、火山爆发，进而引发海啸、山体滑坡等次级灾害，威胁旅游者人身安全；加拿大、美国、日本、斐济、菲律宾、格林纳达及欧洲多国发生寒流、强暴风雪、超级台风、飓风，造成大量航班延误、居民电力供应中断，引发雪崩、洪涝等灾害，甚至造成大量人员伤亡；印尼、英国、斐济、肯尼亚、菲律宾等国的连续暴雨引发洪涝灾害、泥石流、山体滑坡，甚至造成人员伤亡；特别是日本、菲律宾、美国、英国、加拿大、澳大利亚等这些中国出境旅游的热点地区，其发生的自然灾害在严重损害了当地旅游业发展的同时，也危及了中国公民的出境旅游安全。

3. 公共卫生事件

2014年，公共卫生事件频发且具有爆发性较强、蔓延速度快、波及地区广的特征。美国、韩国、日本、西非地区、中东、非洲的加纳和南苏丹、巴基斯坦、印度北部等国家和地区暴发了猪流感、禽流感、登革热、埃博拉病毒、中东呼吸综合征冠状病毒、霍乱、脊髓灰质炎、疟疾、美洲锥虫病等疫情。其中，西非的埃博拉病毒疫情自2014年2月开始暴发，截至2014年12月，世界卫生组织关于埃博拉病毒疫情报告称：几内亚、利比里亚、塞拉利昂、马里、美国以及已结束疫情的尼日利亚、塞内加尔与西班牙累计出现埃博拉确诊、疑似和可能感染病例 17290 例，其中 6128 人死亡。这些公共卫生事件不仅危及游客自身的健康安全，也给国际旅游业带来巨大冲击。

4. 事故灾难

2014 年旅游事故灾难较上年有所增加，主要有如下几种类型。第一，因游客自助游或私自脱团而在水域活动中造成的溺亡事件。第二，境外交通事故依然频发，主要有以下形式：①随着出境自驾游的增多，因游客未遵守当地交通规则或遭遇意外而引发交通事故和纠纷事件也增多。②境外航空事故多发，飞机失联、迫降、坠毁、被劫持等事件成为出境旅游的重大安全隐患。如"2·17 埃塞俄比亚航班劫机"事件、"3·8 马航失踪"事件、"7·17 马航坠毁"事件等。第三，因游客自身素质不高扰乱乘机秩序，致使飞机返航；在境外攀爬、损坏旅游建筑物、旅游设施等不文明行为；因不了解旅游地习俗、法律等导致的伤亡及纠纷事件日益增多。第四，因遭大象等野生动物袭击而死亡的灾难事故仍有发生。

5. 旅游业务安全事件

2014 年涉及旅游行业的旅游业务安全事件仍然高发。

第一，旅游欺诈。如"零团费"旅游陷阱；日本购物受骗；韩国整形旅游陷阱；加拿大留学生遭"邮件诈骗"；日本银行卡、机票、手机卡诈骗兴起；"伪造机票"集体遭拒签；冒充警察或海关人员，以查看护照为由，趁机偷取钱财等。

第二，代购损失。随着海外代购的盛行，越来越多的留学生也参与其中，但由于对相关法律法规了解不够全面，造成货品被扣押、遭罚款等损失。

第三，国际航班延误事件频发，旅客滞留现象频发。

第四，非法经营。土耳其某廉价旅社为非法经营，已发生数起游客入住期间财物、护照被盗甚至遭遇强奸未遂。

第五，导游弃团。一个旅行团赴泰国旅游，因参加自费项目和定点购物消费金额不够，被导游丢弃在曼谷赴帕提亚途中。

第六，赔偿纠纷、旅游安全责任纠纷频发。

表1 2014年境外主要频发事故时空分布不完全统计表

2014年统计	游客溺亡	交通事故	偷盗事件	暴力抢劫	动物袭击
1月	马尔代夫	新西兰、英国、沙特	印度、安哥拉	安哥拉	
2月	印度尼西亚	越南、安哥拉、泰国	巴塞罗那、委内瑞拉、南非	尼日利亚、南非、巴塞罗那	
3月	美国	马来西亚	马尔代夫、英国、肯尼亚、埃塞俄比亚、土耳其	土耳其、肯尼亚	
4月	马来西亚	英国	安哥拉、刚果、墨西哥、约翰内斯堡	约翰内斯堡、安哥拉、刚果、南非	
5月	马来西亚	毛里求斯、韩国	南非、菲律宾、加拿大	菲律宾、越南、马来西亚、巴基斯坦	南非
6月	菲律宾		法兰克福、菲律宾、安哥拉、比利时、巴西	安哥拉、肯尼亚、法国、菲律宾	
7月	东帝汶、泰国	加拿大、俄罗斯	圣彼得堡、肯尼亚	肯尼亚、菲律宾、德班	
8月	美国、印度尼西亚	加拿大	葡萄牙、圭亚那、南非	安哥拉、圭亚那、老挝	
9月		墨西哥	菲律宾、尼日利亚、加拿大	菲律宾、吉尔吉斯斯坦、南非	
10月		南非、泰国	法兰克福、乌克兰、尼日利亚	菲律宾、尼日利亚、加拿大	
11月	泰国	泰国、加拿大	菲律宾、博茨瓦纳、马尔代夫、马来西亚、美国	马来西亚	
12月	斯里兰卡	印度尼西亚	丹麦、安哥拉、丹麦	安哥拉	

6. 旅游者自身行为不当引起的损失

中国游客在旅游过程中自身不文明行为而导致个人损失、国家形象受损。因游客个人因素出入境受阻事件频发,如不了解目的地国家出入关法律规定,违规携带中药材、蜜蜡、文物、野生动物制品、酒精饮料;还有逾期停留、签证过期、过境手续不全等原因(见表2)。

表2 2014年中国公民出入境受阻事件不完全统计

月份	国家或地区	事件原因
1月	肯尼亚	携带象牙及制品过境
1月	印度	非法携带紫檀、檀香原木出境
2月	沙特	携带酒精饮料入境
2月	美墨边境	因证件问题导致难以返美
3月	也门	因签证过期或非法携带蜜蜡、文物出境
4月	印度	未持相关进入许可
5月	文莱	无签证
5月	马尔代夫	自由行游客启程前未预订酒店（或旅游岛），马尔代夫机场官员以此为由拒发落地签证
6月	泰国	所持入境泰国签证类别与实际到访目的不符，多人被拒绝入境
7月	肯尼亚	未携带黄热病疫苗接种证明入境
8月	安哥拉	以所持签证非法为由扣留多名出入境中国公民
8月	老挝	中国公民参与赌博活动，因欠巨额赌债被限制自由
9月	日本	外出时遇警察盘问，因未携带身份证件且拒绝回答警方问题，被警方以有非法滞留嫌疑为由逮捕；多起中国公民因涉嫌偷拍被捕
10月	也门	非法携带酒精饮料等违禁品入出境
11月	玻利维亚	因携带美元或贵重物品出入境未申报被罚款或没收
12月	马来西亚	为他人携带行李时被查出有毒品而被捕

（二）出境旅游安全突发事件的发生特点

第一，出境旅游安全突发事件数量多，波及范围广，与我国有领土争端的一些国家和地区，对抗仍在加码升级。恐怖袭击、暴力冲突、游行示威在北非、西亚等部分动荡地区不断发生，如利比亚冲突、西奈半岛的恐怖袭击及布基纳法索反对派组织支持者的游行示威等。包括飞机事故、轮船事故、旅游大巴事故在内的交通事故高发，特别是空难尤为严重，"3·8"马航MH 370失联、"7·17"MH 17在俄罗斯边境坠毁、"7·24"阿尔及利亚航空公司飞机失联、埃塞俄比亚航空公司客机遭劫持事故以及"12·28"亚航失联等，都引起了全世界的关注；发生在4月16日上午的韩国"岁月（SEWOL）号"客轮浸水事故也成为2014年最大的轮船事故。此外，事故

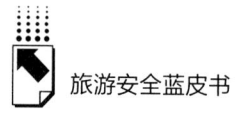

灾难中的溺毙事故较为严重，游泳溺水、潜泳身亡等事故时有发生，特别是在风大浪急、暗流涌动的印度洋海域频发。

第二，自然灾害对出境旅游的干扰增加。地震、海啸、寒流、暴风雪、雪崩、洪水等极端事件席卷世界多个出境游热点国家和地区，恶劣的天气状况不但会造成航班取消、行程变化、游客滞留，直接影响游客出游，而且有时会危及游客生命安全。如2014年2月10日，日本遭遇20年不遇的大雪，造成19人死亡，1600多人受伤；美国遭受寒流、暴风雪侵袭，20余州1亿人口受影响；斐济、印尼地震，尼泊尔雪崩等都对当地居民及游客造成不同程度的影响。

第三，旅游突发事件后续影响大，造成的费用纠纷多、财产损失大。地震、暴风雪、台风等自然灾害及飞机故障等造成航班受影响甚至被取消，因此游客与旅游经营企业之间的纠纷事件时有发生。特别是一些阿拉伯国家的政治动荡，日本、印尼海域的强地震，以及飞机失事等旅游安全事件的发生，不但导致中国政府紧急撤侨，而且引发了消费者的"退团"潮，由此造成的纠纷较多，给消费者和旅游经营企业造成了不同程度的损失，特别是MH370失联事件后，许多旅游经营商取消了与马航的合作。

第四，针对中国游客的绑架、欺诈、盗窃、抢劫、强奸等犯罪事件多发，手段多样化，个人人身、信息安全成为新的安全焦点。调查显示，中国是海外公民遭绑架最多的国家。埃及、苏丹、尼日利亚等非洲国家是中国人遭劫最多的地方；印尼、菲律宾等东南亚地区紧随其后，其中菲律宾被称为"亚洲绑架中心"，2014年接连发生多起中国游客在菲律宾和马来西亚遭绑架的案件。另外，随着出境旅游中自由行的增多，针对中国游客的欺诈、抢劫、强奸、银行卡盗刷等犯罪事件层出不穷，不法分子会冒充警察或海关人员，以查看护照为由，趁机偷取钱财；也会选定独行的旅游者公然抢劫，而女性则有被强奸的危险，中国游客的人身、财产、信息等安全在海外受到严重威胁。

第五，公共卫生事件高发，传播速度快，破坏力强，波及范围广。2014年，有以下几种疾病引起世界各国的关注：西非埃博拉病毒疫情肆虐，有

"走出西非"向全球蔓延的趋势；美洲锥虫病一旦发病会导致心脏衰竭或其他致命疾病，被称为"新艾滋病"；南苏丹的霍乱疫情有向外蔓延的趋势等。

第六，中国游客因出境旅游中的不文明行为以及缺乏对所游览国家的了解，忽视相关国家海关的有关规定，被遣返及罚款现象时常发生，极易造成不必要的损失。如玻利维亚发生多起中国公民因携带美元或贵重物品出入境未申报被罚款或没收事件。

（三）出境旅游安全管理的主要进展与特点

1. 出境旅游安全智慧管理升级

外交部领事司做了三件惠及百姓的实事：一是开通"领事直通车"（LS 12308）官方微信，主动发布最新的侨领新闻、最权威的海外安全提醒和最全面的领事服务类信息，为民众提供"信息上门服务"。二是中国领事服务网全新改版上线。新网站增加了"海外申请护照在线预约"功能，为在海外申请护照的中国公民提供网上填表、预约、在线查询进度等服务。三是建立"外交部全球领事保护与服务应急呼叫中心"，向中国公民提供24小时领事保护和服务热线应答服务。

2. 出境旅游安全监管加强

首先，出境社要做好领队说明工作，提示游客购买保险，严禁游客境外滞留。其次，要注意做好目的地安全预案，确保事故发生后第一时间按程序上报，并及时更新录入境外、境内、省内团队信息，规范委托代理工作。自2013年10月1日起《中华人民共和国旅游法》施行以来，旅游团费理性回归，旅游者权益得到有效保护，出境旅游者在境外解除合同管理方面也更加灵活。

3. 出境旅游安全服务更为便捷

中国官方唯一认可的境外旅游服务标准认证平台"欢迎中国"项目继续推进，为境外旅游企业进行评级和认证；在中国领事服务网上发布《申办因私出国签证手册》，扩大APEC商务旅行卡颁发范围；海外支付及退税业务更

为安全便捷，支持支付宝退税；海外领事力量加强，建成全球领事保护服务应急呼叫中心，12308领保热线为我国在外公民提供全天候领事保护与服务。

三 影响出境旅游安全的主要因素

（一）国际社会环境动荡，地区热点问题层出不穷

2014年国际形势发生深刻而复杂的变化，大国和地区间博弈进一步加深，如利比亚武装冲突恶化、乌克兰局势动荡、以色列军队与加沙武装派别爆发严重冲突、泰国局势混乱、东北亚安全局势持续恶化等，与此同时，2014年中国陷入南海争端，中日钓鱼岛问题矛盾再度升级。

另外，当前的国际反恐局势复杂严峻，4月，马来西亚沙巴州仙本那我国一名游客遭不明武装分子掳掠；4月14日，尼日利亚发生恐怖袭击事件；12月23日，印度分离主义组织袭击东北部多座村庄，一系列恐怖袭击对出境旅游安全造成一定的威胁。

（二）旅游地治安恶化，犯罪频发

一些国家和地区社会治安恶化，犯罪率居高不下。美国弗格森骚乱、香港地区非法"占中"、马尔代夫员工罢工、也门街头示威等事件造成当地治安混乱。尤其是巴西世界杯期间发生10多起我国游客被抢劫事件，在菲律宾遭出租车司机抢劫、赴印度旅游的中国公民被盗被劫事件时有发生。即使在一些发达国家也不能幸免，多个中国旅游团在巴黎北郊被抢，游客受伤并蒙受财物损失；赴澳大利亚旅游的中国游客在僻静偏远地区的人身攻击事件，在旅游景点、商业中心、饭店餐厅等人口流动频繁地区的财物偷盗事件也屡见不鲜。

（三）自然灾害频现，传染性疾病大规模扩散

2014年是全球极端灾害频发年，高温、干旱、雾霾和强震是主要灾害。中国传统出境旅游地美国、日本、澳大利亚、欧洲等国家频频受到极端天气

威胁，导致交通瘫痪、游客滞留，给旅游安全带来极大的威胁。

当前国际公共卫生安全形势也十分复杂，部分地区发生严重的中东呼吸道综合征冠状病毒疫情，埃博拉出血热疫情、黄热病等各种传染病疫情也时有发生。

（四）网络信息安全成为新型威胁

2014年是"智慧旅游年"，移动云计算、互联网技术在旅游中的应用成为主流趋势，旅游信息化技术将随着游客需求变化不断演进。然而，如果游客通过网络获得运营商发送的不实信息，或是通过移动终端造成个人信息泄露将会引来不法分子的侵害。公民信息安全危机是在境外发生，犯罪活动的秘密进行完全不在本人掌握与控制下，给案件侦破带来困难，成为新的安全影响因素。

（五）游客自身原因

旅游者自身状况也会造成事故的发生。一些游客的不文明行为，如大声说话、招摇过市，很容易惹"祸"上身；因不了解当地风俗习惯，很容易酿成纠纷，如从泰国到马尔代夫，游客因亵渎当地风俗惹官司上身的不在少数；此外，一些游客救援保障知识的缺乏、对所在国有关法律法规不了解等都是造成旅游安全事件发生的重要因素。

四 2015年出境旅游安全的形势展望

（一）出境旅游面临的国际形势更趋复杂多变

第一，2015年结构调整将会促进全球经济复苏，但青年失业率仍处较高水平，新经济体存在较大的通胀压力，发达国家的高负债可能使发展中国家受到较大冲击。受经济形势影响，社会矛盾加剧、治安恶化，中国游客出境旅游安全将受到犯罪频发的威胁。

第二,地区冲突加剧,局部战争影响世界局势。巴以双方强硬势力的互不相让、外部势力的暗斗介入使冲突风波再起;叙利亚内战因"伊斯兰国"的强势介入继续升级;伊朗就核问题进行谈判的各方在诸多领域仍有分歧;乌克兰国家内部政治对立,领土分裂,并外溢至俄罗斯与西方之间的"新冷战";朝鲜半岛和东海、南海局势紧张等诸如此类地缘冲突预示2015年国际形势的严峻,加之大国背后操纵干预,对我国出境旅游安全极为不利。

第三,非传统安全挑战增大。国际恐怖主义、宗教极端主义组织"伊斯兰国"是2014年新型极端组织的"黑马",并在伊拉克北部有继续坐大之势,这必将对原有民族、国家组织架构形成巨大冲击。

(二)极端天气仍将影响出境旅游安全

近年来极端天气导致的自然灾害居高不下,洪水、干旱、风雪、酷暑等频频刷新历史纪录。随着气候环境的恶化,2014年雾霾在世界范围内蔓延,成为新型杀手,而定于2015年的巴黎气候大会有望使陷入僵局多年的气候谈判出现转折,但2015年出境旅游安全来自自然环境的威胁不容轻视。

(三)信息安全威胁加大

信息技术的发展给出境旅游带来极大的便利,但伴随着中国游客境外银行卡被盗刷、个人信息遭泄露等事件的屡次发生,信息安全再次被提高到国家战略的高度。在信息安全领域,第三方供应商对客人信息的安全监控、监督机构的监管保护工作等都将是关注的热点。

(四)我国出境旅游安全保障体系建立刻不容缓

APEC后多个国家和地区简化了中国公民签证程序,门槛和费用降低了,这必然使出境市场规模呈增长趋势,然而2014年中国人在海外安全又频频受到威胁,在此背景下,构建出境旅游安全保障体系显得尤为重要。2015年,我国会继续加强领事保护,包括加强驻外使领馆对出境游客的保护力度，以法律方式完善制度、建立机构，形成一整套出境旅游安全保护的协调机制和应急机制，尽可能将突发事件对游客的影响降到最低。

五 2015年出境旅游安全的管理建议

随着出境旅游持续快速发展，尤其是"自由行"的增多，2015年出境旅游安全工作更为艰巨，为此建议在出境旅游安全管理中，重点做好以下工作。

第一，加强出境旅游安全信息工程系统建设工作，确保游客信息安全；

第二，大力促进各国及地区打击国际社会犯罪领域的司法合作，加大对出境游客的领事保护力度；

第三，进一步完善出境旅游的法律法规，加大对出境旅游经营企业的规范及监督力度；

第四，强化公民出境旅游教育，提升国民素质及自我保护意识，有针对性地进行出境旅游前的安全知识普及和自救能力培训；

第五，提升国家软实力，改善中国公民出境旅游签证待遇，提高签证的"含金量"，营造安全友好的出境游环境。

参考文献

[1] 中国旅游研究院：《中国出境旅游发展年度报告2014》。
[2] 中国外交部领事司：《中国领事保护与领事服务：盘点2013，展望2014》。
[3] 联合国经济与社会事务部：《2015年世界经济形势与展望》。
[4] 中国领事服务网，http://cs.mfa.gov.cn/。
[5] 人民网，http://travel.people.com.cn/。
[6] 凤凰网，http://news.ifeng.com/。

法律声明

"皮书系列"(含蓝皮书、绿皮书、黄皮书)之品牌由社会科学文献出版社最早使用并持续至今,现已被中国图书市场所熟知。"皮书系列"的LOGO( )与"经济蓝皮书""社会蓝皮书"均已在中华人民共和国国家工商行政管理总局商标局登记注册。"皮书系列"图书的注册商标专用权及封面设计、版式设计的著作权均为社会科学文献出版社所有。未经社会科学文献出版社书面授权许可,任何使用与"皮书系列"图书注册商标、封面设计、版式设计相同或者近似的文字、图形或其组合的行为均系侵权行为。

经作者授权,本书的专有出版权及信息网络传播权为社会科学文献出版社享有。未经社会科学文献出版社书面授权许可,任何就本书内容的复制、发行或以数字形式进行网络传播的行为均系侵权行为。

社会科学文献出版社将通过法律途径追究上述侵权行为的法律责任,维护自身合法权益。

欢迎社会各界人士对侵犯社会科学文献出版社上述权利的侵权行为进行举报。电话:010-59367121,电子邮箱:fawubu@ssap.cn。

社会科学文献出版社

权威报告·热点资讯·特色资源

皮书数据库
ANNUAL REPORT(YEARBOOK) DATABASE

当代中国与世界发展高端智库平台

皮书俱乐部会员服务指南

1. 谁能成为皮书俱乐部成员?
- 皮书作者自动成为俱乐部会员
- 购买了皮书产品(纸质书/电子书)的个人用户

2. 会员可以享受的增值服务
- 免费获赠皮书数据库100元充值卡
- 加入皮书俱乐部,免费获赠该纸质图书的电子书
- 免费定期获赠皮书电子期刊
- 优先参与各类皮书学术活动
- 优先享受皮书产品的最新优惠

3. 如何享受增值服务?
(1) 免费获赠100元皮书数据库体验卡
第1步 刮开附赠充值的涂层(右下);
第2步 登录皮书数据库网站(www.pishu.com.cn),注册账号;
第3步 登录并进入"会员中心"—"在线充值"—"充值卡充值",充值成功后即可使用。

(2) 加入皮书俱乐部,凭数据库体验卡获赠该书的电子书
第1步 登录社会科学文献出版社官网(www.ssap.com.cn),注册账号;
第2步 登录并进入"会员中心"—"皮书俱乐部",提交加入皮书俱乐部申请;
第3步 审核通过后,再次进入皮书俱乐部,填写页面所需图书、体验卡信息即可自动兑换相应电子书。

4. 声明
解释权归社会科学文献出版社所有

皮书俱乐部会员可享受社会科学文献出版社其他相关免费增值服务,有任何疑问,均可与我们联系。

图书销售热线:010-59367070/7028
图书服务QQ:800045692
图书服务邮箱:duzhe@ssap.cn

数据库服务热线:400-008-6695
数据库服务QQ:2475522410
数据库服务邮箱:database@ssap.cn

欢迎登录社会科学文献出版社官网
(www.ssap.com.cn)
和中国皮书网(www.pishu.cn)
了解更多信息

卡号:602371499275
密码:

子库介绍
Sub-Database Introduction

中国经济发展数据库

涵盖宏观经济、农业经济、工业经济、产业经济、财政金融、交通旅游、商业贸易、劳动经济、企业经济、房地产经济、城市经济、区域经济等领域，为用户实时了解经济运行态势、把握经济发展规律、洞察经济走势、做出经济决策提供参考和依据。

中国社会发展数据库

全面整合国内外有关中国社会发展的统计数据、深度分析报告、专家解读和热点资讯构建而成的专业学术数据库。涉及宗教、社会、人口、政治、外交、法律、文化、教育、体育、文学艺术、医药卫生、资源环境等多个领域。

中国行业发展数据库

以中国国民经济行业分类为依据，跟踪分析国民经济各行业市场运行状况和政策导向，提供行业发展最前沿的资讯，为用户投资、从业及各类经济决策提供理论基础和实践指导。内容涵盖农业，能源与矿产业，交通运输业，制造业，金融业，房地产业，租赁和商务服务业，科学研究，环境和公共设施管理，居民服务业，教育，卫生和社会保障，文化、体育和娱乐业等 100 余个行业。

中国区域发展数据库

以特定区域内的经济、社会、文化、法治、资源环境等领域的现状与发展情况进行分析和预测。涵盖中部、西部、东北、西北等地区，长三角、珠三角、黄三角、京津冀、环渤海、合肥经济圈、长株潭城市群、关中-天水经济区、海峡经济区等区域经济体和城市圈，北京、上海、浙江、河南、陕西等 34 个省份及中国台湾地区。

中国文化传媒数据库

包括文化事业、文化产业、宗教、群众文化、图书馆事业、博物馆事业、档案事业、语言文字、文学、历史地理、新闻传播、广播电视、出版事业、艺术、电影、娱乐等多个子库。

世界经济与国际政治数据库

以皮书系列中涉及世界经济与国际政治的研究成果为基础，全面整合国内外有关世界经济与国际政治的统计数据、深度分析报告、专家解读和热点资讯构建而成的专业学术数据库。包括世界经济、世界政治、世界文化、国际社会、国际关系、国际组织、区域发展、国别发展等多个子库。

权威·前沿·原创

社会科学文献出版社

皮书系列

2015年

盘点年度资讯　预测时代前程

社会科学文献出版社 学术传播中心 编制

社会科学文献出版社
SOCIAL SCIENCES ACADEMIC PRESS (CHINA)

社会科学文献出版社成立于1985年，是直属于中国社会科学院的人文社会科学专业学术出版机构。

成立以来，特别是1998年实施第二次创业以来，依托于中国社会科学院丰厚的学术出版和专家学者两大资源，坚持"创社科经典，出传世文献"的出版理念和"权威、前沿、原创"的产品定位，社科文献立足内涵式发展道路，从战略层面推动学术出版五大能力建设，逐步走上了智库产品与专业学术成果系列化、规模化、数字化、国际化、市场化发展的经营道路。

先后策划出版了著名的图书品牌和学术品牌"皮书"系列、"列国志"、"社科文献精品译库"、"全球化译丛"、"全面深化改革研究书系"、"近世中国"、"甲骨文"、"中国史话"等一大批既有学术影响又有市场价值的系列图书，形成了较强的学术出版能力和资源整合能力。2014年社科文献出版社发稿5.5亿字，出版图书1500余种，承印发行中国社科院院属期刊71种，在多项指标上都实现了较大幅度的增长。

凭借着雄厚的出版资源整合能力，社科文献出版社长期以来一直致力于从内容资源和数字平台两个方面实现传统出版的再造，并先后推出了皮书数据库、列国志数据库、中国田野调查数据库等一系列数字产品。数字出版已经初步形成了产品设计、内容开发、编辑标引、产品运营、技术支持、营销推广等全流程体系。

在国内原创著作、国外名家经典著作大量出版，数字出版突飞猛进的同时，社科文献出版社从构建国际话语体系的角度推动学术出版国际化。先后与斯普林格、荷兰博睿、牛津、剑桥等十余家国际出版机构合作面向海外推出了"皮书系列""改革开放30年研究书系""中国梦与中国发展道路研究丛书""全面深化改革研究书系"等一系列在世界范围内引起强烈反响的作品；并持续致力于中国学术出版走出去，组织学者和编辑参加国际书展，筹办国际性学术研讨会，向世界展示中国学者的学术水平和研究成果。

此外，社科文献出版社充分利用网络媒体平台，积极与中央和地方各类媒体合作，并联合大型书店、学术书店、机场书店、网络书店、图书馆，逐步构建起了强大的学术图书内容传播平台。学术图书的媒体曝光率居全国之首，图书馆藏率居于全国出版机构前十位。

上述诸多成绩的取得，有赖于一支以年轻的博士、硕士为主体，一批从中国社科院刚退出科研一线的各学科专家为支撑的300多位高素质的编辑、出版和营销队伍，为我们实现学术立社，以学术品位、学术价值来实现经济效益和社会效益这样一个目标的共同努力。

作为已经开启第三次创业梦想的人文社会科学学术出版机构，2015年的社会科学文献出版社将迎来她30周岁的生日，"三十而立"再出发，我们将以改革发展为动力，以学术资源建设为中心，以构建智慧型出版社为主线，以社庆三十周年系列活动为重要载体，以"整合、专业、分类、协同、持续"为各项工作指导原则，全力推进出版社数字化转型，坚定不移地走专业化、数字化、国际化发展道路，全面提升出版社核心竞争力，为实现"社科文献梦"奠定坚实基础。

社长致辞

我们是图书出版者,更是人文社会科学内容资源供应商;

我们背靠中国社会科学院,面向中国与世界人文社会科学界,坚持为人文社会科学的繁荣与发展服务;

我们精心打造权威信息资源整合平台,坚持为中国经济与社会的繁荣与发展提供决策咨询服务;

我们以读者定位自身,立志让爱书人读到好书,让求知者获得知识;

我们精心编辑、设计每一本好书以形成品牌张力,以优秀的品牌形象服务读者,开拓市场;

我们始终坚持"创社科经典,出传世文献"的经营理念,坚持"权威、前沿、原创"的产品特色;

我们"以人为本",提倡阳光下创业,员工与企业共享发展之成果;

我们立足于现实,认真对待我们的优势、劣势,我们更着眼于未来,以不断的学习与创新适应不断变化的世界,以不断的努力提升自己的实力;

我们愿与社会各界友好合作,共享人文社会科学发展之成果,共同推动中国学术出版乃至内容产业的繁荣与发展。

社会科学文献出版社社长
中国社会学会秘书长

2015 年 1 月

社会科学文献出版社　　皮书系列

❖ 皮书起源 ❖

"皮书"起源于十七、十八世纪的英国，主要指官方或社会组织正式发表的重要文件或报告，多以"白皮书"命名。在中国，"皮书"这一概念被社会广泛接受，并被成功运作、发展成为一种全新的出版形态，则源于中国社会科学院社会科学文献出版社。

❖ 皮书定义 ❖

皮书是对中国与世界发展状况和热点问题进行年度监测，以专业的角度、专家的视野和实证研究方法，针对某一领域或区域现状与发展态势展开分析和预测，具备权威性、前沿性、原创性、实证性、时效性等特点的连续性公开出版物，由一系列权威研究报告组成。皮书系列是社会科学文献出版社编辑出版的蓝皮书、绿皮书、黄皮书等的统称。

❖ 皮书作者 ❖

皮书系列的作者以中国社会科学院、著名高校、地方社会科学院的研究人员为主，多为国内一流研究机构的权威专家学者，他们的看法和观点代表了学界对中国与世界的现实和未来最高水平的解读与分析。

❖ 皮书荣誉 ❖

皮书系列已成为社会科学文献出版社的著名图书品牌和中国社会科学院的知名学术品牌。2011年，皮书系列正式列入"十二五"国家重点出版规划项目；2012~2014年，重点皮书列入中国社会科学院承担的国家哲学社会科学创新工程项目；2015年，41种院外皮书使用"中国社会科学院创新工程学术出版项目"标识。

经济类 皮书系列 重点推荐

经 济 类

经济类皮书涵盖宏观经济、城市经济、大区域经济，提供权威、前沿的分析与预测

经济蓝皮书
2015年中国经济形势分析与预测

李　扬 / 主编　　2014年12月出版　　定价：69.00元

◆ 本书课题为"总理基金项目"，由著名经济学家李扬领衔，联合数十家科研机构、国家部委和高等院校的专家共同撰写，对2014年中国宏观及微观经济形势进行了深入分析，并且提出了2015年经济走势的预测。

城市竞争力蓝皮书
中国城市竞争力报告 No.13

倪鹏飞 / 主编　　2015年5月出版　　估价：89.00元

◆ 本书由中国社会科学院城市与竞争力研究中心主任倪鹏飞主持编写，汇集了众多研究城市经济问题的专家学者关于城市竞争力研究的最新成果。本报告构建了一套科学的城市竞争力评价指标体系，采用第一手数据材料，对国内重点城市年度竞争力格局变化进行客观分析和综合比较、排名，对研究城市经济及城市竞争力极具参考价值。

西部蓝皮书
中国西部发展报告（2015）

姚慧琴　徐璋勇 / 主编　　2015年7月出版　　估价：89.00元

◆ 本书由西北大学中国西部经济发展研究中心主编，汇集了源自西部本土以及国内研究西部问题的权威专家的第一手资料，对国家实施西部大开发战略进行年度动态跟踪，并对2015年西部经济、社会发展态势进行预测和展望。

皮书系列
重点推荐　经济类

中部蓝皮书
中国中部地区发展报告（2015）

喻新安/主编　　2015年5月出版　　估价:69.00元

◆ 本书敏锐地抓住当前中部地区经济发展中的热点、难点问题，紧密地结合国家和中部经济社会发展的重大战略转变，对中部地区经济发展的各个领域进行了深入、全面的分析研究，并提出了具有理论研究价值和可操作性强的政策建议。

世界经济黄皮书
2015年世界经济形势分析与预测

王洛林　张宇燕/主编　　2015年1月出版　　定价:69.00元

◆ 本书为"十二五"国家重点图书出版规划项目，中国社会科学院创新工程学术出版资助项目，作者来自中国社会科学院世界经济与政治研究所。该书总结了2014年世界经济发展的热点问题，对2015年世界经济形势进行了分析与预测。

中国省域竞争力蓝皮书
中国省域经济综合竞争力发展报告（2013~2014）

李建平　李闽榕　高燕京/主编　　2015年2月出版　　定价:198.00元

◆ 本书充分运用数理分析、空间分析、规范分析与实证分析相结合、定性分析与定量分析相结合的方法，建立起比较科学完善、符合中国国情的省域经济综合竞争力指标评价体系及数学模型，对2012~2013年中国内地31个省、市、区的经济综合竞争力进行全面、深入、科学的总体评价与比较分析。

城市蓝皮书
中国城市发展报告 No.8

潘家华　魏后凯/主编　　2015年9月出版　　估价:69.00元

◆ 本书由中国社会科学院城市发展与环境研究中心编著，从中国城市的科学发展、城市环境可持续发展、城市经济集约发展、城市社会协调发展、城市基础设施与用地管理、城市管理体制改革以及中国城市科学发展实践等多角度、全方位地立体展示了中国城市的发展状况，并对中国城市的未来发展提出了建议。

经济类　皮书系列重点推荐

金融蓝皮书
中国金融发展报告（2015）

李扬　王国刚 / 主编　2014 年 12 月出版　定价 :75.00 元

◆ 由中国社会科学院金融研究所组织编写的《中国金融发展报告（2015）》，概括和分析了 2014 年中国金融发展和运行中的各方面情况，研讨和评论了 2014 年发生的主要金融事件。本书由业内专家和青年精英联合编著，有利于读者了解掌握 2014 年中国的金融状况，把握 2015 年中国金融的走势。

低碳发展蓝皮书
中国低碳发展报告（2015）

齐晔 / 主编　2015 年 4 月出版　估价 :89.00 元

◆ 本书对中国低碳发展的政策、行动和绩效进行科学、系统、全面的分析。重点是通过归纳中国低碳发展的绩效，评估与低碳发展相关的政策和措施，分析政策效应的制度背景和作用机制，为进一步的政策制定、优化和实施提供支持。

经济信息绿皮书
中国与世界经济发展报告（2015）

杜平 / 主编　2014 年 12 月出版　定价 :79.00 元

◆ 本书由国家信息中心继续组织有关专家编撰。由国家信息中心组织专家队伍编撰，对 2014 年国内外经济发展环境、宏观经济发展趋势、经济运行中的主要矛盾、产业经济和区域经济热点、宏观调控政策的取向进行了系统的分析预测。

低碳经济蓝皮书
中国低碳经济发展报告（2015）

薛进军　赵忠秀 / 主编　2015 年 5 月出版　估价 :69.00 元

◆ 本书是以低碳经济为主题的系列研究报告，汇集了一批罗马俱乐部核心成员、IPCC 工作组成员、碳排放理论的先驱者、政府气候变化问题顾问、低碳社会和低碳城市计划设计人等世界顶尖学者，对气候变化政策制定、特别是中国的低碳经济经济发展有特别参考意义。

皮书系列 重点推荐 　社会政法类

社会政法类

社会政法类皮书聚焦社会发展领域的热点、难点问题，
提供权威、原创的资讯与视点

社会蓝皮书

2015年中国社会形势分析与预测

李培林　陈光金　张翼/主编　　2014年12月出版　　定价:69.00元

◆ 本报告是中国社会科学院"社会形势分析与预测"课题组2014年度分析报告，由中国社会科学院社会学研究所组织研究机构专家、高校学者和政府研究人员撰写。对2014年中国社会发展的各个方面内容进行了权威解读，同时对2015年社会形势发展趋势进行了预测。

法治蓝皮书

中国法治发展报告 No.13（2015）

李　林　田　禾/主编　　2015年3月出版　　定价:105.00元

◆ 本年度法治蓝皮书一如既往秉承关注中国法治发展进程中的焦点问题的特点，回顾总结了2014年度中国法治发展取得的成就和存在的不足，并对2015年中国法治发展形势进行了预测和展望。

环境绿皮书

中国环境发展报告（2015）

刘鉴强/主编　　2015年5月出版　　估价:79.00元

◆ 本书由民间环保组织"自然之友"组织编写，由特别关注、生态保护、宜居城市、可持续消费以及政策与治理等版块构成，以公共利益的视角记录、审视和思考中国环境状况，呈现2014年中国环境与可持续发展领域的全局态势，用深刻的思考、科学的数据分析2014年的环境热点事件。

社会政法类 — 皮书系列重点推荐

反腐倡廉蓝皮书
中国反腐倡廉建设报告 No.4
李秋芳 张英伟/主编　2014年12月出版　定价:79.00元

◆ 本书抓住了若干社会热点和焦点问题，全面反映了新时期新阶段中国反腐倡廉面对的严峻局面，以及中国共产党反腐倡廉建设的新实践新成果。根据实地调研、问卷调查和舆情分析，梳理了当下社会普遍关注的与反腐败密切相关的热点问题。

女性生活蓝皮书
中国女性生活状况报告 No.9（2015）
韩湘景/主编　2015年4月出版　估价:79.00元

◆ 本书由中国妇女杂志社、华坤女性生活调查中心和华坤女性消费指导中心组织编写，通过调查获得的大量调查数据，真实展现当年中国城市女性的生活状况、消费状况及对今后的预期。

华侨华人蓝皮书
华侨华人研究报告(2015)
贾益民/主编　2015年12月出版　估价:118.00元

◆ 本书为中国社会科学院创新工程学术出版资助项目，是华侨大学向世界提供最新涉侨动态、理论研究和政策建议的平台。主要介绍了相关国家华侨华人的规模、分布、结构、发展趋势，以及全球涉侨生存安全环境和华文教育情况等。

政治参与蓝皮书
中国政治参与报告（2015）
房宁/主编　2015年7月出版　估价:105.00元

◆ 本书作者均来自中国社会科学院政治学研究所，聚焦中国基层群众自治的参与情况介绍了城镇居民的社区建设与居民自治参与和农村居民的村民自治与农村社区建设参与情况。其优势是其指标评估体系的建构和问卷调查的设计专业，数据量丰富，统计结论科学严谨。

行业报告类

行业报告类皮书立足重点行业、新兴行业领域，提供及时、前瞻的数据与信息

房地产蓝皮书
中国房地产发展报告 No.12（2015）

魏后凯　李景国 / 主编　　2015 年 5 月出版　　估价 :79.00 元

◆ 本书汇集了众多研究城市房地产经济问题的专家、学者关于城市房地产方面的最新研究成果。对 2014 年我国房地产经济发展状况进行了回顾，并做出了分析，全面翔实而又客观公正，同时，也对未来我国房地产业的发展形势做出了科学的预测。

保险蓝皮书
中国保险业竞争力报告（2015）

姚庆海　王　力 / 主编　2015 年 12 月出版　　估价 :98.00 元

◆ 本皮书主要为监管机构、保险行业和保险学界提供保险市场一年来发展的总体评价，外在因素对保险业竞争力发展的影响研究；国家监管政策、市场主体经营创新及职能发挥、理论界最新研究成果等综述和评论。

企业社会责任蓝皮书
中国企业社会责任研究报告（2015）

黄群慧　彭华岗　钟宏武　张　蒽 / 编著
2015 年 11 月出版　估价 :69.00 元

◆ 本书系中国社会科学院经济学部企业社会责任研究中心组织编写的《企业社会责任蓝皮书》2015 年分册。该书在对企业社会责任进行宏观总体研究的基础上，根据 2014 年企业社会责任及相关背景进行了创新研究，在全国企业中观层面对企业健全社会责任管理体系提供了弥足珍贵的丰富信息。

行业报告类　皮书系列 重点推荐

投资蓝皮书

中国投资发展报告（2015）

杨庆蔚 / 主编　　2015年4月出版　　估价:128.00元

◆ 本书是中国建银投资有限责任公司在投资实践中对中国投资发展的各方面问题进行深入研究和思考后的成果。投资包括固定资产投资、实业投资、金融产品投资、房地产投资等诸多领域，尝试将投资作为一个整体进行研究，能够较为清晰地展现社会资金流动的特点，为投资者、研究者、甚至政策制定者提供参考。

住房绿皮书

中国住房发展报告（2014~2015）

倪鹏飞 / 主编　　2014年12月出版　　定价:79.00元

◆ 本报告从宏观背景、市场主体、市场体系和公共政策四个方面，对中国住宅市场体系做了全面系统的分析、预测与评价，并给出了相关政策建议，并在评述2013~2014年住房及相关市场走势的基础上，预测了2014~2015年住房及相关市场的发展变化。

人力资源蓝皮书

中国人力资源发展报告（2015）

余兴安 / 主编　　2015年9月出版　　估价:79.00元

◆ 本书是在人力资源和社会保障部部领导的支持下，由中国人事科学研究院汇集我国人力资源开发权威研究机构的诸多专家学者的研究成果编写而成。作为关于人力资源的蓝皮书，本书通过充分利用有关研究成果，更广泛、更深入地展示近年来我国人力资源开发重点领域的研究成果。

汽车蓝皮书

中国汽车产业发展报告（2015）

国务院发展研究中心产业经济研究部 中国汽车工程学会
大众汽车集团（中国）/ 主编　　2015年7月出版　　估价:128.00元

◆ 本书由国务院发展研究中心产业经济研究部、中国汽车工程学会、大众汽车集团（中国）联合主编，是关于中国汽车产业发展的研究性年度报告，介绍并分析了本年度中国汽车产业发展的形势。

国别与地区类

国别与地区类皮书关注全球重点国家与地区，提供全面、独特的解读与研究

亚太蓝皮书

亚太地区发展报告（2015）

李向阳/主编　　2015年1月出版　　定价:59.00元

◆ 本书是由中国社会科学院亚太与全球战略研究院精心打造的品牌皮书，关注时下亚太地区局势发展动向里隐藏的中长趋势，剖析亚太地区政治与安全格局下的区域形势最新动向以及地区关系发展的热点问题，并对2015年亚太地区重大动态做出前瞻性的分析与预测。

日本蓝皮书

日本研究报告（2015）

李薇/主编　　2015年4月出版　　估价:69.00元

◆ 本书由中华日本学会、中国社会科学院日本研究所合作推出，是以中国社会科学院日本研究所的研究人员为主完成的研究成果。对2014年日本的政治、外交、经济、社会文化作了回顾、分析与展望，并收录了该年度日本大事记。

德国蓝皮书

德国发展报告（2015）

郑春荣　伍慧萍/主编　　2015年6月出版　　估价:69.00元

◆ 本报告由同济大学德国研究所组织编撰，由该领域的专家学者对德国的政治、经济、社会文化、外交等方面的形势发展情况，进行全面的阐述与分析。德国作为欧洲大陆第一强国，与中国各方面日渐紧密的合作关系，值得国内各界深切关注。

皮书系列 重点推荐
国别与地区类

国际形势黄皮书
全球政治与安全报告（2015）
李慎明　张宇燕/主编　2015年1月出版　定价:69.00元

◆ 本书为"十二五"国家重点图书出版规划项目、中国社会科学院创新工程学术出版资助项目，为"国际形势黄皮书"系列年度报告之一。报告旨在对本年度国际政治及安全形势的总体情况和变化进行回顾与分析，并提出一定的预测。

拉美黄皮书
拉丁美洲和加勒比发展报告（2014~2015）
吴白乙/主编　2015年4月出版　估价:89.00元

◆ 本书是中国社会科学院拉丁美洲研究所的第14份关于拉丁美洲和加勒比地区发展形势状况的年度报告。本书对2014年拉丁美洲和加勒比地区诸国的政治、经济、社会、外交等方面的发展情况做了系统介绍，对该地区相关国家的热点及焦点问题进行了总结和分析，并在此基础上对该地区各国2015年的发展前景做出预测。

美国蓝皮书
美国研究报告（2015）
黄平　郑秉文/主编　2015年7月出版　估价:89.00元

◆ 本书是由中国社会科学院美国所主持完成的研究成果，它回顾了美国2014年的经济、政治形势与外交战略，对2014年以来美国内政外交发生的重大事件以及重要政策进行了较为全面的回顾和梳理。

大湄公河次区域蓝皮书
大湄公河次区域合作发展报告（2015）
刘　稚/主编　2015年9月出版　估价:79.00元

◆ 云南大学大湄公河次区域研究中心深入追踪分析该区域发展动向，以把握全面，突出重点为宗旨，系统介绍和研究大湄公河次区域合作的年度热点和重点问题，展望次区域合作的发展趋势，并对新形势下我国推进次区域合作深入发展提出相关对策建议。

地方发展类

地方发展类皮书关注大陆各省份、经济区域，提供科学、多元的预判与咨政信息

北京蓝皮书
北京公共服务发展报告（2014~2015）

施昌奎/主编　　2015年1月出版　　定价：69.00元

◆ 本书是由北京市政府职能部门的领导、首都著名高校的教授、知名研究机构的专家共同完成的关于北京市公共服务发展与创新的研究成果。内容涉及了北京市公共服务发展的方方面面，既有综述性的总报告，也有细分的情况介绍，既有对北京各个城区的综合性描述，也有对局部、细部、具体问题的分析，对年度热点问题也都有涉及。

上海蓝皮书
上海经济发展报告（2015）

沈开艳/主编　　2015年1月出版　　定价:69.00元

◆ 本书系上海社会科学院系列之一，报告对2015年上海经济增长与发展趋势的进行了预测，把握了上海经济发展的脉搏和学术研究的前沿。

广州蓝皮书
广州经济发展报告（2015）

李江涛　朱名宏/主编　　2015年5月出版　　估价:69.00元

◆ 本书是由广州市社会科学院主持编写的"广州蓝皮书"系列之一,本报告对广州2014年宏观经济运行情况作了深入分析，对2015年宏观经济走势进行了合理预测，并在此基础上提出了相应的政策建议。

文化传媒类　　皮书系列 重点推荐

文化传媒类

文化传媒类皮书透视文化领域、文化产业，
探索文化大繁荣、大发展的路径

新媒体蓝皮书
中国新媒体发展报告 No.5（2015）

唐绪军 / 主编　　2015 年 6 月出版　　估价 :79.00 元

◆ 本书由中国社会科学院新闻与传播研究所和上海大学合作编写，在构建新媒体发展研究基本框架的基础上，全面梳理 2014 年中国新媒体发展现状，发表最前沿的网络媒体深度调查数据和研究成果，并对新媒体发展的未来趋势做出预测。

舆情蓝皮书
中国社会舆情与危机管理报告（2015）

谢耘耕 / 主编　　2015 年 8 月出版　　估价 :98.00 元

◆ 本书由上海交通大学舆情研究实验室和危机管理研究中心主编，已被列入教育部人文社会科学研究报告培育项目。本书以新媒体环境下的中国社会为立足点，对 2014 年中国社会舆情、分类舆情等进行了深入系统的研究，并预测了 2015 年社会舆情走势。

文化蓝皮书
中国文化产业发展报告（2015）

张晓明　王家新　章建刚 / 主编　　2015 年 4 月出版　　估价 :79.00 元

◆ 本书由中国社会科学院文化研究中心编写。从 2012 年开始，中国社会科学院文化研究中心设立了国内首个文化产业的研究类专项资金——"文化产业重大课题研究计划"，开始在全国范围内组织多学科专家学者对我国文化产业发展重大战略问题进行联合攻关研究。本书集中反映了该计划的研究成果。

经济类

G20国家创新竞争力黄皮书
二十集团(G20)国家创新竞争力发展报告(2015)
著(编)者:黄茂兴 李闽榕 李建平 赵新力
2015年9月出版 估价:128.00元

产业蓝皮书
中国产业竞争力报告(2015)
著(编)者:张其仔 2015年5月出版 / 估价:79.00元

长三角蓝皮书
2015年全面深化改革中的长三角
著(编)者:张伟斌 2015年10月出版 / 估价:69.00元

城乡一体化蓝皮书
中国城乡一体化发展报告(2015)
著(编)者:付崇兰 汝信 2015年12月出版 估价:79.00元

城市创新蓝皮书
中国城市创新报告(2015)
著(编)者:周天勇 旷建伟 2015年8月出版 / 估价:69.00元

城市竞争力蓝皮书
中国城市竞争力报告(2015)
著(编)者:倪鹏飞 2015年5月出版 估价:89.00元

城市蓝皮书
中国城市发展报告NO.8
著(编)者:潘家华 魏后凯 2015年9月出版 / 估价:69.00元

城市群蓝皮书
中国城市群发展指数报告(2015)
著(编)者:刘新静 刘士林 2015年10月出版 / 估价:59.00元

城乡统筹蓝皮书
中国城乡统筹发展报告(2015)
著(编)者:潘晨光 程志强 2015年4月出版 / 估价:59.00元

城镇化蓝皮书
中国新型城镇化健康发展报告(2015)
著(编)者:张占斌 2015年5月出版 / 估价:79.00元

低碳发展蓝皮书
中国低碳发展报告(2015)
著(编)者:齐晔 2015年4月出版 / 估价:89.00元

低碳经济蓝皮书
中国低碳经济发展报告(2015)
著(编)者:薛进军 赵忠秀 2015年5月出版 / 估价:69.00元

东北蓝皮书
中国东北地区发展报告(2015)
著(编)者:马克 黄文艺 2015年8月出版 / 估价:79.00元

发展和改革蓝皮书
中国经济发展和体制改革报告(2015)
著(编)者:邹东涛 2015年11月出版 / 估价:98.00元

工业化蓝皮书
中国工业化进程报告(2015)
著(编)者:黄群慧 吕铁 李晓华 2015年11月出版 / 估价:89.00元

国际城市蓝皮书
国际城市发展报告(2015)
著(编)者:屠启宇 2015年1月出版 / 定价:79.00元

国家创新蓝皮书
中国创新发展报告(2015)
著(编)者:陈劲 2015年6月出版 / 估价:59.00元

环境竞争力绿皮书
中国省域环境竞争力发展报告(2015)
著(编)者:李建平 李闽榕 王金南
2015年12月出版 估价:198.00元

金融蓝皮书
中国金融发展报告(2015)
著(编)者:李扬 王国刚 2014年12月出版 / 定价:75.00元

金融信息服务蓝皮书
金融信息服务发展报告(2015)
著(编)者:鲁广锦 殷剑峰 林义相 2015年6月出版 / 估价:89.00元

经济蓝皮书
2015年中国经济形势分析与预测
著(编)者:李扬 2014年12月出版 / 定价:69.00元

经济蓝皮书·春季号
2015年中国经济前景分析
著(编)者:李扬 2015年5月出版 / 估价:79.00元

经济蓝皮书·夏季号
中国经济增长报告(2015)
著(编)者:李扬 2015年7月出版 / 估价:69.00元

经济信息绿皮书
中国与世界经济发展报告(2015)
著(编)者:杜平 2014年12月出版 / 定价:69.00元

就业蓝皮书
2015年中国大学生就业报告
著(编)者:麦可思研究院 2015年6月出版 / 估价:98.00元

临空经济蓝皮书
中国临空经济发展报告(2015)
著(编)者:连玉明 2015年9月出版 / 估价:79.00元

民营经济蓝皮书
中国民营经济发展报告(2015)
著(编)者:王钦敏 2015年12月出版 / 估价:79.00元

农村绿皮书
中国农村经济形势分析与预测(2014~2015)
著(编)者:中国社会科学院农村发展研究所 国家统计局农村社会经济调查司
2015年4月出版 估价:69.00元

农业应对气候变化蓝皮书
气候变化对中国农业影响评估报告(2015)
著(编)者:矫梅燕 2015年8月出版 / 估价:98.00元

经济类·社会政法类 皮书系列 2015全品种

企业公民蓝皮书
中国企业公民报告（2015）
著(编)者：邹东涛 2015年12月出版 / 估价：79.00元

气候变化绿皮书
应对气候变化报告（2015）
著(编)者：王伟光 郑国光 2015年10月出版 / 估价：79.00元

区域蓝皮书
中国区域经济发展报告（2015）
著(编)者：梁昊光 2015年4月出版 / 估价：79.00元

全球环境竞争力绿皮书
全球环境竞争力报告（2015）
著(编)者：李建建 李闽榕 李建平 王金南
2015年12月出版 / 估价：198.00元

人口与劳动绿皮书
中国人口与劳动问题报告No.15
著(编)者：蔡昉 2015年1月出版 / 定价：59.00元

世界经济黄皮书
2015年世界经济形势分析与预测
著(编)者：王洛林 张宇燕 2015年1月出版 / 定价：69.00元

世界旅游城市绿皮书
世界旅游城市发展报告（2015）
著(编)者：鲁勇 周正宇 宋宇 2015年6月出版 / 估价：88.00元

商务中心区蓝皮书
中国商务中心区发展报告No.1（2014）
著(编)者：魏后凯 李国红 2015年1月出版 / 定价：89.00元

西北蓝皮书
中国西北发展报告（2015）
著(编)者：赵宗福 孙发平 苏海红 鲁顺元 段庆林
2014年12月出版 / 定价：79.00元

西部蓝皮书
中国西部发展报告（2015）
著(编)者：姚慧琴 徐璋勇 2015年7月出版 / 估价：89.00元

新型城镇化蓝皮书
新型城镇化发展报告（2015）
著(编)者：李伟 2015年10月出版 / 估价：89.00元

新兴经济体蓝皮书
金砖国家发展报告（2015）
著(编)者：林跃勤 周文 2015年7月出版 / 估价：79.00元

中部竞争力蓝皮书
中国中部社会竞争力报告（2015）
著(编)者：教育部人文社会科学重点研究基地
南昌大学中国中部经济社会发展研究中心
2015年9月出版 / 估价：79.00元

中部蓝皮书
中国中部地区发展报告（2015）
著(编)者：喻新安 2015年5月出版 / 估价：69.00元

中国省域竞争力蓝皮书
中国省域经济综合竞争力发展报告（2013~2014）
著(编)者：李建平 李闽榕 高燕京
2015年2月出版 / 定价：198.00元

中三角蓝皮书
长江中游城市群发展报告（2015）
著(编)者：秦尊文 2015年10月出版 / 估价：69.00元

中小城市绿皮书
中国中小城市发展报告（2015）
著(编)者：中国城市经济学会中小城市经济发展委员会
《中国中小城市发展报告》编纂委员会
中小城市发展战略研究院
2015年10月出版 / 估价：98.00元

中央商务区蓝皮书
中国中央商务区发展报告（2015）
著(编)者：中国商务区联盟
中国社会科学院城市发展与环境研究所
2015年10月出版 / 估价：69.00元

中原蓝皮书
中原经济区发展报告（2015）
著(编)者：李英杰 2015年6月出版 / 估价：88.00元

社会政法类

北京蓝皮书
中国社区发展报告（2015）
著(编)者：于燕燕 2015年6月出版 / 估价：69.00元

殡葬绿皮书
中国殡葬事业发展报告（2015）
著(编)者：李伯森 2015年4月出版 / 估价：59.00元

城市管理蓝皮书
中国城市管理报告（2015）
著(编)者：谭维克 刘林 2015年12月出版 / 估价：158.00元

城市生活质量蓝皮书
中国城市生活质量报告（2015）
著(编)者：中国经济实验研究院 2015年6月出版 / 估价：59.00元

城市政府能力蓝皮书
中国城市政府公共服务能力评估报告（2015）
著(编)者：何艳玲 2015年7月出版 / 估价：59.00元

创新蓝皮书
创新型国家建设报告（2015）
著(编)者：詹正茂 2015年4月出版 / 估价：69.00元

慈善蓝皮书
中国慈善发展报告（2015）
著(编)者：杨团 2015年5月出版 / 估价：79.00元

大学生蓝皮书
中国大学生生活形态研究报告（2015）
著(编)者：张新洲 2015年12月出版 / 估价：69.00元

皮书系列 2015全品种 社会政法类

地方法治蓝皮书
中国地方法治发展报告No.1（2014）
著（编）者：李林 田禾 2015年1月出版 / 定价：98.00元

法治蓝皮书
中国法治发展报告No.13（2015）
著（编）者：李林 田禾 2015年3月出版 / 定价：105.00元

反腐倡廉蓝皮书
中国反腐倡廉建设报告No.4
著（编）者：李秋芳 张英伟 2014年12月出版 / 定价：79.00元

非传统安全蓝皮书
中国非传统安全研究报告（2015）
著（编）者：余潇枫 魏志江 2015年6月出版 / 定价：79.00元

妇女发展蓝皮书
中国妇女发展报告（2015）
著（编）者：王金玲 2015年9月出版 / 估价：148.00元

妇女教育蓝皮书
中国妇女教育发展报告（2015）
著（编）者：张李玺 2015年1月出版 / 估价：78.00元

妇女绿皮书
中国性别平等与妇女发展报告（2015）
著（编）者：谭琳 2015年12月出版 / 估价：99.00元

公共服务蓝皮书
中国城市基本公共服务力评价（2015）
著（编）者：钟君 吴正杲 2015年12月出版 / 估价：79.00元

公共服务满意度蓝皮书
中国城市公共服务评价报告（2015）
著（编）者：胡伟 2015年12月出版 / 估价：69.00元

公民科学素质蓝皮书
中国公民科学素质报告（2015）
著（编）者：李群 许佳军 2015年6月出版 / 估价：79.00元

公益蓝皮书
中国公益发展报告（2015）
著（编）者：朱健刚 2015年5月出版 / 估价：78.00元

管理蓝皮书
中国管理发展报告（2015）
著（编）者：张晓东 2015年9月出版 / 估价：98.00元

国际人才蓝皮书
中国国际移民报告（2015）
著（编）者：王辉耀 2015年2月出版 / 定价：79.00元

国际人才蓝皮书
中国海归发展报告（2015）
著（编）者：王辉耀 苗绿 2015年4月出版 / 估价：69.00元

国际人才蓝皮书
中国留学发展报告（2015）
著（编）者：王辉耀 苗绿 2015年9月出版 / 估价：69.00元

国家安全蓝皮书
中国国家安全研究报告（2015）
著（编）者：刘慧 2015年5月出版 / 估价：98.00元

行政改革蓝皮书
中国行政体制改革报告（2014~2015）
著（编）者：魏礼群 2015年4月出版 / 估价：89.00元

华侨华人蓝皮书
华侨华人研究报告（2015）
著（编）者：贾益民 2015年12月出版 / 估价：118.00元

环境绿皮书
中国环境发展报告（2015）
著（编）者：刘鉴强 2015年5月出版 / 估价：79.00元

基金会蓝皮书
中国基金会发展报告（2015）
著（编）者：刘忠祥 2015年6月出版 / 估价：69.00元

基金会绿皮书
中国基金会发展独立研究报告（2015）
著（编）者：基金会中心网 2015年8月出版 / 估价：88.00元

基金会透明度蓝皮书
中国基金会透明度发展研究报告（2015）
著（编）者：基金会中心网 清华大学廉政与治理研究中心
2015年9月出版 / 估价：78.00元

教师蓝皮书
中国中小学教师发展报告（2015）
著（编）者：曾晓东 2015年7月出版 / 估价：59.00元

教育蓝皮书
中国教育发展报告（2015）
著（编）者：杨东平 2015年5月出版 / 估价：79.00元

科普蓝皮书
中国科普基础设施发展报告（2015）
著（编）者：任福君 2015年6月出版 / 估价：59.00元

劳动保障蓝皮书
中国劳动保障发展报告（2015）
著（编）者：刘燕斌 2015年6月出版 / 估价：89.00元

老龄蓝皮书
中国老年宜居环境发展报告(2015)
著（编）者：吴玉韶 2015年9月出版 / 估价：79.00元

连片特困区蓝皮书
中国连片特困区发展报告（2015）
著（编）者：冷志明 游俊 2015年4月出版 / 估价：79.00元

民间组织蓝皮书
中国民间组织报告(2015)
著（编）者：潘晨光 黄晓勇 2015年8月出版 / 估价：69.00元

民调蓝皮书
中国民生调查报告（2015）
著（编）者：谢耘耕 2015年5月出版 / 估价：128.00元

民族发展蓝皮书
中国民族区域自治发展报告（2015）
著（编）者：王希恩 郝时远 2015年6月出版 / 估价：98.00元

女性生活蓝皮书
中国女性生活状况报告No.9（2015）
著（编）者：《中国妇女》杂志社 华坤女性生活调查中心
华坤女性消费指导中心
2015年4月出版 / 估价：79.00元

社会政法类 — 皮书系列 2015全品种

企业公众透明度蓝皮书
中国企业公众透明度报告(2014~2015)No.1
著(编)者:黄速建　王晓光　肖红军
2015年1月出版 / 定价:98.00元

企业国际化蓝皮书
中国企业国际化报告(2015)
著(编)者:王辉耀　2015年10月出版 / 估价:79.00元

汽车社会蓝皮书
中国汽车社会发展报告（2015）
著(编)者:王俊秀　2015年4月出版 / 估价:59.00元

青年蓝皮书
中国青年发展报告No.3
著(编)者:廉思　2015年4月出版 / 估价:59.00元

区域人才蓝皮书
中国区域人才竞争力报告（2015）
著(编)者:桂昭明　王辉耀　2015年6月出版 / 估价:69.00元

群众体育蓝皮书
中国群众体育发展报告（2015）
著(编)者:刘国永　杨桦　2015年8月出版 / 估价:69.00元

人才蓝皮书
中国人才发展报告（2015）
著(编)者:潘晨光　2015年8月出版 / 估价:85.00元

人权蓝皮书
中国人权事业发展报告（2015）
著(编)者:中国人权研究会　2015年8月出版 / 估价:99.00元

森林碳汇绿皮书
中国森林碳汇评估发展报告（2015）
著(编)者:闫文德　胡文臻　2015年9月出版 / 估价:79.00元

社会保障绿皮书
中国社会保障发展报告（2015）
著(编)者:王延中　2015年6月出版 / 估价:79.00元

社会工作蓝皮书
中国社会工作发展报告（2015）
著(编)者:民政部社会工作研究中心
2015年8月出版 / 估价:79.00元

社会管理蓝皮书
中国社会管理创新报告（2015）
著(编)者:连玉明　2015年9月出版 / 估价:89.00元

社会蓝皮书
2015年中国社会形势分析与预测
著(编)者:李培林　陈光金　张翼
2014年12月出版 / 定价:69.00元

社会体制蓝皮书
中国社会体制改革报告（2015）
著(编)者:龚维斌　2015年5月出版 / 估价:79.00元

社会心态蓝皮书
中国社会心态研究报告（2015）
著(编)者:王俊秀　杨宜音　2015年10月出版 / 估价:69.00元

社会组织蓝皮书
中国社会组织评估发展报告（2015）
著(编)者:徐家良　廖鸿　2015年12月出版 / 估价:69.00元

生态城市绿皮书
中国生态城市建设发展报告（2015）
著(编)者:刘举科　孙伟平　胡文臻
2015年6月出版 / 估价:98.00元

生态文明绿皮书
中国省域生态文明建设评价报告（ECI 2015）
著(编)者:严耕　2015年9月出版 / 估价:85.00元

世界社会主义黄皮书
世界社会主义跟踪研究报告（2015）
著(编)者:李慎明　2015年4月出版 / 估价:198.00元

水与发展蓝皮书
中国水风险评估报告（2015）
著(编)者:王浩　2015年9月出版 / 估价:69.00元

土地整治蓝皮书
中国土地整治发展研究报告No.2
著(编)者:国土资源部土地整治中心　2015年5月出版 / 估价:89.00元

危机管理蓝皮书
中国危机管理报告（2015）
著(编)者:文学国　2015年8月出版 / 估价:89.00元

形象危机应对蓝皮书
形象危机应对研究报告（2015）
著(编)者:唐钧　2015年6月出版 / 估价:149.00元

医改蓝皮书
中国医药卫生体制改革报告（2015～2016）
著(编)者:文学国　房志武　2015年12月出版 / 估价:79.00元

医疗卫生绿皮书
中国医疗卫生发展报告（2015）
著(编)者:申宝忠　韩玉珍　2015年4月出版 / 估价:75.00元

应急管理蓝皮书
中国应急管理报告（2015）
著(编)者:宋英华　2015年10月出版 / 估价:69.00元

政治参与蓝皮书
中国政治参与报告（2015）
著(编)者:房宁　2015年7月出版 / 估价:105.00元

政治发展蓝皮书
中国政治发展报告（2015）
著(编)者:房宁　杨海蛟　2015年5月出版 / 估价:88.00元

中国农村妇女发展蓝皮书
流动女性城市融入发展报告（2015）
著(编)者:谢丽华　2015年11月出版 / 估价:69.00元

宗教蓝皮书
中国宗教报告（2015）
著(编)者:金泽　邱永辉　2015年9月出版 / 估价:59.00元

行业报告类

保险蓝皮书
中国保险业竞争力报告（2015）
著(编)者：王力　2015年12月出版 / 估价：98.00元

彩票蓝皮书
中国彩票发展报告（2015）
著(编)者：益彩基金　2015年10月出版 / 估价：69.00元

餐饮产业蓝皮书
中国餐饮产业发展报告（2015）
著(编)者：邢颖　2015年6月出版 / 估价：69.00元

测绘地理信息蓝皮书
智慧中国地理空间智能体系研究报告（2015）
著(编)者：库热西·买合苏提　2015年12月出版 / 估价：98.00元

茶业蓝皮书
中国茶产业发展报告（2015）
著(编)者：杨江帆　李闽榕　2015年10月出版 / 估价：78.00元

产权市场蓝皮书
中国产权市场发展报告（2015）
著(编)者：曹和平　2015年12月出版 / 估价：79.00元

电子政务蓝皮书
中国电子政务发展报告（2015）
著(编)者：洪毅　杜平　2015年11月出版 / 估价：79.00元

杜仲产业绿皮书
中国杜仲橡胶资源与产业发展报告（2014~2015）
著(编)者：杜红岩　胡文臻　俞锐
2015年1月出版 / 定价：85.00元

房地产蓝皮书
中国房地产发展报告No.12（2015）
著(编)者：魏后凯　李景国　2015年5月出版 / 估价：79.00元

服务外包蓝皮书
中国服务外包产业发展报告（2015）
著(编)者：王晓红　刘德军　2015年6月出版 / 估价：89.00元

工业设计蓝皮书
中国工业设计发展报告（2015）
著(编)者：王晓红　于炜　张立群　2015年9月出版 / 估价：138.00元

互联网金融蓝皮书
中国互联网金融发展报告（2015）
著(编)者：芮晓武　刘烈宏　2015年8月出版 / 估价：79.00元

会展蓝皮书
中外会展业动态评估年度报告（2015）
著(编)者：张敏　2015年1月出版 / 估价：78.00元

金融监管蓝皮书
中国金融监管报告（2015）
著(编)者：胡滨　2015年5月出版 / 估价：69.00元

金融蓝皮书
中国商业银行竞争力报告（2015）
著(编)者：王松奇　2015年12月出版 / 估价：69.00元

客车蓝皮书
中国客车产业发展报告（2014~2015）
著(编)者：姚蔚　2015年2月出版 / 定价：85.00元

老龄蓝皮书
中国老年宜居环境发展报告（2015）
著(编)者：吴玉韶　党俊武　2015年9月出版 / 估价：79.00元

流通蓝皮书
中国商业发展报告（2015）
著(编)者：荆林波　2015年5月出版 / 估价：89.00元

旅游安全蓝皮书
中国旅游安全报告（2015）
著(编)者：郑向敏　谢朝武　2015年5月出版 / 估价：98.00元

旅游景区蓝皮书
中国旅游景区发展报告（2015）
著(编)者：黄安民　2015年7月出版 / 估价：79.00元

旅游绿皮书
2014~2015年中国旅游发展分析与预测
著(编)者：宋瑞　2015年1月出版 / 定价：98.00元

煤炭蓝皮书
中国煤炭工业发展报告（2015）
著(编)者：岳福斌　2015年12月出版 / 估价：79.00元

民营医院蓝皮书
中国民营医院发展报告（2015）
著(编)者：庄一强　2015年10月出版 / 估价：75.00元

闽商蓝皮书
闽商发展报告（2015）
著(编)者：王日根　李闽榕　2015年12月出版 / 估价：69.00元

能源蓝皮书
中国能源发展报告（2015）
著(编)者：崔民选　王军生　2015年8月出版 / 估价：79.00元

农产品流通蓝皮书
中国农产品流通产业发展报告（2015）
著(编)者：贾敬敦　张东科　张玉玺　孔令羽　张鹏毅
2015年9月出版 / 估价：89.00元

企业蓝皮书
中国企业竞争力报告（2015）
著(编)者：金碚　2015年11月出版 / 估价：89.00元

企业社会责任蓝皮书
中国企业社会责任研究报告（2015）
著(编)者：黄群慧　彭华岗　钟宏武　张蒽
2015年11月出版 / 估价：69.00元

行业报告类

皮书系列 2015全品种

汽车安全蓝皮书
中国汽车安全发展报告（2015）
著(编)者：中国汽车技术研究中心　2015年4月出版　/　估价：79.00元

汽车蓝皮书
中国汽车产业发展报告（2015）
著(编)者：国务院发展研究中心产业经济研究部
　　　　　中国汽车工程学会　大众汽车集团（中国）
2015年7月出版　/　估价：128.00元

清洁能源蓝皮书
国际清洁能源发展报告（2015）
著(编)者：国际清洁能源论坛（澳门）
2015年9月出版　/　估价：89.00元

人力资源蓝皮书
中国人力资源发展报告（2015）
著(编)者：余兴安　2015年9月出版　/　估价：79.00元

融资租赁蓝皮书
中国融资租赁业发展报告（2014~2015）
著(编)者：李光荣　王力　2015年1月出版　/　定价：89.00元

软件和信息服务业蓝皮书
中国软件和信息服务业发展报告（2015）
著(编)者：陈新河　洪京一　2015年12月出版　/　估价：198.00元

上市公司蓝皮书
上市公司质量评价报告（2015）
著(编)者：张跃文　王力　2015年10月出版　/　估价：118.00元

食品药品蓝皮书
食品药品安全与监管政策研究报告（2015）
著(编)者：唐民皓　2015年7月出版　/　估价：69.00元

世界能源蓝皮书
世界能源发展报告（2015）
著(编)者：黄晓勇　2015年6月出版　/　估价：99.00元

碳市场蓝皮书
中国碳市场报告（2015）
著(编)者：低碳发展国际合作联盟
2015年11月出版　/　估价：69.00元

体育蓝皮书
中国体育产业发展报告（2015）
著(编)者：阮伟　钟秉枢　2015年4月出版　/　估价：69.00元

投资蓝皮书
中国投资发展报告（2015）
著(编)者：杨庆蔚　2015年4月出版　/　估价：128.00元

物联网蓝皮书
中国物联网发展报告（2015）
著(编)者：黄桂田　2015年4月出版　/　估价：59.00元

西部工业蓝皮书
中国西部工业发展报告（2015）
著(编)者：方行明　甘犁　刘方健　姜凌　等
2015年9月出版　/　估价：79.00元

西部金融蓝皮书
中国西部金融发展报告（2015）
著(编)者：李忠民　2015年8月出版　/　估价：75.00元

新能源汽车蓝皮书
中国新能源汽车产业发展报告（2015）
著(编)者：中国汽车技术研究中心
　　　　　日产（中国）投资有限公司　东风汽车有限公司
2015年8月出版　/　估价：69.00元

信托市场蓝皮书
中国信托业市场报告（2014~2015）
著(编)者：用益信托工作室　2015年2月出版　/　定价：198.00元

信息产业蓝皮书
世界软件和信息技术产业发展报告（2015）
著(编)者：洪京一　2015年8月出版　/　估价：79.00元

信息化蓝皮书
中国信息化形势分析与预测（2015）
著(编)者：周宏仁　2015年8月出版　/　估价：98.00元

信用蓝皮书
中国信用发展报告（2015）
著(编)者：田侃　2015年4月出版　/　估价：69.00元

休闲绿皮书
2015年中国休闲发展报告
著(编)者：刘德谦　2015年6月出版　/　估价：59.00元

医药蓝皮书
中国中医药产业园战略发展报告（2015）
著(编)者：裴长洪　房书亭　吴篠心　2015年5月出版　/　估价：89.00元

邮轮绿皮书
中国邮轮产业发展报告（2015）
著(编)者：汪泓　2015年9月出版　/　估价：79.00元

支付清算蓝皮书
中国支付清算发展报告（2015）
著(编)者：杨涛　2015年5月出版　/　估价：45.00元

中国上市公司蓝皮书
中国上市公司发展报告（2015）
著(编)者：许雄斌　张平　2015年9月出版　/　估价：98.00元

中国总部经济蓝皮书
中国总部经济发展报告（2015）
著(编)者：赵弘　2015年5月出版　/　估价：79.00元

住房绿皮书
中国住房发展报告（2014~2015）
著(编)者：倪鹏飞　2014年12月出版　/　定价：79.00元

资本市场蓝皮书
中国场外交易市场发展报告（2015）
著(编)者：高峦　2015年8月出版　/　估价：79.00元

资产管理蓝皮书
中国资产管理行业发展报告（2015）
著(编)者：智信资产管理研究院　2015年7月出版　/　估价：79.00元

文化传媒类

传媒竞争力蓝皮书
中国传媒国际竞争力研究报告（2015）
著(编)者：李本乾　2015年9月出版 / 估价：88.00元

传媒蓝皮书
中国传媒产业发展报告（2015）
著(编)者：崔保国　2015年4月出版 / 估价：98.00元

传媒投资蓝皮书
中国传媒投资发展报告（2015）
著(编)者：张向东　2015年7月出版 / 估价：89.00元

动漫蓝皮书
中国动漫产业发展报告（2015）
著(编)者：卢斌　郑玉明　牛兴侦　2015年7月出版 / 估价：79.00元

非物质文化遗产蓝皮书
中国非物质文化遗产发展报告（2015）
著(编)者：陈平　2015年4月出版 / 估价：79.00元

非物质文化遗产蓝皮书
中国少数民族非物质文化遗产发展报告（2015）
著(编)者：肖远平　柴立　2015年4月出版 / 估价：79.00元

广电蓝皮书
中国广播电影电视发展报告（2015）
著(编)者：杨明品　2015年7月出版 / 估价：98.00元

广告主蓝皮书
中国广告主营销传播趋势报告（2015）
著(编)者：黄升民　2015年5月出版 / 估价：148.00元

国际传播蓝皮书
中国国际传播发展报告（2015）
著(编)者：胡正荣　李继东　姬德强
2015年7月出版 / 估价：89.00元

国家形象蓝皮书
2015年国家形象研究报告
著(编)者：张昆　2015年5月出版 / 估价：79.00元

纪录片蓝皮书
中国纪录片发展报告（2015）
著(编)者：何苏六　2015年9月出版 / 估价：79.00元

科学传播蓝皮书
中国科学传播报告（2015）
著(编)者：詹正茂　2015年4月出版 / 估价：69.00元

两岸文化蓝皮书
两岸文化产业合作发展报告（2015）
著(编)者：胡惠林　李保宗　2015年7月出版 / 估价：79.00元

媒介与女性蓝皮书
中国媒介与女性发展报告（2015）
著(编)者：刘利群　2015年8月出版 / 估价：69.00元

全球传媒蓝皮书
全球传媒发展报告（2015）
著(编)者：胡正荣　2015年12月出版 / 估价：79.00元

世界文化发展蓝皮书
世界文化发展报告（2015）
著(编)者：张庆宗　高乐田　郭熙煌
2015年5月出版 / 估价：89.00元

视听新媒体蓝皮书
中国视听新媒体发展报告（2015）
著(编)者：庞井君　2015年6月出版 / 估价：148.00元

文化创新蓝皮书
中国文化创新报告（2015）
著(编)者：于平　傅才武　2015年4月出版 / 估价：79.00元

文化建设蓝皮书
中国文化发展报告（2015）
著(编)者：江畅　孙伟平　戴茂堂
2015年4月出版 / 估价：138.00元

文化科技蓝皮书
文化科技创新发展报告（2015）
著(编)者：于平　李凤亮　2015年10月出版 / 估价：89.00元

文化蓝皮书
中国文化产业供需协调检测报告（2015）
著(编)者：王亚南　2015年2月出版 / 定价：79.00元

文化蓝皮书
中国文化消费需求景气评价报告（2015）
著(编)者：王亚南　2015年2月出版 / 定价：79.00元

文化蓝皮书
中国文化产业发展报告（2015）
著(编)者：张晓明　王家新　章建刚
2015年4月出版 / 估价：79.00元

文化蓝皮书
中国公共文化投入增长测评报告（2015）
著(编)者：王亚南　2014年12月出版 / 定价：79.00元

文化蓝皮书
中国文化政策发展报告（2015）
著(编)者：傅才武　宋文玉　燕东升　2015年9月出版 / 估价：98.00

文化品牌蓝皮书
中国文化品牌发展报告（2015）
著(编)者：欧阳友权　2015年4月出版 / 估价：79.00元

文化遗产蓝皮书
中国文化遗产事业发展报告（2015）
著(编)者：刘世锦　2015年12月出版 / 估价：89.00元

文学蓝皮书
中国文情报告（2015）
著(编)者：白烨　2015年5月出版 / 估价：49.00元

新媒体蓝皮书
中国新媒体发展报告（2015）
著(编)者：唐绪军　2015年6月出版 / 估价：79.00元

新媒体社会责任蓝皮书
中国新媒体社会责任研究报告（2015）
著(编)者：钟瑛　2015年10月出版／估价：79.00元

移动互联网蓝皮书
中国移动互联网发展报告（2015）
著(编)者：官建文　2015年6月出版／估价：79.00元

舆情蓝皮书
中国社会舆情与危机管理报告（2015）
著(编)者：谢耘耕　2015年8月出版／估价：98.00元

地方发展类

安徽经济蓝皮书
芜湖创新型城市发展报告（2015）
著(编)者：杨少华　王开玉　2015年4月出版／估价：69.00元

安徽蓝皮书
安徽社会发展报告（2015）
著(编)者：程桦　2015年4月出版／估价：79.00元

安徽社会建设蓝皮书
安徽社会建设分析报告（2015）
著(编)者：黄家海　王开玉　蔡宪　2015年4月出版／估价：69.00元

澳门蓝皮书
澳门经济社会发展报告（2015）
著(编)者：吴志良　郝雨凡　2015年4月出版／估价：79.00元

北京蓝皮书
北京公共服务发展报告（2014~2015）
著(编)者：施昌奎　2015年1月出版／定价：69.00元

北京蓝皮书
北京经济发展报告（2015）
著(编)者：杨松　2015年4月出版／估价：79.00元

北京蓝皮书
北京社会治理发展报告（2015）
著(编)者：殷星辰　2015年4月出版／估价：79.00元

北京蓝皮书
北京文化发展报告（2015）
著(编)者：李建盛　2015年4月出版／估价：79.00元

北京蓝皮书
北京社会发展报告（2015）
著(编)者：缪青　2015年5月出版／估价：79.00元

北京蓝皮书
北京社区发展报告（2015）
著(编)者：于燕燕　2015年1月出版／定价：79.00元

北京旅游绿皮书
北京旅游发展报告（2015）
著(编)者：北京旅游学会　2015年7月出版／估价：88.00元

北京律师蓝皮书
北京律师发展报告（2015）
著(编)者：王隽　2015年12月出版／估价：75.00元

北京人才蓝皮书
北京人才发展报告（2015）
著(编)者：于淼　2015年4月出版／估价：89.00元

北京社会心态蓝皮书
北京社会心态分析报告（2015）
著(编)者：北京社会心理研究所　2015年4月出版／估价：69.00元

北京社会组织蓝皮书
北京社会组织发展研究报告(2015)
著(编)者：李东松　唐军　2015年4月出版／估价：79.00元

北京社会组织蓝皮书
北京社会组织发展报告（2015）
著(编)者：温庆云　2015年9月出版／估价：69.00元

滨海金融蓝皮书
滨海新区金融发展报告（2015）
著(编)者：王爱俭　张锐钢　2015年9月出版／估价：79.00元

城乡一体化蓝皮书
中国城乡一体化发展报告（北京卷）（2015）
著(编)者：张宝秀　黄序　2015年4月出版／估价：69.00元

创意城市蓝皮书
北京文化创意产业发展报告（2015）
著(编)者：张京成　2015年11月出版／估价：65.00元

创意城市蓝皮书
无锡创意文化产业发展报告（2015）
著(编)者：谭军　张鸣年　2015年10月出版／估价：75.00元

创意城市蓝皮书
武汉市文化创意产业发展报告（2015）
著(编)者：袁堃　黄永林　2015年11月出版／估价：85.00元

创意城市蓝皮书
重庆创意产业发展报告（2015）
著(编)者：程宇宁　2015年4月出版／估价：89.00元

创意城市蓝皮书
青岛文化创意产业发展报告（2015）
著(编)者：马达　张丹妮　2015年6月出版／估价：79.00元

福建妇女发展蓝皮书
福建省妇女发展报告（2015）
著(编)者：刘群英　2015年10月出版／估价：58.00元

皮书系列 2015全品种

地方发展类

甘肃蓝皮书
甘肃舆情分析与预测（2015）
著(编)者：陈双梅　郝树声　2015年1月出版 / 定价：79.00元

甘肃蓝皮书
甘肃文化发展分析与预测（2015）
著(编)者：安文华　周小华　2015年1月出版 / 定价：79.00元

甘肃蓝皮书
甘肃社会发展分析与预测（2015）
著(编)者：安文华　包晓霞　2015年1月出版 / 定价：79.00元

甘肃蓝皮书
甘肃经济发展分析与预测（2015）
著(编)者：朱智文　罗哲　2015年1月出版 / 定价：79.00元

甘肃蓝皮书
甘肃县域经济综合竞争力评价（2015）
著(编)者：刘进军　2015年4月出版 / 估价：69.00元

甘肃蓝皮书
甘肃县域社会发展评价报告（2015）
著(编)者：刘进军　柳民　王建兵　2015年1月出版 / 定价:79.00元

广东蓝皮书
广东省电子商务发展报告（2015）
著(编)者：程晓　2015年12月出版 / 估价：69.00元

广东蓝皮书
广东社会工作发展报告（2015）
著(编)者：罗观翠　2015年6月出版 / 估价：89.00元

广东社会建设蓝皮书
广东省社会建设发展报告（2015）
著(编)者：广东省社会工作委员会　2015年10月出版 / 估价：89.00元

广东外经贸蓝皮书
广东对外经济贸易发展研究报告（2015）
著(编)者：陈万灵　2015年5月出版 / 估价：79.00元

广西北部湾经济区蓝皮书
广西北部湾经济区开放开发报告（2015）
著(编)者：广西北部湾经济区规划建设管理委员会办公室　广西社会科学院广西北部湾发展研究院
2015年8月出版 / 估价：79.00元

广州蓝皮书
广州社会保障发展报告（2015）
著(编)者：蔡国萱　2015年4月出版 / 估价：65.00元

广州蓝皮书
2015年中国广州社会形势分析与预测
著(编)者：张强　陈怡霓　杨秦　2015年5月出版 / 估价：69.00元

广州蓝皮书
广州经济发展报告（2015）
著(编)者：李江涛　朱名宏　2015年5月出版 / 估价：69.00元

广州蓝皮书
广州商贸业发展报告（2015）
著(编)者：李江涛　王旭东　荀振英　2015年6月出版 / 估价：69.00元

广州蓝皮书
2015年中国广州经济形势分析与预测
著(编)者：庾建设　沈奎　郭志勇　2015年6月出版 / 估价：79.00元

广州蓝皮书
中国广州文化发展报告（2015）
著(编)者：徐俊忠　陆志强　顾涧清　2015年6月出版 / 估价：69.00元

广州蓝皮书
广州农村发展报告（2015）
著(编)者：李江涛　汤锦华　2015年8月出版 / 估价：69.00元

广州蓝皮书
中国广州城市建设与管理发展报告（2015）
著(编)者：董皡　冼伟雄　2015年7月出版 / 估价：69.00元

广州蓝皮书
中国广州科技和信息化发展报告（2015）
著(编)者：邹采荣　马正勇　冯元　2015年7月出版 / 估价：79.00元

广州蓝皮书
广州创新型城市发展报告（2015）
著(编)者：李江涛　2015年7月出版 / 估价：69.00元

广州蓝皮书
广州文化创意产业发展报告（2015）
著(编)者：甘新　2015年8月出版 / 估价：79.00元

广州蓝皮书
广州志愿服务发展报告（2015）
著(编)者：魏国华　张强　2015年9月出版 / 估价：69.00元

广州蓝皮书
广州城市国际化发展报告（2015）
著(编)者：朱名宏　2015年9月出版 / 估价：59.00元

广州蓝皮书
广州汽车产业发展报告（2015）
著(编)者：李江涛　杨再高　2015年9月出版 / 估价：69.00元

贵州房地产蓝皮书
贵州房地产发展报告（2015）
著(编)者：武廷方　2015年10月出版 / 估价：89.00元

贵州蓝皮书
贵州人才发展报告（2015）
著(编)者：于杰　吴大华　2015年4月出版 / 估价：69.00元

贵州蓝皮书
贵州社会发展报告（2015）
著(编)者：王兴骥　2015年4月出版 / 估价：69.00元

贵州蓝皮书
贵州法治发展报告（2015）
著(编)者：吴大华　2015年4月出版 / 估价：69.00元

贵州蓝皮书
贵州国有企业社会责任发展报告（2015）
著(编)者：郭丽　2015年10月出版 / 估价：79.00元

海淀蓝皮书
海淀区文化和科技融合发展报告（2015）
著(编)者：孟景伟　陈名杰　2015年5月出版 / 估价：75.00元

皮书系列 2015全品种
地方发展类

海峡西岸蓝皮书
海峡西岸经济区发展报告（2015）
著(编)者：黄端　2015年9月出版／估价:65.00元

杭州都市圈蓝皮书
杭州都市圈发展报告（2015）
著(编)者：董祖德　沈翔　2015年5月出版／估价:89.00元

杭州蓝皮书
杭州妇女发展报告（2015）
著(编)者：魏颖　2015年6月出版／估价:75.00元

河北经济蓝皮书
河北省经济发展报告（2015）
著(编)者：马树强　金浩　张贵　2015年4月出版／估价:79.00元

河北蓝皮书
河北经济社会发展报告（2015）
著(编)者：周文夫　2015年1月出版／定价:79.00元

河南经济蓝皮书
2015年河南经济形势分析与预测
著(编)者：胡五岳　2015年2月出版／定价:69.00元

河南蓝皮书
河南城市发展报告（2015）
著(编)者：谷建全　王建国　2015年3月出版／定价:79.00元

河南蓝皮书
2015年河南社会形势分析与预测
著(编)者：刘道兴　牛苏林　2015年4月出版／估价:69.00元

河南蓝皮书
河南工业发展报告（2015）
著(编)者：龚绍东　赵西三　2015年1月出版／定价:79.00元

河南蓝皮书
河南文化发展报告（2015）
著(编)者：卫绍生　2015年3月出版／定价:79.00元

河南蓝皮书
河南经济发展报告（2015）
著(编)者：喻新安　2014年12月出版／定价:79.00元

河南蓝皮书
河南法治发展报告（2015）
著(编)者：丁同民　闫德民　2015年4月出版／估价:69.00元

河南蓝皮书
河南金融发展报告（2015）
著(编)者：喻新安　谷建全　2015年4月出版／估价:69.00元

河南商务蓝皮书
河南商务发展报告（2015）
著(编)者：焦锦淼　穆荣国　2015年5月出版／估价:88.00元

黑龙江产业蓝皮书
黑龙江产业发展报告（2015）
著(编)者：于渤　2015年9月出版／估价:79.00元

黑龙江蓝皮书
黑龙江经济发展报告（2015）
著(编)者：曲伟　2015年1月出版／定价:79.00元

黑龙江蓝皮书
黑龙江社会发展报告（2015）
著(编)者：张新颖　2015年1月出版／定价:79.00元

湖北文化蓝皮书
湖北文化发展报告（2015）
著(编)者：江畅　吴成国　2015年5月出版／估价:89.00元

湖南城市蓝皮书
区域城市群整合
著(编)者：童中贤　韩未名　2015年12月出版／估价:79.00元

湖南蓝皮书
2015年湖南电子政务发展报告
著(编)者：梁志峰　2015年4月出版／估价:128.00元

湖南蓝皮书
2015年湖南社会发展报告
著(编)者：梁志峰　2015年4月出版／估价:128.00元

湖南蓝皮书
2015年湖南产业发展报告
著(编)者：梁志峰　2015年4月出版／估价:128.00元

湖南蓝皮书
2015年湖南经济展望
著(编)者：梁志峰　2015年4月出版／估价:128.00元

湖南蓝皮书
2015年湖南县域经济社会发展报告
著(编)者：梁志峰　2015年4月出版／估价:128.00元

湖南蓝皮书
2015年湖南两型社会发展报告
著(编)者：梁志峰　2015年4月出版／估价:128.00元

湖南县域绿皮书
湖南县域发展报告No.2
著(编)者：朱有志　2015年4月出版／估价:69.00元

沪港蓝皮书
沪港发展报告（2015）
著(编)者：尤安山　2015年9月出版／估价:89.00元

吉林蓝皮书
2015年吉林经济社会形势分析与预测
著(编)者：马克　2015年2月出版／定价:89.00元

济源蓝皮书
济源经济社会发展报告（2015）
著(编)者：喻新安　2015年4月出版／估价:69.00元

健康城市蓝皮书
北京健康城市建设研究报告（2015）
著(编)者：王鸿春　2015年4月出版／估价:79.00元

江苏法治蓝皮书
江苏法治发展报告（2015）
著(编)者：李力　龚廷泰　2015年9月出版／估价:98.00元

京津冀蓝皮书
京津冀发展报告（2015）
著(编)者：文魁　祝尔娟　2015年4月出版／估价:79.00元

皮书系列 2015全品种 地方发展类

经济特区蓝皮书
中国经济特区发展报告（2015）
著（编）者：陶一桃　　2015年4月出版 / 估价：89.00元

辽宁蓝皮书
2015年辽宁经济社会形势分析与预测
著（编）者：曹晓峰　张晶　梁启东　2014年12月出版 / 定价：79.00元

南京蓝皮书
南京文化发展报告（2015）
著（编）者：南京文化产业研究中心
2015年12月出版 / 估价：79.00元

内蒙古蓝皮书
内蒙古反腐倡廉建设报告（2015）
著（编）者：张志华　无极　2015年12月出版 / 估价：69.00元

浦东新区蓝皮书
上海浦东经济发展报告（2015）
著（编）者：沈开艳　陆沪根　2015年1月出版 / 定价：69.00元

青海蓝皮书
2015年青海经济社会形势分析与预测
著（编）者：赵宗福　2014年12月出版 / 定价：69.00元

人口与健康蓝皮书
深圳人口与健康发展报告（2015）
著（编）者：曾序春　2015年12月出版 / 估价：89.00元

山东蓝皮书
山东社会形势分析与预测（2015）
著（编）者：张华　唐洲雁　2015年6月出版 / 估价：89.00元

山东蓝皮书
山东经济形势分析与预测（2015）
著（编）者：张华　唐洲雁　2015年6月出版 / 估价：89.00元

山东蓝皮书
山东文化发展报告（2015）
著（编）者：张华　唐洲雁　2015年6月出版 / 估价：98.00元

山西蓝皮书
山西资源型经济转型发展报告（2015）
著（编）者：李志强　2015年5月出版 / 估价：98.00元

陕西蓝皮书
陕西经济发展报告（2015）
著（编）者：任宗哲　白宽犁　裴成荣　2015年1月出版 / 定价：69.00元

陕西蓝皮书
陕西社会发展报告（2015）
著（编）者：任宗哲　白宽犁　牛昉　2015年1月出版 / 定价：69.00元

陕西蓝皮书
陕西文化发展报告（2015）
著（编）者：任宗哲　白宽犁　王长寿　2015年1月出版 / 定价：65.00元

陕西蓝皮书
丝绸之路经济带发展报告（2015）
著（编）者：任宗哲　石英　白宽犁
2015年8月出版 / 估价：79.00元

上海蓝皮书
上海文学发展报告（2015）
著（编）者：陈圣来　2015年1月出版 / 定价：69.00元

上海蓝皮书
上海文化发展报告（2015）
著（编）者：荣跃明　2015年1月出版 / 定价：74.00元

上海蓝皮书
上海资源环境发展报告（2015）
著（编）者：周冯琦　汤庆合　任文伟
2015年1月出版 / 定价：69.00元

上海蓝皮书
上海社会发展报告（2015）
著（编）者：杨雄　周海旺　2015年1月出版 / 定价：69.00元

上海蓝皮书
上海经济发展报告（2015）
著（编）者：沈开艳　2015年1月出版 / 定价：69.00元

上海蓝皮书
上海传媒发展报告（2015）
著（编）者：强荧　焦雨虹　2015年1月出版 / 定价：69.00元

上海蓝皮书
上海法治发展报告（2015）
著（编）者：叶青　2015年4月出版 / 定价：69.00元

上饶蓝皮书
上饶发展报告（2015）
著（编）者：朱寅健　2015年4月出版 / 估价：128.00元

社会建设蓝皮书
2015年北京社会建设分析报告
著（编）者：宋贵伦　冯虹　2015年7月出版 / 估价：79.00元

深圳蓝皮书
深圳劳动关系发展报告（2015）
著（编）者：汤庭芬　2015年6月出版 / 估价：75.00元

深圳蓝皮书
深圳经济发展报告（2015）
著（编）者：张骁儒　2015年7月出版 / 估价：79.00元

深圳蓝皮书
深圳社会发展报告（2015）
著（编）者：叶民辉　张骁儒　2015年7月出版 / 估价：89.00元

深圳蓝皮书
深圳法治发展报告（2015）
著（编）者：张骁儒　2015年4月出版 / 估价：79.00元

四川蓝皮书
四川文化产业发展报告（2015）
著（编）者：侯水平　2015年4月出版 / 估价：69.00元

四川蓝皮书
四川企业社会责任研究报告（2015）
著（编）者：侯水平　盛毅　2015年3月出版 / 定价：79.00元

地方发展类·国别与地区类

四川蓝皮书
四川法治发展报告（2015）
著(编)者：郑泰安　2015年1月出版／定价:69.00元

四川蓝皮书
2015年四川生态建设报告
著(编)者：四川省社会科学院
2015年4月出版／估价:69.00元

四川蓝皮书
四川城镇化发展报告（2015）
著(编)者：四川省城镇发展研究中心
2015年4月出版／估价:69.00元

四川蓝皮书
2015年四川社会发展形势分析与预测
著(编)者：郭晓鸣　李羚　2015年5月出版／估价:69.00元

四川蓝皮书
2015年四川经济发展形势分析与预测
著(编)者：杨钢　2015年1月出版／定价:89.00元

四川法治蓝皮书
四川依法治省年度报告No.1（2015）
著(编)者：李林　杨天宗　田禾　2015年3月出版／定价:108.00元

天津金融蓝皮书
天津金融发展报告（2015）
著(编)者：王爱俭　杜强　2015年9月出版／估价:89.00元

图们江区域合作蓝皮书
中国图们江区域合作开发发展报告（2015）
著(编)者：李铁　朱显平　吴成章　2015年4月出版／估价:79.00元

温州蓝皮书
2015年温州经济社会形势分析与预测
著(编)者：潘忠强　王春光　金浩　2015年4月出版／估价:69.00元

扬州蓝皮书
扬州经济社会发展报告（2015）
著(编)者：丁纯　2015年12月出版／估价:89.00元

云南蓝皮书
中国面向西南开放重要桥头堡建设发展报告（2015）
著(编)者：刘绍怀　2015年12月出版／估价:69.00元

长株潭城市群蓝皮书
长株潭城市群发展报告（2015）
著(编)者：张萍　2015年4月出版／估价:69.00元

郑州蓝皮书
2015年郑州文化发展报告
著(编)者：王哲　2015年9月出版／估价:65.00元

中医文化蓝皮书
北京中医文化发展报告（2015）
著(编)者：毛嘉陵　2015年4月出版／估价:69.00元

珠三角流通蓝皮书
珠三角商圈发展研究报告（2015）
著(编)者：林至颖　王先庆　2015年7月出版／估价:98.00元

国别与地区类

阿拉伯黄皮书
阿拉伯发展报告（2015）
著(编)者：马晓霖　2015年4月出版／估价:79.00元

北部湾蓝皮书
泛北部湾合作发展报告（2015）
著(编)者：吕余生　2015年8月出版／估价:69.00元

大湄公河次区域蓝皮书
大湄公河次区域合作发展报告（2015）
著(编)者：刘稚　2015年9月出版／估价:79.00元

大洋洲蓝皮书
大洋洲发展报告（2015）
著(编)者：喻常森　2015年8月出版／估价:89.00元

德国蓝皮书
德国发展报告（2015）
著(编)者：郑春荣　伍慧萍　2015年6月出版／估价:69.00元

东北亚黄皮书
东北亚地区政治与安全（2015）
著(编)者：黄凤志　刘清才　张慧智
2015年5月出版／估价:69.00元

东盟黄皮书
东盟发展报告（2015）
著(编)者：崔晓麟　2015年5月出版／估价:75.00元

东南亚蓝皮书
东南亚地区发展报告（2015）
著(编)者：王勤　2015年4月出版／估价:79.00元

俄罗斯黄皮书
俄罗斯发展报告（2015）
著(编)者：李永全　2015年7月出版／估价:79.00元

非洲黄皮书
非洲发展报告（2015）
著(编)者：张宏明　2015年7月出版／估价:79.00元

皮书系列 2015全品种 — 国别与地区类

国际形势黄皮书
全球政治与安全报告(2015)
著(编)者:李慎明 张宇燕　2015年1月出版 / 定价:69.00元

韩国蓝皮书
韩国发展报告(2015)
著(编)者:刘宝全 牛林杰　2015年8月出版 / 估价:79.00元

加拿大蓝皮书
加拿大发展报告(2015)
著(编)者:仲伟合　2015年4月出版 / 估价:89.00元

拉美黄皮书
拉丁美洲和加勒比发展报告(2014~2015)
著(编)者:吴白乙　2015年4月出版 / 估价:89.00元

美国蓝皮书
美国研究报告(2015)
著(编)者:黄平 郑秉文　2015年7月出版 / 估价:89.00元

缅甸蓝皮书
缅甸国情报告(2015)
著(编)者:李晨阳　2015年8月出版 / 估价:79.00元

欧洲蓝皮书
欧洲发展报告(2015)
著(编)者:周弘　2015年6月出版 / 估价:89.00元

葡语国家蓝皮书
葡语国家发展报告(2015)
著(编)者:对外经济贸易大学区域国别研究所 葡语国家研究中心
2015年4月出版 / 估价:89.00元

葡语国家蓝皮书
中国与葡语国家关系发展报告·巴西(2014)
著(编)者:澳门科技大学　2015年4月出版 / 估价:89.00元

日本经济蓝皮书
日本经济与中日经贸关系研究报告(2015)
著(编)者:王洛林 张季风　2015年5月出版 / 估价:79.00元

日本蓝皮书
日本研究报告(2015)
著(编)者:李薇　2015年4月出版 / 估价:69.00元

上海合作组织黄皮书
上海合作组织发展报告(2015)
著(编)者:李进峰 吴宏伟 李伟
2015年9月出版 / 估价:89.00元

世界创新竞争力黄皮书
世界创新竞争力发展报告(2015)
著(编)者:李闽榕 李建平 赵新力
2015年12月出版 / 估价:148.00元

土耳其蓝皮书
土耳其发展报告(2015)
著(编)者:郭长刚 刘义　2015年7月出版 / 估价:89.00元

亚太蓝皮书
亚太地区发展报告(2015)
著(编)者:李向阳　2015年1月出版 / 定价:59.00元

印度蓝皮书
印度国情报告(2015)
著(编)者:吕昭义　2015年5月出版 / 估价:89.00元

印度洋地区蓝皮书
印度洋地区发展报告(2015)
著(编)者:汪戎　2015年4月出版 / 估价:79.00元

中东黄皮书
中东发展报告(2015)
著(编)者:杨光　2015年11月出版 / 估价:89.00元

中欧关系蓝皮书
中欧关系研究报告(2015)
著(编)者:周弘　2015年12月出版 / 估价:98.00元

中亚黄皮书
中亚国家发展报告(2015)
著(编)者:孙力 吴宏伟　2015年9月出版 / 估价:89.00元

中国皮书网

www.pishu.cn

发布皮书研创资讯，传播皮书精彩内容
引领皮书出版潮流，打造皮书服务平台

栏目设置：

- 资讯：皮书动态、皮书观点、皮书数据、皮书报道、皮书发布、电子期刊
- 标准：皮书评价、皮书研究、皮书规范
- 服务：最新皮书、皮书书目、重点推荐、在线购书
- 链接：皮书数据库、皮书博客、皮书微博、在线书城
- 搜索：资讯、图书、研究动态、皮书专家、研创团队

中国皮书网依托皮书系列"权威、前沿、原创"的优质内容资源，通过文字、图片、音频、视频等多种元素，在皮书研创者、使用者之间搭建了一个成果展示、资源共享的互动平台。

自2005年12月正式上线以来，中国皮书网的IP访问量、PV浏览量与日俱增，受到海内外研究者、公务人员、商务人士以及专业读者的广泛关注。

2008年、2011年，中国皮书网均在全国新闻出版业网站荣誉评选中获得"最具商业价值网站"称号；2012年，获得"出版业网站百强"称号。

2014年，中国皮书网与皮书数据库实现资源共享，端口合一，将提供更丰富的内容，更全面的服务。

权威报告　热点资讯　海量资源
当代中国与世界发展的高端智库平台

皮书数据库 www.pishu.com.cn

皮书数据库是专业的人文社会科学综合学术资源总库,以大型连续性图书——皮书系列为基础,整合国内外相关资讯构建而成。包含七大子库,涵盖两百多个主题,囊括了近十几年间中国与世界经济社会发展报告,覆盖经济、社会、政治、文化、教育、国际问题等多个领域。

皮书数据库以篇章为基本单位,方便用户对皮书内容的阅读需求。用户可进行全文检索,也可对文献题目、内容提要、作者名称、作者单位、关键字等基本信息进行检索,还可对检索到的篇章再做二次筛选,进行在线阅读或下载阅读。智能多维度导航,可使用户根据自己熟知的分类标准进行分类导航筛选,使查找和检索更高效、便捷。

权威的研究报告,独特的调研数据,前沿的热点资讯,皮书数据库已发展成为国内最具影响力的关于中国与世界现实问题研究的成果库和资讯库。

皮书俱乐部会员服务指南

1. 谁能成为皮书俱乐部成员?
   - 皮书作者自动成为俱乐部会员
   - 购买了皮书产品(纸质书/电子书)的个人用户

2. 会员可以享受的增值服务
   - 免费获赠皮书数据库100元充值卡
   - 加入皮书俱乐部,免费获赠该纸质书的电子书
   - 免费定期获赠皮书电子期刊
   - 优先参与各类皮书学术活动
   - 优先享受皮书产品的最新优惠

3. 如何享受增值服务?

   (1) 免费获赠100元皮书数据库体验卡
   第1步 刮开皮书附赠充值的涂层(右下);
   第2步 登录皮书数据库网站(www.pishu.com.cn),注册账号;
   第3步 登录并进入"会员中心"—"在线充值"—"充值卡充值",充值成功后即可使用。

   (2) 加入皮书俱乐部,凭数据库体验卡获赠该书的电子书
   第1步 登录社会科学文献出版社官网(www.ssap.com.cn),注册账号;
   第2步 登录并进入"会员中心"—"皮书俱乐部",提交加入皮书俱乐部申请;
   第3步 审核通过后,再次进入皮书俱乐部,填写页面所需图书、体验卡信息即可自动兑换相应电子书。

4. 声明
   解释权归社会科学文献出版社所有

皮书俱乐部会员可享受社会科学文献出版社其他相关免费增值服务,有任何疑问,均可与我们联系。

图书销售热线:010-59367070/7428　图书服务QQ:800045692　图书服务邮箱:duzhe@ssap.cn
数据库服务热线:400-008-6695　数据库服务QQ:2475522410　数据库服务邮箱:database@ssap.cn
欢迎登录社会科学文献出版社官网(www.ssap.com.cn)和中国皮书网(www.pishu.cn)了解更多信息

皮书大事记
（2014）

☆ 2014年10月，中国社会科学院2014年度皮书纳入创新工程学术出版资助名单正式公布，相关资助措施进一步落实。

☆ 2014年8月，由中国社会科学院主办，贵州省社会科学院、社会科学文献出版社承办的"第十五次全国皮书年会（2014）"在贵州贵阳隆重召开。

☆ 2014年8月，第二批淘汰的27种皮书名单公布。

☆ 2014年7月，第五届优秀皮书奖评审会在京召开。本届优秀皮书奖首次同时评选优秀皮书和优秀皮书报告。

☆ 2014年7月，第三届皮书学术评审委员会于北京成立。

☆ 2014年6月，社会科学文献出版社与北京报刊发行局签订合同，将部分重点皮书纳入邮政发行系统。

☆ 2014年6月，《中国社会科学院皮书管理办法》正式颁布实施。

☆ 2014年4月，出台《社会科学文献出版社关于加强皮书编审工作的有关规定》《社会科学文献出版社皮书责任编辑管理规定》《社会科学文献出版社关于皮书准入与退出的若干规定》。

☆ 2014年1月，首批淘汰的44种皮书名单公布。

☆ 2014年1月，"2013(第七届)全国新闻出版业网站年会"在北京举办，中国皮书网被评为"最具商业价值网站"。

☆ 2014年1月，社会科学文献出版社在原皮书评价研究中心的基础上成立了皮书研究院。

皮书数据库
www.pishu.com.cn

皮书数据库三期

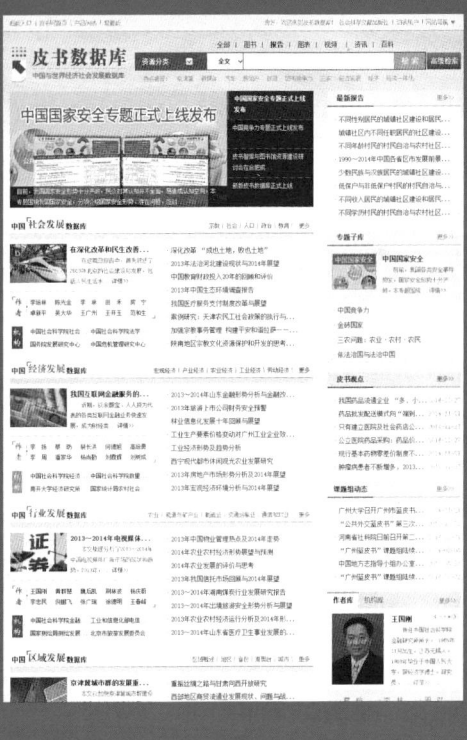

• 皮书数据库（SSDB）是社会科学文献出版社整合现有皮书资源开发的在线数字产品，全面收录"皮书系列"的内容资源，并以此为基础整合大量相关资讯构建而成。

• 皮书数据库现有中国经济发展数据库、中国社会发展数据库、世界经济与国际政治数据库等子库，覆盖经济、社会、文化等多个行业、领域，现有报告30000多篇，总字数超过5亿字，并以每年4000多篇的速度不断更新累积。

• 新版皮书数据库主要围绕存量+增量资源整合、资源编辑标引体系建设、产品架构设置优化、技术平台功能研发等方面开展工作，并将中国皮书网与皮书数据库合二为一联体建设，旨在以"皮书研创出版、信息发布与知识服务平台"为基本功能定位，打造一个全新的皮书品牌综合门户平台，为您提供更优质更到位的服务。

更多信息请登录

中国皮书网
http://www.pishu.cn

中国皮书网
http://www.pishu.cn

皮书微博
http://weibo.com/pishu

皮书博客
http://blog.sina.com.cn/pishu

皮书微信
皮书说

请到各地书店皮书专架/专柜购买，也可办理邮购

咨询/邮购电话：010-59367028 59367070	邮　箱：duzhe@ssap.cn
邮购地址：北京市西城区北三环中路甲29号院3号楼华龙大厦13层读者服务中心	
邮　编：100029	
银行户名：社会科学文献出版社	
开户银行：中国工商银行北京北太平庄支行	
账　号：0200010019200365434	
网上书店：010-59367070	qq：1265056568
网　址：www.ssap.com.cn	www.pishu.cn